# UNIVERSUM DER KUNST

BEGRÜNDET VON ANDRÉ MALRAUX
HERAUSGEGEBEN VON ANDRÉ PARROT, PAUL-MARIE DUVAL
UND HUBERT LANDAIS

# ÄGYPTEN

## ERSTER BAND
## DAS ALTE UND DAS MITTLERE REICH

VON DER VORGESCHICHTE BIS ZUM ENDE
DER HYKSOSZEIT (1560 v. Chr.)

*Herausgegeben von Jean Leclant*

*Unter Mitarbeit von Cyril Aldred, Jean-Louis de Cenival, Fernand Debono, Christiane Desroches-Noblecourt, Jean-Philippe Lauer, Jean Leclant, Jean Vercoutter*

VERLAG C.H. BECK MÜNCHEN

DER DEUTSCHEN AUSGABE LIEGT DIE UNTER DEM TITEL ‹LES PHARAONS · LE TEMPS DES PYRAMIDES› 1978 IM VERLAG GALLIMARD, PARIS, ERSCHIENENE FRANZÖSISCHE AUSGABE ZUGRUNDE
AUS DEM FRANZÖSISCHEN BEZIEHUNGSWEISE ENGLISCHEN (BEITRAG VON CYRIL ALDRED) ÜBERTRAGEN VON SIBYLLE EDZARD

MIT 432 ABBILDUNGEN, DAVON 68 FARBIG

CIP-Kurztitelaufnahme der Deutschen Bibliothek

*Ägypten* / hrsg. von Jean Leclant. Unter Mitarb. von Cyril Aldred ... [Aus d. Franz. bzw. Engl. übertr. von Sibylle Edzard]. – München: Beck
Einheitssacht.: Les pharaons ‹dt.›

NE: Leclant, Jean [Hrsg.]; Aldred, Cyril [Mitarb.]; EST

Bd. 1. Das Alte und das Mittlere Reich: von d. Vorgeschichte bis zum Ende d. Hyksoszeit (1560 v. Chr.). – 1979.
(Universum der Kunst: Bd. 26)
ISBN 3 406 03026 2

ISBN 3 406 03026 2


BILDDRUCK: GEORGES LANG UND DRAEGER, PARIS
TEXTDRUCK: C. H. BECK'SCHE BUCHDRUCKEREI, NÖRDLINGEN
EINBAND: A. SCHRAML, MÜNCHEN

# INHALT

# EINLEITUNG

*Von Jean Leclant*

# DER NIL, DER KÖNIG UND DIE GÖTTER

Wenn es je eine ureigene Formenwelt gab, dann in Ägypten zur Zeit der Pharaonen. Auf einen schlecht informierten, eiligen Besucher kann eine Sammlung ägyptischer Altertümer sogar etwas monoton wirken. Über dreitausend Jahre lang haben sich die Bewohner des Niltals beharrlich im Rahmen ihrer Umgebung gehalten, waren immer auf dieselben Vorstellungen fixiert. Ägypten ist ein erstaunliches Beispiel für immerwährende Dauer; auf Unterbrechungen folgte stets eine Rückkehr zu den Quellen.

## Ägypten, Land des Nils

Kaum eine Kultur ist so unmittelbar durch ihre natürliche Umwelt bedingt: Ägypten ist das Land des Nils und der Sonne. Diesen souveränen Herrschern, unerbittlich in ihrer Regelmäßigkeit, verdankt es die festgefügte Ordnung seiner Kunst. Ein exemplarisches Licht bestimmt die Erscheinung der Formen. Land absoluter Kontraste: die üppige Anmut des Tales steht im Gegensatz zur Strenge der ausgebrannten Felswände, die es begrenzen; auf den vom Nilstrom genährten Überfluß folgt ohne Übergang die grandiose Unendlichkeit der Wüste. Von dieser unwandelbaren Ordnung geht die Garantie der fortwährenden Dauer oder besser jener ständigen Wiederkehr aus, die Ägyptens Weltbild beherrscht.

Ägypten ist ein Geschenk des Nils: dieser Ausspruch ägyptischer Priester, den Herodot in seinem Bericht über das Delta wiedergibt, ist außerordentlich zutreffend. Herodot, Vater der Geographie wie der Geschichte, überliefert auch noch eine genauere Definition: «alles, was der Nil überschwemme, gehöre zu Ägypten, und alle, die unterhalb [der Stadt] Elephantine wohnten und Nilwasser tränken, seien Ägypter.» Der Nil schafft das grundlegende Paradox Ägyptens: mitten in der unerbittlichsten Wüstenzone der Erde durchbricht dieses grüne Band in seiner märchenhaften Fruchtbarkeit die Endlosigkeit schreckenvoller Wüsten, die sich von der Sahara bis ins fernste Asien erstrecken. Der Nil, der den regenreichen Gebirgen Zentral- und Ostafrikas entspringt, braucht ungeheure Kraft, um mehr als 6000 km weit in einem der längsten Flußläufe der Welt Wasser und Leben nach Ägypten zu bringen. Der Weiße Nil sichert dem Fluß einen ständigen Zustrom von den großen Äquatorseen, der Blaue Nil trägt ihm während der Schneeschmelze in Äthiopien die brausenden Hochwasserwogen zu; nach dem Zusammenfluß der beiden Quellflüsse bei Kartum hat er nur noch einen Nebenfluß, den Atbara, einen abessinischen Wildbach. Von da an muß er ein paar hundert Kilometer weit den härtesten Einöden der Welt trotzen: es gibt keinen grandioseren Gegensatz als den von Nil und Sahara im Sudan und in Nubien. Trotz aller Verdunstung und Versickerung strömen seine Wasser einsam und machtvoll dahin.

Der Fluß hat eine lange, bis ins Eozän zurückreichende Geschichte; er paßte sich den Gegebenheiten einer relativ vielschichtigen, von Klüften geprägten geologischen Struktur an

3 - Das vom Nil überschwemmte Tal

← 1 - (Frontispiz) - Saqqara, Djoser-Bezirk - Paneel aus blauer Fayence. 3. Dynastie. *Vgl. Abb. 73*

← 2 - Saqqara - Sitzfigur des Königs Djoser (Ausschnitt). 3. Dynastie. *Vgl. Abb. 175*

und schnitt sein Tal durch das Füllmaterial, das von einem Pliozänmeer abgelagert worden war. Im Wechsel der klimatischen Zyklen haben Wasserstandsschwankungen zur Bildung von Terrassen geführt, die jeweils von aufeinanderfolgenden Bevölkerungswellen genutzt wurden. Bis zu den drastischen Veränderungen, die kürzlich der Assuan-Staudamm mit sich brachte, sind oberhalb vom 1. Katarakt fortwährend durch Erosion die alten Ablagerungen vermindert und die kataraktbildenden Schichten aus Gneis und Granit abgeschürft worden. Anders flußabwärts, wo der Strom im Jahr einen Millimeter, in tausend Jahren einen Meter Schlamm abgesetzt hat.

Der Schlamm kommt mit der Überschwemmung, und diese hat die Gemüter mehr bewegt als der Fluß selbst: «es zittern die, die den Nil sehen, [wenn] er [Wellen] schlägt; da lachen die Sumpfwiesen, die Ufer grünen, die göttlichen Opfergaben steigen herab, die Menschen erbleichen (?), und die Götter freuen sich» heißt es im Spruch 581 der Pyramidentexte. Erstaunlich gleichförmig ist der Rhythmus des Flusses, jedes Jahr kehrt er mit fast vollkommener Regelmäßigkeit wieder. Irgendwann im Juni beginnt der Nil unmerklich zu steigen; da führt er die grüne Flut vom Weißen Nil; im Juli, wenn der Sothisstern bei Tagesanbruch sichtbar wird, lassen rötlich braune, schlammige Wasser den Fluß rapide anschwellen; sie enthalten bedeutende Mengen von Schwebstoffen aus dem vulkanischen äthiopischen Hochland. Die ständige Bewässerung, die heute die Hochwasserüberschwemmung ersetzt, hat die Gestalt Ägyptens sehr verändert, die neuen Bewässerungsanlagen haben das alte Schauspiel abgelöst. Vergil hat in seinen ‹Georgica› «den See mit über das Ufer tretenden Wassern» beschrieben, wo die begüterten Leute von Kanopos «in kleinen bemalten Booten über ihre Felder fahren».

Ein großartiges Schauspiel gab der Nil, wenn er die Felder überflutet hatte. Der Boden der Ebene war überschwemmt, die Ortschaften erhoben sich wie kleine Inseln darüber; nur zu Schiff konnte man in diesem Binnenmeer miteinander verkehren. Daher stammt das ägyptische Bild von der Schöpfung: ein Hügel taucht aus dem Nun, dem Urozean auf, genau wie im Fluß die langen Schlamm- und Sandbänke erscheinen, die von Vegetation und Leben überwuchert werden, sobald das Wasser fällt.

Erstaunlicherweise ist für die alten Ägypter Hapi – der Nil oder die Flut – keine eigentliche Gottheit. Manchmal heißt er ‹der Vater der Götter›. Aber die bäuchige Gestalt mit *einer* hängenden Brust, dem geknoteten Schurz der Sumpffischer und mit Wasserpflanzen auf dem Kopf ist nur eine Nebenfigur, er erfährt keine Adoration. Auf den Reliefs der Tempelwände schreitet er mit einem Opfertisch voller Speisen, Blumensträuße und Garben; er ist mit der Verteilung der Reichtümer dieser Welt betraut; erst hatte er sie, göttlicher Ordnung gemäß, den Menschen gespendet, nun gibt er sie als Opfergaben den Göttern zurück.

Schaute der Ägypter zum Himmel, dann verehrte er dort einen anderen, aber genauso regelmäßigen und unausweichlichen Rhythmus – den der Sonne. Jeder Tag sieht ihre plötzliche lichte Geburt am Osthimmel, ihren alles beherrschenden Kulminationspunkt mit der ungewöhnlichen Taghelle und ihren abrupten, dramatisch raschen Untergang am Abend. Nur zu natürlich, daß sich seit prähistorischer Zeit eine heliopolitanische Lehre zum Ruhm des Sonnengottes herausbildete, daß die Herrscher der 4. Dynastie die großen Pyramiden im Geist einer Sonnensymbolik errichteten und Re in ihrem Namen trugen.

Die Sonne ist bestimmend für das Klima, das wegen der hohen Temperaturen und der geringen Niederschläge und Luftfeuchtigkeit im wesentlichen trocken ist. Die mittlere Jahrestemperatur steigt sehr deutlich von Nord nach Süd, von + 20,2 Grad Celsius in Alexandria auf + 25,8 Grad in Assuan; dabei muß man die beachtlichen Schwankungen zwischen Tag und Nacht und zwischen Sommer und Winter berücksichtigen. Dem musterhaft klaren Himmel verdankt Ägypten den vorzüglichen Erhaltungszustand seiner Denkmäler. Die empfindlichen Papyri holt man oft unversehrt aus dem Sandgrund und von den hochgelegenen Terrassen Oberägyptens – beim Schlamm des Deltas ist das natürlich anders.

4 - Der Nil und die Insel Elephantine, im Hintergrund die Libysche Wüste

5 - Der Wüstenabbruch südlich von Assiut

An zweiter Stelle sind die Winde für den allgemeinen Eindruck der Trockenheit verantwortlich. Ägypten profitiert von ständigen Nordwinden, die zuverlässig während der heißen Jahreszeit wehen; das ist ‹der süße Hauch des Nordwindes›, der den Nasen der seligen Toten verheißen ist. Aber besonders im Frühling lösen verschiedene Unterdrucklagen den Chamsin aus, einen beklemmenden Sandwind mit unangenehmen elektrischen Wirkungen.

Der primitive Mensch hat bei diesen hohen, oft belastenden Temperaturen aber doch den Mut aufgebracht, sich mit äußerster Anstrengung aufzuschwingen bis zu den Gipfeln einer Hochkultur. Ist das nun ein typischer Fall von ‹*challenge*›, ein Beispiel dafür, daß Schwierigkeiten den Fortschritt vorantreiben? Weniger noch als anderswo ist in Ägypten ein allzu simpel konzipierter Determinismus im Spiel – die Natur gibt nur den Rahmen, in dem menschliches Schicksal wirkt.

Gestirn und Fluß haben uns kosmische Perspektiven gezeigt. Wenden wir uns wieder dem Tal selbst zu. Ägypten ist von gewaltigen Wüsten umgeben und folglich auf das vom Fluß bewässerte, fruchtbare Land angewiesen. Das nutzbare Land, das wirkliche Land hat nur sehr beschränkte Ausmaße: 34000 km² – das entspricht ungefähr dem Flächeninhalt von Belgien oder den Niederlanden.

Der Nil gibt dem kleinen Land seine Einheit – der Fluß ist ein ständiger Verbindungsweg zwischen Nord und Süd – und zugleich seine Vielfalt. Die Gaue – über vierzig Bezirke mit etlichen Besonderheiten – sind in zwei Einheiten zusammengefaßt, in Ober- und in Unterägypten. Die Ägypter nennen ihr Land nur ‹die beiden Länder› (*taui*). In der großen Wüstenleere hat man das Delta als Bild einer offenen Blüte aufgefaßt, deren langer Stengel das obere Tal bildet. Oberägypten ist ein langes Band; 900 km lang zieht es sich mit dem Fluß hin; das Frucht-

6 - Landschaft im Delta

land ist kaum breiter als 10 km, an einigen begünstigten Stellen erreicht es höchstens 30 km. Steil abfallende Felswände markieren an beiden Seiten die Grenze zum Wüstenplateau; ihre klaren, unabweisbaren Linien waren vielleicht nicht ohne Einfluß auf den schmucklosen und majestätischen Charakter, auf die ein wenig trockene Strenge der ägyptischen Kunst. Im Delta nun verzweigt sich die Nilmündung in mehrere Arme; sieben sind es nach Angabe der antiken Schriftsteller; sie bilden eine sehr flache Ebene, die ganz vom Wasser überschwemmt ist; im Nebel sind Erde, Himmel und Wasser manchmal nicht zu unterscheiden. Die alten Ägypter waren sich dieser Gegensätze wohl bewußt; Sinuhe beschrieb seine Verwirrung so: «es ist wie der Plan eines Gottes, wie wenn sich ein Deltabewohner in Elephantine sieht oder ein Mann der Sümpfe im Nubierland.»

Obwohl die Vereinigung der beiden Länder um 3000 v. Chr. ein konstitutiver Akt des alten Ägypten gewesen war, blieb die Dualität die ganze Geschichte hindurch bestehen: Pharao ist der ‹König von Ober- und Unterägypten›, er trägt die Doppelkrone, eine Verbindung der weißen Krone Oberägyptens mit der roten Krone Unterägyptens auf dem Kopf, und auf zahllosen Abbildungen werden nach einem wichtigen Ritus des ägyptischen Königtums die Lilie als Pflanze des Südens und der Papyrus als Pflanze des Nordens miteinander verbunden. Die Könige berufen sich auf ‹die beiden Herrinnen›, die über je eine Hälfte des Landes wachen: die Geiergöttin von el-Kab und die Uräusgöttin von Buto. Nun darf man diese Zweiteilung nicht so schematisch sehen, als habe in rückliegenden Epochen ein radikaler Gegensatz zwischen einem von Jägern und nomadisierenden Viehzüchtern durchstreiften Oberägypten und einem von seßhaften Bauern bewohnten Unterägypten bestanden. Die Umwelt war im Norden und im Süden zwar verschieden, aber trotzdem hat sich mit einigen Abweichungen eine einzige Kultur entwickelt.

Bei aller Gegensätzlichkeit bieten die beiden Länder doch nur zwei Aspekte ein und desselben Landes dar. *ta* ist das fruchtbare flache Land schlechthin. Das eine der beiden Länder ist *ta-schemau*, Oberägypten, das andere ist *ta-mehu*, die Ebene des Nordens, das Delta. Sie sind Teile des ‹schwarzen Landes› (*kemet*), des reichen Alluvial-Landes, das völlig anders ist als das wüstenhafte, gebirgige ‹rote Land› (*deschret*). Der Kontrast ist überscharf markiert; am Talrand kann man mit einem Fuß in der schweren dunklen Lehmerde gehen und mit dem anderen im gelben Wüstensand. Die Sümpfe dieser Landschaft, die eine lange Oase ist, verdienen besondere Beachtung; nicht nur im Delta, auch das ganze alluviale Tal entlang findet man an den Rändern immer wieder Sümpfe. Sie waren voller Sumpf- und Wasserpflanzen, das Papyrusdickicht rauschte, sie boten ideale Schlupfwinkel für eine üppige Tierwelt, für Krokodile, Nilpferde und Schlangen, auch Uräen, für Wildrinder, Schwärme von Zugvögeln und für Nilgänse. Da sich in historischer Zeit einige Tierarten nach Süden zurückgezogen haben, blieben die Weiden den friedlichen Rindern überlassen.

Man sieht, die Grundlagen für eine Zivilisation waren überreich und vielfältig. Holz von guter Qualität war freilich selten. Nur Tamarisken, Akazien und Sykomoren beschatteten die Wiesen. Die Dattelpalme spendete außer ihren Früchten Stämme für Balken, Blätter zum Korbflechten und Fasern für Seile. Sonst boten sich Pflanzen aller Art als Nahrung an, aber auch für Flechtwerk, Weberei und Bau. Die große pharaonische Baukunst ging von einer Architektur aus, die ihrerseits in Struktur und Dekoration Elemente aus der Pflanzenwelt nachbildete; solche Architekturteile haben Vorbilder wie Schilf, Papyrus und Lotos, in der Vielfalt ihrer Formen sind sie einfach und dabei vollkommen wie die Natur. Das häufigste Material, den Schlamm, lieferte wieder der Fluß. Der Ton wurde mit verschiedenen Ingredienzien verknetet und zu Keramik verarbeitet. Zur Herstellung von Lehmziegeln wurde er mit Stroh vermischt, mit verschiedenen chemischen Elementen angereichert, dann geformt und an der Sonne getrocknet. Diese Ziegel dienten zum Bau kurzlebiger Wohnstätten, aber auch für Königspaläste und sogar für die massiven Umfassungsmauern von Tempeln wurden sie benutzt. Maurer und Töpfer

7 - Der Nil und die Wüste bei Assuan

trugen dieselbe Berufsbezeichnung *ıqdw*, die von einer Wurzel mit der Bedeutung ‹in Ton formen› abgeleitet ist.

Dann gab es eine reiche Auswahl an hartem Stein. Der südliche Teil des Landes ist bis zum Gebel es-Silsileh in das große nubische Sandsteinplateau einbezogen; aus den dortigen Steinbrüchen hat man die Blöcke geholt, aus denen Luxor und Karnak gebaut sind. Der Sandstein ist in gewisser Weise ein unedles, etwas trügerisches Material; bei ungenauer Arbeit wird er unter dem Meißel leicht stumpf, und im Lauf der Zeit nutzt er sich stark ab. Dagegen ist der schöne gelbe oder violette Quarzit aus dem Roten Berg bei Kairo ein sehr kristalliner Grundstoff und für Bildhauerei glänzend geeignet. Der nubische Sandstein ist von harten Granitadern durchzogen, die zur Bildung der Katarakte geführt hatten. Von Assuan bis Kartum zählen die Geographen sechs größere Katarakte, nicht einfache Fälle, sondern Folgen von Stromschnellen: wirbelnde Wasserstrahlen, Kaskaden, Sonnenlicht spiegelnde Wasserflächen von trügerischer Unbeweglichkeit, überhöht von Schaumstreifen, unsagbar schön. Aus der Gegend von Assuan stammen die Obelisken und Kolosse aus schwarzem oder Rosengranit. Der größte Teil des ägyptischen Tales ist in Kalkstein eingeschnitten – also wurden die Grabreliefs der thebanischen Nekropole direkt in die Kalksteinwände gemeißelt. Wo mergelige Felsschichten keine Reliefierung erlaubten, haben die Wandungen nur einen Bewurf mit Bemalung erhalten. Den Pyramiden von Gisa und Saqqara gegenüber lagen die Steinbrüche von Tura mit ihrem feinen weißen Kalkstein. Bei Hatnub in Mittelägypten wurde kristalliner, durchscheinender Alabaster gebrochen, der sehr oft für Statuen und Gefäße gebraucht wurde. Adern von hartem Stein wie Diorit, Serpentin und Basalt kommen in den alten vielgestaltigen Felsen der östlichen Wüstenberge vor; aller Porphyr der Antike stammt aus dieser Zone. Dort brach man auch den sehr harten grünen Stein, der sich so gut für Skulpturen eignet. Hinzu kamen Edelsteine wie Türkise vom Sinai, Mineralien und Erze in Menge. Gold fand man im Wadi Hammamat, und besonders reiche Vorkommen gab es in den nubischen Bergen. Das sind die Grundstoffe, die dem ägyptischen Handwerker der Frühzeit zur Verfügung standen. Die Ägypter konnten sehr wohl mit Metall umgehen, aber die ersten technischen Glanzleistungen vollbrachten sie beim Behauen und Polieren von Stein; auf dem Gebiet waren ihre Erfolge am eindrucksvollsten.

Diese von Grund auf bäuerliche, aus dem Schlamm des Flusses erwachsene Kultur sah es als ihr Ideal an, auf unbestimmte Zeit den anfangs geschaffenen Vorbildern treu zu bleiben. Daher der Eindruck der Unbeweglichkeit und ständigen Rückkehr zur Überlieferung der Götter und Altvorderen. Ägypten war stolz auf die Errungenschaften seiner Frühzeit; aus Prinzip legte es mehr Wert auf immer neue Perfektion als auf frische Erfindung.

Die Kultur der Pharaonen hat sich systematisch auf ihre eigenen Formen beschränkt, ihre Entwicklung vollzog sich ja auch in einem weitgehend isolierten Land: im Westen lag die schreckliche Libysche Wüste; im Osten trennten die hohen Berge der Arabischen Wüste Ägypten vom Roten Meer, das seinerseits wenig einladend war; die nördliche Meeresküste war kurz, mit Seen und Morasten durchsetzt, ohne günstige Ankerplätze, und im Süden südlich des Wendekreises des Krebses war das Tal durch die Riegel der Katarakte abgeschnitten. Trotzdem hatte Ägypten eine Knotenpunktposition zwischen den drei Welten Afrika, Vorderasien und Mittelmeerraum. Es war von Grund auf anders und konnte doch äußeren Einflüssen nicht widerstehen; es hat viel von der Außenwelt übernommen, freilich immer mit der Tendenz, solche Beiträge seinem eigenen geometrischen, beharrenden Stil anzupassen.

## Pharao – Mittler zwischen Göttern und Erde

Nach langen tastenden Versuchen in der Vor- und Frühgeschichte wurde der Pharao seit der Einsetzung des Königtums zur beherrschenden Figur in der ägyptischen Kultur. Der große Fetischpriester, der mit Tierbälgen geschmückte Anführer der Jagd und alleinige Träger der

8 - Das Tal der Affen in der thebanischen Wüste

traditionellen Riten, die den Stamm mit dem Weltall verbanden, ist (in der noch wenig bekannten Welt der prädynastischen Stämme) vielleicht ein Vorläufer Pharaos gewesen, denn auch der trug später den Schwanz eines Wildstiers am Gürtel. Unter seinen Machtzeichen, den Zeptern, war die Keule mit birnenförmigem Kopf die Waffe schlechthin des prähistorischen Jägers. Seine Kronen, sein Schmuck sind aus ältesten Zeiten überkommen. Und noch in Bauten aus der Ptolemäer- und Römerzeit, auf den Tempelwänden von Dendera und Edfu erscheinen die Pharaonen mit hinten hängendem Tierschwanz und weißer Keule in der Hand – wie Narmer, der erste in einer Kette mit sehr ähnlichen aufeinanderfolgenden Gliedern; dreißig Jahrhunderte lang hat auf dem ägyptischen Thron derselbe menschgewordene Gott regiert, Pharao.

Nach der entscheidenden Wende um das Jahr 3000 war das Schicksal des vereinigten Landes mit seinem zentral geregelten Bewässerungssystem und der einheitlichen Hieroglyphenschrift so weitgehend mit dem König verbunden, daß die gesamte Geschichte Ägyptens sich nur auf seinen Namen berief. Die Abfolge der Regierungszeiten bestimmte die Chronologie. Eine Gruppe von Regierungszeiten wurde zu einer jener Dynastien zusammengefaßt, deren Kanon der hellenistische Priester Manetho in der Spätzeit aufgestellt hat. Mehrere glanzvolle Dynastien bildeten ein Reich: das Alte, das Mittlere, das Neue Reich; die Denkmäler aus diesen Epochen sind zahlreich, die Arbeiten kraftvoll, stilsicher und sorgfältig ausgearbeitet. Waren die Könige schwach, die Dynastien unsicher, dann bezeichnet der Historiker solche turbulenten und unfruchtbaren Zeiten als ‹Zwischenzeiten›.

Maat – das ist die Wahrheit, die Gerechtigkeit – stand über dem Kontrakt, der Ägypten in die Schöpfungsordnung fügte, Pharao war darin Mittler zwischen Erde und Göttern. In einer Szene, die auf den Denkmälern immer wieder erscheint, bringt er den Göttern die Opfergaben Ägyptens und seine Gebete dar, er empfängt dafür Segen und Wohltaten.

Pharao gehörte selbst zur göttlichen Welt. Seine Geburt verlor sich im Außerzeitlichen. Wie das jeweilige theologische System oder der lokale Kult es erforderte, war er der Sproß dieser oder jener Gottheit. Er war Horus und als solcher sowohl der falkengestaltige Herr des Himmels wie auch der Sohn des Osiris, der das Erbe seines Vaters von dem bösen Seth zurückerobern konnte. ‹Sohn des Re› war er für die Sonnentheologie, die von den Herrschern des Alten Reiches entwickelt wurde: im Papyrus Westcar legt sich der Gott von Heliopolis anstelle eines seiner Priester zu dessen Frau; so wurden die ersten Könige der 5. Dynastie empfangen – ‹kräftige Kinder mit goldenen Gliedern›. Später proklamierten einige Herrscher des Neuen Reiches das Dogma der Theogamie.

‹Vom Ei an› war Pharao Eroberer. Seine Taten bei der Jagd – Vorstufen kriegerischer Eroberungen – waren immer heldenmütig. Eine Thronbesteigung war Anfang einer neuen Weltphase: bei der Krönung erschien er als Urgott am ersten Tage.

In seiner herausragenden Stellung mußte der König auf allen Gebieten das Gedeihen Ägyptens garantieren. Er sicherte den materiellen Wohlstand, durch seine Vermittlung gewährten die zufriedengestellten Götter gutes Wachstum und reiche Ernten, ‹er steht der Verpflegung aller Lebenden vor›. Er erließ Gesetze, sorgte für Gerechtigkeit, wachte über eine gute Verwaltung. Sein Palast war ‹das große Haus›, ägyptisch *per-aa*, daher der Name ‹Pharao›. Entstanden Unruhen unter den Völkern außerhalb des Landes, wurden sie durch ihn kraftvoll befriedet: er war das Haupt der Armee; die beherrschende Gestalt Pharaos über den Vertretern der unterworfenen Völker drückt den Triumph Ägyptens aus. Nur er durfte neben den Göttern in gleicher Größe abgebildet werden. Die konkreten Bedürfnisse des Gottesdienstes machten es nötig, daß er sich in den verschiedenen Heiligtümern durch Priesterkollegien vertreten ließ, aber er galt doch als einziger Herr der Kultriten; er baute die Tempel, und er brachte auch die Opfergaben dar.

Der Eindruck vorbestimmter Ordnung, den der ägyptische Stil macht, geht auch auf das Bestreben zurück, Pharao majestätisch darzustellen. Seine Haltung ist edel, seine Gesten atmen

9 - Ausschnitt der Narmer-Palette mit dem Namen des Königs und dem Bericht eines Sieges über das Delta. 1. Dynastie - *Schist; Gesamthöhe 0,63 m* - Kairo, Ägyptisches Museum

11 - Karnak - ‹Cachette› - Statue des Königs Ramses VI. Ausschnitt: Kopf eines gefangenen Libyers. 20. Dynastie - *Grauer Granit; Gesamthöhe der Ramses-Figur 0,74 m* - Kairo, Ägyptisches Museum

Ewigkeit. Wie er in heroischer Größe, eine Kriegswaffe schwingend, in einem bedeutenden Augenblick erfaßt ist, darin malt sich die unbestimmte und überzeitliche Dauer des Mythos. So ist der Triumph Pharaos nur ein höherer Aspekt der Geometrie der ägyptischen Formenwelt, die in kürzester Zeit ausgebildet und festgelegt wurde.

## Das Heilige und die Götter. Ordnung und Chaos

Im pharaonischen Ägypten hat es keine *l'art pour l'art* gegeben. Kunstwerke wurden niemals zum subjektiven Vergnügen geschaffen. Die Dinge, die wir heute in Museumsvitrinen bewundern, befanden sich in Tempeln und Gräbern, für die Ewigkeit gedacht. Ihre durchaus notwendige Anwesenheit war auf die Götter gerichtet. Besser: jedes Werk wurde geschaffen, um wirksam zu werden und genau im richtigen Moment handlungsfähig zu sein. Heute würde man sagen: Magie ist alles, nur das Heilige verschafft den Zugang zu den Lebenskräften der Welt.

Das All war eine Einheit, wohl nicht zufällig war später das ägyptische Christentum monophysitisch. Über die gesamte Schöpfung, von den Schöpfern bis zum geringsten Geschöpf, spannte sich ein riesiges Beziehungsnetz. Götter, Wesen und Dinge waren nur Erscheinungsformen; sie hatten verschiedene Grade, gehörten aber derselben Wirklichkeit an. Nirgends sonst

10 - Tell el-Amarna - Amenophis IV. (Echnaton) bringt dem Sonnengott Aton die Maat (die Wahrheit) dar. 18. Dynastie - *Versenktes Relief in Kalkstein; Gesamthöhe 1,05 m* - Kairo, Ägyptisches Museum

hatte der Symbolismus solche Lebensfülle und solches Raffinement im Ausdruck. Was sich in der Pflanzenwelt kundtat, hatte seine Entsprechung im Mineralischen, in den Eigenschaften der Menschen und in den Tugenden der Götter: die göttliche oder menschliche Jugendfrische, das war auch das Wachstum des Papyrus oder der Glanz des Malachit. Auch konnten die göttlichen Mächte vielfältige Formen annehmen; umgekehrt konnten dieselben Formen Träger verschiedener Mächte sein: so war das Krokodil der Ausdruck wohltätiger Fruchtbarkeit, aber das gefährliche Tier konnte auch eine böse Macht darstellen. Wichtig ist bei der Betrachtung eines ägyptischen Kunstwerks, daß man sich ein und demselben Gegenstand sukzessive aus verschiedener, mitunter gegensätzlicher Sicht nähern muß. Vom theologischen Standpunkt aus enthüllt sich die ontologische Realität in ihren mannigfachen Aspekten.

Es gab viele Göttersysteme; sie trugen den Stempel von Ort und Zeit ihrer Entstehung, waren aber nach denselben Grundprinzipien aufgebaut. Als aus dem Chaos die Form erstand, richtete sie sich nach den großen Achsen des Raumes aus, der nordsüdlichen Flußachse und der ostwestlichen Sonnenachse.

Diese grundlegende, feste Struktur macht sich in der Betonung der Geometrie in der ägyptischen Kunst bemerkbar. Wesentlich sind die Gesetze von Zahl und Proportion: die tatsächlichen Ausmaße sind oft unwichtig, dafür ist das Museum der reinen Formen Wirklichkeit geworden. Statuen und Reliefs sind in den strengen geometrischen Rahmen von Vertikalen und Horizontalen gefügt. Beinahe abstrakte Strenge geht von der grandiosen Monumentalität der Pyramiden aus; eine schöpferische Geometrie liegt der Tempelarchitektur zugrunde, die ein Abbild der Welt gibt; diese Geometrie sollte die Ordnung verdeutlichen, die nach dem Willen der Götter durch Pharao als Mittler die Welt regierte.

Altägyptische Gedanken zu Weltschöpfung und Weltuntergang gab es zwar, aber entscheidend war die Vorstellung immerwährender Dauer, die an die Immanenz gebunden war. Das ungeheure Chaos der Urkräfte war der Nun, ein Ozean, der die Welt umgab; aber der Nun war auch die unterirdische Wasserfläche, in der das Land Ägypten schwimmend gedacht war, und aus ihm quoll die Überschwemmung. Aus diesem Unerschaffenen bildeten sich die Formen der Schöpfung. Das Göttliche stand über ihr. Der oder jener Gott konnte angerufen werden, ganz wie es seine verschiedenen im Weltlauf gebrauchten Funktionen nahelegten oder wie Kultorte und geschichtliche Entwicklungen es bedingten. Aber dennoch waren die Weisen imstande, sich auf ‹den Gott› zu beziehen. Die Perfektion war so groß, daß diese Welt Gefahr lief, statisch zu werden; aus der beabsichtigten Unbewegtheit, genauer aus den Formen, in denen Bewegung immer beherrscht ist, resultiert für den unaufmerksamen Betrachter ägyptischer Kunst der Eindruck von Gleichförmigkeit. Gleichwohl ist das System dynamisch. Die großen natürlichen Rhythmen wiederholen sich unendlich, bilden Zyklen: die Nilschwelle und der Wechsel der Jahreszeiten, die astronomischen Phasen von Sonne, Mond und Sternen. Herrschaft sogar über die Zeit: ihr Dahinschwinden wird durch das Fortleben der Generationen ausgeglichen.

Denn der Tod ist nur eine andere Form des Lebens. Wenn auch die Grabkomponente in der erhaltenen ägyptischen Kunst überwiegt, so ist sie doch weitgehend ohne Düsternis. Wer die ägyptische Kultur auf Gräber und Mumien beschränkt sieht, der verkennt sie. ‹Feiere einen schönen Tag› war eine ständige Maxime der Ägypter, eine Alltagsmaxime, unmittelbarer als die versteinerte Theologie der Götter, Pharaonen und verstorbenen Vornehmen. Auch die Anekdote, das Genießerische, das Leben eines Volkes voller Humor und Weisheit hat Raum in der großen ägyptischen Kunst; was erstarrt und überzeitlich erscheinen könnte, wird durch Pittoreskes unmittelbar konkret. Es gilt, eine Formengrammatik und eine Symbolsyntax herauszuarbeiten, vor allem aber die große Schaffensfreude zu vergegenwärtigen, die im Rahmen der kunstvollen und eben doch lebendigen Geometrie zum Ausdruck kommt.

12 - Theben, Grab von Ramses VI.: Sargkammer - Die Entstehung der neuen Sonnenscheibe. 20. Dynastie - *Malerei auf Verputz*

# AUF DEN SPUREN DER PHARAONEN

Die ägyptische Archäologie nahm mit der Expedition Napoleon Bonapartes ihren Anfang. Freilich hatte Ägypten schon seit der Renaissance die Aufmerksamkeit der Gelehrten auf sich gezogen. Viele griechische und lateinische Autoren, von Herodot über Manetho, Diodor, Strabo, Plinius, Horapollon und Plutarch bis hin zu den Kirchenvätern waren von dieser fremdartigen Kultur fasziniert, der sie höchste Bewunderung entgegenbrachten und zugleich mit einem gewissen Spott begegneten. Man versuchte, hinter das Geheimnis der Hieroglyphen zu kommen: im 17. Jahrhundert hat Pater Athanasius Kircher Symbole von religiösen und philosophischen Begriffen dahinter vermutet; dann lenkte Abbé Barthélemy sein Augenmerk auf die Königsnamen in ihren Kartuschen und bemerkte, daß einige Hieroglyphen mit demotischen kursiven Zeichen verwandt sein mußten. Genährt wurde diese latente Ägyptophilie durch die Entdeckung ägyptischer oder ägyptisierender Denkmäler im Boden Roms – Obelisken, Statuen, Reliefs und Stelen –, dann auch durch bescheidenere Fundstücke, die der Zufall an den verschiedensten Ecken des ehemaligen *Imperium Romanum* zutage förderte. Es waren zwar nur Kuriositäten für Liebhaber, aber sie bewirkten doch, daß von da an einige Formen des alten Ägypten wieder auflebten und daß sich vor der eigentlichen Zeit etwas entwickelte wie ein Stil ‹zurück nach Ägypten!›.

Napoleon nahm 1798 auch einen Stab von Gelehrten mit nach Ägypten. Unter gelegentlich heroischen Umständen wurden die archäologischen Stätten am Nil zum ersten Mal wissenschaftlich untersucht. Zwischen 1809 und 1816 erschien die monumentale ‹*Description de l'Égypte*› mit ihren prachtvollen Tafeln. Der wertvollste Fund der Expedition ist der Stein von Rosette; er wurde 1799 von dem jungen Artillerieoffizier Bouchard bei Schanzarbeiten nahe der Mündung des westlichen Nilarms entdeckt; darauf ist ein Dekret der ägyptischen Priestersynode aus dem Jahr 196 v. Chr. verzeichnet, und zwar in drei verschiedenen Sprachen, auf hieroglyphisch-ägyptisch, auf demotisch und auf griechisch. Bei der Entzifferung der Hieroglyphen hat Jean-François Champollion hauptsächlich mit den Texten des Steins von Rosette gearbeitet. Er wußte bereits alles, was es damals über die Pharaonen zu wissen gab, und er beherrschte das Koptische, die mit griechischen Buchstaben geschriebene Spätstufe des Ägyptischen. Durch verbissene Arbeit und geniale Eingebung fand er die Schlüssel zur Entzifferung; seine wertvollen Erkenntnisse legte er 1822 in einem ‹*Lettre à M. Dacier relative à l'alphabet des hiéroglyphes phonétiques*› und 1824 in seinem ‹*Précis du système hiéroglyphique*› dar.

Als Mehmed Ali, der an der Moderne interessiert war, sein Land den Fremden öffnete, wurden einige Konsularbeamte, Ärzte und Kaufleute zu Antiquitätenhändlern. Es war eine wilde Schatzgräberei; die Hoffnung auf Gewinn war stärker als das wissenschaftliche Interesse. So kamen die Sammlungen zustande, die den Kern der großen europäischen Museen bilden. Durch ein kurioses ‹Bäumchen-wechsle-dich› geriet die Sammlung des französischen Konsuls Bernardino Drovetti in das Museum von Turin, und die Schätze des englischen Konsuls Salt kamen in den Louvre. Im August 1828 ging ein Traum Champollions in Erfüllung: er konnte die Denk-

13 - Mitteltеil des Tempels von Karnak zur Zeit der Expedition Napoleon Bonapartes (nach Cécile). Um 1799 - *Aquarell auf Papier* - Paris, Louvre

14 - Gisa - Die Sphinx (nach den ‹Carnets› von Vivant Denon) - Paris, Bibliothèque Nationale
15 - Gisa - Eingang der Cheops-Pyramide (nach den ‹Carnets› von Vivant Denon) - Paris, Bibliothèque Nationale

mäler der Kultur, deren Schleier er gelüftet hatte, *in situ* studieren. In ganz Ägypten und Nubien bis hinauf zum 2. Katarakt hat seine französisch-toskanische Mission – die erste *joint expedition* – eine erstaunliche Menge Kopien von Texten und Szenen angefertigt und alle möglichen Beobachtungen gemacht. Die Sensibilität Champollions kam durch den Kontakt mit den Originalen ins Schwingen, so manche Seite der ‹*Lettres écrites d'Égypte et de Nubie*› verdiente, in eine Anthologie der Kunstkritik aufgenommen zu werden. Im Oktober 1829, im Anschluß an seine Campagne, überbrachte Champollion Mehmed Ali ein Memorandum, in dem er sich für ein zusammenhängendes Forschungsprogramm und für eine gesetzliche Regelung der Grabungen einsetzte. Durch allzu intensive Arbeit erschöpft, starb er kurz darauf mit erst einundvierzig Jahren.

Die Fackel der Ägyptologie wurde von Richard Lepsius übernommen; auch er verband geduldiges Studium der Hieroglyphen mit aktiver Forschung im Land. Zwischen 1842 und 1848 inventarisierte die preußische Expedition mit größter Genauigkeit Denkmäler vom Delta bis zur trostlosen Einöde von Meroe am oberen Nil; mit Plänen, Aufrissen, Dekors und Texten wurden die bedeutenden Ergebnisse seit 1859 in Lepsius' ‹Denkmälern› mit ihren gewaltigen Abbildungsbänden veröffentlicht. Unterdessen wurde Auguste Mariette 1850 vom Louvre mit dem Auftrag nach Kairo geschickt, koptische Manuskripte zu kaufen. Sehr bald war er fasziniert von den Grabungen und hatte das Glück, im Sand von Saqqara eines der berühmtesten Gebäude der Antike zu entdecken, das Serapeum von Memphis. Darauf ernannte ihn der Khedive Said 1858 zum *maamur*, zum Antikendirektor in Ägypten; bis zu seinem Tod 1881 entwickelte er eine unermüdliche Aktivität bei der Oberaufsicht über die unzähligen Grabungen in Tanis, Memphis, Abydos, Dendera und Theben. Er beobachtete die Fundorte, um Raubgrabungen zu verhindern, legte Denkmäler frei und transportierte alle beweglichen Objekte in das eigens errichtete Museum von Bulaq. Freilich veröffentlichte er die Ergebnisse seiner Forschungen nur sehr summarisch, und selbst dazu fand er nicht immer Zeit – das war der Preis für seine überschäumende Aktivität.

16 - Elephantine - Ausschnitt vom kleinen Tempel (nach den ‹Carnets› von Nicolas Huyot) - Paris, Bibliothèque Nationale

2

17 - Ausschnitt vom sogenannten ‹Stein von Rosette›, mit Dekret in drei Sprachen - London, Britisches Museum

18 - Jean-François Champollion

19 - Auguste Mariette

20 - Gaston Maspero

21 - Karl Richard Lepsius

22 - Sir William M. Flinders Petrie auf der Grabung

Aber man verdankt ihm die weitverbreitete Kenntnis der ägyptischen Plastik: 1867 organisierte er eine Sektion ‹Pharaonische Archäologie› im Rahmen der Pariser Weltausstellung. Der unmittelbare Anblick des Chephren-Sitzbildes aus Diorit oder des ‹Scheich el-beled› modifizierte Anschauungen über die Stellung Ägyptens in der Kunstgeschichte.

Nach Mariette kam Gaston Maspero an die Spitze des *Service des Antiquités*. Kaum in Kairo angekommen, entdeckte er, daß die Wände der Grabkammern in den Pyramiden vom Ende des Alten Reiches in Saqqara mit Texten bedeckt sind – den berühmten ‹Pyramidentexten›, die für die Kenntnis der ägyptischen Religion so wichtig sind. Gaston Maspero hatte aktiv Anteil an der Entdeckung der berühmten Totentempel von Deir el-Bahari; die Tempel von Luxor und Karnak wurden freigelegt. Bei den Pyramiden von Dahschur fand Jacques de Morgan herrlichen Schmuck aus dem Mittleren Reich. Georges Legrain entdeckte die berühmte *favissa* von Karnak, eine Art Grube, in die zu Tausenden Statuen und Statuetten aus Stein und Bronze, Fragmente vom Mittleren Reich bis zur Saïtenzeit geworfen worden waren. 1902 ließ Maspero die gewaltig aufgehäuften Sammlungen nach Kairo in ein neues Museum überführen und katalogisieren. Eine mehrbändige Veröffentlichung ließ im klaren, anmutigen Stil Masperos die ägyptische Kunst für ein großes Publikum wieder lebendig werden.

Allmählich wurde auf internationaler Ebene Interesse an der ägyptischen Archäologie wach. England entsandte mehrere Expeditionen, die seit 1882 vom *Egypt Exploration Fund* unterstützt wurden. Flinders Petrie arbeitete besonders im bisher wenig beachteten Delta – in Tanis und in Naukratis. Auch in Tell Basta und in Mendes wurden Grabungen durchgeführt. Der unermüdliche englische Ausgräber kümmerte sich auch um bescheidene, bisher vernachlässigte Zeugnisse, um Tonscherben, Graffiti und Perlen, die er für die Datierung zu nutzen wußte. Auf dem noch neuen Gebiet der Erforschung vor- und frühgeschichtlicher Kulturen bemühte er sich, die

Chronologie mit Hilfe der Keramikfolge zu bestimmen (*sequence dates*). Die amerikanischen Universitäten und Museen erhielten auch die Grabungslizenz für Gisa; im ‹Tal der Könige› fanden sie sehr schönes Grabmobiliar im Grab von Juja und Tuju, den Schwiegereltern Amenophis' III. In den ersten Jahren des Jahrhunderts wurden die Pyramiden von Abusir im Auftrag der Deutschen Orientgesellschaft von Ludwig Borchardt untersucht. Die Deutsche Orientgesellschaft unternahm auch Grabungen in Tell el-Amarna – das Resultat überstieg alle Erwartungen: bei der Freilegung der Werkstatt des Bildhauers Thutmosis fanden sich einige Modellköpfe. Der berühmte Kopf der Königin Nofretete kann im Ägyptischen Museum von Berlin bewundert werden.

Der Erste Weltkrieg behinderte die archäologische Forschung erheblich; danach zwang das neue Antikengesetz die Ausgräber, einen Teil der Funde in Ägypten zu lassen. Das galt schon für den Schatz des Tutanchamun. Nach jahrelanger ergebnisloser Suche sichtete der englische Archäologe Howard Carter, der mit Unterstützung des englischen Mäzens Lord Carnarvon arbeitete, endlich 1922 hinter dem Schutt der Grabanlage von Ramses VI. den Eingang des Tutanchamun-Grabes. Er brauchte mehrere Monate zur Freilegung und Untersuchung der beiden Vorkammern und der Schatzkammer, in der die reichen Grabbeigaben des Königs untergebracht waren. Und das war nur die Grabstätte eines bescheidenen Königs, eines der weniger glorreichen der 18. Dynastie! Obwohl bedeutender, haben andere Entdeckungen geringeren Widerhall gefunden. 1925 fand der Amerikaner Georg Reisner in einer kleinen Pyramide östlich der Cheops-Pyramide von Gisa eine unversehrte Kammer mit dem Mobiliar der Königin Hetepheres, der Mutter des Königs Cheops. 1939, kurz vor dem Zweiten Weltkrieg, förderte Pierre Montet bei seinen Grabungen in Tanis die Grabanlagen der Herrscher der 21. und 22. Dynastie zutage. Am reichsten war das Grab des Königs Psusennes I. mit einem ziselierten Silbersarg, einer wundervollen Goldmaske und mit einer großen Schmucksammlung.

Grabungspublikationen und Untersuchungen aus mehr als einem Jahrhundert Feldarchäologie füllen eine ganze Bibliothek. Die eigentümlichen Züge der ägyptischen Kultur erscheinen da in all den Varianten, die in drei Jahrtausenden und durch regionale Unterschiede entstanden sind. Manchmal ergeben sich durch Grabungen völlig neue Aspekte, zum Beispiel in Saqqara, seit 1925 die erstaunlich modernen Formen der Bauten des Djoser, des ersten Königs der 3. Dynastie, zutage kamen.

Ein Gesamtverzeichnis wäre von unmäßiger Länge. Erwähnt sei nur der wachsende Anteil, den die Ägypter selbst an den Grabungen haben. Der *Service des Antiquités*, mit dem bis 1952 Franzosen betraut waren, wird jetzt von einem ägyptischen Gelehrten geleitet. In Tuna el-Gebel hat Sami Gabra den merkwürdigen Ibis- und Pavianfriedhof von Hermopolis ausgegraben; Zaki Saad hat in Heluan einen Friedhof untersucht, der grundlegende Kenntnisse über die ersten beiden Dynastien vermittelt. Während Zakaria Goneim in Assassif und in Saqqara grub, wo er die Reste einer unbekannten Pyramide freilegte, hat Ahmed Fakhri bis zu den Oasen hin Überreste ägyptischer Präsenz seit dem Alten Reich entdeckt. 1954 sind neben der Cheops-Pyramide in Gisa in einer Art Trockendock alle Teile eines auseinandergenommenen großen Schiffs aus Zedernholz in erstaunlich gutem Zustand zum Vorschein gekommen.

Der letzte große Abschnitt der ägyptischen Archäologie wurde 1956 durch die Entscheidung Gamal Abdel Nassers herbeigeführt, den Staudamm von Assuan, den Sadd el-Ali, zu bauen. Am Anfang des Jahrhunderts war schon die Insel Philae im Wasser versunken. Nun staute etwas oberhalb des alten, 1930 aufgeschütteten Dammes der gewaltige 6 km lange und über 1 km breite Deich das Tal, und es entstand ein Stausee von 500 km Länge und 15 bis 30 km Breite; der Wasserspiegel stieg von 120 auf 180 m. Das ganze ägyptische Nubien und ein Teil des sudanesischen Nubien mußten geopfert werden. Vor dem unwiederbringlichen Verlust so vieler archäologischer Stätten und Denkmäler regte sich das Weltgewissen; die UNESCO forderte internationale Zusammenarbeit; die Regierungen Ägyptens und des Sudan boten den Ausgräbern,

23 - Entdeckung des Tutanchamun-Grabes durch Lord Carnarvon und Howard Carter
24 - Innenansicht der Vorkammer des Tutanchamun-Grabes mit einem Teil des Grabmobiliars

die ihnen helfen wollten, die Hälfte der Funde an. Der Schwerpunkt der ägyptischen Archäologie verlagerte sich; die großen traditionellen Grabungen wurden unterbrochen, und man wandte sich den Stätten in Nubien zu. Missionen aus zweiundzwanzig Nationen konzentrierten ihre Bemühungen auf das bedrohte Gebiet. Nubien ist das Bindeglied zwischen dem eigentlichen Ägypten und dem südlicheren Afrika – und diese relativ arme Zone ist nun paradoxerweise eine der bestdurchforschten der Welt. Die Untersuchung vertiefte die Kenntnis der afrikanischen Vergangenheit ungemein. Nubien, das kulturell lange als bloßes Anhängsel Ägyptens gegolten hatte, zeigte sich nun in der Eigenständigkeit seiner aufeinanderfolgenden Kulturen.

Die Fülle der in kürzester Zeit zu bewältigenden Arbeit erforderte rasche und wirksame Methoden, die Nubien für ein paar Jahre zum Zentrum der Weltarchäologie machten. Schon bekannte Denkmäler wurden vermessen und sorgfältig untersucht, alles, was interessant schien, wurde festgestellt und freigelegt. ‹*Surveys*› wurden organisiert, das heißt, die Oberfläche der ganzen Region wurde systematisch ‹durchgekämmt›. An besonders wichtigen Stätten zog man weitere Expeditionen zu, um noch schneller zu Grabungsergebnissen zu kommen. Die vom *Institut géographique national* (Frankreich) entwickelte Photogrammetrie erleichterte die Vermessung der Denkmäler: durch Reihen von photographischen Aufnahmen erhält man Höhenlinien und kann dadurch Gebäude und Reliefs in ihren drei Dimensionen festhalten. Spektakulärer waren die Rettungsaktionen, die den großen nubischen Tempeln galten. Mehrere Heiligtümer wurden vollständig abgebaut, wegtransportiert und nahe den Ufern des künftigen Sees oder im Museum von Kartum durch ein paar Hundert Techniker aus aller Welt wieder zusammengesetzt. Tausende von Arbeitern aus Ägypten und dem Sudan lösten sich monatelang unter belastenden klimatischen Bedingungen Tag und Nacht ab. Es waren gigantische Unternehmungen: jeder Stein mußte inventarisiert und numeriert, jedes Detail mußte verzeichnet werden. Die dreizehntausend Blöcke des Tempels von Kalabscha wurden geduldig weggeräumt und etwa 40 km entfernt auf einem eigens von deutschen Unternehmen gebauten Areal wieder zusammengebaut. Den Tempel von Amada setzten französische Ingenieure im ganzen auf Schienen und zogen ihn 4 km weg von seinem ursprünglichen Platz. Die gewaltigste Rettungsaktion galt dem Felsentempel Ramses' II. in Abu Simbel. Verschiedene gewagte Projekte wurden ihrer Kosten wegen abgelehnt, und man entschloß sich 1963 für die Lösung, die Elemente des Tempels – Kolosse, Statuen, Pfeiler und Wandreliefs – in Scheiben abzutragen; oben auf dem Gipfel der Felswand wurden sie dann mit Metallklammern an Betonunterlagen befestigt, die sich in der Form eng an die beiden rekonstruierten Gebäude anlehnen.

Der Nasser-See bedeckt jetzt den größten Teil Nubiens. Nun ist man dabei, die Gebäude der wunderbaren Insel Philae zu retten. Sie liegt zwar unterhalb des Staudamms, ist aber noch bedroht durch den jähen Wechsel der ausströmenden Flut; und seit Beginn dieses Jahrhunderts werden die Bauten von den Wassern des ersten Assuan-Damms unterspült. Die Tempel werden sorgfältig abgebaut und sollen auf der Nachbarinsel Aglika, die man im Augenblick dafür vorbereitet, wieder aufgerichtet werden. Auch da war der Aufruf zu internationaler Zusammenarbeit nicht vergeblich.

25 - Buhen - Teilansicht der Festung, Westseite (jetzt vom Nasser-See überflutet). 12. Dynastie

26 - Abu Simbel - Abbau eines Osiris-Pfeilers vom großen Tempel während der 1966 von der UNESCO durchgeführten Rettungsaktion

Am anderen Ende Ägyptens sollte man den Blick auf das Delta lenken; die Nähe der Kriegsfront hat lange Zeit Untersuchungen unmöglich gemacht; unterdessen stellen der unaufhaltsame Anstieg des Wasserspiegels und die Ausbreitung der Siedlungen die Konservierung der bisher stark vernachlässigten Ruinen in Frage.

Jedenfalls sind die Überreste einer großen Vergangenheit so reich, daß noch viel zu erforschen bleibt. 1900 schrieb Gaston Maspero: «Ägypten ist kaum angekratzt.» Trotz vieler berühmter Entdeckungen ist der Ausspruch auch heute noch gültig.

Die Schreibung der ägyptischen Wörter folgt nur locker der wissenschaftlichen Umschrift; sie gibt die behelfsmäßige Aussprache der Ägyptologen wieder.
Die Schreibung von Personen- und Ortsnamen richtet sich nach den Prinzipien des von W. Helck und E. Otto herausgegebenen ‹Lexikons der Ägyptologie›.

# ERSTER TEIL

I

# DIE VORGESCHICHTE

*Von Fernand Debono*

## *Die allerersten Ägypter: die Geröllkulturen; die ungeformten Geräte (Primitiv-Paläolithikum, Oldowayen)*

Die 1971 begonnenen methodischen Forschungen im thebanischen Bergland ermöglichen es uns, jetzt fast zwei Millionen Jahre zurück auf die ersten Menschen im späteren Land der Pharaonen zu schauen. Die Entdeckungen wurden bei der Untersuchung der quartären Anschwemmungen gemacht, die sich gegenüber dem modernen Luxor in der Wüstengegend am Westufer ausbreiten. Es sind Ablagerungen aus Geröll mit Konglomeraten, die vom Land oder aus fließendem Wasser stammen und die von Sturzbächen oder Rinnsalen zusammengetragen worden sind. Dort fand man die primitivsten Steinwerkzeuge, die bisher bekannt sind. Sie unterscheiden sich in nichts von den Werkzeugen aus den berühmten Schichten Ostafrikas, aus denen auch die Australopithecinen stammen.

Trotz ihrer Primitivität lassen sich diese mit einigen großzügigen Schlägen bearbeiteten Stücke in mehrfach wiederholte Typen, in Serien einordnen: die einen sind *choppers*, bei denen nur die Ränder von einer Seite abgeschlagen sind (*taille unidirectionnelle*); andere, bei denen die Ränder zweier Seiten abgeschlagen sind, bezeichnet man als *chopping tools* (*taille bidirectionnelle*); schließlich findet man noch Geräte, bei denen auf mehreren Seiten die Ränder abgeschlagen sind (*taille multidirectionnelle*). Außerdem gibt es einseitig und zweiseitig bearbeitete Stücke, Polyeder, Kernstücke und einfache oder retuschierte Abschläge.

Neben klassischen, in Afrika gängigen Formen findet man Varianten, die anscheinend auf Ägypten beschränkt sind, so etwa eine bestimmte Art von Handspitzen mit schrägem Ende.

← 27 - Oase Laketa - Pfeilspitzen, kleine Sägen, Bohrer, durchbohrter Gegenstand und Mikrostichel. End-Paläolithikum - *Silex; Höhe etwa zwischen 0,03 m und 0,06 m* - Kairo, Ägyptisches Museum

28 - Thebanisches Bergland - ‹Chopper›. Primitiv-Paläolithikum (Oldowayen) - *Silex; Höhe 0,11 m* - Kairo, Centre égyptien de Documentation sur l'ancienne Égypte

29 - Thebanisches Bergland - ‹Chopping tool›. Primitiv-Paläolithikum (Oldowayen) - *Silex; Höhe 0,07 m* - Kairo, Centre égyptien de Documentation sur l'ancienne Égypte

28

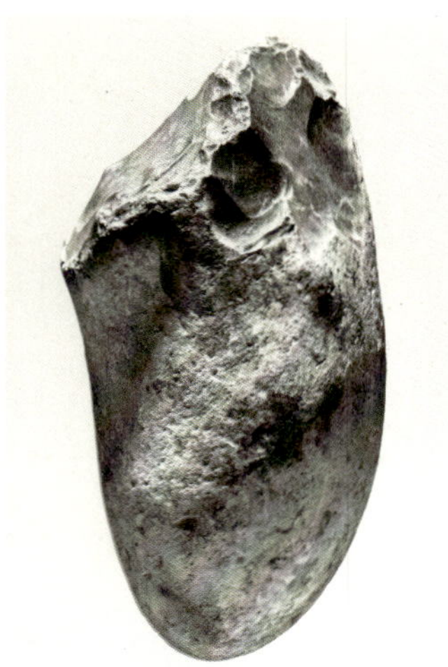

29

Aber falls beim ersten Anblick der ungeformten Stücke noch Zweifel bestanden, ob diese Geräte absichtlich geschlagen sind, so wurden sie durch einen Fund vom März 1975 zerstreut. Wir haben fünfundzwanzig Depots der quartären Anschwemmungen untersucht; eines lieferte in einem Stratum, das eben solche Gerölle enthielt, einen fossilen menschlichen Zahn primitiver Art; damit ist erwiesen, daß diese Schicht und der Mensch in dieselbe Zeit gehören, und der Zahn weist den Menschen als den Hersteller der Geräte aus (zwischen 2 000 000 und 500 000 v. Chr.).

*Der Mensch entdeckt die Form (Alt-Paläolithikum)*

Fast zwei Millionen Jahre der Stagnation oder Halbstagnation mußten vergehen, bevor der Mensch darauf kam, bei der Herstellung von Werkzeugen absichtlich symmetrisch zu arbeiten. In diesem neuen Abschnitt, der wohl um fünfhunderttausend Jahre zurückreicht, liegt die Trennung des Hominiden, der sich auf dem Jahrtausende langen Weg zur völligen Menschwerdung befand, von allem, was er noch vom Primaten an sich gehabt hatte.

Zum erstenmal in der Geschichte der Menschheit hat der Mensch nicht nur schon bestehende Formen benutzt und für sich zugerichtet, sondern neue Formen geschaffen. Nach Übergangsstadien brachte er durch Geisteskraft eine vorher bedachte Form zustande. Die Schlagbearbeitung beschränkte sich nicht mehr nur auf die Schneide, sondern sie erfaßte alle Oberflächen. Der Mensch wurde vom bloßen Abschläger zum wirklichen Bildner.

In der ältesten Phase dieses neuen Abschnitts tauchte der Faustkeil mit robuster, schlagkräftiger Spitze auf. Der dreieckige Durchschnitt in der Mitte hat seinen Ursprung wohl noch in der vorhergehenden Epoche, ist genau wie in Marokko und Oldoway. Aber die zugerichteten Gerölle scheinen nicht so bald verschwunden zu sein, sie nahmen nur fortschreitend an Zahl ab.

Zum Faustkeil kamen bald beidseitig zugerichtete, mandelförmige Geräte vom Acheuléen-Typ hinzu. Man bearbeitete sie immer sorgfältiger, bis sie zu regelrechten Kunstwerken wurden.

Gut ägyptisch ist auch das beidseitig zugerichtete Stück, dessen Ende durch Vertikalretuschen geschärft ist; in der Funktion ist es vielleicht mit den kleinen geschlagenen Äxten vergleichbar, die in anderen Gegenden Afrikas so häufig waren. Auch typisch für Ägypten ist das beidseitig abgeschlagene Gerät, das sich aus der Weiterbearbeitung eines regelrechten Kernstücks ergeben hat, nämlich durch die Loslösung eines großen Abschlags an der Seite – diese Technik wurde in der nächsten Epoche häufiger und noch vollkommener angewendet.

30 - Abbassieh - Faustkeil. Alt-Paläolithikum - *Silex; Höhe 0,12 m* - Kairo, Ägyptisches Museum

31

32

33

34

31 - Thebanisches Bergland - Zweiseitig geschlagenes Gerät. Alt-Paläolithikum (Acheuléen) - *Höhe 0,15 m* - Kairo, Ägyptisches Museum; 32 - Thebanisches Bergland - Zweiseitig geschlagenes Gerät vom Typus Sangoen. Alt-Paläolithikum - *Silex; Höhe 0,15 m* - Kairo Ägyptisches Museum; 33 - Thebanisches Bergland - Zweiseitig geschlagenes Gerät in ‹Victoria-West-Technik›. Alt-Paläolithikum (Acheuléen) - *Silex; Höhe 0,13 m* - Kairo, Ägyptisches Museum; 34 - Thebanisches Bergland - Zweiseitig zu kleiner Axt behauenes Gerät. Alt-Paläolithikum (Acheuléen) - *Silex; Höhe 0,14 m* - Kairo, Ägyptisches Museum

*Die Vorherrschaft des leichten Gerätes (Mittel-Paläolithikum)*

Fast zweihunderttausend Jahre verstrichen; durch unmerkliche Übergänge veränderten sich die klimatischen und ökologischen Bedingungen, der Mensch paßte sich der neuen Umwelt an. Sein Instinkt und sein Gehirn halfen ihm, sein Werkzeug umzuschaffen und ein neues, verbesserndes System zu finden. Das beidseitig zugerichtete Gerät der vergangenen Zeit überlebte zunächst, aber es wurde seltener und auch allzu klein; schließlich verschwand es ganz. Das bedeutete den Sieg des Abschlags, der früher schon gelegentlich in der sogenannten Para-Levallois-Technik hergestellt worden war. Man richtete einen auf allen Seiten gleichmäßig abgeschlagenen Silex-Kern zu; die Abschläge bekamen eine facettierte Basis. Das neue Verfahren, das bis zur Vollendung entwickelt wurde, stellte einen beträchtlichen Fortschritt dar. Der leichte spitze Abschlag, den man auf einem Holzstiel befestigte, verdrängte das schwere, beidseitig zugerichtete Gerät – der Mensch verlängerte Reichweite und Kraft seines Armes, er verteidigte sich nicht mehr mit einer in der Hand gehaltenen Steinwaffe. Er zeigte seine Wirkung auf die Welt dadurch, daß er seinen Gegner von fern angriff; er erhöhte seine Verteidigungs- wie seine Angriffsstärke. Auch beweglicher wurde der Mensch mit dem leichteren Gerät, er konnte seinen Aufenthaltsort unbeschwerter wechseln. Außerdem wurde sein Rüstzeug mit diesem System vielfältiger; es umfaßte Geräte wie Schaber, Stichel und Messer, die vielerlei Verwendungszwecke hatten.

Noch einmal: als intellektuelle Leistung war der Entwicklungsprozeß bewundernswert – der Mensch richtete schon den Kern zu, um dem Abschlag später eine bestimmte Form geben zu können. Er bildete nicht mehr nur den ungeformten Grundstoff um, sondern schuf mit seiner Phantasie Neues. Auf Kosten des Ästhetischen gewannen seine Erzeugnisse an Funktionalität. Die Stücke sind kaum mehr Kunstwerke wie die alten zugerichteten Geräte. Die Schönheit wurde abstrakt.

Diese sogenannte Levallois-Technik wurde von den Prähistorikern zuerst in Frankreich beschrieben und dann erst in Afrika, besonders in Ägypten, reichlich angetroffen – in Gegenden,

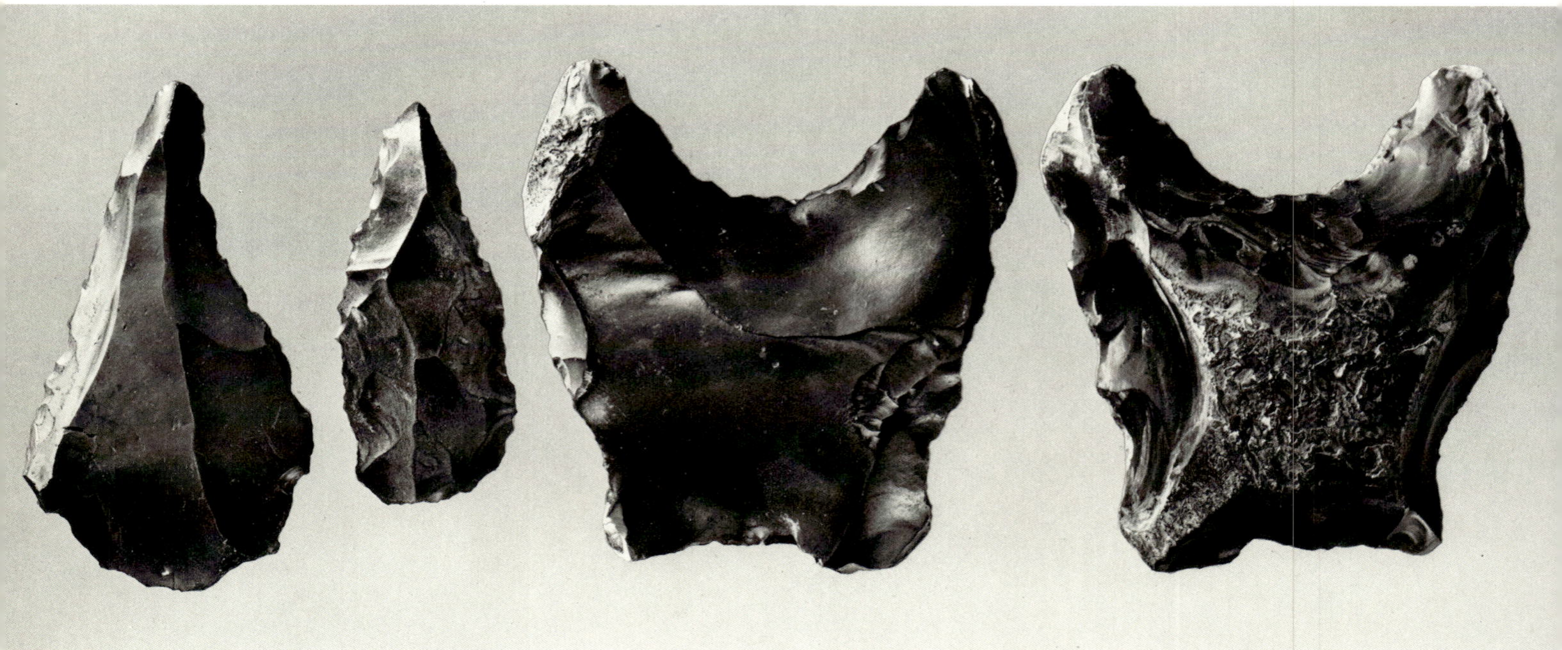

35 und 36 - Thebanisches Bergland - Spitzen-Abschläge in Levallois-Technik. Mittel-Paläolithikum - *Silex* - Kairo, Ägyptisches Museum

37 - Thebanisches Bergland - Kernstück vom Typ Gebel Suhan (Vorder- und Rückansicht). Mittel-Paläolithikum - *Silex; Höhe 0,10 m* - Kairo, Ägyptisches Museum

38 - Thebanisches Bergland - Kernstück in Levallois-Technik. Mittel-Paläolithikum - *Silex; Höhe 0,12 m* - Kairo, Ägyptisches Museum

die heute Wüste sind. Die Technik machte Phasen der Vervollkommnung durch, in denen sie sich an gröbere, moustéroid genannte Stücke anglich, was aber anscheinend selten geschah.

Aus der Epoche stammt ein schönes, ziemlich häufiges und typisch ägyptisches Gerät, das man nirgends sonst antrifft: das Kernstück vom Typ Gebel Suhan (mit konkaver Schneide). Das für die Levallois-Zurichtung bezeichnende Kernstück, das in Bipolartechnik hergestellt ist, wurde nach Gebrauch an dem einen Ende aufs neue sorgfältig zu einem tiefen Buchtschaber geschlagen. Die Funktion dieses merkwürdigen Gerätes (zwischen 200000 und 40000 v. Chr.) ist schwer auszumachen.

### *Klingengeräte (Jung-Paläolithikum)*

Die Periode markiert einen deutlichen Abschnitt im Leben der ersten Ägypter. Die grenzenlosen Gebiete, die von den umherziehenden Stämmen des vorherigen Stadiums bewohnt gewesen waren, entwickelten sich fortschreitend zu Wüsten. Der Mensch hielt sich an die letzten Wasserstellen und ließ sich auf den verbleibenden Terrassen des Nils nieder.

Neue Forschungen haben zu verschiedenen Feststellungen geführt, die zum Teil noch der Prüfung bedürfen. Wir berichten hier von relativ sicheren Ergebnissen. Die älteste, die sogenannte Hawarah-Phase (Ex-Epilevalloisien), die typisch ägyptisch ist, leitet sich direkt von der Kultur mit Levallois-Technik ab, die der vorerwähnten Periode zugehörte. Die Geräte wurden typen-

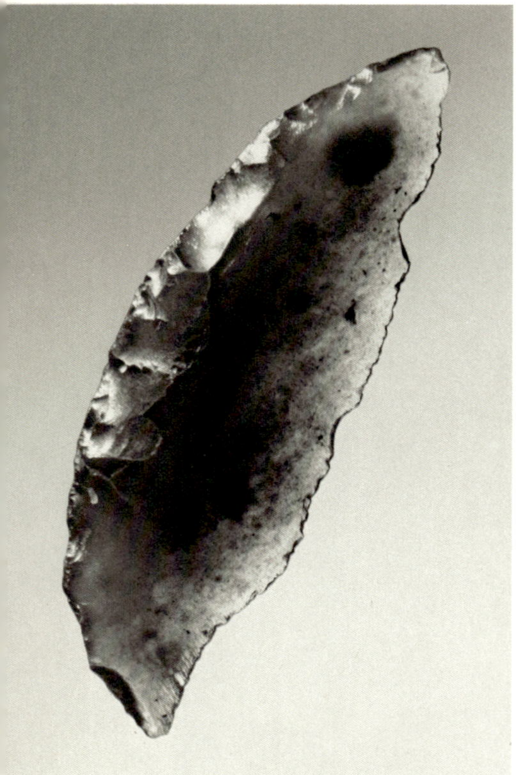

39 - Heluan - Kreissegment mit durch kreuzförmige Retuschen abgestumpftem Rücken. End-Paläolithikum (Natoufien) - *Silex; Höhe 0,04 m* - Privatsammlung
40 - Oase Charga - Stielspitze. Jung-Paläolithikum - *Silex; Höhe 0,08 m* - Kairo, Ägyptisches Museum
41 - Oase Charga - Atérien-Schaber. Jung-Paläolithikum - *Silex; Höhe 0,08 m* - Kairo, Ägyptisches Museum

reicher, sind aber oft bis zum äußersten verkleinert. In kleinerem Maßstab findet man da die gleichen rundlichen oder spitzen Kernstücke wieder; sie kommen zusammen mit einem anderen besonderen Typ vor, der in Bipolartechnik hergestellt ist und seinen Ursprung wohl im Kernstück vom Typ Gebel Suhan hat. Charakteristisch erweisen sich die Kernstücke, von denen man zugleich Abschläge und kleine Klingen loslöste. Sie sind Vorläufer der Kernstücke mit Lamellenzurichtung und glatter Basis, die in den folgenden Epochen aufkamen. Auch sollte man das ungeschlachtere Kharguien zur Kenntnis nehmen, das aber als ungesichert gilt.

Zu der Zeit – und wohl auch vorher schon – erlebte Ägypten eine Invasion von Fremden. Sie waren durch allmähliche oder plötzliche Klimaverschlechterung verdrängt worden; jedenfalls kamen die Leute des Atérien Nordafrikas über die Cyrenaika in das anziehende grüne Niltal. Diese Krieger waren gefährlich mit ihrer neuen Waffe: die alte dreieckige Spitze war zwar noch in Levallois-Technik hergestellt, aber durch einen herausgearbeiteten Stiel verbessert, der eine solidere Befestigung auf dem Schaft gestattete. Den Weg ihres Siegeszuges kann man die Oasen entlang verfolgen – Siwa westlich vom Fayum, Dachleh und Charga fast 120 km entfernt von Theben. Dann drangen sie in das ersehnte Land ein; ihre charakteristischen Steingeräte findet man in einzelnen Gruppen, besonders nördlich von Theben und vielleicht auch in Dara (bei Manfalut) und im Wadi Hammamat (östliche Wüstenberge). Trotz ihres plötzlichen Eindringens gingen die Eroberer sehr bald in der ägyptischen Volksmenge auf; das ist eine Erscheinung, die man seit jeher in Ägypten beobachtet. Ihre Spuren haben sich aber doch in einer gewissen Merkmalsvermengung erhalten, als sichere Atérien-Züge in bestimmten Hawarah-Industrien.

Bisweilen haben solche Stücke einen mehr oder weniger blattförmigen Umriß, den man in Theben und in Esna antrifft. Und die Stielspitzen kommen bis ins Hawarien vom Gebel el-Ahmar und von Abbassijeh bei Kairo vor (zwischen 40000 und 15000 v. Chr.).

*Die geometrische Mikrolithik (End-Paläolithikum)*

Nun folgte ein zweiter, deutlich unterschiedener Abschnitt in der Entwicklung der Menschen. Sie gaben endgültig die letzten Nilterrassen und adlerhorstgleichen Sitze auf, die sie mehr oder weniger lange bewohnt hatten, und ließen sich anscheinend am Fuß der Felswände näher am Nil und in der Umgebung von Teichen nieder. Die Steinausrüstung ist deutlich umgestellt; auf Kosten des Abschlags haben sich Klingen aller Art beachtlich entwickelt. Gelegentlich beobachtet man nachlebende Levallois-Technik; in späteren Industrien verschwand sie endgültig, und schließlich traten geometrische mikrolithische Formen auf. Alle diese Industrien sind zugegebenermaßen noch nicht gründlich untersucht; wir halten nur einige davon für gesichert. Sie folgten zeitlich aufeinander oder besser, sie überlagern sich in einigen Gegenden: das Silsilien, das Fakourien, das Sébilien, das Menchien, das Lakeitien, das Hélouanien und das Natoufien.

So bedeutend wie vordem die Entdeckung der Levallois-Technik war für diese Epoche die Entdeckung der Mikrostichel-Technik, ein äußerst sinniges Verfahren, das die Herstellung von Geräten in geometrischen Liliputformen erleichterte: von gleichschenkligen und ungleichseitigen Dreiecken und von Trapezen.

42 - Heluan - Die drei typologischen Gruppen des Hélouanien. End-Paläolithikum - *Silex; Höhe zwischen 0,01 m und 0,05 m* - Privatsammlung

Die anderen Errungenschaften dieses Zeitalters, die einen Bruch mit der Vergangenheit anzeigen, sind die ersten Pfeilspitzen und die schon erwähnten geometrischen Silexgeräte, die sicher Widerhaken von Harpunen waren, weiter Knochengeräte, auch vielerlei Stichel, Mühl- und Reibsteine, die auf Ackerbau schließen lassen, und endlich Schmuckgegenstände wie durchbohrte Kügelchen, die etwa aus den Schalen von Straußeneiern geschnitten sind.

Am eigenständigsten und rein ägyptisch war da das Sébilien mit seinen breiten Abschlägen in Levallois-Technik und mit seinen geometrischen Riesenstücken, die durch Abspaltung geformt und durch feine Retuschen regelmäßig gestaltet worden waren.

Sehr überraschend kündigte sich das Lakeitien an – die Bezeichnung ist von der Oase Laketa in der östlichen Wüste abgeleitet. Es ist durch längliche, manchmal mit Widerhaken versehene Pfeilspitzen und durch merkwürdige Sägen gekennzeichnet.

Die Natoufien-Leute, kriegerische Eindringlinge wie die schon erwähnten Leute des Atérien, kamen mit neuartigen Geräten über Palästina und den Sinai in zwei aufeinanderfolgenden Wellen nach Ägypten. Die erste Welle hinterließ in Heluan bei Kairo ihre eigentümlichen, in keiner anderen Kultur anzutreffenden Klingen mit stumpfem Rücken, die durch kreuzförmige Retuschen modelliert sind. Die zweite Welle hinterließ sehr schöne, hochgefährliche Pfeilspitzen mit gezähnter Schneide; ihre Basis ist durch merkwürdige, seitlich ausgebogene Dornen verstärkt. Im Augenblick nennt man sie El-Chiam-Spitzen (zwischen 15000 und 7000 v. Chr.), aber sie sind auch in Heluan und im Norden der Ostwüste anzutreffen.

43 - Gebel es-Silsileh (Gegend von Kom Ombo) - Sébilien-Geräte: Abschläge mit gerader Basis und in geometrischer Form. End-Paläolithikum - *Silex; Höhe etwa zwischen 0,02 m und 0,06 m* - Kairo, Ägyptisches Museum

44 - Heluan - Natoufien-Pfeilspitze, sogenannte El-Chiam-Spitze. End-Paläolithikum - *Silex; Höhe etwa 0,04 m* - Privatsammlung →

II

# DIE FRÜHGESCHICHTE

*Von Jean-Louis de Cenival*

Im Paläolithikum lebten die Menschen als Jäger und Sammler; das Leben im Neolithikum gründete sich auf Ackerbau und Viehzucht; man hatte relativ feste Wohnsitze und kannte eine Reihe neuer Techniken wie Weberei, Korbflechterei und vor allem Töpferei. Wie die Bewohner des Niltals von einer Lebensform zur anderen übergewechselt sind, darüber wissen wir sehr wenig; bekannt ist nur, daß der Übergang im Vorderen Orient wie in einigen Gegenden Afrikas zwischen 10000 und 8000 v. Chr. begann.

Im Niltal liegen die ersten Anzeichen kaum vor 7000: in der Umgebung von Kartum, also tief im Süden Ägyptens, lebten damals Fischer und Jäger, die anscheinend noch keinen Ackerbau trieben, aber Keramik mit wellenförmigem Ritzdekor herstellten (mesolithische Kultur von Kartum). Sie hatten fast dieselbe Lebensweise und dieselben Werkzeugtypen wie die Bewohner des Tschad, von Ennedi oder von Tibesti.

Die Keramik ihrer Nachfolger (Neolithikum von Kartum) war sorgfältiger gearbeitet, oft poliert und manchmal mit einem schwarz geschmauchten Streifen verziert. Diese Kulturen breiteten sich ziemlich rasch nach Norden bis an die heutige Grenze Ägyptens aus. In dem ganzen Gebiet gibt es kein Anzeichen für Ackerbau, nur Hinweise auf Viehzucht (Ziegen, Schafe und vielleicht auch Rinder).

In Ägypten selbst gibt es nur wenige Funde aus dieser Epoche. Ungefähr 7000 bis 6000 v. Chr. führte eine bedeutende Siedlung in el-Kab mit ihren mikrolithischen Feuersteinwerkzeugen die Traditionen des Sébilien fort. Auch die gleichzeitige Kultur in der Fayum-Senke – die sogenannte Fayum-B-Kultur – kannte weder Ackerbau noch Töpferei. Wahrscheinlich haben sich die Bewohner des Landes erst kurz vor 5000 v. Chr. die Techniken des Neolithikums angeeignet. Möglich ist auch, daß die Menschen in einem großen Teil des Tals dieses Stadium übersprungen haben, denn das einzige Gebiet, wo man bis jetzt genau bestimmte neolithische Spuren entdeckt hat, ist das Fayum. Dort wurden mehrere Ortschaften mit einer recht groben Keramik und mit allen klassischen Merkmalen des Getreideanbaus – Sicheln, Mahlsteinen, Getreidespeichern – gefunden, ferner Reste von Haustieren, Feuerstellen, geflochtene Körbe und Leinenstoffe. Das Steinwerkzeug ist dort von hoher Qualität: Sichelteile, Pfeilspitzen und so weiter sind aus einem schönen Feuerstein hergestellt und mit Karamel-Patina überzogen (sogenannte Fayum-A-Kultur).

### *Die Negade-Kultur*

Erstaunlich plötzlich ändert sich das Bild, die Funde nehmen um ein Mehrfaches zu. Tausende von Gräbern, die auf die südliche Hälfte des Landes verteilt sind, zeugen von einer homogenen Kultur, die sich in Schüben über das ganze Land verbreitet hatte und nach über tausend Jahren

45 - Mamarija - Statuette einer Frau mit erhobenen Armen (‹Tänzerin›?). Prädynastisch - *Bemalter gebrannter Ton; Höhe 0,29 m* - New York, Brooklyn Museum

in die pharaonische Kultur mündete. Benannt hat man diese Kultur nach ihrem Hauptfundort: Negade.

Zunächst war diese Kultur nur einigen neu eingewanderten Gruppen im Tal eigen; am Ende, nach tiefgehenden Umwandlungen, weitete sie sich zu einem großen Zentralstaat aus. Einige beständige Merkmale lassen sich aber doch ausmachen.

Verglichen mit Nachbarkulturen, war die Negade-Kultur in Material, Technik und Handelstätigkeit wenig glanzvoll. Die dürftigen Siedlungsreste zeigen, daß die Negade-Leute in kleinen Orten mit Hütten aus Schilf, Lehm oder Strohlehm wohnten, die einen Durchmesser von kaum mehr als 2,50 m hatten. Vielleicht hat es einige bedeutendere Ortschaften – wie Negade, Gebelein und Hierakonpolis – gegeben, von denen jedoch nur Spuren gefunden wurden; aber es ist anscheinend auszuschließen, daß in Oberägypten ähnliche Städte wie im Vorderen Orient existierten, etwa Çatalhüyük in Anatolien oder Jericho in Palästina. Diese Ansiedlungen haben wohl auch nicht dieselbe Ausdehnung gehabt wie Merimde oder Maadi im Norden des Landes.

Als Dörfler betrieben die Bewohner Ackerbau, sie kultivierten Weizen, Gerste und Flachs; sie hielten Rinder, Schafe, Ziegen und Schweine, aber sie sind offenbar nicht ganzjährig Ackerbauern gewesen. Als sie noch kein Regulierungssystem für die alljährliche Nilflut ausgebildet hatten, konnten sie wohl in geringem Umfang säen und ernten. Ihre Hauptenergie richteten sie auf Jagd und Fischfang – neben dem Krieg waren das die einzigen Aktivitäten, die sie der Darstellung für wert erachteten.

Sie webten Leinen, flochten Körbe, und an Feuersteinwaffen wie an Basaltgefäßen erkennt man ihre außergewöhnliche Meisterschaft in der Bearbeitung von Stein. Sie hatten kunstvolle Verfahren bei der Herstellung von Keramik entwickelt, etwa das Kombinieren von polierter
Abb. 270 roter und von schwarzer Oberfläche mit metallischem Schimmer. Mit Hilfe von Quarzpuder gelang ihnen die wunderbare ‹ägyptische Fayence›. Sie kannten Metall – also kann ihre Kultur nicht als ‹neolithisch› bezeichnet werden –, aber auf diesem Gebiet war ihre Technik abhängig vom Vorderen Orient, wo die Metallkunst deutlich weiter fortgeschritten war.

Die Gräber sind Löcher im Boden, zunächst rund oder oval, dann oft rechteckig und sorgfältiger gearbeitet. Einer oder mehrere Tote sind darin begraben; sie sind in Stoffe, Häute oder Strohmatten gewickelt und haben Grabbeigaben – Töpfe aus Ton oder Stein, Feuersteinwaffen, Schmuck und Toilettengegenstände (Schminkpaletten oder Schieferanhänger, Schmuck aus Muscheln oder glänzenden Steinen, Elfenbeinkämme und -nadeln). In den reichsten Gräbern finden sich auch Statuetten aus Stein, Elfenbein oder Ton. Die Dinge sind zwar einfach im Material, technisch, formal und im Dekor aber meistens von einer Perfektion, die für bewußte ästhetische Gestaltung spricht. Dabei besteht ein deutlicher Unterschied zwischen ‹Luxus›- und ‹Kunst›-Gegenständen einerseits, die für wert erachtet wurden, mit ins Jenseits genommen zu werden, und den fast immer weniger sorgfältig gearbeiteten Gebrauchsgegenständen andererseits, die man als Fragmente in den Dorfruinen entdeckt.

Die politischen Zustände sind uns so gut wie unbekannt. Eine ungewöhnliche kulturelle Gleichförmigkeit – an Orten, die mehrere hundert Kilometer voneinander entfernt sind, gräbt man genau die gleichen Gefäße und Palettentypen aus – läßt an eine wie auch immer geartete politische Einheit denken, zumindest an eine begrenzte Zahl von Herstellungszentren und an ungehinderte Tauschgelegenheiten den Nil entlang. Eine eventuelle frühe Einheit des Südens würde mit gewissen Spuren in den später überlieferten Mythen übereinstimmen; da wird berichtet von einem Königtum des Gottes Seth, der Lokalgott von Negade war, wie von einem Königtum des Gottes Horus, der als Lokalgott von Hierakonpolis verehrt wurde.

Die Gleichförmigkeit der Friedhöfe, wo Ausmaße und Beigaben der Gräber nur in sehr engen Grenzen voneinander abweichen, läßt auf geringe soziale Differenzierung schließen. Am Ende dieser Epoche gibt es größere Gegensätze von arm und reich, jedoch nie so große wie in geschichtlicher Zeit.

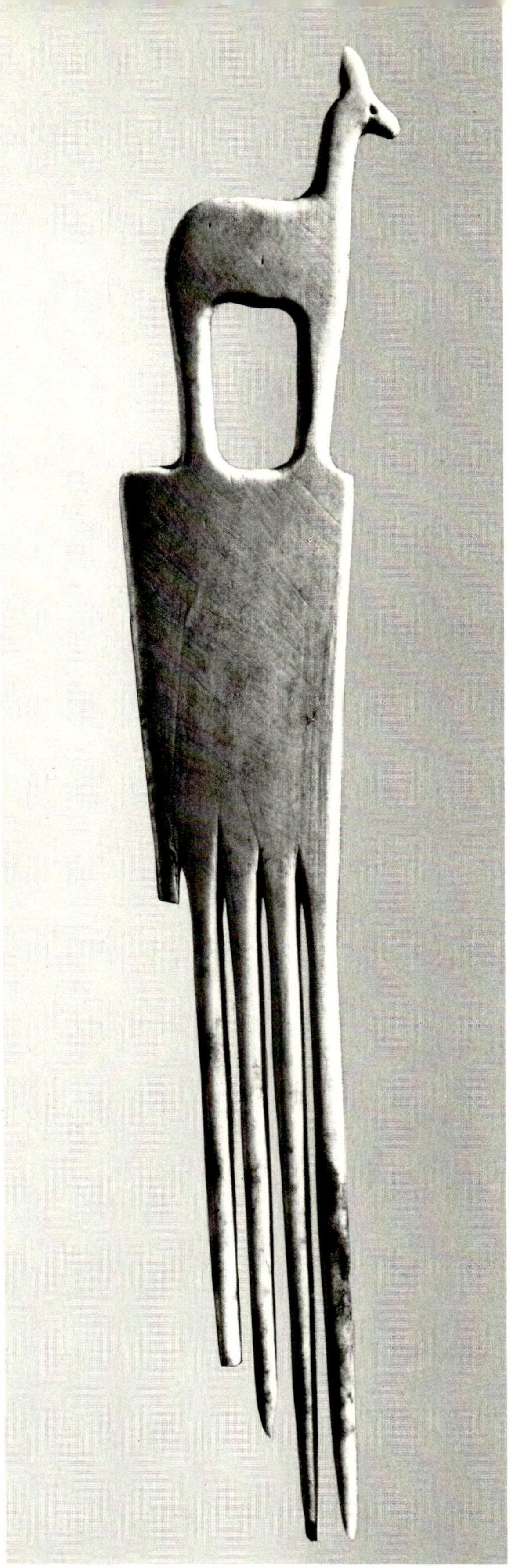

46 - Negade - Kamm mit Gazelle. Prädynastisch (Negade I) - *Knochen; Höhe 0,175 m* - Saint-Germain-en-Laye, Musée des Antiquités nationales

47 - El-Amra - Stilisierte Statuette eines bärtigen Mannes. Prädynastisch (Negade I) - *Knochen; Höhe 0,086 m* - Saint-Germain-en-Laye, Musée des Antiquités nationales

Nicht nur in diesem Bereich ist das Fehlen von Verbindungsgliedern zur klassischen ägyptischen Kultur deutlich. Erst kurz vor Beginn des letzten Viertels des IV. Jahrtausends häufen sich Merkmale, die dann Bestand haben. Besonders frappierend ist der Gegensatz zwischen den Themen, die hauptsächlich zur Darstellung kommen: so etwa werden alle die Tiere, die in der klassischen Religion die größte Rolle spielen – der Horusfalke, der Geier der Göttin Nechbet, die Kobra der Uto, der Hund des Anubis oder der Pavian des Thot – erst in der ausgehenden
Abb. 266 Negade-Zeit dargestellt; vorher sind es Fische, Nilpferde, Schildkröten, Strauße, Antilopen und Enten, die ständig vorkommen. Nur das Krokodil ist frühgeschichtlicher und geschichtlicher Zeit gemeinsam. Aber die sonst doch unübersehbare Zäsur macht jede Rekonstruktion fragwürdig, die auf der Rückprojizierung späterer Vorstellungen oder Texte fußt, besonders auf religiösem Gebiet.

Tausend Nilkilometer haben tausend oder tausendfünfhundert Jahre lang (vielleicht sogar zweitausend) etliche Wechsel, Kriege und Wanderungsbewegungen, technische, soziale und ökonomische Veränderungen erlebt – all das muß der Prähistoriker ablesen von Töpfen, die in Form und Dekor solchen mehr oder weniger ähnlich werden, die man anderswo findet, oder von Gräbern, deren Bauweise sich im Laufe der Zeit ändert, oder von Werkzeugen, die sich vervollkommnen. Doch das genügt, um Entwicklungen zu erschließen und zu gliedern.

In einer ersten Phase – etwa zwischen 4500 und 3500 oder 4000 und 3000 –, die Negade I oder Amratien genannt wird, sind in Ägypten vier Zonen zu erkennen, die sich nach Kultur und Bevölkerung erheblich unterscheiden:

Im Süden entwickelt sich die Kultur von Negade.

In Mittelägypten findet man fast keine Spuren menschlichen Lebens; vielleicht sind die Reste unter Anschwemmungen verschwunden; möglich auch, daß die Region unbewohnbar oder von Leuten bevölkert war, die durch ihre Lebensweise wenige Dinge hinterließen.

In der Gegend von Kairo sind den Nil entlang und am Rand des Deltas die Überreste einiger großer Ansiedlungen zutage gekommen (Merimde, el-Omari, Heliopolis, Maadi), die in ihrer Verschiedenheit auf eine starke kulturelle Aufsplitterung schließen lassen. Diese Städte haben einen bedeutenderen Zuschnitt als die Ortschaften des Südens, auch einen ausgeprägteren landwirtschaftlichen Charakter, der die Traditionen des Fayum-Neolithikums fortsetzt; weiter bemerkt man hier überall ein niedrigeres technisches Niveau (Metall und Fayence erschienen später) und einen schwächer entwickelten Sinn für Ästhetik (kaum Schmuck und Toilettengegenstände, gröbere Keramik und fast keine Skulptur). Möglicherweise liegen die Anfänge der Merimde-Kultur etwas vor dem Beginn der Negade-Kultur. Maadi war um das Ende von Negade I und am Anfang von Negade II mit Sicherheit bewohnt. Die anderen Orte sind schwer zu datieren.

Das Delta-Innere ist für die Archäologie noch weithin Niemandsland. Manche sehen den Grund darin, daß es damals nur ein undurchdringlicher Sumpf war, andere wieder meinen, der Schlamm habe dort alle Spuren der glanzvollsten Kultur des Landes zugedeckt.

In einer zweiten Phase (Negade II oder Gerzéen – um 3700–3200 oder 3500–3000) verbreitet sich die Negade-Kultur in Mittelägypten, später in der Gegend von Kairo. Mehr oder weniger gleichzeitig machen sich einige Umbildungen bemerkbar. Das kulturell fast geeinte Land öffnet sich mehr und mehr vorderasiatischen Einflüssen, die ersten Hieroglyphen kommen auf – es formt sich die Schrift, zugleich häufen sich Bildinhalte, die im pharaonischen Ägypten geläufig sind. Manche Historiker halten eine plötzliche Zunahme von Veränderungen um die Mitte dieser Phase für so einschneidend, daß sie von einer Negade-III-Kultur sprechen (Sémainien). Um 3200 oder 3000 v. Chr. ist das Land unter einem König des Südens, dem Menes der späteren Annalen, politisch geeint – ein Ereignis, das archäologisch nicht als gewaltsamer Bruch in Erscheinung tritt. Damit endet die Frühgeschichte.

Oft träumt der Kunsthistoriker von einer Kunst, die auf jungfräulichem Boden entsteht, sich aus ihren eigenen Formen heraus entwickelt und nur durch eigene Mittel Land und Leute verdeutlicht, die sie geschaffen haben. Eine solche Kunst gibt es nicht, aber im frühgeschichtlichen Ägypten ist man dem Ideal noch am nächsten: eine plötzlich auftretende Kultur ist dem, was vorher am Ort war, vollständig unähnlich und nahezu ganz anders als alles, was man aus der Umgebung kennt; überdies macht sich in der ersten Hälfte ihrer Entwicklung fast kein äußerer Einfluß bemerkbar.

Daß die Zahl der bewohnten Orte drastisch zunimmt, zunächst in der gut 100 km langen Zone zwischen Abydos und Luxor und bald auch im Süden des Landes, ist vielleicht durch den raschen Bevölkerungszustrom in das Tal und nicht durch eine Umbildung der einheimischen Kultur bedingt. Früher dachte man auch daran, die Negade-Leute hätten Vorläufer am Ort gehabt, Tasa-Leute und Badari-Leute. Die unabhängige Existenz einer Tasa-Kultur ist seitdem mit starken Argumenten angezweifelt worden, und es ist nicht mehr sicher, daß die Badari-Leute den Negade-Leuten vorausgingen. In der Gegend von Badari sind einige Friedhöfe mit Gegenständen gefunden worden, die sich deutlich von Negade-Erzeugnissen unterscheiden. Sie sprechen für eine Kultur, die annähernd den gleichen technischen Entwicklungsstand erreicht hatte; sie kannte Leder, Fayence, schwarzrandige polierte Keramik, Schminkpaletten aus Schiefer, Elfenbeinstatuetten und -kämme, nur sind die Formen ganz anders als Negade-Formen. Das Feuersteinwerkzeug ist fast ganz anders geformt als in Negade; es steht dem neolithischen Werkzeug vom Fayum und aus Merimde nahe. Die Funde von Badari könnte man darum als Bindeglied zwischen dem Neolithikum und der Negade-Kultur, zwischen dem Süden und dem Norden des Landes ansehen. Mancherlei spricht aber dafür, daß die beiden Kulturen zumindest teilweise zeitgleich sind; so etwa das Vorkommen sowohl von Badari- wie von Negade-Scherben in einer stratigraphisch gut bestimmten Schicht des Ortes el-Hemamijeh, eine relativ späte Karbon-14-Datierung der Badari-Kultur und das Auftreten von Negade-Gegenständen in der Gegend von Badari und umgekehrt. Entweder sind also die Bewohner von Badari etwas früher als ihre Nachbarn an den Nilufern gewesen, oder es haben sich kulturell verschiedene Gruppen, durch gleiche Umstände getrieben, ungefähr zur selben Zeit niedergelassen, und nach einiger Zeit hat die mächtigere Gruppe die Nachbarn absorbiert.

Aber woher die Gruppen stammen könnten, wissen wir nicht: keine mit Sicherheit ältere Kultur zeigt genügend gemeinsame Merkmale, als daß man sagen könnte, von ihr hingen sie ab. Die Kenntnis von Getreideanbau und Kupferbearbeitung weist auf den Vorderen Orient, von wo sie ausging, aber dort gab es keine Fayence und auch keine schwarzrandige polierte Keramik. Der Ursprung aus südlichen Nilgegenden hat seine Befürworter; sie betonen die Ähnlichkeiten zwischen der Badari-Kultur und dem Neolithikum von Kartum; jedoch die schwarzrandige polierte Keramik des Südens sieht aus, als sei sie deutlich jünger als die Anfänge von Negade. Die fortschreitende Ausbreitung der Negade-Kultur nach Süden läßt sich dagegen gut feststellen.

Am wahrscheinlichsten ist, daß die Negade-Leute aus östlichen und westlichen Randzonen des Tals gekommen sind, die heute Wüste sind, damals aber weniger ungastlich waren. Auf eine sehr trockene Phase scheint gegen 5000 bis etwa 2500 eine außerordentlich regenreiche Phase gefolgt zu sein. Sie erzeugte eine Grassteppenvegetation, die für große Herbivoren und Viehzucht taugte. In den Bergen dieser Gegenden findet man oft Felszeichnungen, besonders zwischen dem 1. und dem 2. Katarakt; manche ähneln mit ihren Schiffen den Motiven auf Negade-II-Gefäßen, andere erinnern mit großen, schematisch wiedergegebenen Herbivoren an Negade-I-Zeichnungen auf Schieferpaletten oder Tongefäßen. Aber kein Grab- oder Einzelfund hat derartige Ähnlichkeiten beziehungsweise eine Festsetzung dieser Nomadengruppen im Tal während einer eventuellen trockeneren ‹Unterphase› bisher bestätigt.

In jedem Fall haben die Handwerker von Negade nur eine knappe Auswahl an Formen übernehmen können, denn die ältesten Fundstücke sind in Form und Dekor wenig abwechslungsreich. Die Gefäße sind einfache Becher oder mit Gittermustern verzierte Flaschen; die Paletten sind einfache, rautenförmige Tafeln, und es sieht nicht so aus, als seien schon Statuetten herge-

48 - Tomas - Felszeichnung: Szene mit einem Schiff und mit Tieren. Prädynastisch (?)

stellt worden. Zuerst gab es also einen Motivschatz von wenigen geometrischen Formen, später reichere und auch figürliche Darstellungen.

Diese Darstellungen dürften zunächst durch Kombination einfacher alter Formen zustande gekommen sein – so besteht das Nilpferd nur aus einer Ansammlung von Rechtecken und Gittermustern. Nicht immer wurde so vereinfachend gestaltet, aber noch lange hielt sich eine Relation zwischen ästhetischer Wirkung und geometrischer Form, eine Relation, die man auf etlichen Entwicklungsstufen der ägyptischen Geschichte findet.

Am deutlichsten wird die Geometrisierung an Schminkpaletten (allen Schieferplatten über 10 cm Länge gibt man diese Bezeichnung). Einige Typen haben sicher zum Reiben von Augenschminke gedient, da noch Gebrauchsspuren darauf gefunden wurden, andere, zum Beispiel tierförmige Paletten, sind wohl eher große Anhänger gewesen. Diese figürlichen Paletten traten um die Mitte von Negade II auf; von manchen Elfenbeinkämmen und Steinanhängern über-

50 - Schale mit stilisierten Nilpferden und Zickzacklinien. Prädynastisch (Negade I) - *Bemalter Ton; Durchmesser 0,194 m* - Boston, Museum of Fine Arts

49 - Bemalte Vase mit Schiff und stilisierten Tieren. Prädynastisch (Negade II) - *Bemalter Ton; Höhe 0,27 m* - Laon, Musée archéologique municipal

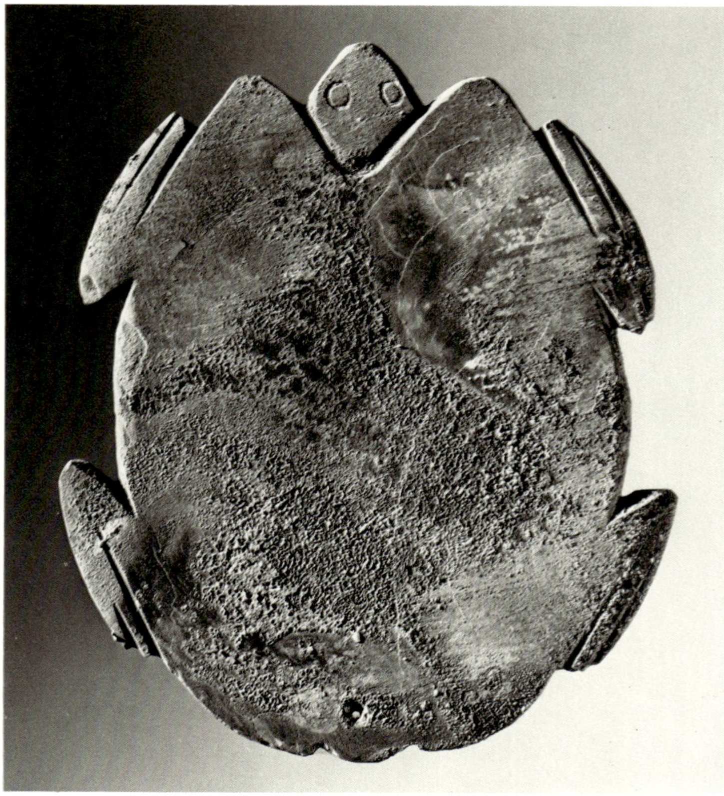

51 - Herkunft unbekannt - Schminkpalette in Schildkrötenform. Prädynastisch - *Schist; Höhe 0,138 m* - Orléans, Musée historique

52 - Chosam - Schminkpalette in Schildkrötenform. Prädynastisch - *Schist; Höhe 0,117 m* - Lyon, Muséum d'Histoire naturelle

nahmen sie die Technik des geschnittenen Reliefs, eine Art *ombre chinoise* in Relief. Es ist zugleich Umrißzeichnung und gravierter Dekor, daneben auch Rundplastik, weil die Tafeln im ganzen leicht modelliert sind. Die vier schildkrötenförmigen Paletten geben eine gute Vorstellung von der Spannweite möglicher Vereinfachungen. Alle vier gehen vom gleichen Vorbild aus und müssen etwa aus derselben Zeit stammen (die zweite ist vielleicht etwas später), aber nach Art und Grad der Vereinfachung sind sie sehr verschieden. Die erste ist fast naturalistisch, der Umriß ist regelmäßig, der Kopf auf eine Raute reduziert, die Füße sind in symmetrischer Stellung angezogen. Dagegen wäre die vierte nicht als Schildkröte zu erkennen, wenn nicht ähnliche, genauer ausgeführte Exemplare die Deutung sicherstellten. Das Tier hat den Umriß eines untadeligen Ovals, das nur von den beiden Ausschnitten neben dem Kopf unterbrochen ist. Die dritte ist fast genauso geometrisch, geht dabei lediglich von anderen Figuren aus. Der Panzer ist auf einen Kreis reduziert, die Stummelbeine verursachen kaum einen Bruch im Umriß, der Kopf aber mit seiner Trompetennase ist einem Schildkrötenkopf recht ähnlich, nur etwas steifer; die riesigen, mit dem Bohrer ausgehöhlten Augen waren ursprünglich wohl mit Inkrustationen aus weißem Stein versehen. Die zweite hat einen weichen Umriß und leicht asymmetrische Beine, die sie froschartig wirken lassen. Ihre Besonderheit liegt in dem Dekor aus tannenbaumförmig gebrochenen Linien, der dem Muster eines Schildkrötenpanzers seltsamerweise völlig unähnlich ist. Man findet solche Linien sonst auf Paletten in Fischform.

Die geometrische Gestaltung der Steinbock-Palette ist ähnlich wie bei einigen Schildkröten, nur komplexer. Nun ähnelt ein Steinbock einer geometrischen Figur ja sehr viel weniger als eine Schildkröte. Auch hier findet man die Stummelbeine, die kaum den Umriß und das allgemeine Einpassen des Körpers in ein Oval unterbrechen, nur kommt der Umriß durch ein Spiel von

53 - Chosam - Schminkpalette in Schildkrötenform. Prädynastisch - *Schist; Höhe 0,129 m* - Lyon, Muséum d'Histoire naturelle

54 - El-Amra - Schminkpalette in Schildkrötenform. Prädynastisch - *Schist; Höhe 0,125 m* - Saint-Germain-en-Laye, Musée des Antiquités nationales

abwechselnd geraden und kreisbogenförmigen Linien zustande, als sei sowohl ein Lineal wie ein Instrument zum Bogenzeichnen verwendet worden. Daß solche geometrischen Darstellungen mit bewußtem Formwillen entstanden, geht daraus hervor, daß es auch ganz ungeometrische Arten der Zeichnung gibt. Auf manchen Gefäßen und Paletten findet man – mit munterem Strich gezogen – etwas summarische, karikatur- und skizzenhafte Einritzungen. Sie haben ähnlichen Charakter wie die Zeichnungen auf den Felswänden der Umgebung.

Auch bei Gefäßzeichnungen kommen sehr weitgehende Vereinfachungen vor, nur zeigt sich da nicht die unerschöpfliche Erfindungsgabe der Palettenhersteller vom Ende von Negade I oder vom Anfang von Negade II. Die Töpfer verfügten anscheinend über eine sehr begrenzte Zahl von Hauptmotiven, die sie nur nach bestimmten Regeln anordnen konnten. Die Motive und ihre Verteilungsregeln wandelten sich mit der Zeit; um die Mitte der Negade-Zeit fand sogar eine radikale Umbildung statt, die mit Veränderungen der Technik und der Gefäßformen einherging. Überdeutlich macht sich da eine tiefgreifende kulturelle Umwälzung bemerkbar; die Archäologen haben sie als Anhaltspunkt Nr. 1 für die Chronologie genommen: aus der Negade-I-Zeit stammt die rotgrundige polierte Ware mit weißer Malerei, aus der Negade-II-Zeit die ockerfarbige Ware mit andersartigen roten Motiven. Seit kurzem erachtet man andere Umbildungen für wesentlicher und versucht eine neue Unterteilung der Epoche; wir haben hier die alte beibehalten.

Etwas vereinfachend kann man sagen: bei ungegenständlichen Elementen traten erst gerade Linien und deren Zusammensetzungen – gebrochene Linien, Rauten und Karos – in symmetrischen oder von innen nach außen ausstrahlenden Kompositionen – Sternen oder Kreuzen – auf; dann folgten abrupt Kurven und deren Weiterentwicklungen – Wellen, Spiralen und S-Kurven – gleichmäßig verteilt oder in Zonen, Friesen und Säulen angeordnet; bei gegenständlichen Elementen gestaltete man zuerst schematisch gezeichnete Ranken, Nilpferde und Krokodile, später Schiffe, Bäume, Gazellen und Strauße. Es wirkt so überraschend, als hätten wir es mit einer Sprache zu tun, bei der die Motive den Wörtern, die üblichen Motivverbindungen der Syntax entsprächen –, und ganz plötzlich hätte sich diese Sprache geändert. Manche Historiker treiben den Vergleich noch weiter; sie sehen in den Motiven ein ganzes Zeichensystem, deuten die Dreiecke als Berge, die Wellenlinien als Wasser und die Spiralen als Schlangen.

Die Einführung der neuen Bildtechnik des Reliefs drängt in der zweiten Hälfte von Negade II ältere Arten der Zeichnung – geritzten und gemalten Umriß – in den Hintergrund. Die Konturen der Paletten büßen an Vielfalt ein, sind weniger kunstvoll in der Vereinfachung; die Motive auf den Gefäßen werden dürftiger, beschränken sich am Ende auf Netzmuster, Tupfengruppen und Wellenlinien; figürliche Darstellungen werden zur Ausnahme. Mit Relief sind besonders Dolchgriffe, Elfenbeinkämme und Schminktafeln aus Schiefer verziert, wobei Dolchgriffe regelmäßig mit Klingen aus poliertem Feuerstein verbunden sind. Solche Klingen sind auf der Dorsalseite durch Abschlagen schmaler, S-förmiger Retuschen überarbeitet, die von einem Grat in der Mitte ausgehen, und die Schneiden sind geschärft durch mikroskopisch kleine Säge-Retuschen. Diese Abschlagtechnik übertrifft an Präzision alles bisher Vollbrachte, sie ist das Ergebnis einer seit der Mitte von Negade I zu beobachtenden, fortschreitenden Verfeinerung der Lamellenbearbeitung. Klingen der Art scheinen nur eine kurze Zeit lang hergestellt worden zu sein; meist wurden sie zusammen mit Material gefunden, das sich in das zweite Drittel von Negade II datieren läßt. Die reliefierten Paletten haben oft so imposante Ausmaße, daß sie wahrscheinlich eher für Votivzwecke als für die praktische Verwendung gedacht waren. Im Umriß nähern sie sich den Typen, die in der zweiten Hälfte von Negade II gängig waren; einige sind an der Schwelle zur geschichtlichen Zeit entstanden. Also darf man annehmen, das Relief habe sich zuerst auf Dolchgriffen und Elfenbeinkämmen entwickelt. Abgesehen von seltenen Modellierungen an Gefäßen, hatte das Relief keine Vorläufer; es entstand wohl unter dem Einfluß des Vorderen Orients, wo es seit 6000 v. Chr. in Çatalhüyük auftaucht. Die vorher sehr seltenen



56 - Dolchklinge mit S-förmigen Retuschen. Prädynastisch (Negade II) - *Silex* - Kairo, Ägyptisches Museum

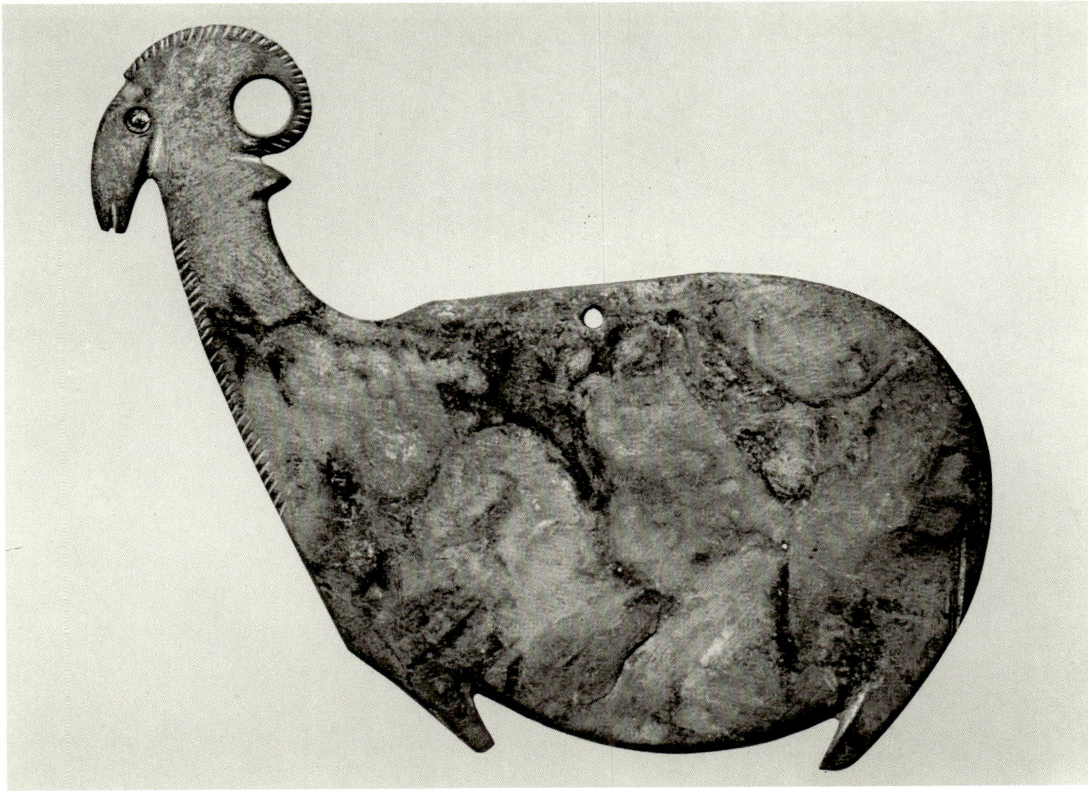

55 - Negade - Schminkpalette in Form eines Steinbocks. Prädynastisch - *Schist; Länge etwa 0,17 m* - Oxford, Ashmolean Museum

Spuren dieses Einflusses mehren sich nun, eben besonders beim Dekor von Dolchgriffen. In Ägypten gefundene babylonische Siegel zeigen, daß sehr oft ausländische Siegelabdrücke den Handwerkern als Vorbilder gedient haben.

Die Reliefs unterscheiden sich qualitativ stark von den ausgeschnittenen Paletten: der geometrische Umriß wird aufgegeben, das plastische Denken konzentriert sich auf die Probleme, die durch den Übergang von den drei Dimensionen des Vorbildes auf die zweieinhalb des Reliefs entstehen. Die schließlich benutzten Lösungen sind ähnlich wie in Mesopotamien zur selben Zeit, jedoch vielfältiger.

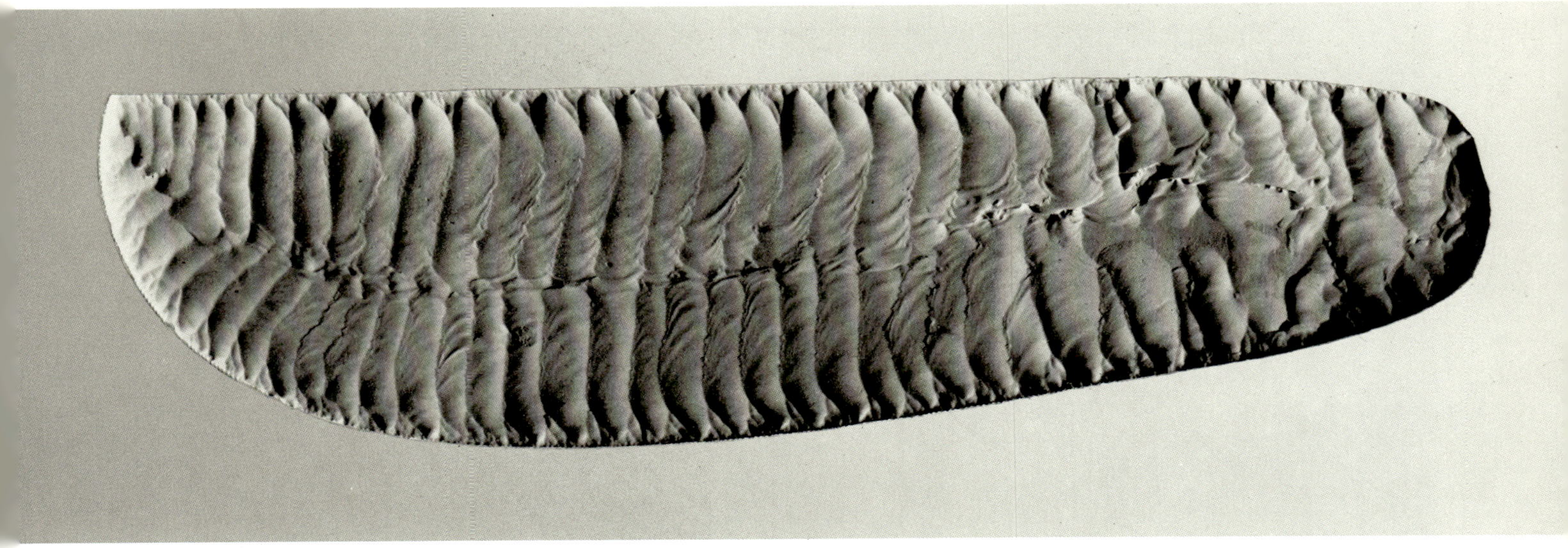

57 - Schminkpalette mit Hunden und Giraffen. Prädynastisch (Negade II) - *Schist; Höhe 0,32 m* - Paris, Louvre
58 und 59 - Vorder- und Rückseite der Stier-Palette (der Stier symbolisiert den König). Prädynastisch (Negade II) - *Schist; Gesamthöhe 0,265 m* - Paris, Louvre

Nur ein Teil der Modellierung kann ins Relief übergehen. Im allgemeinen wurden in der Negade-Kultur die wesentlichen Züge durch Vernachlässigung der übrigen und durch Vereinfachung der Umrisse von Körperpartien betont; so ist auf der Stier-Palette die stark ausgeprägte Muskulatur der Schulterpartie durch ein sichelförmiges Band wiedergegeben, und die Gegend um die Augen ist auf eine Reihe von Bogen reduziert. Diese Lösung wäre undenkbar im pharaonischen Ägypten, das sich für eine allgemeine Sanftheit der Modellierung entschied, die man aber auch auf einigen der ältesten frühgeschichtlichen Arbeiten findet, etwa auf dem Messer vom Gebel el-Arak.

60 - Schminkpalette mit Jagdszene. Ausschnitt: Jäger mit Pfeil und Bogen. Prädynastisch (Negade II) - *Höhe des Jägers 0,07 m* - Paris, Louvre

Probleme wie die Komposition des Ganzen, der Aufbau komplexer Szenen sind auf vielerlei Weise gelöst worden. Einmal ist die Anordnung der Motive im wesentlichen dekorativ: die Hunde-Palette ist streng achsensymmetrisch mit der Palme als Mittelachse angelegt. Während zwischen den beiden Giraffen nur eine Symmetrieachse liegt, sind die Hunde in den vier Ecken um zwei Achsen symmetrisch angeordnet, eine Längs- und eine Querachse. Ein andermal sind die Motive ohne viel szenische Ordnung gruppiert: auf der Jagd-Palette macht außen eine Reihe von Jägern die Runde, während sich das Wild mit den Lücken begnügen muß. Dann wieder sind Episoden oder Gruppen in parallelen Streifen angeordnet: das ist die Lösung, von der in der ganzen pharaonischen Geschichte überwiegend Gebrauch gemacht wurde, aber man sieht sie manchmal auch auf Dolchgriffen mit Tierreihen, die sicher zu den ältesten gehören, und gerade auf den jüngsten Paletten fehlt sie fast ganz. Die Entwicklung verläuft eben nie in der theoretischen Folgerichtigkeit, die wir uns wünschen und gelegentlich unterstellen.

Das Bemühen um die wesentliche Darstellung, die von jedem Element den charakteristischsten Anblick zeigt, führt zu einer Reihe von Drehungen und Umlegungen: auf der Jagd-Palette sind die Füße des Jägers im Profil gesehen, die Kniescheiben in Dreiviertelansicht, der Rumpf von vorn, der Kopf im Profil, und die Arme mit den Waffen sind auf den Bildgrund zurückgebogen. Das aus Mesopotamien stammende Prinzip blieb mehr als dreitausend Jahre lang maßgebend für das ägyptische Relief.

Die Statuen, die man in den reichsten Gräbern findet, haben durchweg bescheidene Ausmaße. Vielleicht hat es in Heiligtümern größere Plastik gegeben; die Lyoner Statue des bärtigen Mannes, die außerhalb eines Grabes in Gebelein gefunden wurde, könnte ein Beispiel dafür sein. Die Bedeutung der ‹Grabstatuetten› für die Toten kennen wir nicht. Durch Material, Bildinhalt und Stilisierungsgrad lassen sich viele klar bestimmten Kategorien zuordnen. Am häufigsten sind

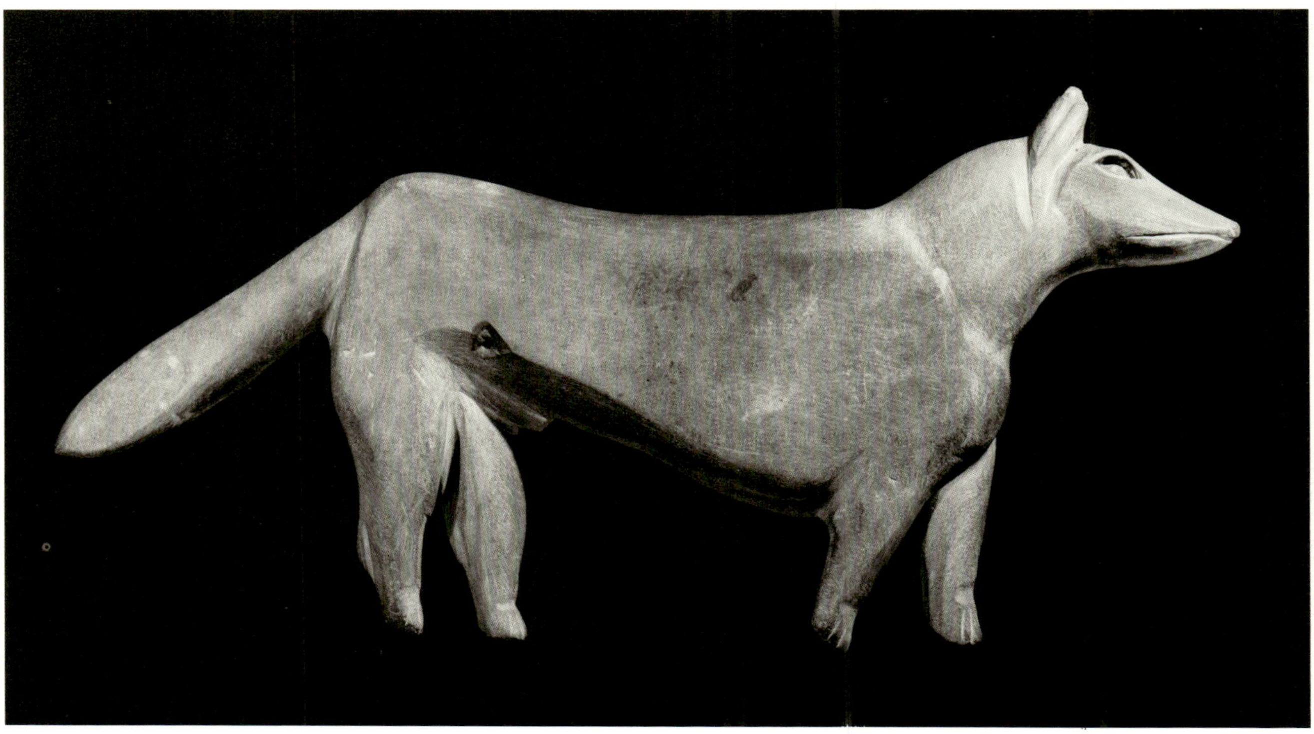

61 - El-Ahaiwah - Statuette eines Hundes. Prädynastisch (Negade II) - *Schist; Länge 0,40 m* - Berkeley, University of California, Lowie Museum of Anthropology

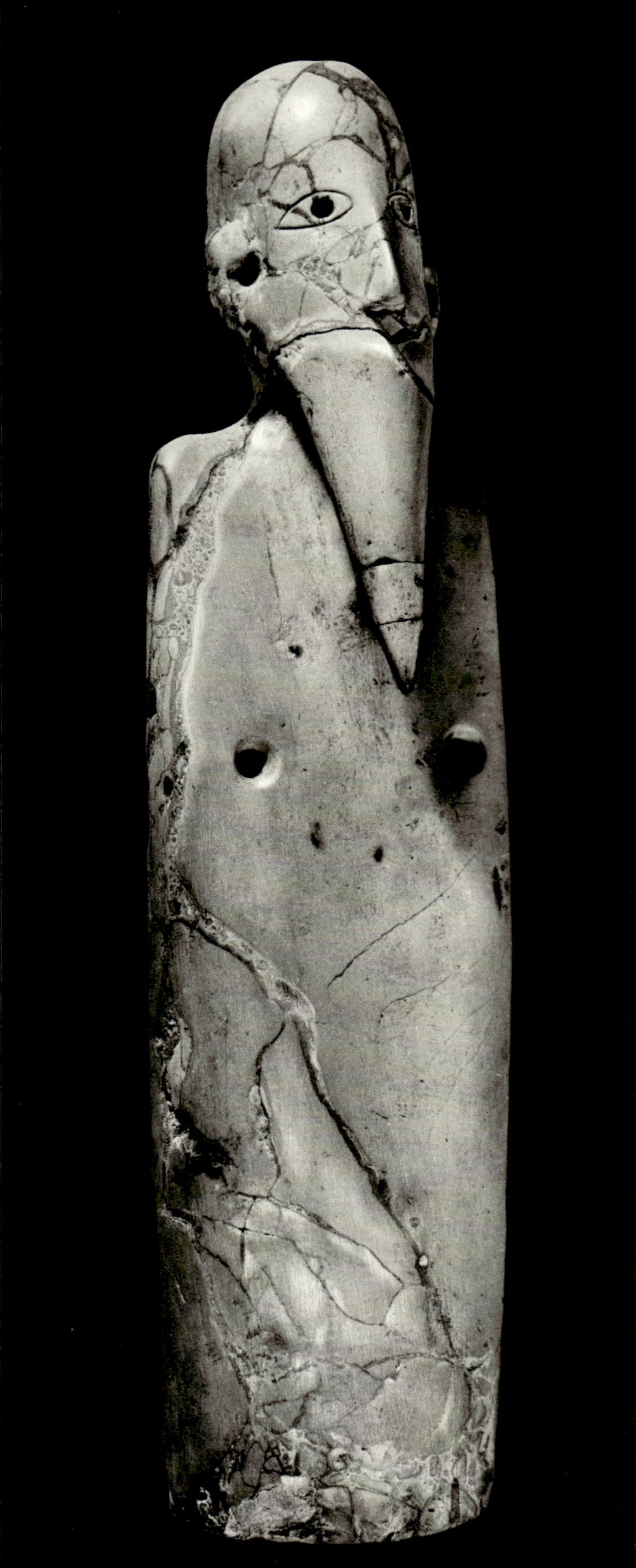

62 - Gebelein - Statue eines bärtigen Mannes. Prädynastisch (Negade I) - *Verkittete Gesteine; Höhe 0,50 m* - Lyon, Muséum d'Histoire naturelle

63 - Badari - Statuette einer Frau. Prädynastisch - *Elfenbein; Höhe 0,14 m* - London, Britisches Museum

64 - Amulett in Form eines Stierkopfes (?). Prädynastisch (Negade II) - *Karneol; Höhe etwa 0,04 m* - Paris, Privatsammlung

die bärtigen Männer; sie bestehen fast immer aus Elfenbein, manchmal aus Stein, das heißt aus wertvollem Material, und sie sind weitaus schematischer gebildet als die geschnittenen Paletten. Entweder hat man an langen gebogenen Nilpferdzähnen die Enden zu bärtigen Köpfen geschnitzt oder einfache geritzte Stäbchen vollplastisch gestaltet oder sogar mit eingeschnittenem Relief versehen; Arme und Beine sind nicht angegeben. Alle diese Bärtigen gehen wohl auf Negade I zurück. Die ‹Tänzerinnen› sind regelmäßig aus bemaltem Ton; meistens haben sie erhobene Arme, übertrieben breite Hüften, kaum ausgearbeitete, geschlossen wiedergegebene Beine und einen kleinen Kopf, manchmal mit Vogelschnabel. Die Mehrzahl gehört in die Zeit von Negade I, manche könnten auch später entstanden sein. Wegen der Breite ihrer Hüften hat man sie oft für Darstellungen einer Muttergottheit gehalten, aber die später gut belegte Geste der Arme weist sie eher als Tänzerinnen aus.

Neben diesen stereotypen Gruppen findet man einige Frauen-, Männer- und Tierstatuetten, Abb. 268
die nicht so stark stilisiert sind und deutlicher als Individuen hervortreten. Sie sind in die Zeit von Negade I oder sogar in die Badari-Zeit zu datieren, wie die Frauenstatuette aus Badari, der lange Bursche aus Mahasna und auch der Frosch im Britischen Museum, denn die Ritztechnik Abb. 267 und 269
am Maul und die Bohrung der Augen erinnern an die ‹Bärtigen›. Während der meisten Zeit von Negade II ging die Rundplastik zurück; erst kurz vor Beginn der Geschichte trat sie wieder mit Werken wie dem Hund im Museum von Berkeley auf. Die Modellierung – wie mit dem Messer grob herausgeschnitten – wirkt sehr wenig klassisch-ägyptisch; aber Bildinhalt (der Gott Anubis?) und allgemeiner Eindruck führen schon aus der Frühgeschichte heraus.

III

# ARCHITEKTUR

*Von Jean-Philippe Lauer*

## Grabarchitektur

Für die Ägypter, die so unbedingt nach Ewigkeit strebten, war die Errichtung eines Grabes natürlich von größter Wichtigkeit – es sollte ihnen beständige Fortdauer garantieren. So ist es zu erklären, daß wir die ägyptische Architektur besonders in ihren Anfängen vor allem durch Grabdenkmäler kennen.

### 1. Die Thinitenzeit (um 3000–2700 v. Chr.)

*Die königliche Grabarchitektur*

Gegen Ende des IV. Jahrtausends, nach dem Sieg des Horus Narmer – wohl identisch mit dem legendären Menes – über den Norden, entstand in Negade nahe bei Theben ein riesiges Lehmziegelgrab (53,40 × 26,70 m), dessen eigentümlich ausgearbeitete Fassaden mit Vor- und Rück- Abb. 352
sprüngen versehen waren. Denkmäler dieses Typs sind dann auch in der Gegend von Memphis Abb. 271
erbaut worden, besonders in Saqqara am Rand der Libyschen Wüste. Dort, gegenüber von Memphis, der neuen Hauptstadt des vereinigten Ägypten, muß sich die wirkliche Nekropole der Abb. 272
Könige der 1. Dynastie befunden haben, denn in der Nekropole Umm el-Qaab in Abydos lagen Abb. 353
nur Kenotaphe.

Der Außenschmuck dieser Gräber (vgl. Anm. 1, S. 319) ist zum erstenmal symmetrisch gestaltet. Das Motiv des Königspalasttores zwischen Türmen ist mehrfach nebeneinandergesetzt – achtunddreißigmal wiederholt es sich in Negade, zweiundzwanzig- bis vierzigmal in Saqqara. Abb. 350
Es verlieh den Gräbern ein betont monumentales und doch vom Königspalast unterschiedenes und 351
Aussehen, denn der Palast konnte unmöglich so viele regelmäßig beieinanderliegende Tore Abb. 346
haben. Außerdem sind sie kleiner, das Türblatt ist nur eine Königselle (0,524 m) breit und nur und 347
3 Ellen hoch. Die umgebenden Türme erreichen nur 10 Ellen, beim wirklichen Palasteingang waren sie vermutlich mindestens doppelt so hoch.

Diese Architektur setzt eine Konstruktion aus Holz und vorgehängten oder aufgelegten Behängen und Matten in Lehmziegel um. Soll man ihre Ursprünge im nomadischen Oberägypten oder in Unterägypten suchen, wo das Bauen mit Lehmziegeln üblich war? In Mesopotamien, vor allem in Uruk, sieht man auch etwa aus der Zeit des Menes stammende Mauern mit vielfältigen Rücksprüngen, aber da handelt es sich nur um einfache Schmucknischen – überdies ist die Frage nach den Beziehungen zwischen dem Niltal und Mesopotamien in so früher Zeit eine heikle Angelegenheit. Im Süden war der Winter so mild und die Sommerhitze so groß, daß der Brauch,

65 - Saqqara - Grabbezirk des Djoser mit Stufenpyramide. Südgrab: Scheintür des Horus Netjerichet (Djoser) in einer Wand mit blauen Fayencekacheln; oben die Nachbildung einer aufgerollten Matte. 3. Dynastie

lockere Behänge oder Matten als auswechselbare Wände zu benutzen, als oberägyptische Komponente plausibel wäre. Der Eroberer aus dem Süden könnte den Brauch auf seinen Palast in Memphis übertragen haben, der nach unterägyptischer Sitte aus Lehmziegeln gebaut war. Die bei den Gräbern durch eine schematische Wiedergabe der Eingangsanlage bewirkte Anspielung auf den neuen Palast könnte dann ein Symbol für die Vereinigung der beiden Länder nach dem Sieg des Südens sein. Ob die beiden Papyrusstengel Unterägyptens oben an den Türmen deshalb eine Art Trophäe darstellen?

Übrigens ist seit der Zeit des Djer, des dritten Königs der 1. Dynastie, das Palasteingangsmotiv unten in das *serech* eingefügt worden, wenn es groß genug war. Ein solches *serech* sieht man auf der berühmten Grabstele des Königs Schlange, des Horus Djed, und auf den in Abydos gefundenen Stelen seiner Nachfolger. Abb. 274

Das Palasttor erscheint dann in der 3. Dynastie auf den mit Rücksprüngen gegliederten Ostfassaden einiger großer Mastabas, etwa bei der Mastaba des Hesire in Saqqara, seit der 4. Dynastie auch in den Grabkapellen der Königinnenpyramiden und in den Opferkammern etlicher Mastabas. Auf Sarkophagen wie dem des Mykerinos ist es in Relief dargestellt, und seit Unas ist es die ganze 6. Dynastie hindurch in diejenigen Wände der Grabkammern eingeschnitten, die den königlichen Sarkophagen am nächsten sind. In beiden Fällen haben die Palasttore außer ihrer symbolischen Bedeutung eine magische Funktion: der Ka des Königs konnte dort aus dem Grab heraustreten und in seinen Palast, in die Welt der Lebenden, gehen. Dergleichen gab es schon in den Gräbern vom Negade-Typ, auch dort gab das wiederholte Bild des Palasttores dem Verstorbenen Bewegungsfreiheit im Jenseits. Deshalb sollte man wohl das Grab in Negade und die Saqqara-Gräber als die Königsgräber der 1. Dynastie betrachten; dagegen sind die Gebäude in Abydos mit ihren nackten Fassaden bloße Kenotaphe gewesen, auf denen die Abbildung des Palasttores keine Daseinsberechtigung gehabt hätte. Schließlich sehen wir, daß sich an das große, mit Rücksprüngen versehene Grab Nr. 3505 von Saqqara im Norden ein Kulttempel aus der Regierungszeit des Horus Qaa, des letzten Königs der 1. Dynastie, anschließt. Dieses erste Beispiel für einen Totentempel spricht noch einmal mit Nachdruck für eben den König als Grabinhaber. Abb. 348 und 349

Aus der 2. Dynastie sind zwei sehr weitläufige unterirdische Königsgräber in Saqqara entdeckt worden. In einem fand man Krugverschlüsse und darauf Siegelabdrücke mit den Namen Hetepsechemui (vgl. Anm. 2, S. 319) und Raneb; wahrscheinlich hat es dem ersten dieser beiden Könige gehört; es erstreckt sich von Nord nach Süd unter dem Totentempel des Unas, ungefähr 10 m von dessen Pyramide entfernt. Der Grundriß des Grabkomplexes, der sich über eine Länge von etwa 120 m erstreckt, ist der größte, den wir bis heute aus dieser Zeit kennen. Im zweiten Grab sind Siegel mit dem Horusnamen Ninetjer, also des dritten Königs der Dynastie, aufgelesen worden. Es liegt unter dem Aufweg des Unas, ungefähr 130 m östlich vom ersten Grab; da es nur teilweise freigelegt ist, kennen wir den Grundriß nicht; vermutlich ist er ähnlich wie beim ersten Grab. Abb. 354 und 355

Bei beiden sind alle Spuren der Oberbauten aus Lehmziegeln verschwunden; wahrscheinlich waren es große, langgezogen trapezoidförmige Gebäude mit Rücksprüngen. Gegen Ende der Dynastie hat der Oberbau des Königsgrabes vielleicht wie die Privatgräber nur glatte Mauern und zwei Scheintürnischen an der Ostseite gehabt; die Palastscheintore oder einfachen Rücksprünge wären dann wenigstens im Osten auf die Außenseite der Umfassungsmauer übertragen worden – wie beim ‹Middle Fort› und bei der Schunet es-Sebib in Abydos (vgl. Anm. 3, S. 319), riesigen Umwallungen, die man den beiden letzten Königen der Dynastie zuschreibt, Peribsen und Chasechemui. Man hat die beiden Monumente in der Nekropole Umm el-Qaab in Abydos lange für die Gräber dieser Könige gehalten, aber es sind einfache Kenotaphe; ihre vorgeblichen, kaum in den Boden eingelassenen Grabräume sind ohne jeden Schutz, während in Saqqara die Grabräume seit Beginn der 2. Dynastie unterirdisch liegen und durch aufeinanderfolgende Fall-

66 - Saqqara - Grab des Horus Djed, mit Rücksprüngen, umgeben von modellierten Stierköpfen mit echten Hörnern - 1. Dynastie

steine blockiert sind. Die wirklichen Gräber dieser Könige müßten also auch in Saqqara gesucht werden. Allerdings benutzte Chasechemui in Abydos behauenen Stein (vgl. Anm. 4, S. 320) für den zentralen Raum seines Kenotaphs. Es ist das älteste Beispiel für gefugte und in regelmäßigen Schichten angeordnete Steine in Ägypten und in der Welt überhaupt.

*Die private Grabarchitektur*

Ganz am Anfang der Thinitenzeit kann man bei Privatgräbern kaum von Grabarchitektur reden, so bescheiden sind sie: die Gruft ist rechteckig, die Wände sind oft mit Lehmziegeln ausgekleidet, die Decke besteht aus einigen Rundhölzern mit aufliegenden Brettern. So erhielt auch der Oberbau von da an eine mit Lehmziegeln verkleidete, rechteckige Gestalt, dazu ein quer gewölbtes Dach, und über dem Boden war er nicht höher als 50 cm. Viele solche Gräber sind in Abydos und Saqqara in der Umgebung von Königsgräbern entdeckt worden; dann findet man sie in den anderen thinitischen Nekropolen Oberägyptens, besonders in el-Kab, Negade und Naga ed-Deir und auch in der Gegend von Memphis in Tarchan, Heluan, Tura, Gisa und Abu Roasch. Etwas kompliziertere Gräber, deren Grube in mehrere Räume unterteilt ist, zu denen eine Treppe führt, findet man in Mahasna und el-Amra; sie stammen aus der zweiten Hälfte der 1. Dynastie. Dann aber kommen im Raum von Memphis, besonders in Tarchan, Heluan und Abu Roasch, sehr viel ansehnlichere Gräber für Prinzen und die Großen des Landes vor; sie sind nicht so ausgedehnt wie die für Könige und Königinnen oder für vorzeitig gestorbene Kronprinzen in Saqqara gebauten Gräber, haben gelegentlich aber auch Oberbauten vom Negade-Typ mit vielfältigen Rücksprüngen.

Am Ende der Dynastie, zur Zeit des Horus Qaa, haben die Oberbauten einiger großer Gräber in Saqqara keine Rücksprünge mehr. Das bedeutendste, S. 3500, zeigt am Südende der Ostseite ein einziges Palastscheintor; damit bietet es den Anblick der späteren großen Mastabas mit kräftig geböschten Wänden. Ob die Wände nun glatt oder durch Rücksprünge gegliedert sind, die Sargkammer ist in diesen Mastabas immer am Grund einer großen Mittelaushöhlung angelegt. Man gelangte durch eine geneigte Zugangspassage dahin, die vom Norden oder vom Osten ausging; dieser Gang wurde nach dem Begräbnis mit mehreren großen Fallsteinen aus har-
Abb. 356 tem Kalkstein blockiert. In den kleinen Nebengräbern bei der Umfassungsmauer des Grabes S. 3500
bis 358 kam zum erstenmal ein Bogengewölbe aus Lehmziegeln vor; freilich ist es noch kein echtes Keilschnittgewölbe, denn die Ziegel sind Ende an Ende längs aneinandergelegt. Aus mehreren Gräbern der Nekropole von Heluan, die vielleicht zum ersten Heliopolis gehörte, stammen die ältesten Belege für die Verwendung von Stein zur Auskleidung von Sargkammern. Aber diese Verschalungen aus großen, grob behauenen, senkrecht wie Dolmen aufgerichteten Platten sind noch weit entfernt von der Bauweise mit quaderförmig zugerichteten und in regelmäßigen Lagen aufgeschichteten Steinen, die erst am Ende der 2. Dynastie aufkam.

Mit Beginn der 2. Dynastie verschwinden die Rücksprünge vollständig von den Ziegelfassaden der Privatgräber, selbst der prächtigsten, die mitunter sehr groß sind: in Saqqara mißt das Ziegelgrab des Ruaben, eines hohen Beamten von Horus Ninetjer, 58×32 m. Es hat zwei Kultnischen oder Scheintüren als einzigen Schmuck, eine am Nordende und eine bedeutendere am Südende der Ostseite. Diese Anordnung, die man auch in anderen Nekropolen der Zeit findet, wird fortan die Regel; oft wird noch ein Gang parallel zur Ostseite angefügt; er dient zum Schutz der Opferstellen, eben der Nischen. Durch die Unterbauten führt eine sehr stark geneigte, von Osten ausgehende Zugangspassage, die in eine weitläufige unterirdische Wohnung mit über dreißig verschiedenen Räumen mündet; sie liegen rechts und links von einem langen Gang, der in Abständen durch drei Fallsteine verriegelt ist. Die durch eine ovale Vertiefung für die Aufnahme des Toten gekennzeichnete Grabkammer liegt am Südwestende der Wohnung; der Grabkammer gegenüber, durch einen Vorraum getrennt, befinden sich zwei kleine Räume; einer hat zum Abstellen von Krügen gedient, der andere ist mit einem durchlochten Sitz ausgestattet und sollte eine Toilette vorstellen: es ist ein Abbild der Wohnung des Toten.

In den bescheidensten Gräbern wie in Naga ed-Deir hat die Grabwohnung nur vier oder fünf Räume; sie ist aus Lehmziegeln am Grund einer rechteckigen Aushebung errichtet, die man über eine kurze Zugangspassage erreicht. Überdeckt war sie mit einem Kraggewölbe aus Lehmziegeln – wie das Bogengewölbe hatte man es erfunden, um Holz oder Steinplatten zu sparen. Bei Grab 1586 in Naga ed-Deir sind in jedem Raum über den vier Wänden überkragende Lagen erhalten; im Mittelraum erzielte man durch einen zusätzlichen dicken Lehmbewurf den Anblick einer Kuppel. Aus dieser Zeit sind Gräber mit Kraggewölbe für Oberägypten in el-Amra und bei Memphis in Tura bezeugt. Es ist interessant, daß eine so wichtige architektonische Erfindung wie das Gewölbe gerade für die bescheidensten Bauten gemacht wurde, eben weil man sich gezwungen sah, damit Rundhölzer oder Balken zu ersetzen (vgl. Anm. 5, S. 320), einen in Ägypten seltenen Werkstoff, der den Häusern und Gräbern der Großen vorbehalten war.

67 - Saqqara - Eingang der Umfassungsmauer des Djoser-Bezirks, aus originalen Steinen wiederaufgebaut; Stufenpyramide. 3. Dynastie

## 2. Das Alte Reich (um 2720–2240)

### *Die königlichen Grabbezirke*

### *Die 3. Dynastie (um 2720–2650)*

Aus den ersten beiden Dynastien sind bedeutende architektonische Fortschritte zu verzeichnen, dennoch wurden die Oberbauten der immer umfangreicheren Königsgräber weiter aus ungebrannten Ziegeln erbaut. Unter Djoser, Horus Netjerichet, dem zweiten Pharao der 3. Dynastie, steigt in Saqqara die berühmte Stufenpyramide mit ihrem gewaltigen Monumentalbezirk aus behauenem Stein empor – man verdankt sie dem Ingenium des Imhotep, der Wesir, Oberpriester von Heliopolis und laut Manetho Erfinder des Quadersteinbaus war. Gleich hinter dem Eingang der Umfassungsmauer des Djoser-Bezirks fällt der Blick auf eine Statue seines königlichen Herrn; auf ihrem Sockel ist Imhoteps Name und Titulatur zu lesen; das bestätigt die Bedeutung dieses zweitausend Jahre nach seinem Tode vergöttlichten Mannes.

Die mit Bastionen durchsetzte Umfassungsmauer des Djoser-Bezirks umgrenzt ein rechteckiges Abb. 277
Gelände von fünfzehn Hektar, damit ist es hundertmal größer als beim größten Negade-Grab. Die in besonders harmonischen Proportionen aus gut gefugtem Tura-Kalkstein errichtete Mauer ist Abb. 361
20 Ellen (10,48 m) hoch. Mit ihren großen Toren, deren zwei Türflügel außer beim Haupteingang geschlossen dargestellt sind, ist sie sicher eine Übertragung der ‹Weißen› Mauer in Stein – nämlich der kalkbeworfenen Ziegelmauer, die Menes um die Hauptstadt Memphis gebaut hatte. und 362
Ungefähr in der Mitte des Bezirks erhebt sich die Stufenpyramide, darunter liegt das Grab des Königs; im Ost- und Südostteil des Geländes zwischen der Pyramide und der Umfassungsmauer Abb. 279
stehen Bauten, die zu Kultzwecken bestimmt waren oder symbolische Bedeutung hatten.

Eine Stufenpyramide war nicht von Anfang an geplant (vgl. Anm. 6, S. 320). Sie liegt über Abb. 359
einer zuerst errichteten Mastaba mit quadratischem Grundriß, die selbst zwei Umbildungen er-

68 - Saqqara - Djoser-Bezirk: Eingang der Umfassungsmauer; im Hintergrund die Mauer mit Schlangenfries. 3. Dynastie. *Vgl. Abb. 67*

Abb. 360 fahren hat. Die zweite Mastaba deckt mit ihrer Verlängerung nach Osten elf am Rand der ersten ausgehobene Schächte; jeder ist 33 m tief und öffnet sich nach Westen auf einen ungefähr 30 m langen Gang.

In einigen Schächten fand man Alabastersarkophage; es waren Gräber für Mitglieder der königlichen Familie; andere enthielten unversehrt einen gewaltigen Vorrat von etwa vierzigtausend Gefäßen oder Gefäßstücken aus Alabaster und verschiedenen harten Steinen. Manchmal tragen sie Inschriften mit Namen von Königen der ersten beiden Dynastien, wurden aber von Djoser deponiert.

Nach den Umbauten erhielt die Mastaba die Gestalt eines riesigen, trapezoidförmigen Massivs mit einer vermutlich leicht gewölbten Oberfläche; im ganzen war sie nur rund 8 m hoch. Die Mastaba wäre von außen nicht sichtbar gewesen, denn die große Umfassungsmauer, die wie ein weißes Band vor dem westlichen Wüstenabbruch schimmert, ist ja 20 Königsellen hoch. Imhotep wollte nun den Ort des Königsgrabes weithin sichtbar machen, und errichtete eine gigantische Treppe zum Himmel, an dem der Sonnengott regierte; dort konnte der König nach seinem Tod zu den ‹Unvergänglichen›, den Zirkumpolarsternen, emporsteigen. Der neue Bau umfaßte zunächst vier große Stufen mit einer Gesamthöhe von 42 m – der Grabtyp der Pyramide war geschaffen. Dann erlaubte eine Ausdehnung der Basis auf 109×121 m eine Erhöhung der Stufenzahl auf sechs mit 60 m Gesamthöhe. Die beträchtliche, vertikal gestaffelte Masse des Bauwerks unterbrach nun die lange Horizontale der Umfassungsmauer.

Abb. 376 Djosers Granit-Sargkammer am Grund eines 28 m tiefen Schachts ist auf gleicher Höhe von einem Netz unterirdischer Gänge umgeben, die nach Osten hin eine ‹Wohnung› und nach den anderen Richtungen drei Magazinkomplexe für Grabmobiliar einbeziehen. Die Wohnung hat mehrere Räume; die Wände sind mit gefugten Steinen verkleidet, die für die Einpassung blauer



69 - Saqqara - Djoser-Bezirk: Querraum mit paarweise an den Seiten kurzer Wände angebrachten Palmrippenbündelsäulen, nach dem Wiederaufbau; im Hintergrund die Mauer mit Schlangenfries. 3. Dynastie

70 - Saqqara - Djoser-Bezirk, Großer Hof: Mauer mit Uräenfries (Ausschnitt). 3. Dynastie. *Vgl. Abb. 69*

Fayenceplättchen bearbeitet sind. Mit den Plättchen werden Schilfmatten nachgeahmt. Eine Wand ist in vier Paneele unterteilt, die mit je einer bogenförmigen Aufreihung von reliefartig hervortretenden Djed-Pfeilern bekrönt sind. Auf einer anderen Wand ist die Palastfassade mit ihren Türen und Fenstern dargestellt; die Türblätter von drei geschlossenen Scheintüren zeigen den Horus Netjerichet in wunderbaren Reliefs bei der Ausführung des *heb-sed*-Laufs und bei anderen Riten. Die Türrahmen tragen *serech*-Fassaden und die Titulatur des Königs in feinen Hieroglyphen.

71 - Saqqara - Djoser-Bezirk: Eingangskolonnade mit Palmrippenbündel-Halbsäulen zur Zeit der Entdeckung, vom Großen Hof aus gesehen. 3. Dynastie

72 - Saqqara - Djoser-Bezirk, Großer Hof: Gesamtansicht der Mauer mit Uräenfries. 3. Dynastie. *Vgl. Abb. 69*

73 - Saqqara - Djoser-Bezirk - Paneel aus blauen Fayencekacheln mit einer Djed-Pfeilerstellung als Oberabschluß, rekonstruiert mit Hilfe von Bruchstücken aus den unterirdischen Grabräumen der Stufenpyramide. 3. Dynastie - Kairo, Ägyptisches Museum

Mehr noch als die Stufenpyramide sind die Monumentalbauten des Bezirks eine großartige Leistung Imhoteps. Die hohe, im ganzen über 2 km lange Umfassungsmauer zeichnet sich durch Klarheit der Linien, Eleganz der Proportionen und vollkommene Ausführung der Rücksprünge aus.

Hat man den Eingang mit der Steinnachbildung von zwei offenen Holztüren hinter sich, Abb. 365 durchschreitet man eine Kolonnade aus vierzig Halbsäulen in Palmrippenbündelform, die querstehende, nischenbildende Zungenmauern abschließen (vgl. Anm. 6, S. 320). Man gelangt in Abb. 282 einen Querraum; darin erheben sich vier freistehende kurze Mauern, bei denen beide Schmalseiten als Halbsäulen gestaltet sind. Durch eine halbgeöffnete Scheintür kommt man in den weiten Hof südlich der Pyramide, der an den anderen Seiten von langen Terrassen gesäumt ist. Ihre mit Rücksprüngen gegliederten Mauerverkleidungen sind zum großen Teil verschwunden. In der Südwestecke des Hofs hat man eine Mauerecke wiederaufgebaut; die der Eingangskolonnade gegenüberliegende Wand bildet mit ihrem bekrönenden Uräenfries einen eindrucksvollen Hintergrund. Es ist die Seitenwand des Südgrabes, das in das Massiv der Umfassungsmauer eingebaut ist; dieses zweite Grab des Königs, in dem vielleicht die Kanopen beigesetzt waren, ist ein Kenotaph, wie es die Könige der Thinitenzeit in Abydos errichtet haben. Auch hier findet

74 - Saqqara - Djoser-Bezirk, Südgrab: Raum mit Paneelen aus blauen Fayencekacheln mit Djed-Pfeilerstellung als Oberabschluß. 3. Dynastie

man die Hauptmerkmale des Pyramidengrabes: geneigte Zugangspassage, tiefer Schacht und granitverkleidete Grabkammer, nur ist der Grundriß hier quadratisch. In dieser unterirdischen Wohnung für den Ka sind ebenfalls vier Räume mit blauen Fayencetäfelchen geschmückt. Ein Raum hat Paneele mit bogenförmiger Anordnung von Djed-Pfeilern als Oberabschluß, ein anderer drei Scheintüren, auf deren Türblatt Horus Netjerichet beim Zelebrieren von Riten erscheint. Vom großen Südhof gelangt man nach Osten zum sogenannten *heb-sed*-Hof. Er stellt den architektonischen Rahmen des königlichen Jubiläumsfestes dar, bei dem unter anderem eine Wiederholung der Inthronisierung stattfand. In diesem Teil des Bezirks findet man besonders eindrucksvolle nachbildende Bauten; es sind symbolische Gebäude mit magischer Funktion.

Wir haben die verschiedenen Typen dieser Bauten mit originalen Steinen teilweise wieder aufbauen können. Die Kapellen an der Westseite des Hofes wirken, sofern sie gewölbte Dächer und feine, hoch aufstrebende Säulen haben, in Form und Proportion auf den ersten Blick unglaubhaft als Steinarchitektur. Ihr frühgeschichtlicher Prototyp war nur eine Schilfhütte mit gewölbtem Dach; in den ersten beiden Dynastien wurde er für das *sed*-Fest in leichte Holzgebäude umgesetzt; diese wiederum findet man hier in Stein nachgebildet, der als unveränderlich galt. Die Säulen stellen lange Koniferenstämme dar, die durch Abschälen regelmäßig gestaltet und

75 - Saqqara - Djoser-Bezirk, Gesamtansicht mit Stufenpyramide und den Kapellen im Westen des ‹heb-sed›-Hofs, nach der Rekonstruktion. 3. Dynastie - Grundfläche der Stufenpyramide 109 × 121 m

mit Kanneluren verschönt worden waren; die merkwürdigen Kapitelle haben einen doppelten, kannelierten Überhang. Die Säulen konnten nur in Stein ausgeführt werden, weil sie hier mit einer geschlossenen Fassade verbunden sind; beim Holzvorbild standen sie frei.

Abb. 281 Der andere Kapellentyp zeigt Eckrundstäbe und eine horizontale, leicht vorstehende Dachlinie; auch sie stilisiert die Schilfstengel oder Palmrippen, die das Dach der Prototypen aus Flechtwerk seitlich stützten. Das spätere Gesims mit klassischer ägyptischer Hohlkehle war

lediglich eine weichere und besser ausgeformte Darstellung eben dieser vegetabilischen Dachlinie. Die Eckrundstäbe sind eine Steinreplik der Stengel- oder Strohwülste, die solche primitiven Lauben an den Ecken einfaßten.

Im Zuge der abbildenden Architektur wurden offen oder geschlossen dargestellte Holztüren mit ihren Angeln, Zapfen, Riegeln und Verbindungsstangen wiedergegeben – alles auf Stein übertragen; Nachbildungen von Holzschranken findet man als Reliefs auf den Seiten der kleinen

76 und 77 - Saqqara - Djoser-Bezirk: Eine der Kapellen im Westen des ‹heb-sed›-Hofs und Ausschnitt der gebogenen Dachlinie; Kapitelle mit doppeltem Überhang und kannelierte Dreiviertelsäulen, nach der Rekonstruktion. 3. Dynastie

77

Mauern, die die Zugänge zu den einzelnen Kapellen trennen. In manchen Innenräumen waren die Deckenblöcke an der Unterseite abgerundet und rotgelb bemalt; so wurden Rundhölzer vorgetäuscht.

Zwei weitere nachahmende, innen fast völlig massive Gebäude liegen mehr im Norden, nahe der Nordostecke der Pyramide: das ‹Haus des Südens› und das ‹Haus des Nordens›. Bei beiden ist die Stirnseite nach Süden gerichtet und mit vier kannelierten Dreiviertelsäulen geschmückt. Abb. 363

78 - Saqqara - Djoser-Bezirk: Rückansicht der Kapellen im Westen des ‹heb-sed›-Hofs, gegenüber die Halbsäulen des Tempels T; die abgerundete Terrassenmauer erleichterte dem Zug des königlichen Ka den Weg zur Inthronisierung im Jenseits. 3. Dynastie

79 - Saqqara - Djoser-Bezirk: Kapellen im Osten des ‹heb-sed›-Hofs, mit gebogenem, seitlich überstehendem Gesims, nach der Rekonstruktion. 3. Dynastie

Die Säulen sind ähnlich wie bei den *heb-sed*-Kapellen, nur genau zweimal so dick; wie dort trugen sie ein gebogenes Gesims. Durch einen merkwürdig aus der Mitte gerückten Eingang und einen weiterführenden Gang erreicht man nach zwei rechtwinkligen Biegungen einen Opferraum mit kreuzförmigem Grundriß und mit Opfernischen. In dem *serdab* befand sich wahrscheinlich eine Statue Djosers im *heb-sed*-Mantel; im ersten Haus trug sie wohl die oberägyptische, im zweiten die unterägyptische Krone auf dem Kopf.

An der Ostmauer des Hofs vor dem ‹Haus des Südens› sind Basis und einige Trommeln einer Halbsäule mit zylindrischem Schaft erhalten. Das verlorene Kapitell hat sicher die Wappenpflanze des Südens, wohl einen Lotos, dargestellt; denn an der entsprechenden Mauer des Hofs vor dem ‹Haus des Nordens› stehen drei Halbsäulen mit Papyruskapitellen, die wir wiederaufgebaut haben; sie stilisieren die Wappenpflanze des Nordens. Die Kapitelle weisen auf den Symbolgehalt der beiden Gebäude hin.

Geht man an der Nordseite der Pyramide entlang, kommt man zum vorgebauten *serdab*. Darin fand sich das berühmte Sitzbild des Djoser. Dann folgt der Totentempel; wie beim Grab von Abb. 280
Horus Qaa (1. Dynastie) liegt er im Norden. Er ist labyrinthartig; man erkennt darin zwei Räume zur Reinigung und zwei Innenhöfe; an beide grenzt im Süden ein Portikus aus kannelierten Abb. 364
Dreiviertelsäulen, die paarweise die Enden von kurzen Mauern abschließen. Von dem einen Hof aus gelangt man in den unterirdischen Gang, der zur Grabkammer und den übrigen Räumen führt.

Mehr als 150 m nördlich vom Tempel, kurz vor der Umfassungsmauer, ist ein riesiger Altar aus dem Felsen gehauen. Westlich davon liegen Nachbildungen von Magazinen über unterirdischen Räumen, in denen man Reste von Nahrungsmitteln gefunden hat: Weizen- und Gerstenähren, Linsen, Trauben und Sykomorenfeigen. Parallel zur westlichen Umfassungsmauer verlaufen unter dem größten Teil der Terrasse über 400 m lange Gänge; Hunderte von länglichen Kammern mit eingestürzten Decken schließen sich wie Kammzinken daran an. Möglicherweise wurden sie als Gräber für königliche Bedienstete benutzt.

So weit das wundervolle Werk, das einen entscheidenden Einfluß auf die Steinbaukunst ausgeübt hat. Das Niltal besaß damals nur Lehmziegelbauten; daher versteht man, daß solch ein

80 - Saqqara - Djoser-Bezirk: ‹Haus des Südens›, Fassade mit kannelierten Dreiviertelsäulen, nach der Teilrekonstruktion. 3. Dynastie

81 - Saqqara - Djoser-Bezirk: ‹Haus des Nordens›, Ausschnitt der Fassade mit kannelierten Dreiviertelsäulen, nach der Teilrekonstruktion. 3. Dynastie

82 und 83 - Saqqara - Djoser-Bezirk: Hof vor dem ‹Haus des Nordens›; Gesamtansicht und Ausschnitt der Ostwand mit Papyrus-Dreiviertelsäulen, nach der Rekonstruktion. 3. Dynastie

monumentaler Baukomplex aus behauenen Steinen, der die ganze Umgebung von Memphis beherrschte, auf die Zeitgenossen einen so tiefen Eindruck machte. König Djoser und seinem Architekten Imhotep mußte höchstes Ansehen daraus erwachsen.

Zur Zeit Djosers erfuhr die Technik der Steinbearbeitung eine lebhafte Entwicklung; bei der Stufenpyramide ist sie weit vollkommener als bei der anfänglichen Mastaba. An den Verkleidungen der aufeinanderfolgenden Bauzustände stellt man kontinuierliche Fortschritte fest: die Liegeflächen sind besser geebnet, die Verfugung reicht tiefer, die Vorderflächen sind überaus perfekt geglättet, und besonders bemerkenswert ist die Zunahme der Schichthöhen. Während des Bauens lernte man, den Aufwand an Arbeit und Zeit wirtschaftlicher zu gestalten.

Die unmittelbaren Nachfolger Djosers fuhren in diesem Sinne fort. Horus Sechemchet, vermutlich ein Sohn Djosers, ließ um seinen Grabbezirk eine ähnliche, mit Bastionen durchsetzte Umfassungsmauer bauen, die doppelt so hohe Steinschichten hat wie ihr Vorbild. Um die Länge dieses Vorbildes zu erreichen, plante man um und erweiterte den Bezirk nach Norden und nach Süden – aber der Bau wurde plötzlich unterbrochen. Seine Pyramide hätte gewaltiger werden sollen als die seines Vaters: bei quadratischem Grundriß entspricht ihre Seitenlänge den längeren Seiten der rechteckigen Djoser-Pyramide; nicht sechs, sondern sieben Stufen waren vorgesehen – aber sie blieb unvollendet. Die in 32 m Tiefe aus dem Felsen gehöhlte Grabkammer birgt einen schönen Alabastersarkophag, der geschlossen, doch ohne alle Benutzungsspuren entdeckt wurde.

Abb. 278
Abb. 366
Abb. 377

84 - Meidum - Gesamtansicht der Pyramide auf ihrem Tell. 3. Dynastie - *Seitenlänge etwa 146,50 m*

Das ebenfalls unfertige Südgrab ist als Grabstätte für einen sehr jungen Prinzen wiederverwendet worden.

Abb. 378 Die zum großen Teil zerstörte Stufenpyramide von Zawijet el-Arijan gehörte Horus Chaba. Sie war kleiner, hatte nur fünf Stufen und war damit vielleicht zu Ende geführt; dagegen blieb die unterirdische Grabwohnung im Rohbau stehen. Im anschließenden Bezirk waren Grabungen bisher unergiebig, freilich sollte man sie wiederaufnehmen.

Abb. 379 In Meidum ist die letzte und größte Stufenpyramide erhalten, sie wird Huni, dem letzten König der 3. Dynastie, zugeschrieben; am Eingang zum Fayum ragt sie wie eine riesige Warte über einen Hügel von Schutt und Sand hinaus. Im ersten Bauzustand hatte sie sieben Stufen; jede bestand aus einer einzigen durchgehenden Scheibe von Mauerwerk mit nach innen geneigten Steinlagen und war vollständig aus Blöcken feinen Kalksteins gebaut, die im Schnitt eine Elle hoch waren. Damit war ein entschiedener Fortschritt in der Qualität des Mauerwerks erreicht; die übermäßige Kleinteiligkeit der vorigen Pyramiden konnte damit vermieden werden. Im zweiten Stadium wurde eine weitere Schicht Mauerwerk außen vorgeschalt. Die Basis wurde so um etwa 10 m erweitert und jede Stufe um einige Meter angehoben; vielleicht gab es noch eine zusätzliche achte Stufe auf dem Gipfel der Pyramide, die damit ungefähr 82 m erreicht hätte. Im dritten Bauzustand wurde sie in eine echte Pyramide verwandelt; er geht auf Snofru zurück, ebenso wie der bescheidene, an der Ostseite angefügte Totentempel mit zwei Stelen ohne Inschrift. Dagegen gehört die kleine Stufenpyramide, deren Trümmer fast an die Südseite der endgültigen Pyramide stoßen, noch in die Zeit Hunis. Das gilt vielleicht auch für die Umfassungsmauer, den Aufweg und den zerstörten Taltempel.

85 - Dahschur - Gesamtansicht der Knickpyramide des Königs Snofru und ihre Nebenpyramide im Süden. 4. Dynastie - *Seitenlänge etwa 183 m*

Die Grabkammer ist nicht mehr unterirdisch, sondern unten im Massiv der Pyramide untergebracht. Ein bedeutendes architektonisches Element kam dort auf: das Kraggewölbe aus behauenen Steinen. Es ermöglichte die Überdeckung einer Raumbreite von 2,65 m unter der enormen Gewichtslast der Pyramide. Schließlich findet man schon im ersten Bauzustand der Pyramide zum erstenmal die Zugangspassage im Norden. Sie beginnt in 18 m Höhe und durchquert das Massiv.

### *Die 4. Dynastie (um 2650–2530)*

Snofru, der Begründer der 4. Dynastie, war sicher der größte Bauherr des Alten Reiches. Mit seiner Thronbesteigung zeichnen sich deutlich neue Entwicklungen in der monumentalen Grabarchitektur ab. Imhotep hatte der aufsteigenden Kraft machtvollen Ausdruck verliehen, damit sich Pharao zu den unsterblichen Göttern erheben konnte. Nun verstärkte man den Ausdruck: die Riesenleiter der Stufenpyramide wurde zur wirklichen, direkt zum Himmel weisenden Pyramide mit dreieckigen Seiten.

Anders bei der Architektur der Nebenbauten: da ist die symbolisch-magische Funktion, die der berühmte Architekt ihr zugewiesen hatte, endgültig von ihr genommen und auf die Reliefkunst übertragen worden. Das Relief kam zu größter Bedeutung auf den Innenwänden der Totentempel – aber deren Architektur ist bis zur Starrheit rationell.

Snofru erbaute seinen Grabbezirk zunächst in Dahschur Süd; dort entstand die erste regelrechte Pyramide. Bisher hatten sich die Architekten bemüht, das Profil der Stufenpyramiden in Abb. 380

den Umriß eines Dreiecks einzufügen. Dadurch konnte bei der Planung der Snofru-Pyramide die Idee aufkommen, die Dreiecksform in der Pyramide selbst zu verwirklichen. Diese einfachere, reine Form zeigt direkt zum Himmel. Die Theologen konnten diese Schöpfung der Architekten billigen; ihre Form erinnerte an den Benben-Stein, den heiligen Stein von Heliopolis, in dem man spezifische Sonneneigenschaften sah. Mit Imhoteps Idee vom Aufstieg des Königs verbanden sie die Vorstellung vom auf das Königsgrab herabkommenden Schutz des Sonnengottes Re: die Pyramide erinnert an das dreieckige Strahlenbündel, das die Wolken durchdringt, sobald sich das Gestirn auf den Horizont senkt.

Diese erste Pyramide von Dahschur hätte bei ihrem Neigungswinkel der Seiten von 54° 28′ an der Basis 128 m hoch werden sollen. Da während des Bauens im Mauerwerk der hohen Räume
Abb. 290 mit Kraggewölbe Unregelmäßigkeiten auftraten, verminderten die Architekten den Neigungs-
Abb. 289 winkel von der schon erreichten Höhe an um 11°; damit beschleunigten sie die Fertigstellung, und das Bauwerk erhielt seine berühmte Knickform. Auf derselben Achse, etwa 50 m südlich,

87 - Dahschur - Gesamtansicht der Roten Pyramide des Königs Snofru. 4. Dynastie - *Basale Seitenlänge etwa 220 m*

wurde außerdem eine Nebenpyramide von 100 Ellen Seitenlänge errichtet. Doch Snofru gab sich nicht zufrieden; nachdem er die Stufenpyramide von Meidum in eine echte verwandelt hatte, Abb. 381
ließ er 2 km weiter nördlich noch eine größere Pyramide bauen.

Allein der Rauminhalt der beiden Pyramiden in Dahschur Nord und in Dahschur Süd überschreitet 3 000 000 m³; damit liegt er um 400 000 m³ über dem beträchtlichen Volumen der Cheops-Pyramide in Gisa. So große Bautätigkeit könnte folgenden Grund gehabt haben: nach dem Fehlschlag beim Bau der Knickpyramide versuchten die Architekten zunächst, die sicher unbenutzte Pyramide von Meidum durch Veränderung der äußeren Form für Snofru brauchbar zu machen. Dann mußten sie sich entschließen, die Pyramide nördlich von Dahschur zu bauen; ihre Abb. 291
technische Vollkommenheit erweist sich an der Ausführung der Kraggewölbe: 12 und 15 m hoch überdecken sie etwa 4 m breite Räume – und mehr als viertausendsechshundert Jahre lang sind sie absolut intakt geblieben. Es sind architektonische Meisterwerke. Jeder dieser beiden Räume sieht aus, als wäre er die Grabkammer gewesen, die aber höher liegt; sie ist nur durch einen kleinen Gang erreichbar, der vom zweiten Raum in halber Höhe des Gewölbes ausgeht. Diese Zugangspassage war nach dem Begräbnis sorgfältig kaschiert worden.

Für so große Bauten war es natürlich angezeigt, mit noch umfangreicheren Steinblöcken zu arbeiten. Die Stufenpyramide von Meidum und die Knickpyramide bestehen aus sehr unterschiedlichen Blöcken; bei der Knickpyramide sind einige Lagen im unteren Drittel weit über 1 m hoch, die übrigen Maße erreichen ein Mittel von 1,50 m. Die Neigung der Steinlagen nach dem Inneren der Pyramide beträgt bis zur Knickhöhe noch 5 bis 10°; nach dem Knick wurde sie als nutzlos angesehen und aufgegeben. Bei den später gebauten Pyramiden und sogar bei der letzten Außenschicht von Meidum – und das beweist, daß sie jünger ist als die Knickpyramide – sind keine geneigten Lagen mehr festzustellen.

86 - Dahschur - Die Knickpyramide des Königs Snofru, Nordost-Ecke. 4. Dynastie

Unter Cheops, der auf Snofru folgte und die große Pyramide in Gisa erbaute, wurden noch erhebliche Fortschritte im Pyramidenmauerwerk erzielt. Die Cheops-Pyramide erreichte bei einer Seitenlänge von 440 Ellen (etwa 230,50 m) eine Höhe von 146,60 m. Hauptsächlich die Blöcke der unteren Lagen sind sehr groß; bewundernswert sind ihre untadelige Verfugung und letzte Glättung in der ersten, 1,50 m hohen Schicht, die an der Nordseite in schöner Reihe erhalten ist. Aber die Hauptsorge der Erbauer galt der Sicherung des Zugangs zur Grabkammer und ihrem Überdeckungssystem. Zum Schutz benutzte man Assuan-Granit; so sind die Zugangspassagen und einige Gänge zumindest teilweise mit Fallsteinen aus Granit versperrt. Für die Grabkammer hat man offenbar nacheinander drei verschiedene Stellen vorgesehen. Nach
Abb. 382 dem ersten Plan sollte sie unterirdisch etwa 30 m unter der Basis am Ende der geneigten Zugangspassage liegen, die von der Nordseite der Pyramide ausgeht; aber noch bevor der Boden des dort ausgehöhlten Raums geebnet war, wurde der Plan geändert.

Nach dem zweiten Plan baute man die Grabkammer 21 m über der Basis im Pyramidenmassiv. Sie ist 10 Ellen (5,25 m) breit und hat ein Überdeckungssystem, das hier zum erstenmal vorkommt: zwei Reihen von gegeneinandergestemmten dicken Platten bilden eine Art Giebeldach. Zu diesem Raum führt ein von der geneigten Zugangspassage abzweigender, erst aufsteigender, dann horizontaler Gang. Um die Granitblöcke, mit denen man ihn nach dem Begräbnis ver-
Abb. 374 sperren wollte, vorläufig unterzubringen, erfand man die herrliche ‹Große Halle› (vgl. Anm. 7, S. 321). Das Gewölbe ist ein Kraggewölbe wie in den Pyramiden Snofrus, aber genauso geneigt wie die Halle selbst. Eine solche Halle erscheint in keiner anderen Pyramide – sie ist ein architektonisches Meisterwerk.

Im letzten Plan wurde die zweite Grabkammer zugunsten der dritten aufgegeben; diese liegt in Höhe des oberen Endes der ‹Großen Halle›, die zum einzigen Weg zu dieser endgültigen

89 - Gisa - Die großen Pyramiden, von Süden aus gesehen: die des Mykerinos mit den kleinen Königinnenpyramiden, die von Chephren und Cheops. 4. Dynastie - *Seitenlänge bei Mykerinos 104,80 m, bei Chephren 214,80 m und bei Cheops etwa 230,50 m*

Grabkammer wurde. Wie der kurze, von der ‹Großen Halle› horizontal wegführende und mit drei Fallsteinen versperrte Zugang wurde sie vollständig mit Granit ausgekleidet. Doch die riesigen Deckenplatten von 5 m Spannweite spalteten sich kurz nach dem Aufsetzen. Darum baute man fünf Entlastungskammern darüber und versah jede mit einer Decke aus Granitplatten – wieder spalteten sich einige –, schließlich wurde das Ganze durch eine entlastende Giebeldachkonstruktion wie bei der zweiten Kammer geschützt.

Djedefre, der nach seinem Vater Cheops regierte, baute seine Pyramide weiter im Norden, in Abu Roasch. Sie ist fast zerstört; in ihrer Mitte hat sie eine tiefe Grube, in die hinein die Grabkammer gebaut war; aber da der Grund des Schachtes nicht freigelegt werden konnte, sind Grundriß und Aufbau unbekannt.

Danach übernahm Chephren, ein anderer Sohn des Cheops, die Herrschaft. In seiner Pyramide Abb. 384
ist die Grabkammer bis zur Höhe, wo das Gewölbe beginnt, aus dem gewachsenen Felsen gehöhlt. Es besteht wieder aus einem Giebeldach wie bei der zweiten Grabkammer des Cheops; von da an kommt es in allen Pyramiden des Alten Reiches vor. Bei Mykerinos jedoch, genau wie

88 - Gisa - Nach Osten gerichtete Luftaufnahme der Cheops-Pyramide mit den großen Mastabas von hohen Beamten und Höflingen; Chephren-Pyramide. 4. Dynastie

in der ‹Mastabat Faraun›, dem Grab seines Sohnes Schepseskaf, ließen die Architekten die Innenseite des Gewölbes leicht aushöhlen und gaben ihr so ein Bogen-Profil.

Nach Cheops bemerkt man an den Pyramiden der 4. Dynastie eine zunehmende Verwendung von Granit. Bei Chephren bestand zumindest die Grundschicht der Außenhaut daraus, und im Inneren ist der ganze obere Zugang damit ausgekleidet. In der eindrucksvollen Ausschachtung von Zawijet el-Arijan, der wahrscheinlich von einem Sohn Djedefres begonnenen Pyramidenanlage, besteht ein wesentlicher Teil des Schachtbodens aus mehreren Lagen großer Granitblöcke.

Bei der Mykerinos-Pyramide wurde die Verkleidung bis zu einem Drittel der Höhe in Granit ausgeführt; auch Zugang und Grabkammer bestehen daraus. In der ‹Mastabat Faraun› sind die ganze Grabwohnung – Zugang, Gang mit Fallsteinen, Haupträume und Magazine – und die unterste Schicht der äußeren Verkleidung aus Granit gebaut.

Andererseits wurden kurz nach dem Tod Chephrens und nach der Einstellung des Baus von
Abb. 294 Zawijet el-Arijan, wo die kaum begonnene Pyramide noch eine Seitenlänge von ungefähr 200 m hätte erhalten sollen, plötzlich erheblich geringere Steinmassen verbaut. Mykerinos begnügte
Abb. 383 sich dann mit einer kleineren Pyramide, deren Seitenlänge um die Hälfte auf 200 Ellen, das sind 104,80 m, reduziert ist. Das Monument erreichte nur eine Höhe von 66 m, der Rauminhalt beträgt 250000 $m^3$, also annähernd neunmal weniger als bei der Chephren-Pyramide.

Der Neigungswinkel bestimmt die Proportionen und damit die Form der Pyramide; er wechselte innerhalb der Dynastie deutlich von einem Gebäude zum anderen. Unter Snofru wurde der Neigungswinkel, der im unteren Teil der Knickpyramide ziemlich hoch ist, oben um mehr als

90 - Zawijet el-Arijan - Große Aushebung und begonnene Pyramide; am Horizont die großen Pyramiden. 4. Dynastie



91 - Gisa - Chephren-Pyramide; im Vordergrund Granitblöcke von der Verkleidung der Mykerinos-Pyramide. 4. Dynastie. Vgl. Abb. 89 →

92 - Gisa - Cheops-Pyramide, Nordost-Ecke. 4. Dynastie

11° gesenkt, und so niedrig bleibt er auch bei seiner zweiten Pyramide. Cheops ging auf einen Zwischenwert, eine Neigung von 14 bis 11° zurück, die schon in Meidum verwendet worden war, wo sie sich aus dem Stufenprofil des vorhergehenden Bauzustandes ergeben hatte. Chephren leitete die von ihm benutzte Neigung von 4 bis 3° von dem ‹heiligen Dreieck› 3 zu 4 zu 5 ab, und die Neigung der Mykerinos-Pyramide von 5 bis 4° war durch das sogenannte ‹ägyptische Dreieck› vorgegeben.

Betrachtet man die anderen Teile des ersten königlichen Grabbezirks der 4. Dynastie, ist man überrascht von ihrer Bescheidenheit. Vor der Pyramide von Meidum und vor der Knickpyramide

93 - Gisa - Gesamtansicht der Mykerinos-Pyramide mit den kleinen Pyramiden seiner Königinnen. 4. Dynastie. *Vgl. Abb. 89*

94 - Gisa - Mykerinos-Pyramide: Ausschnitt der erhaltenen Granitverkleidung an der Basis. 4. Dynastie

liegt am Fuße der Ostseite jeweils nur ein kleiner Totentempel vor einer Opferstelle, die ähnlich wie bei den Kenotaphen in Abydos von zwei großen monolithischen Stelen eingefaßt ist. In
Abb. 367 Meidum sind die Stelen ohne Inschrift, vor der Knickpyramide tragen sie Reliefs: Snofru erscheint thronend und mit Titulatur im Inneren seines *serech*; darauf steht ein gekrönter Horusfalke. Die Stelen waren 8 bis 9 m hoch, das heißt doppelt so hoch wie in Meidum. Mit ihrer Größe wirkten sie beherrschend neben dem bescheidenen Totentempelchen, harmonisch allerdings nur vor der Pyramide.

Abb. 368 Der Taltempel der Knickpyramide ist durch einen großartigen, über 700 m langen Aufweg mit ihrer Umfassungsmauer verbunden; der Tempel ist teilweise erhalten. Im Vergleich mit dem Werk des Imhotep erscheint die Architektur auf den ersten Blick als ein Rückschritt. Außen gibt es nur nackte Fassaden, fast rechteckige Umrisse, die Dachlinie ist einfach schräg abgeschnitten, ohne Gesims, ohne Zierleiste oder sonst ein dekoratives Element; nur der Eingang hebt sich mit seiner wie üblich leicht zurückspringenden Umrahmung von der allgemeinen Kahlheit der Mauer ab. Alles wird eckig. Die Mauerbekrönung der Umfriedung des Hofs vor der Südseite des Tempels zeigt ein nicht abgerundetes Profil, hat aber breite, stumpfe Ecken. Dagegen ist der Fortschritt am Mauerwerk vom technischen Standpunkt aus unleugbar: Lagen aus größeren Blöcken, besser zugerichtete Liegeflächen, Verwendung von Gips anstelle von einfachem Kalkpuder im Mörtel und Verzicht auf Füllsteine aus lokalem Kalkstein, vermischt mit Tonerdemörtel.

Im Tempelinneren durchquert man zuerst eine längliche Vorhalle; die Mauern tragen dort zum erstenmal herrliche bemalte Reliefs, die noch zum Teil *in situ* sind: die Güter Snofrus in den Gauen Ober- und Unterägyptens bringen als elegante weibliche Gestalten Opfergaben herbei. In einem erhaltenen Stück des oberen Registers sieht man Beine und Füße des Königs und eines Gottes in Überlebensgröße einander gegenüberstehen. Die Reliefs setzten sich auf den Seitenwänden und den dicken rechteckigen Kalkstein-Pfeilern des Portikus fort, der auf den großen Hof folgt, in den die Vorhalle führt. Die Einführung von Reliefs als Schmuck der Haupträume des Totentempels stellte eine äußerst wichtige Neuerung dar; hinfort wurden alle die Szenen dort abgebildet, durch deren magische Kraft der Ka des verstorbenen Herrschers sein königliches Leben weiterführen konnte. Bei Darstellungen etwa des *sed*-Festes ersetzte das Relief die nachbildende Architektur Imhoteps. Am Nordende des Tempels ging ein Portikus mit zweimal fünf Pfeilern einer Reihe von sechs nebeneinanderliegenden Kammern voraus; in jeder dürfte sich eine Statue befunden haben. In den meisten späteren Tempeln fand man solche kleinen Kammern mit gleichartigen Statuen, aber im allgemeinen waren es nur fünf.

Der extrem einfachen und strengen Architektur dieses Tempels lag eine völlig neue Konzeption zugrunde, obwohl er nur einige Dezennien nach Djosers Tod erbaut wurde. Es ging darum, die magisch bedeutsamen Reliefs zu schirmen und die Kulthandlungen vor den Statuen zu schützen. Zu dem Zweck wurde eine möglichst rationelle Verwendung des Steins angestrebt; Anspielungen auf frühere Bauweisen mit anderen Materialien wurden entschieden aufgegeben. Es kam im wesentlichen darauf an, die Stabilität und unbegrenzte Dauer des Kultgebäudes zu sichern; man bemühte sich, für die Ewigkeit zu bauen.

Diese Tendenz hielt bei den späteren Tempeln der 4. Dynastie weiter an. Seit Cheops wurde zunehmend Granit verwendet; dadurch wurde die Architektur immer massiver. Mit Hilfe einiger
Abb. 369 Überreste seines leider zerstörten Totentempels konnte der Bauplan rekonstruiert werden: im wesentlichen war es ein riesiger, mit Basaltplatten gepflasterter Hof, den ringsum quadratische Pfeiler umgaben. Granit scheint nur für die Pfeiler und die Architrave, außerdem für einige Türstürze und Türpfosten verwendet worden zu sein; die Wände unter den Portiken bestanden wohl aus feinem Kalkstein und waren mit Reliefs geschmückt; einige schöne Fragmente sind gefunden worden.

Abb. 370 Das erstaunlichste Gebäude der Zeit ist der zur Chephren-Pyramide gehörige Taltempel; seine
und 416 monolithischen Granitpfeiler und die meisten Architrave sind erhalten, dazu ein großer Teil der

95 - Gisa - Die Chephren-Pyramide und ihr Aufweg zwischen dem Taltempel und der Sphinx mit dem Antlitz des Königs. 4. Dynastie

Blöcke, die zur Verkleidung der Haupträume dienten, sowie einige der Ostfassade. Der Innenbau ist wegen der Proportionen und der strengen Raumwirkung besonders eindrucksvoll. Zur Zeit Chephrens war er mit vielen großartigen Statuen des Königs bestückt, darunter mit der berühmten Dioritsitzfigur im Museum von Kairo.

Wegen der Größe der Blöcke und der Beschaffenheit des Materials konnte man hier die Spannweite der Architrave und der Deckenplatten (letztere bis auf 3,60 m) erhöhen. Die Blöcke des Mauerkerns aus am Orte gebrochenem Kalkstein haben manchmal enorme Ausmaße; einige müssen ein Volumen von 50 bis 60 $m^3$ gehabt haben, das entspricht einem Gewicht von etwa 150 Tonnen. Ein Exemplar der granitenen Verkleidungsblöcke auf der Ostseite dürfte etwa 45 Tonnen wiegen.

Ein bedeutendes neues Element milderte indessen die Strenge der Fassaden an Chephrens Bauten: die berühmte ägyptische Hohlkehle kam als Oberabschluß hinzu. Sie hat hier noch nicht ganz das klassische Profil; der granitene horizontale Rundstab ist oben nicht durch eine Linie abgegrenzt, sondern durch eine Krümmung mit der Hohlkehle verbunden, die die Silhouette von Palmen stilisiert.

In den Pyramidenbezirken von Cheops, Djedefre und Chephren sind lange, tief in den Felsen eingeschnittene Gräben freigelegt worden, die für große Holzschiffe bestimmt waren. Vor der Südseite der Cheops-Pyramide ist ein Schiff auseinandergenommen in einem unversehrten Graben gefunden und inzwischen restauriert worden; Eleganz und Feinheit des 42 m langen Rumpfes sind bewundernswert.

96 - Gisa - Der Taltempel Chephrens mit Granitverkleidung; Pfeilerhalle aus Granit-Monolithen. 4. Dynastie

97 - Saqqara - Grab des Schepseskaf, sogenannte ‹Mastabat Faraun›: Grabkammer mit Stemmplattengewölbe aus Granit. 4. Dynastie →

Nach Chephren hat wohl auch der Tempel des Mykerinos ähnlich wie der Cheops-Tempel einen Hof mit Granitpfeilern gehabt. Aber er kann nicht vor dem Tod Chephrens vollendet worden sein, denn nur die Pfeilerhalle vor dem Opferraum, der Opferraum selbst und der Gang zur Pyramide waren mit Granit ausgekleidet. König Schepseskaf vervollständigte den Grabbezirk seines Vaters mit Lehmziegeln. Sein eigener Tempel, der wohl auch Granitverkleidungen hatte, wurde infolge seines ebenfalls vorzeitigen Todes wiederum mit Lehmziegeln fertiggestellt. Wahrscheinlich als Reaktion gegen die Priesterschaft von Heliopolis wählte er statt einer Pyramide einen merkwürdigen Grabtyp, der einen riesigen Sarkophag darstellt und von den Fellachen ‹Mastabat Faraun› genannt wird. Das Grab wurde von der Königin Chentkaus übernommen, die wahrscheinlich seine Gemahlin war und nach ihm die Herrschaft ausgeübt hatte.

Abb. 371
Abb. 375
Abb. 372 und 373

*Die 5. Dynastie (um 2520–2380)*

Offenbar unter dem Einfluß von Heliopolis mußte Userkaf, der Begründer der neuen Dynastie, zur Pyramidenform zurückkehren, die von seinen Vorgängern aufgegeben worden war. Die Pyramide, die er in Saqqara gleichzeitig mit einem Sonnenheiligtum in Abusir baute, hat nur noch 140 Ellen (73,30 m) Seitenlänge und ist kaum 50 m hoch; wie bei Chephren wurden die Proportionen aus dem ‹heiligen Dreieck› 3 zu 4 zu 5 abgeleitet. Der Grundriß der Grabwohnung

Abb. 391

98 - Abusir - Die Pyramide des Königs Neferirkare und die Ruinen des Totentempels von Niuserre. 5. Dynastie

zeigt von da ab eine Tendenz zur Vereinheitlichung: der Zugang liegt immer in der Mitte der Nordseite und ist meist als geneigter Durchstich gebaut; wenn er das erforderliche Niveau erreicht hat, verläuft er als horizontaler Gang weiter; in diesem Stück war er durch drei aufeinanderfolgende Fallsteine aus Granit blockiert. Er führt zu einer großen Aushöhlung unter der Pyramidenmitte. Die Aushöhlung hat wenig Tiefe, breitet sich eher rechts und links vom Gang aus wie der Querbalken eines T. Dort befinden sich die Sargkammer und ihr Vorraum; beide sind mit drei übereinandergesetzten Lagen von riesigen Platten bedeckt, die giebeldachförmig gegeneinandergestemmt sind. Die häufig in Stufen ansteigende Kernstruktur dieser Pyramiden ist weniger sorgfältig als in der 4. Dynastie; die Verkleidung besteht in allen Fällen aus großen Tura-Kalksteinblöcken, die bewundernswert geglättet und gefugt sind.

Abb. 390 Die Pyramiden von Abusir wurden zunehmend größer gebaut. Sahure brachte die Seiten-
Abb. 392 und 393 länge auf 150 Ellen, dann Neferirkare wahrscheinlich auf 210 Ellen. Die Grundfläche der Mykerinos-Pyramide war damit übertroffen. Aber die Anstrengungen, die Neferirkare beim Pyramidenbau unternahm, verzögerten die Errichtung seines Totentempels; er konnte ihn nicht zu Ende führen, der Bau mußte behelfsmäßig vervollständigt werden. Die Pyramide von Neferefre ist in den Anfängen steckengeblieben. Die Nachfolger innerhalb der Dynastie kehrten zu bescheideneren Ausmaßen zurück. Niuserre baute noch in Abusir, Isesi-Djedkare und Unas bauten in Saqqara. Die Pyramide von Asosi hat 150 Ellen Seitenlänge; die von den Proportionen des
Abb. 394 ‹heiligen Dreiecks› abgeleitete Höhe erreichte 100 Ellen (52,40 m). Unas nun, der letzte König der Dynastie, reduzierte die Seitenlänge seiner Pyramide noch weiter auf nur 110 Ellen; aber

99 - Saqqara - Unas-Pyramide: Sargkammer mit Basaltsarkophag; an den Wänden Pyramidentexte und eingeschnittene und bemalte Palastscheintore. 5. Dynastie

100 - Abusir - Pyramide und Ruinen des Totentempels von Sahure; auf den Säulen Kartuschen mit dem Namen des Königs. 5. Dynastie

Abb. 306 durch einen hohen Neigungswinkel kam der Bau doch zu einer Höhe von 43,20 m. Die Größenreduzierung bei der Unas-Pyramide erstreckt sich nicht ebenso auf ihre Steine: ein Block der ersten, 1,50 m hohen Schicht der Verkleidung – er sitzt oberhalb des Eingangs – ist 7,78 m breit und wiegt über 30 Tonnen. In der Unas-Pyramide finden sich zum erstenmal auf den Wänden des Vorraums und der Sargkammer die berühmten ‹Pyramidentexte›. Sie sollten durch Osiris-Riten die Auferstehung des Königs fördern und ihm helfen, bis zum Thron von Re zu gelangen.

Abb. 385 Der früheste Totentempel der 5. Dynastie, der Tempel von Userkaf in Saqqara, schloß sich noch sehr eng an die Totentempel aus der 4. Dynastie an. Man hat den Grundriß rekonstruieren können. Nur ist der Hauptteil an die Südseite der Pyramide verlegt, sicher aus einem topographischen Grund; an der Ostseite begnügte man sich mit einer Stele und mit einer kleinen Opferstätte.

Abb. 386 Beginnend mit Sahure, dem Nachfolger Userkafs, wandelte sich die Architektur der Totentempel in Abusir. Die Nebenpyramide, die bisher immer im Süden der Königspyramide lag, rückte nun in die Nähe der Südost-Ecke, bis auf einige Meter südlich an den ‹intimen› Tempelteil



101 - Saqqara - Unas-Aufweg und Unas-Pyramide im Hintergrund. 5. Dynastie

heran. Im Hof sind die Granitpfeiler durch großartige Palmstammsäulen ersetzt (vgl. Anm. 8, S. 321). Das Ganze wirkt leichter; die Gegensätze von Licht und Schatten, die auf den Pfeilern hart zum Ausdruck kamen, verschwimmen nun auf den zylindrischen Säulenschäften. Das Auge wird von den weichen, eleganten Formen der Palmkapitelle angezogen, die eine Unterbrechung der unvermeidlichen Strenge der Architrave bewirken. Rechts und links neben dem Durchgang zum Statuenraum steht außerdem je eine Papyrusbündelsäule. Abb. 387

Der Taltempel hatte zwei Säulenhöfe; der eine war nach Osten gerichtet und mit acht Palmstammsäulen aus Granit geschmückt; im anderen, der nach Süden lag, standen vier zylindrische Granitsäulen.

Tal- und Totentempel selbst waren aus Tura-Kalkstein gebaut; an den Außenfassaden erschien nun die regelrechte Hohlkehle – sie wurde zum klassischen Oberabschluß der meisten ägyptischen Denkmäler. Und vor allem erreichte die Reliefkunst des Alten Reiches ihren Höhepunkt in diesen Tempeln der 5. Dynastie.

Obwohl die architektonischen Linien somit feiner und geschmeidiger wurden, ließen sie doch die weitere Verwendung von sehr großen Blöcken zu. So wurde in den zweigeschossigen Magazinen des Totentempels für die Steintreppe im allgemeinen ein einziger großer Monolith aus feinem Kalkstein verwendet.

Auch die anderen beiden in Abusir freigelegten Pyramidenbezirke waren säulenreich. Der Bezirk Neferirkares, der nach seinem Tod vervollständigt wurde, besaß einen Eingangsvorhof, eine Vorhalle und einen Säulenhof mit einfach in Holz ausgeführten Lotosbündelsäulen. Der letzte Pyramidenbezirk in Abusir wurde für Niuserre gebaut; der Säulenhof des Totentempels und die Eingangshalle im Taltempel waren mit sehr schönen Papyrusbündelsäulen aus Granit versehen. Abb. 388

In den letzten Totentempeln der Dynastie, die Asosi und Unas in Saqqara bauten, kamen wieder die schönen, für Sahure erfundenen Palmstammsäulen vor. Die Säulen sind noch aus Granit; ein einziges Exemplar aus Quarzit im Tempel des Unas hat wohl in der Mitte des quadratischen Vorraums vor dem Sanktuar gestanden. Die Bodenplatten bestehen nicht mehr aus Basalt wie in

102 - Saqqara - Pyramidenbezirk des Unas: Zwei nebeneinanderliegende Nachbildungen von Sonnenbarken aus behauenen Steinen. 5. Dynastie

Abusir, sondern aus Alabaster; auch die Granit- oder Basaltfundamente, die in Abusir häufig sind, kommen in Saqqara bei Asosi und Unas nicht mehr vor. An den Einfassungsmauern des Aufwegs zum Unas-Tempel sind schöne, manchmal noch *in situ* befindliche Relieffragmente freigelegt worden. Von der Bedachung sind einige Platten gefunden worden; sie lagen vorkragend über beiden Mauern, so daß sie zwei Vordächer bildeten, die nur einige Zentimeter voneinander abstanden, gerade so weit, daß das Licht noch einfallen konnte. Südlich vom Aufweg kamen, im Boden nebeneinanderliegend, zwei in Steinblöcken aufgemauerte, 40 m lange Scheinbarken zum Vorschein.

Der Taltempel des Unas ist weiter entwickelt als die in Abusir freigelegten Tempel, aber stark zerstört. Er besaß mehrere Rampen und Eingangsportiken mit Palmstammsäulen aus Granit, auch Kais mit einem riesigen Anlegebecken; sein Aufbau muß noch genauer untersucht werden.

### *Die 6. Dynastie (um 2380–2240)*

Die königlichen Grabbezirke aus der letzten großen Dynastie des Alten Reiches wurden gleichförmiger. Die Grundrisse des ‹intimen› Teils in den Totentempeln von Teti, Phiops I., Merenre und Phiops II., alle in Saqqara, sind untereinander praktisch gleich und ähneln stark dem des Unas; die wenigen Unterschiede, die man an den vorderen Tempelteilen feststellen kann, erklären sich aus topographischen Gegebenheiten. Recht überraschend sind der völlige Verzicht auf Pflanzensäulen, für die es aus der 5. Dynastie so vollendete Beispiele gibt, und die Rückkehr zu einfachen quadratischen Granitpfeilern, wie sie in der 4. Dynastie üblich waren. Nur sind die Pfeiler dünner als damals, ihre Seitenlänge beträgt statt 2 nur $1^1/_2$ Ellen, das heißt 0,26 m weniger,

Abb. 395 und 397

103 - Saqqara - Gesamtansicht der Pyramiden von Unas, Djoser, Userkaf und Teti; im Vordergrund Reste des Totentempels und der Nebenpyramide von Teti. 3., 5. und 6. Dynastie

während die Spannweite der Architrave mehr oder weniger unverändert blieb. Die Architektur der Hallen wirkt folglich deutlich weniger massiv, und das bedeutet technisch wie ästhetisch einen entschiedenen Fortschritt.

Die Palmstammsäule, die sich bei Asosi und Unas in der Mitte des quadratischen Vorraums vor dem Opferraum befunden hatte, wurde durch einen neuen Säulentyp mit oktogonalem oder polygonalem Schaft ersetzt; auch diese Säule besteht aus Granit. Für die Bodenplatten der Haupträume und des Säulenhofs wurde weiterhin Alabaster verwendet, nur die Türschwellen sind aus Granit oder Quarzit, ausnahmsweise auch aus Basalt. Die Mauern sind immer in hohen Lagen von sorgsam gefugten Blöcken aus feinem Kalkstein erbaut, nur Türpfosten und Türstürze bestehen wieder aus Granit, manchmal auch aus Quarzit. Im Statuenraum fand Granit bei den fünf nebeneinanderliegenden Statuenschreinen Verwendung, im Opferraum bei der Stele des Königs und meist auch bei ihrem Sockel. Opferraum und Eingangshalle messen 10 Ellen in der Breite; sie sind mit einer flach gewölbten Decke aus zwei gegeneinandergestemmten Reihen von großen Platten gedeckt; innen ist sie mit Sternen geschmückt, die sich in flachem Relief von einem blauen Himmel abheben.

104 - Saqqara - Pyramide Phiops' I.: Ostwand der Sargkammer mit Pyramidentexten, nach der Wiederherstellung. 6. Dynastie

105 - Saqqara - Pyramide von Merenre: Mit Inschriften versehener Giebel und Monolith von der Ostwand der Vorkammer, während der Freilegung. 6. Dynastie

Wie früher bedeckten Reliefs die Wände der Haupträume in Tal- und Totentempel, dazu noch die Wandungen des Aufwegs, der beide verband; auch die Bildthemen blieben die gleichen.

In den Tempeln von Phiops I. und Phiops II. sind viele Statuen von Gefangenen gefunden worden; sie entsprechen den in den Tempeln der 5. Dynastie entdeckten typischen Darstellungen der verschiedenen südlichen und nördlichen Feindvölker Ägyptens.

Alle Pyramiden der 6. Dynastie hatten dieselben Maße von 150 Ellen Seitenlänge und 100 Ellen Höhe – und damit die aus dem ‹heiligen Dreieck› abgeleiteten Proportionen. Der in Stufen ansteigende Pyramidenkern war aus am Ort gebrochenem Kalkstein gebaut; die Steine waren sehr klein und mit Lehmmörtel vermischt. Nur für die dicke Verkleidungsschicht wurden weiter
Abb. 313 große Blöcke aus feinem Kalkstein verwendet, die immer sorgfältig gefugt und geglättet wurden. In der Grabwohnung waren Vorkammer und Sargkammer mit großen Monolithen verkleidet, die mitunter bis zu 5 oder 6 m breit und über 1 m hoch sind. Die Giebeldächer darüber bestanden aus riesigen Platten, die 2,40 m dick und 30 bis 40 Tonnen schwer waren. Wie bei Unas bedeckten Pyramidentexte die Wände dieser Räume, die im Mittelalter durch Steinbrecher teilweise zerstört worden sind. Hat man die Fragmente der Texte geduldig aus dem Schutt herausgeklaubt, bedarf es noch eines gigantischen Puzzlespiels, bis sie zu rekonstruieren sind. Auf den Wandteilen, die

106 - Saqqara - Pyramide von Merenre: Sargkammer mit Sternengiebel, Sarkophag mit Titulatur des Königs und Kanopenwanne. 6. Dynastie

107 – Saqqara – Totentempel Phiops' I.: Zweigeschossige Magazine und Basis einer achteckigen Säule. 6. Dynastie

dem Basaltsarg am nächsten gelegen sind, hat sich die Darstellung eines Palastprunktors erhalten. Die Kanopenwanne aus Granit ist 1 m östlich vom Sarkophag, fast an der Südwand des Raumes, in den Boden eingelassen.

Abb. 312 Der Totentempel von Phiops I. wird gerade freigelegt. Ansehnliche Architekturreste kommen dabei zum Vorschein, unter anderem mehrgeschossige Magazine und etliche schöne Relieffrag-
Abb. 396 mente. Der Bezirk Phiops' II. – er war der letzte große König des Alten Reiches – ist der vollständigste, den man bisher kennt. Bei der Königspyramide mit ihrem Totentempel liegen die kleinen Pyramiden und Kultanlagen der drei Königinnen Udjebten, Neith und Apuit. Auch sind beträchtliche Überreste des Aufwegs und des Taltempels mit Rampen und Anlegeplätzen ausgemacht worden.

Kurz nach Phiops II. versank Ägypten in der Anarchie der 1. Zwischenzeit. Die einzige Pyramide, die man aus der Zeit kennt, befindet sich in Saqqara, dicht neben dem Aufweg von Phiops II. Sie enthält das Grab des Königs Hakare-Aba aus der 8. Dynastie; mit einer Seitenlänge von 36,60 m ist die Pyramide zwar sehr klein, aber die Wände der Grabwohnung tragen noch Pyramidentexte.

### *Die großen Privatgräber*

Während der 3. Dynastie wurde der Typ der großen Mastaba mit rechteckigem Grundriß, zwei Nischen an der Ostseite und tief in die Erde versenkten Grabräumen allgemein üblich, besonders in Saqqara. Nur kamen nennenswerte Veränderungen hinzu. So sind die Scheintürnischen deutlicher ausgebildet; die südliche wird oft durch den Eingang zu einem kreuzförmigen Opferraum ersetzt, in dessen Hintergrund die Nische verlegt worden ist. Der parallel zur Ostfassade verlaufende Gang ist nun meist überdeckt.

Die Nekropolen Bet Challaf, in der Nähe von Theben, und Gisa haben auch sehr bedeutende Gräber. In Bet Challaf gehen sie bis an den Anfang der 3. Dynastie zurück, auf die Zeit von Horus Sanacht (Nebka) und Horus Netjerichet (Djoser). Das eindruckvollste Grab ist über 8 m hoch bei einer Grundfläche von 85×46 m; erst wurde es Djoser selbst zugeschrieben, heute gilt es als das Grab der Königin Nimaathapi, die seine Mutter und die Gattin Chasechemuis gewesen war. Das ganze Massiv, nicht nur die Außenmauern, besteht aus regelmäßigen Lagen von Lehmziegeln. In Gisa ist nur das von L. D. Covington entdeckte Grab T zu erwähnen. Auch hier beträgt die Höhe ungefähr 8 m, die Grundfläche mißt 61,70×34,50 m. In einem ersten Bauzustand wies es auf allen vier Seiten die komplexen Rücksprünge der Negade-Gräber auf; aber dieser Dekor wurde später unter einer fast 4 m dicken Verkleidung aus Lehmziegeln verborgen.

Die großen Gebäude überdeckten weitläufige, tief im Boden liegende Grabräume. Ihre Zugänge waren durch Fallsteine blockiert. In Bet Challaf kommen manchmal Durchgänge hinzu, die mit Kraggewölben oder mit Bogengewölben versehen sind, die wie Keilschnittgewölbe wirken. Im Grab T von Gisa endet die Zugangspassage in einem 7 m tiefen Schacht; durch sie erreicht man die unterirdischen Räume. Ein weiterer Schacht führt von da zur noch 11 m tiefer liegenden, wirklichen Grabstätte.

Zwei große Gräber in Saqqara sind besonders bemerkenswert: das Grab des Hesire aus Abb. 398
Djosers Regierungszeit und das Grab des Chabausokar vom Ende der 3. Dynastie. Beide zeigen Abb. 287
die Rücksprünge der Palastprunktore; der Dekor befindet sich jedoch auf den Westwänden der Kultnischen und des Ganges, der innerhalb des Massivs parallel zur Ostseite verläuft. Beim Grab Hesires hatte jedes Palastscheintor eine Holzfüllung mit einer der berühmten Reliefdar- Abb. 285
stellungen des Verstorbenen (vgl. Anm. 9, S. 321). Die Mastaba des Chabausokar ist mit zwei kreuzförmigen Opferräumen versehen: der im Süden war für ihn selbst, der im Norden war für seine Frau bestimmt. Man erreicht sie über den langen Gang, der parallel zur Ostseite verläuft und dessen Westwand mit komplexen Rücksprüngen verziert ist. Die den Palasteingang darstellende Nische in beiden Opferräumen besteht aus behauenem Stein. Im Hintergrund und an den Seitenwänden der Nische finden sich skulpierte Abbildungen des Verstorbenen, die mit schönen Hieroglyphen umgeben sind.

Zu Beginn der 4. Dynastie wurden die Mastabas noch größer, besonders in Meidum. Die
Mastabas der Prinzen Rahotep und Nefermaat, die auch die Gräber ihrer Frauen Nofret und Abb. 400
Itet enthalten, waren 82,50×42 m und 120×68 m groß. An beiden Enden der Ostseite haben die Mastabas eine Scheintürnische. Doch hatte man bei den Gräbern die ursprüngliche Fassade durch eine letzte Verkleidung verdeckt; in diese Fassade waren kreuzförmige Opferräume versenkt worden, deren Wände mit vorzüglichen Reliefs oder mit Malerei auf Bewurf geschmückt waren.

Die Unterbauten der Gräber von Meidum besaßen nur einen einzigen Raum für jeden Verstorbenen. Mitunter kennzeichnet eine Aushöhlung die Stelle für den Sarkophag und eine Nische den Platz für die Kanopen. Die ältesten Gräber stammen vielleicht aus der Regierungszeit des Huni; bei ihnen liegt die Kammer am Grund einer ziemlich großen Aushebung. Sie ist durch einen stark geneigten Gang erreichbar, der oft in einen senkrechten Schacht übergeht. Die aus behauenem Stein gebaute Kammer ist oft von einem Tonnengewölbe bedeckt, der aus einer oder
mehreren Ringschichten von Lehmziegeln gebildet ist. Die Sargkammer des Nefermaat bedeckt Abb. 399
ein Steingewölbe aus vier vorkragenden Steinlagen.

Wenig später wurden die Sargkammern im allgemeinen aus dem Felsen gehauen. Sie waren durch einen Schacht zugänglich, dessen Eingang mit einem Fallstein blockiert war.

Unter Cheops wurden die Mastaba-Oberbauten der Großen in Gisa nicht mehr aus Lehmziegeln, sondern aus Stein errichtet. Die Mastabas sind in regelmäßigen Reihen um die Cheops-Pyramide herum angeordnet.

Vor der Ostseite liegen in der ersten Reihe die kleinen Pyramiden seiner drei Königinnen. An die Ostseite der Königinnenpyramiden sind Kultkapellen mit zwei Scheintürnischen angebaut; unmittelbar darauf folgen in mehreren Reihen die großen Mastabas der Königsfamilie. Ihre Grundfläche mißt etwa 70×18 m; meistens haben sie zwei Schächte, einen für den Grabinhaber und einen für seine Frau, außerdem zwei Opferräume mit sogenanntem L-förmigen Grundriß, die über je eine Scheintürnische verfügen. Vor dem Eingang des Opferraums liegen Vorbauten für den Totendienst. Die Opferräume sind wahrscheinlich mit bemalten Reliefs geschmückt gewesen.

Westlich der Cheops-Pyramide, wo das Gräberfeld weitläufiger ist, erstrecken sich die Straßen mit den Mastabas der Großen des Reiches. Sie sind wesentlich bescheidener als die der Königsfamilie. Im Durchschnitt sind sie nur 22 bis 25 m lang und etwas über 10 m breit. Erbaut sind sie aus großen Blöcken von am Ort gebrochenem Kalkstein. Die Lagen sind als Stufen sichtbar; dadurch war die Einrichtung von Scheintürnischen schwierig geworden. Folglich wurden sie ebenso wie der Zugang zum Inneren aufgegeben, in dem es keine Opferräume und Reliefs mehr gibt. Auch der *serdab* für die Statue ist verschwunden; anstelle einer Statue wurde ein ‹Ersatzkopf› im Vorraum zur unterirdischen Sarkophagkammer aufgestellt.

Bei all diesen Einbußen hat sich doch eine Opferstelle erhalten; sie ist an das Südende der Ostfassade gerückt worden: ein Raum oder mehrere Räume sind um eine Kalksteinplatte gruppiert, die den Toten am Speisetisch und seine Titulatur darstellt. Diese Platte war in die West-

108 - Gisa - Große Mastaba eines Königssohns östlich der Cheops-Pyramide. 4. Dynastie

109 - Saqqara, unterhalb des Unas-Aufwegs gefunden - Scheintür des Iika und seiner Frau Iimeret, Priesterin der Hathor. 5. Dynastie - *Holz* - Kairo, Ägyptisches Museum →

110 - Saqqara - Mastaba des Achtihotep und des Ptahhotep II., seines Sohns: Halle mit polygonalen Pfeilern. 5. Dynastie

wand des Hauptraums eingelassen; diese Wand trug auch Malereien auf Bewurf, die das Herbeibringen der Opfergaben und sonstige Szenen wiedergaben.

Gegen Ende der Regierungszeit von Cheops, vor allem dann unter Djedefre und Chephren
Abb. 401 gab es wieder Scheintürnischen oder Scheintüren an der Ostfassade. Auch das L-förmige Sanktuar erschien wieder am Südende der Ostfassade, nur ist es in das Mastabamassiv hineingerückt. An der Westwand des Sanktuars befindet sich noch eine Scheintürnische, seit der 5. Dynastie
Abb. 403 sind es im allgemeinen zwei.

Unter Mykerinos begann man, in den Abhängen der Steinbrüche, aus denen die Steine für die Cheops-Pyramide geholt worden waren, Felsgräber anzulegen; das begünstigte die Entwicklung von Wandreliefs. Diese Felsgräber umfaßten oft mehrere Räume und *serdabs*; vor dem Opferraum lag ein Vorraum mit einer Scheintürnische oder auch mit zweien an der Westwand. Die Fassade der Gräber bot durch eine Verkleidung aus gut gefugtem Kalkstein den Anblick einer Mastaba. Die Fassade des Felsgrabteils in dem ausgedehnten Grab von Rawer hat sogar einen Portikus mit zwei aus dem Felsen gehauenen Pfeilern. Die Fassade ist wohl den großzügigen Wohnhäusern der Zeit abgeschaut. Ähnliche Pfeilerportiken baute man während der 5. Dynastie in Saqqara am Eingang der großen Mastabas, so bei Ti, Ptahhotep I. und Achtihotep in Saqqara und bei Kedfi und Ensedjerkai in Gisa. Die Portiken vor den Mastabas von Neferbauptah und Meruka haben Pfeiler, die wie Säulen einen leicht überstehenden Abakus tragen; beide Gräber wurden während der 6. Dynastie in der Nekropole von Gisa gebaut. Nahe der Südost-Ecke der Cheops-Pyramide liegt die schöne Mastaba des Seschemnefer IV.; dort findet man im Portikus zwei Säulen mit zylindrischem Schaft wie vor dem Seiteneingang des Sahure-Tempels in Abusir. Neben dem Portikus stehen rechts und links zwei große Statuen des Seschemnefer vor der Fassade; auch zwei Reihen mit je drei kleinen Obelisken tragen zum monumentalen Eindruck des Eingangs bei.

Abb. 402
Abb. 404
Abb. 418

In Gisa sind die meisten Lehmziegelgänge und manchmal sogar die aus Stein gebauten Gänge mit Tonnengewölben aus Lehmziegeln bedeckt; man findet auch Korbhenkelgewölbe, Bogengewölbe oder flach gewölbte Decken aus Ziegeln. Außerdem gibt es noch Mastabas mit Gewölben, deren nebeneinanderliegende Schrägbogen einen Abschnitt haben, der als eine Art Wulst mit Abschnürungen ausgebildet ist und vielleicht ein gebogenes Schilfbündel darstellt. In der Mastaba des Meni kommt ein doppelter Gurtbogen vor. Bedeutsam sind zwei kleine Kuppeln: die älteste (Ende der 5. Dynastie) befand sich in der Mastaba des Seschemnefer III. über dem quadratischen Nordschacht; seine Wände sind mit Kalksteinblöcken ausgekleidet, und über zwei oberen Ecken zeigen die Steinlagen durch deutliches Hervorkragen noch den Übergang in eine gleichfalls aus Stein gebaute Rundbogenkuppel an. Das spätere Beispiel (Ende der 6. Dynastie) sieht man in der Mastaba des berühmten Zwerges Seneb, der Totenpriester von Cheops und Djedefre gewesen war; an der Kuppel, die einen quadratischen Vorraum von $2 \times 2$ m überdeckte, erkennt man noch über drei Ecken die ersten Versuche von Gewölbezwickeln – bisher sind es die ältesten Beispiele überhaupt. Nun ist diese Erfindung sicher nicht für Senebs Grab gemacht worden; ähnliche Kuppeln sind wahrscheinlich in Privathäusern vorgekommen, die der Grabarchitektur als Vorbilder gedient hatten. Solche Bauformen, die sehr viel später in der Architektur zu hohen Ehren kamen, sind nicht aus ästhetischen Beweggründen entstanden, sondern aus der Notwendigkeit, das in Ägypten seltene und teure Holz zu ersetzen; darum ist auch die Kuppel wie das Gewölbe zuerst in bescheidenen Bauten belegt, nicht in Königsbauten – dort hätten Holz und Stein durchaus zur Verfügung gestanden.

Die Gräber der hohen Beamten der 5. und 6. Dynastie liegen wie die Pyramiden der Könige in Saqqara und Abusir. Bei diesen Mastabas (Ti, Ptahhotep I., Achtihotep und Ptahhotep II., Kairer und andere) sind die wundervollen bemalten Wandreliefs bedeutender als die Architektur, die streng und einfach geblieben ist. Die Totenkult-Räume entwickelten sich auf Kosten des Mastabamassivs; trotzdem hatten dort noch die Zugangsschächte für Zweitbestattungen Platz – etwa der Frau des Grabinhabers, eines Kindes oder Anverwandten. In den ältesten Mastabas wie bei Ti beobachtet man an den Scheintüren die Entstehung des Rundstabs und der Hohlkehle; in den Hallen der Gräber von Achtihotep und Ptahhotep II. kamen elegante mehreckige Pfeiler vor. Offensichtlich hat der königliche Totentempel als Vorbild gedient, besonders in Abusir, wo Ptahschepses, ein Schwiegersohn des Königs Niuserre, das größte Privatgrab des Alten Reiches baute. Mit Granitsarkophagen und Giebeldächern aus riesigen, wie Dachsparren angeordneten Blöcken wurden die Grabkammern der Pyramiden dieser Zeit nachgeahmt. Und wie in königlichen Totentempeln liegt ein riesiger Pfeilerhof vor zahlreichen Maga-

Abb. 405
Abb. 389

zinen und Totenkult-Räumen. Die Statuenkammer hat drei nebeneinanderliegende, erhöhte Nischen. Am Eingang gegenüber der Ostseite stehen doppelte Lotosbündelsäulen aus Kalkstein (vgl. Anm. 8, S. 321); in der Vorhalle rechts und links vom Durchgang zur Statuenkammer findet man zwei gleichartige Säulen, nur sind sie etwas weniger hoch. Schließlich gab diese Mastaba noch zwei großen Schiffen Raum.

Während der 5. Dynastie wurden in Saqqara Felsgräber angelegt. Sie sind aus der Felswand gehöhlt, die im Norden am Aufweg des Unas entlangführt. Im Felsgrab des Irukaptah ist der Verstorbene auf der Nord- und auf der Ostwand des einzigen Raumes in etwa zehn Reliefbildern stehend abgebildet; die Reliefs haben einen leichten Gipsüberzug und sind bemalt. Im Grab des Nefer und seiner Familie sind die Verstorbenen auf skulpierten und bemalten Scheintüren an der Westwand dargestellt; gegenüber findet man anmutige, meist ländliche Szenen. Ein drittes, sehr viel größeres Grab ist nur teilweise in den Felsen gehauen; es gehörte den Brüdern Nianchchnum und Chnumhotep, beide Re-Priester im Sonnenheiligtum des Niuserre und ‹Vorsteher der Nagelpfleger des Palastes›. Ihre durch lebhafte Farben überhöhten Bildnisse stehen sich in einem aus Stein gebauten Vorhof gegenüber, auf den zwei aus dem Felsen gehöhlte Kammern folgen; die Wandungen aus feinem Kalkstein tragen vorzügliche Reliefs. Ein Nebenbau in Mastabaform besaß einen Eingangsportikus und eine Pfeilerhalle, die mit guten Reliefs reich geschmückt waren; außerdem hatte er Magazine. Unas ließ diesen Anbau niederreißen, um Platz für seinen Aufweg zu schaffen, und verwendete die Blöcke für dessen Fundamente weiter; aus den Fundamenten hat man den Anbau kürzlich wiederherstellen können.

Unter Unas am Ende der 5. und unter Teti am Anfang der 6. Dynastie wurden in Saqqara bedeutende Mastabas für Königinnen, Prinzessinnen und Wesire gebaut. Die Mastaba der Königin Nebet, der Gemahlin von Unas, hat eine Statuenkammer mit vier Nischen und ansehnliche zweigeschossige Magazine wie die königlichen Totentempel. Neben dem Pyramidenbezirk des Unas
Abb. 407 und 408 liegen auch die beiden Mastabas der Prinzessin Idut und des Wesirs Mehu, der vielleicht ihr Sohn war. Am Fuß der Teti-Pyramide findet man zwei besonders schöne Mastabas (vgl. Anm. 9, S. 321); sie gehörten den Wesiren Kagemni und Mereruka, genannt Mera. Mereruka war ein
Abb. 406 Schwiegersohn Tetis; seine Mastaba hat ungewöhnlich viele Räume, die in drei Bereiche unterteilt sind – für ihn selbst, für seine Frau, für beider Sohn –, und sie zeichnet sich durch vielfältige Reliefszenen aus. Die Reliefs in den unterirdischen Sargkammern haben einen leichten Gipsüberzug und sind bemalt, und wie schon bei der Prinzessin Idut und bei Kagemni stellt der Dekor Opfergaben und Grabmobiliar vor; damit wurde das Leben des Verstorbenen im Jenseits sichergestellt.

Gegen Ende der 6. Dynastie und während der 1. Zwischenzeit wurden die Gräber in der Gegend von Memphis ärmlich; Steinblöcke wurden allgemein durch Lehmziegel ersetzt. In Oberägyp-
Abb. 315 und 316 ten entstanden dagegen meistens Felsgräber. Die Gaufürsten waren durch die Schwächung der Königsmacht stärker geworden und wollten nun verhältnismäßig pompöse Grabstätten haben. Ein Beispiel dafür ist das Grab des Gaufürsten Pepianch des Jüngeren in Meir; erwähnt seien auch die Felsgräber in Deir el-Gebrawi, das Grab von Cheti II. in Assiut und das Doppelgrab des Gaufürsten Sabni und seines Sohnes Mechu in Assuan.

In der Nekropole von Dara unterhalb von Assiut ließ ein nicht bekannter Bauherr ein riesiges Grab errichten; der Oberbau aus Lehmziegeln hat eine fast quadratische Grundfläche von 146 × 136 m und ist stellenweise noch 18 m hoch. Die Zugangspassage im Norden verläuft in Nordsüd-Richtung zunächst horizontal, dann ist sie leicht geneigt; sie ist mit einem Rundbogengewölbe aus mehreren übereinanderliegenden Ringschichten von Lehmziegeln gedeckt. Nach ungefähr 35 m setzt sie sich als stark geneigter Gang fort, dessen Ziegelwände durch elf aufeinanderfolgende Ziegelbögen abgestützt sind; er endet unter der Mitte des Grabes in einer Höhlung aus großen, gut gefugten Kalksteinblöcken.

111 - Saqqara - Mastaba des Mereruka, genannt Mera: Pfeilerhalle mit Reliefs; in der Mitte eine Statue des Verstorbenen, der aus einer Nische zu schreiten scheint. 6. Dynastie

## 3. Das Mittlere Reich, 11., 12. und 13. Dynastie (um 2140–1790)

### *Die königlichen Grabbezirke*

Nach den Wirren der 1. Zwischenzeit gründete der thebanische Fürst Antef Sehertaui die 11. Dynastie. Überreste der Grabbezirke der ersten Könige dieser Dynastie sind in el-Saff gefunden worden. Die Saff-Gräber liegen östlich des Hügels von Dra Abu'l-Naga, gegenüber von Karnak auf dem linken Nilufer. Sie haben lange Pfeilerdurchgänge, die in einem System von Felskammern münden. Für Nebhepetre Mentuhotep, den großen König, dem es gelang, Ägypten wirklich zu vereinigen, wurde am Fuß der Felswand von Deir el-Bahari ein weitläufiger, ganz neu- Abb. 409

112 - Deir el-Bahari - Totentempel des Mentuhotep Nebhepetre am Fuß der Felswand, nach Osten gesehen. 11. Dynastie

113 - Deir el-Bahari - Gesamtansicht des Totentempels des Mentuhotep, von der Höhe der Felswand. 11. Dynastie

artiger Grabkomplex errichtet (vgl. Anm. 10, S. 322). Säulenumgänge mit unzähligen Pfeilern oder mehreckigen Säulen tragen teilweise zwei übereinanderliegende Terrassen. Zur ersten gelangte man über eine breite Rampe. Den in der Mitte aus Quadersteinen errichteten Kernbau mit einer Seitenlänge von 22 m hat man bisher allgemein als Unterbau einer Pyramide betrachtet. Im Westen an diesen Komplex anschließend ist der Grundriß des ‹intimen› Totentempels erhalten: er umfaßt einen kleinen Säulenhof, einen Hypostyl-Saal, dessen Decke von zweiundachtzig oktogonalen Säulen getragen wurde, und das Sanktuar mit Speos. Die Anlage wurde mehrfach verändert; während das Grab des Königs ursprünglich unterirdisch unter dem Kernbau vorgesehen war, wurde es schließlich so eingerichtet, daß ein Zugang vom Hof des ‹intimen› Tempelteils ausging: ein aus dem Felsen gehöhlter, oben mit großen, kreisbogenförmig behauenen Steinen bedeckter Gang führte 150 m weit in eine Kammer unter der Felswand.

Kurze Zeit regierten noch zwei Könige der 11. Dynastie, dann begründete Amenemhet I. bald nach dem Jahr 2000 die glorreiche 12. Dynastie. Obwohl er aus Theben stammte, verlegte er die Hauptstadt in die Gegend von Memphis, in die Nachbarschaft des heutigen Dorfes Lischt, ungefähr 60 km südlich von Kairo. Die Reste seiner Pyramide, ein etwa 15 m hoher Schutthaufen, sind dort gefunden worden (vgl. Anm. 11, S. 322). Einen Kilometer weiter im Süden liegt die besser erhaltene Pyramide seines Sohnes und Nachfolgers Sesostris I. Die Pyramiden und die dazugehörigen Tempel zeigen deutlich eine Rückkehr zu den Traditionen des Alten Reiches. Im Pyramidenbezirk von Sesostris entspricht der Grundriß des ‹intimen› Teils des Totentempels genau dem aus der 6. Dynastie. Aber es gab auch Neues: einmal nahmen die kleinen Pyramiden

Abb. 410

für Königinnen und sonstige Königsverwandte rund um die Hauptpyramide zu, und außerdem setzte man in die Umfassungsmauer in regelmäßigen Abständen große reliefierte Kalksteinmonolithe ein; innen und außen trugen sie den Namen des Königs in einem großen *serech*. Unter den üblichen Palastscheintoren sind Träger ritueller Opfergaben in Relief dargestellt.

Die Pyramiden der Nachfolger von Sesostris I. liegen in Dahschur oder im Fayum; wie im Alten Reich schließen sich die Totentempel an der Ostseite an. Aber da sie noch nicht ganz freigelegt sind, konnte man bisher keine genauen Grundrisse rekonstruieren. Unklar ist auch noch, wie in Hawarah der Grabbezirk Amenemhets III. und die dürftigen Ruinen südlich von seiner Pyramide zusammenhängen, in denen Flinders Petrie das berühmte, von Strabo beschriebene Labyrinth zu erkennen glaubte.

Seit Sesostris I. ist der Pyramidenkern auf neue Weise gebaut: vom Zentrum des Gebäudes strahlen größere Mauern aus, von denen blattrippenartig sekundäre Mauern abzweigen. All diese Mauern bestehen aus gut gefugten Steinen, dazwischen liegt Füllmaterial aus Kalksteinabfällen, Lehmerde und sogar Sand. Nur bei der Pyramide in el-Lahun im Fayum besteht das Füllmaterial aus Lehmziegeln. Seit Sesostris III. verzichtete man in Dahschur auf die Scheidewände; der ganze Kern wurde nun normalerweise aus übereinanderliegenden Ziegelschichten gebildet; nur für die dicke Verkleidung wurde weiter guter behauener Stein verwendet.

In der 12. Dynastie wurden größere Pyramiden gebaut als in der 6. Dynastie; sie erreichten 200 Ellen Seitenlänge (105 m). Ausnahmen bilden nur die Pyramiden Amenemhets I. und Amenemhets II. sowie die beiden zuletzt in Mazghuna gebauten Pyramiden. Außerdem stiegen sie im allgemeinen steiler an als im Alten Reich, wenn man von der Unas-Pyramide absieht. Da die Sargkammern der Pyramiden von Lischt im Wasser versunken sind, weiß man nicht, ob es dort noch Pyramidentexte gab. Sicher ist nur, daß Grabkammer und Zugangspassagen der Pyramide Amenemhets II. in Dahschur keine Texte mehr auf den Wänden trugen; nun kamen in Privatgräbern ‹Sargtexte› vor, die sich aus den Pyramidentexten entwickelt haben. Übrigens
Abb. 331 hat man seit der Pyramide von Sesostris II. in el-Lahun die traditionelle Lage des Zugangs im Norden mit Weiterführung in Nordsüd-Richtung aufgegeben. Um den Grabräubern nicht die Arbeit zu erleichtern, verlegte man den Eingang seitdem wechselnd an verschiedene Seiten der Pyramiden und führte die Passage nicht in der Hauptrichtung weiter. Ein Schacht, der manchmal ziemlich weit vom Fuß der Pyramide entfernt lag, ersetzte mitunter die Öffnung der Zugangspassage. Wie die ersten Pyramidenbauer bemühten sich die Architekten, den Zugang zur Grabkammer vom Bauplan her und durch besondere Vorrichtungen möglichst zu erschweren. Das
Abb. 411 Höchste leistete man dabei am Ende der 12. Dynastie für die Pyramiden von Amenemhet III. in
Abb. 414 und 415 Dahschur und in Hawarah, für die Pyramiden seiner Nachfolger in Mazghuna und während der 13. Dynastie in Saqqara Süd (vgl. Anm. 12, S. 322).

Von den Königsgräbern aus der 2. Zwischenzeit ist in der Gegend von Memphis, etwa 1 km südlich von Dahschur, nur die kleine, fast eingeebnete Lehmziegelpyramide des Ameni(-Aamu, des Asiaten) gefunden worden; vielleicht handelt es sich um einen der Hyksos-Könige der 15. oder 16. Dynastie, die Unterägypten beherrschten, während die Herrscher von Theben (17. Dynastie) in Oberägypten regierten.

### *Die großen Privatgräber*

In der 11. und 12. Dynastie bis zum Ende der Regierungszeit von Sesostris III. entstanden in Beni Hassan, el-Berscheh, Meir, Assiut, Deir Rifeh, Qau el-Kebir, Theben und Assuan besonders schöne Gräber für die Gaufürsten und für hohe Beamte. Wenigstens zum großen Teil waren es Felsgräber.

Beni Hassan war die Nekropole der Fürsten vom ‹Oryx›-Gau; dort wurden in mehreren Felsgräbern Säulen errichtet, die bisher selten in Privatgräbern vorkamen. In der 11. Dynastie findet

114 - Beni Hassan - Felsgräber der Fürsten Chnumhotep II. und Chnumhotep IV.: Portiken mit sogenannten protodorischen kannelierten Säulen. 12. Dynastie

man im Grab des Fürsten Cheti aus dem Felsen gehauene Lotossäulen. In der 12. Dynastie haben einige Gräber außer bedeutenden Reliefs noch kannelierte Säulen aufzuweisen; Champollion nannte sie ‹protodorisch›, weil sie mit ihren Kanneluren und scharfen Kanten dorischen Säulen ähnlich sehen. Man findet sie als Stützen im Portikus vor den Felsgräbern der Fürsten Chnumhotep II. und Chnumhotep IV.; im Felsgrab des Fürsten Amenemhet stehen sie in der großen Halle; der Eingangsportikus zeigt dort einfache achteckige Säulen. Im Grab von Chnumhotep II. sieht man über den Architraven des Portikus Steinnachbildungen von kleinen Sparren einer Holzbedachung; sie sind zwar zierlicher, erinnern sonst aber genau an die Sparrenköpfe am dorischen Säulengesims. In Deir Rifeh südlich von Assiut sind über dem Eingang des Grabes von Nechetanchu auf ähnliche Weise Sparren markiert; der Portikus wird dort von zwei oktogonalen Säulen gebildet.

Abb. 412 und 413

In el-Berscheh gegenüber von Mellawi befindet sich das Felsgrab des Gaufürsten Djehutihotep aus der Zeit Sesostris' III. Es ist berühmt wegen einer interessanten Transportdarstellung: eine Kolossalstatue des Königs Sesostris wird von einhundertzwanzig Leuten auf einem Schlitten gezogen. Den Eingangsportikus bilden zwei Palmsäulen, die so bemalt sind, daß sie Granit vortäuschen. Da Palmsäulen, die in der 5. Dynastie häufig waren, seit Beginn der 6. Dynastie nicht mehr vorkamen, ist dies eine interessante Rückkehr zu einer alten Form. Geringe Unterschiede seien erwähnt: der Abakus, der das Kapitell oben abschließt, ist deutlich flacher; die Zahl der Palmwedel ist von neun auf acht reduziert; bei den Wedeln gibt es nur noch vier, nicht mehr fünf Umschnürungen, und die Schlinge, die unter den Schnürungen hing, ist verschwunden. Der

115 - Beni Hassan - Felsgrab des Fürsten Amenemhet: Opferraum mit kannelierten Säulen und Sternenhimmel. 12. Dynastie

Grundriß des Opferraums ist praktisch derselbe wie in Beni Hassan, nur ist der Raum kleiner und hat deshalb keine Säulen.

Abb. 336 In Qau el-Kebir, etwa 50 km südlich von Assiut, liegen die größten Privatgräber (vgl. Anm. 13, S. 323). Als regelrechte Monumentalkomplexe erinnern sie an manche königlichen Grabbezirke aus dem Alten Reich; nur sind sie ohne Pyramide, und der Totentempel ist zum Kultraum tief im Felsen geworden. Es handelt sich vor allem um die Gräber der Gaufürsten Wahka I. und Ibu, Zeitgenossen von Amenemhet II. und Sesostris III., und um das Grab des Fürsten Wahka II., der unter Amenemhet III. lebte.

Noch weiter im Süden, am Wüstenabbruch von Assuan, sind zwei weiträumige Felsgräber für die Fürsten Sarenput I. und Sarenput II. angelegt worden. Der Ältere lebte unter Sesostris I.; vor seinem Grab ist die Treppe erhalten, die leicht schräg zum Terrassenhof ansteigt. Die Fassade ist aus dem Felsen gehauen; davor lag ein Portikus mit sechs noch teilweise erhaltenen Pfeilern und zwei Antenpfeilern. Je eine Nische an den äußersten Enden des Portikus enthielt eine Statue des Verstorbenen. Nur die Fassade und Teile des Portikus sind mit Dekor versehen, die Innenwände im Felsen sind kahl. Die Kulträume im Inneren bestehen im wesentlichen aus zwei fast quadratischen Pfeilersälen, die durch einen Gang verbunden sind; im Hintergrund steht auf gleicher Achse eine Nische mit der Statue des Verstorbenen. Das Grab von Sarenput II. hat keinen Portikus, dafür ist die Anlage im Felsen ähnlich geschnitten, nur sehr viel monumentaler.

116 - Assuan - Felsgrab des Fürsten Sarenput II.: Pfeilergang, der zu einer Nische mit Statue des Verstorbenen führt. 12. Dynastie

Vom Eingang aus fällt das Licht in einen weiten Pfeilersaal, dann in einen Gang, und im Hintergrund des Grabes fängt es sich im Naos. Dort stand eine Statue des Toten, und auf der Rückwand befindet sich noch eine Scheintür, die Sarenput vor dem Speisetisch sitzend darstellt. Das Innere des Naos ist ausgemauert und hat eine Decke mit rotem Wellenmuster auf gelbem Grund; damit wird wohl Flechtwerk nachgeahmt. Die Sargkammer selbst erreicht man über eine geneigte Zugangspassage und dann durch einen Schacht mit drei aufeinanderfolgenden Absätzen.

# Tempelarchitektur, Städte- und Festungsbau

## 1. Tempelarchitektur

### *Die Göttertempel*

Die in den Hauptorten des Alten Ägypten zutage gekommenen Tempelreste beweisen, daß es viele, oft bedeutende Göttertempel gegeben hat – besonders in Hierakonpolis, el-Kab, Tod, Karnak, Medamud, Koptos, Dendera und Abydos, im Fayum und in der Gegend von Memphis, in Heliopolis und im nordöstlichen Delta in Bubastis, Tanis und Esbet Ruschdi. Aber *in situ* sind sie kaum mehr spektakulär. Aus dem Alten Reich sind nur vom Sphinx-Tempel in Gisa und vom Sonnenheiligtum des Niuserre in Abu Gurob Ruinen übriggeblieben, die Rückschlüsse auf die ursprüngliche Gestalt der Tempel erlauben. Dazu kommt noch ein in Bubastis freigelegtes Sanktuar aus der Zeit Phiops' I. Aus dem Mittleren Reich sind uns drei Tempel erhalten: im Nordosten des Deltas wurde in Esbet Ruschdi ein Tempel aus der Zeit Amenemhets I. gefunden; in Medinet Maadi (Fayum) sind Teile eines Tempels erhalten, den Amenemhet III. und Amenemhet IV. gebaut haben, und dann gibt es noch in Qasr es-Sagha nördlich vom Karun-See einen Tempel, dessen Entstehungszeit nicht eindeutig geklärt ist. Schließlich ist noch der bezaubernde Kiosk aus der Zeit Sesostris' I. zu nennen; das Sanktuar ist unter Verwendung originaler Blöcke wiederaufgebaut worden, die im Neuen Reich als Fundamente des dritten Pylons in Karnak gedient hatten.

### *Der Sphinx-Tempel*

Er wurde auf einer Felskuppe gebaut (vgl. Anm. 14, S. 323), die wahrscheinlich stehenblieb, als man die Blöcke für den Kern der Cheops-Pyramide aus dem Steinbruch holte, der sich südlich der Pyramide öffnet. Die Kuppe wurde zu einem 71 m langen und 20 m hohen liegenden Löwen umgeformt, einer Darstellung des Sonnengottes. Dem Gesicht gab man die Züge Chephrens. König Chephren begann den Bau des danebenliegenden Tempels nach der Errichtung seines eigenen Grabbezirks. Der genau in Ostwest-Achse ausgerichtete Sphinx-Tempel hatte zwei Sanktuare, das eine nach Osten, das andere nach Westen gelegen. Dazwischen dehnte sich ein länglicher Hof in Nordsüd-Richtung, der von dicken Pfeilern umsäumt war. Vor den Pfeilern befanden sich Sitzbilder des Königs, nur nicht vor den Eckpfeilern. Im Norden und im Süden des Hofes war noch je ein Portikus angefügt. Man hat vermutet, daß dieser seltsame Grundriß eigens für den Sonnenkult geschaffen und dem Stand der Sonne zu den verschiedenen Tageszeiten angepaßt worden war. Abb. 416

### *Das Sonnenheiligtum des Niuserre*

Sonnenheiligtümer bauten die ersten Könige der 5. Dynastie; am besten bekannt ist das Sonnenheiligtum des Niuserre. Es liegt in Abu Gurob am Rand der Libyschen Wüste, etwa 2 km nördlich von Abusir (vgl. Anm. 15, S. 323), wo sich die Pyramide Niuserres erhebt. Der Monumentalbezirk, zu dem es gehört, besteht aus einem Taltempel mit drei Säulenportiken, aus einem von Abb. 417

117 - Gisa - Große Sphinx mit Cheops-Pyramide. 4. Dynastie. *Vgl. Abb. 95*

118 - Abu Gurob - Sonnenheiligtum des Niuserre: Altar, aus vier ‹hetep›-Zeichen gebildet, vor dem Obelisken; im Hintergrund die Pyramiden von Abusir. 5. Dynastie

Mauern eingefaßten Aufweg und aus dem Sonnenheiligtum, das innerhalb einer 110 × 80 m langen Umfassungsmauer liegt. Das eigentliche Sonnenmal ist ein ungefähr 35 m hoher Obelisk auf einem 20 m hohen Unterbau in Form eines Pyramidenstumpfes. Etwa 30 m südlich der Umfassungsmauer ist eine über 30 m lange Sonnenbarke in Lehmziegeln dargestellt; diese sind sorgfältig gefugt und tragen Spuren eines bemalten Bewurfs. Die Barke liegt in Ostwest-Richtung.

*Der Tempel von Bubastis*

In Bubastis im Delta ist ein Tempel aus der Zeit von Phiops I. freigelegt worden. Er ist mit einer 87,50 × 64 m langen Umfassungsmauer umgeben und aus Lehmziegeln erbaut; nur acht Pfeiler in zwei Reihen bestehen aus Kalkstein.

*Der Tempel von Esbet Ruschdi*

Aus der Zeit Amenemhets I. ist ein Tempel in Esbet Ruschdi zutage gekommen; der Ort liegt auch im Delta, nördlich von Zagazig. Der Tempel maß 41,50 × 31 m und hatte einen Hof; von einem Hypostylsaal mit sechs Säulen und von einem Sanktuar mit drei Kapellen sind Trümmer erhalten.

*Der Tempel von Medinet Maadi*

Abb. 421 und 422 Er liegt im Süden des Fayum. Er ist der einzige *in situ* erhaltene Tempel, der mit Sicherheit aus dem Mittleren Reich stammt. Er wurde von Amenemhet III. und Amenemhet IV. erbaut und war der Erntegöttin Renenutet und dem krokodilgestaltigen Gott Sobek geweiht, dem Hauptgott des Fayum. Der Tempel ist nur klein, die größte Ausdehnung beträgt 9,70 m. Der Portikus an der Südseite hat zwei Papyrusbündelsäulen mit geschlossenem Blütenkapitell; hinter dem Portikus liegt die Halle des Sanktuars mit drei nebeneinanderliegenden Statuennischen; alle sind mit Rundstableisten umrahmt, die mittlere ist jedoch fast zweimal so breit wie die beiden anderen.

*Der Tempel von Qasr es-Sagha*

Auch er liegt im Fayum, aber im Norden. Mit den Hohlkehlen über den sieben nebeneinanderliegenden Nischen oder Naoi, die von Rundstäben umgeben sind, ist der Tempel noch gut erhalten. Aber er scheint nicht vollendet zu sein; er trägt keine Inschrift, dadurch ist eine genaue Datierung erschwert. Manche Wissenschaftler datieren ihn in die 4. Dynastie. Die Fassade wirkt tatsächlich seltsam archaisch; Schichten, die aus großen, flachen, aufrecht stehenden Blöcken gebildet sind, wechseln mit normal angeordneten, aber wenig regelmäßigen Schichten ab. Andererseits kam die Hohlkehle erst unter Chephren an der Oberkante seiner Tempel auf und wurde nicht vor dem zweiten Drittel der 5. Dynastie als Oberabschluß von Scheintüren oder Statuennischen verwendet. Außerdem ist die mittlere Nische so viel breiter, daß sie an Medinet Maadi erinnert. Abb. 423 bis 425

*Der Kiosk des Königs Sesostris I. in Karnak*

Das bewundernswerte kleine Stationsheiligtum (vgl. Anm. 16, S. 323) wurde von Henri Chevrier rekonstruiert, nachdem er die meisten dazugehörigen Steinquader aus den Fundamenten des Abb. 419 und 420

119 - Karnak - Seitenansicht des Stationsheiligtums von Sesostris I., nach dem Wiederaufbau. 12. Dynastie

dritten Pylons vom großen Amun-Tempel in Karnak wieder herausgelöst hatte. Es ist ein Bau mit Eckrundstäben; das mit einer Hohlkehle bekrönte Dach ruht auf sechzehn Pfeilern, die in vier Reihen aufgestellt sind. Damit ist das Sanktuar ein Vorläufer der späteren Peripteros-Kapellen. Bemerkenswert sind die Harmonie der Proportionen, die Schönheit der Hieroglyphen und des sonstigen Reliefschmucks.

Auch scheint man im Mittleren Reich folgende merkwürdige Struktur von Ziegelwänden erfunden zu haben: die Wände sind in breite Abschnitte unterteilt, die abwechselnd aus konvexen und aus konkaven Schichten zusammengesetzt sind. Eine solche Bauweise zeigt die große Umfassungsmauer des Tempels in Abydos, der allgemein Sesostris I. zugeschrieben wird.

## 2. Städtebau

Aus dem Alten Reich sind nur spärliche Überreste von Häusern auf uns gekommen. Erhalten sind die Trümmer eines bescheidenen Ziegelhauses, das in der 3. Dynastie gebaut wurde. Vielleicht haben es Bauleute des Djoser-Bezirks bewohnt, dann aufgegeben und mit in das Massiv der Umfassungsmauer einbezogen. Dort liegt es nordwestlich vom Totentempel, ist von Nord nach Süd ausgerichtet und hat einen deutlich rechteckigen Grundriß (5,40 × 4 m). Es hatte vier Zimmer; das Südende des Hauptraums war durch zwei Pilaster abgeteilt, so daß eine Art Alkoven entstand. Eine solche Unterteilung des Raums durch Pilaster findet man gegen Ende der 4. Dynastie auch in Gisa in den Wohnungen für die Totenpriester der Königin Chentkaus, und zwar in dem mittleren Raum, der wohl als Wohnraum gedient hat. Es waren aneinandergebaute Häuser; der Wohnraum hatte einen Zugang zum Schlafzimmer und auf der anderen Seite einen Zugang zu einem kleinen Innenhof und zur Küche.

Im Mittleren Reich wurde im heutigen Kahun am Eingang zum Fayum eine kleine Stadt für die Beamten, Handwerker und Arbeiter angelegt (vgl. Anm. 17, S. 323), die in der Nähe, in
Abb. 426 el-Lahun, am Bau des Pyramidenbezirks für Sesostris II. beteiligt waren. Überreste der Stadt sind aus dem Sand aufgetaucht; sie erstreckte sich auf einem Areal von ungefähr 350 × 400 m. Die bescheidenen aneinandergebauten Häuser besaßen drei bis zwölf Zimmer und lagen an kleinen Straßen, die senkrecht auf breitere Adern stoßen. In der Nordost-Ecke ist ein Dutzend sehr weitläufiger Wohnhäuser zutage gekommen (60 × 42 m), die an einer 280 m langen breiten Straße liegen. Ihre Grundrisse geben einen Vorgeschmack auf die schönen Häuser in Amarna vom Ende der 18. Dynastie.

## 3. Festungsbau

Festungsbauten gab es in Ägypten schon seit der Frühgeschichte. Schematische Darstellungen von befestigten Mauern sieht man auf der Stier-Palette im Louvre und auf der Städte-Palette im Museum von Kairo. Die Umwallungen haben einen quadratischen Umriß mit abgerundeten Ecken und zeigen kräftige Rücksprünge. Auf der einen Seite der berühmten Narmer-Palette sieht man eine absolut rechteckige und symmetrische kleine Umfassungsmauer mit Bastionen; auf der anderen Seite befindet sich quasi ein Mauerhalbkreis, der in großen Abständen tiefe Rücksprünge aufweist. Er umzieht einen nackten Feind, auf den ein Stier als Symbol der Königsmacht den Fuß gesetzt hat. In Abydos ist aus der 1. Dynastie ein kleines Elfenbeinmodell eines runden Turms entdeckt worden; sicher war es ein Spielstein. Es gibt auch eine Holztafel mit dem eingeritzten Bild eines solchen Turms. Die Türme sind oben mit einer weit vorkragenden Plattform versehen, die einen Zinnenkranz mit abgerundeten Mauerzacken trägt. Sie waren nur über eine angelehnte Leiter und durch eine viereckige Öffnung zugänglich, die fast ganz oben angebracht war. Unter der Plattform sind Balkenenden sichtbar; durch das Vorkragen scheint ein System von Pechnasen oder eine Hurdengalerie angegeben zu sein, mit dem Angreifer vom Fuß des Turmes abgewehrt werden konnten.

Zur Zeit der 2. Dynastie wurden in Hierakonpolis und in Abydos gewaltige rechteckige Umwallungen gebaut, die man als Forts bezeichnet hat, obwohl sie keine großen Rücksprünge mehr haben. In Hierakonpolis ist der einzige Eingang an der Südost-Ecke in einem großen Vorbau angelegt. Man möchte den Bau für die Schutzmauer der Residenz halten, von der aus Horus Chasechem nach der Seth-gleichen Rebellion des Peribsen die Einheit wiederherstellte. Dagegen handelt es sich in Abydos kaum um einen Festungsbau; zwei von vier Eingängen der Hauptumwallung, der Schunet es-Sebib, sind ohne jeden Schutz, und die Funktion der zerstörten oder verschwundenen Gebäude darin bleibt ungewiß.

Erst aus dem Mittleren Reich sind mehr oder weniger ansehnliche Ruinen von echten ägyptischen Festungen erhalten geblieben, aber nur in Nubien; etliche sind jetzt ganz im Nasser-See versunken: Ikkur, Kuban und Aniba in Unternubien, die untereinander sehr ähnlich waren. Vor allem besaßen sie außerhalb der Hauptumwallung noch eine dünnere und niedrigere Mauer, die von halbrunden Bastionen flankiert war; sie stand auf der inneren Böschung eines Grabens mit Gegenböschung und Glacis. Die Festung Buhen am Ausgang des 2. Katarakts (vgl. Anm. 18, S. 324) war das eindrucksvollste Beispiel für dieses Verteidigungssystem. Abb. 427 bis 429

Buhen ist nur ein Teil eines erstaunlichen Befestigungsgürtels. Forts sind nämlich auch stromabwärts in Mirgissa und auf den Inseln Dabnarti und Askut, stromaufwärts in Schalfak, Uronarti, Kumma und Semna gefunden worden. Manche haben mehr oder weniger unregelmäßige, topographisch begründete polygonale Grundrisse; in Askut und Schalfak trapezähnlich, in Uronarti fast dreieckig. Die Hauptverteidigungsmauern hatten Rücksprünge, mehr oder weniger quadratische kleine Bastionen und gelegentlich Türme oder umfangreichere Vorbauten. Recht häufig sind rechtwinklig vorstoßende Stützmauern angebaut, manchmal von großer Länge. Semna hat einen L-förmigen Grundriß, und außer an der Nilfront ist die Umwallung mit breiten Türmen oder rechteckigen Bastionen ausgerüstet, die an den Enden der in unregelmäßigen Abständen vorstoßenden Mauerzungen angebracht sind.

Die Festungen in Nubien weisen also Verteidigungselemente und -verfahren auf, die noch im Mittelalter grundlegend für den Festungsbau blieben. Außer Türmen und Kurtinen mit Umgängen, die Zinnen und vielleicht Pechnasen hatten, findet man besonders ein Schranken- oder Planen-System, das den Angreifer vom Fuß des Hauptwalls fernhalten sollte. Auch wurden Vormauern mit verschiedenen Arten von Schießscharten gebaut; in Buhen findet man eine solche Mauer, mit halbrunden Bastionen bestückt, auf der Innenböschung des Schutzgrabens. Dergleichen halbrunde Bastionen kamen erst dreitausend Jahre später, im 17. Jahrhundert n.Chr., wieder vor; danach nahmen sie ihre endgültige Form mit dreieckiger Stirnseite an.

IV

# RELIEF UND MALEREI

*Von Jean Vercoutter*

Die Kunst des Reliefs und der Malerei in Ägypten hatte zur Zeit der großen Pyramiden, zu Beginn des III. Jahrtausends, gegen 2700 v. Chr., schon eine lange Geschichte hinter sich. Die Künstler, die zu ihrer Entwicklung beigetragen hatten, verfügten über bewährte Techniken, die sie im Verlauf der Jahrhunderte vervollkommnet hatten. Aus der Zeit der Vor- und Frühgeschichte und selbst noch aus der Thinitenzeit wissen wir darüber bisher recht wenig.

Im Neolithikum hatte man gelernt, zuerst Werkzeuge aus Feuerstein, später Gefäße aus besonders harten Materialien wie Basalt, Diorit oder Quarzit herzustellen. Die ägyptischen Künstler, die mit dem Material Stein arbeiteten, die Bildhauer und Steinmetzen, beherrschten den Umgang mit den weichsten wie mit den härtesten Materialien. Auch Töpfer, Maler und Hersteller von glasierten Perlen waren schon seit langer Zeit mit ihrem Werkzeug gut vertraut. Sie kannten und verwendeten gelben und roten Ocker, Gips, tierisches Schwarz und Blau und das Grün von Kupfererzen, also die Grundfarben der ägyptischen Malerei, die auch später zu allen Zeiten der ägyptischen Kultur verwendet wurden. Die Technik der Steinbehandlung und der Malerei wurde von Generation zu Generation weitergegeben, so daß die Weiterentwicklung der Kunst des Reliefs und der Malerei im Alten Reich nicht allein auf die Beherrschung der seit Jahrhunderten erworbenen Techniken zurückzuführen ist, sondern sich vorwiegend durch neue politische, soziale und religiöse Situationen erklären läßt.

Die Kunst, besonders die des Reliefs und der Malerei, die gegen 2700 unter der Herrschaft des Königs Djoser, des ersten Königs der 3. Dynastie, einen ersten Höhepunkt erreichte, war das Ergebnis der wirtschaftlichen Entwicklung Ägyptens, die durch ein straff organisiertes, streng zentralistisch aufgebautes politisches System möglich geworden war.

Durch die erfolgreiche Bewirtschaftung des Niltals vom 1. Katarakt bis zum Mittelmeer stabilisierte sich diese zentral gelenkte Verwaltung mehr und mehr, die für das Wohlergehen des Landes sorgte. Man lernte, der Überschwemmungen des Nils Herr zu werden und dieses Geschenk der Natur optimal zu nutzen, ohne das Ägypten eine einzige Wüste wäre. Um das segenbringende Wasser zu regulieren und gleichmäßig zu verteilen, mußten überall, vom Süden bis zum Norden des Landes, Dämme gebaut, Kanäle angelegt und der kultivierbare Boden eben gemacht werden. All diese Arbeiten mußten rechtzeitig zwischen zwei Nilüberschwemmungen ausgeführt werden. Das erforderte enorme gemeinsame Aktivitäten, die gut organisiert sein mußten und nur durch eine starke, zentrale Hand gelenkt werden konnten. Die aus der Bewirtschaftung des Landes eingebrachten überschüssigen Erträge wurden in der Residenz gesammelt. Zu einer solchen Anhäufung von Reserven wäre eine Verwaltung von einzelnen Gauen oder von Teilbereichen des Landes nicht in der Lage gewesen. Über diese Mittel verfügte allein der König. Sie wurden für seine eigenen Bedürfnisse und für die seines Hofes und seiner Beamten verwendet. Auf Grund dieser Organisation brauchten zum Beispiel auch Künstler und Hand-

120 - Gisa, Westfriedhof - Mastaba der Neferetiabet. Ausschnitt der Stele: Die Prinzessin vor dem Speisetisch.
4. Dynastie (um 2600) - *Bemalter Kalkstein; Gesamthöhe 0,375 m* - Paris, Louvre

121 - Delta - Bildhauermodell für den Tempel von Horneith (Ostdelta): König Djoser. 3. Dynastie (um 2700) - *Kalkstein; Höhe 0,16 m* - New York, Metropolitan Museum of Art

122 - Horneith - Hieroglyphen, die den Titel ‹König von Ober- und Unterägypten›, den Geier und die Kobra (= Titel ‹die beiden Herrinnen›) darstellen. 3. Dynastie (um 2700) - *Kalkstein; Höhe 0,166 m* - New York, Metropolitan Museum of Art

werker wie Zeichner, Steinmetze und Maler sich nicht selbst ihre tägliche Nahrung, die sie zum Leben brauchten, auf dem Felde zu erarbeiten. Malerei und Relief verdanken also eigentlich ihre Entfaltung der wirtschaftlichen Entwicklung und Organisation des Landes.

Innerhalb dieser sozialen Struktur unterstand die Kunst in den Anfängen und lange Zeit während des Alten Reiches weitgehend dem Königshaus, gleichgültig, ob es sich um königliche oder um private Denkmäler handelte. Die Mannschaften der Künstler und Handwerker gehörten zum Königshof und wurden nur selten auserwählten Privatleuten zur Verfügung gestellt. In der Provinz verfügten nur wenige hochgestellte Persönlichkeiten über genügend Mittel, um eigene Arbeitsmannschaften zu unterhalten.

Es genügt nicht, die Entfaltung der Kunst des Reliefs und der Malerei im Alten Reich allein durch die zentrale Lenkung des Staates, seine wirtschaftliche Entwicklung und die daraus resultierende Spezialisierung der Aufgaben zu erklären, da diese Kunst gleichzeitig auch Ausdruck tiefer Gläubigkeit war.

Für den alten Ägypter bedeutete das, was wir den Tod nennen, nicht das Ende. Für ihn blieb der Mensch nach dem Sterben und dem Schwinden aller Lebenszeichen vollständig existent. Um sich ewig erhalten zu können, benötigte er jedoch materielle Hilfe. Der Leichnam selbst bot durch die Mumifikation eine ideale Unterstützung. Der Verstorbene konnte aber durch Statuen,

123 - Gisa, Ostfriedhof - Mastaba des Chufuchaf. Ausschnitt: Der Verstorbene und seine Frau. 4. Dynastie (um 2600) - *Kalkstein*

flachbildliche Darstellungen und sogar durch die Nennung seines Namens vertreten werden. Die menschliche Persönlichkeit, die in der jenseitigen Welt weiterlebte, mußte auch weiterhin ernährt, bekleidet und beschützt werden, denn im Jenseits drohten zahlreiche Gefahren. Statuen und Statuetten, Reliefs und Grabmalereien, Schmuck und Geschmeide sowie alles, was unter den Begriff der Grabausstattung fällt, standen dem Grabherrn zur Verfügung und sollten ihn beschützen vor der Gefahr einer Vernichtung im Jenseits, die dann endgültig gewesen wäre.

Dieser Glaube an die körperliche Weiterexistenz nach dem Tode war so tief in der Vorstellung der Ägypter verwurzelt, daß die Lebenden deshalb versuchten, den Kontakt auch mit den Verstorbenen noch aufrechtzuerhalten. Sie schrieben ihnen Briefe und baten sie, sich auch weiterhin bei alltäglichen Angelegenheiten einzuschalten. Wurde jemand durch Rechtsspruch zum Tode verurteilt, so wurden umfangreiche Vorkehrungen getroffen, daß der Hingerichtete nicht am Leben im Jenseits teilhaben könnte. Seine Bilder, Statuen, Malereien und Reliefs wurden zerstört oder getilgt. Sein Name wurde auf den Denkmälern nicht nur ausgehackt, sondern auch abgeändert, damit bei dem erwarteten Totengericht ihm kein Platz zur Verfügung stünde, an den sich seine Seele zurückziehen und dadurch ewig überleben könnte.

Man sieht, daß der Name, wie bei jeder Magie, eine entscheidende Rolle in der ägyptischen Glaubensvorstellung spielte. Wer den richtigen Namen eines Gottes, eines Menschen oder irgendeines Wesens kennt, besitzt dadurch Macht über ihn. Magische Funktion hatten auch die zahlreichen hieroglyphischen Inschriften, die auf den meisten flachbildlichen Darstellungen und Malereien vorkommen. Sie wiederholen nicht nur unablässig Namen und Titel des Verstorbenen, für den die Darstellungen geschaffen wurden, sondern auch die Bezeichnungen der Gegenstände und der dargestellten Wesen. Denn die Magie hat nicht nur Macht über den genannten Namen, sondern auch über das dargestellte Bild. Es genügt, nur die richtige Formel auszusprechen, damit sich die Darstellung mit Leben erfüllt und sich in das jeweilige Wesen oder Objekt verwandelt. Darstellungen und die sie erläuternde Inschrift gehören also untrennbar zusammen.

Über diese Vorstellung von der Weiterexistenz im Jenseits sind wir dank den Bildern in den Gräbern über Einzelheiten des täglichen Lebens der Ägypter gut informiert. Obwohl die ägyptische Reliefkunst und Malerei ursprünglich ihre Funktion im Toten- und Götterkult hatten, sind sie in erster Linie zweckbestimmt und gegenständlich. Durch ihre magische Kraft versorgten sie den Verstorbenen in seinem Grab mit den materiellen Gütern, die für seine Weiterexistenz unentbehrlich waren; in den Tempeln gewährleisteten sie ständig die Durchführung

← 124 - Saqqara Nord - Mastaba des Hesire: Ausschnitt mit dem Toten vor dem Speisetisch. 3. Dynastie (um 2700) - *Holz; Gesamthöhe 1,15 m* - Kairo, Ägyptisches Museum

125 - Saqqara Nord - Mastaba des Ti: Worfler und Worflerinnen. 5. Dynastie (um 2450) - *Bemalter Kalkstein*

126 - Saqqara Nord - Der Priester Semenchuptah, genannt Itusch. 5. Dynastie (gegen 2500) - *Kalkstein* - New York, Brooklyn Museum

der Riten und das Darbringen der Opfergaben, die man der Gottheit schuldet. Bei Malerei und Relief waren also niemals ästhetische Gesichtspunkte ausschlaggebend, sondern ausschließlich die Bemühung um naturgetreue Wiedergabe und damit ihre Zweckbestimmung. Die Darstel-
Abb. 288 lungen sollten nicht ‹schön› oder ‹harmonisch› sein. Sie sollten exakt und genau das Vorbild
Abb. 299 wiedergeben, damit der Gott oder der Verstorbene sie bei Bedarf magisch wiederbeleben konnte,
Abb. 309 so daß er mit Hilfe dieser Darstellungen in den bildlichen Szenen körperlich wieder existent wurde.

Darum sind die verschiedenen Themen in den Gräbern so ausführlich dargestellt. Eine wichtige Rolle spielt etwa die Herstellung von Brot, dieses zum Leben so unentbehrlichen Nahrungsmittels. Vom Aussäen des Getreides bis zum Backen des Teigs sind alle Vorgänge im Detail be-
Abb. 304 schrieben, die Ernte, das Dreschen, das Worfeln und schließlich das Einfahren des Getreides in die Scheune – nichts ist vergessen. Die ägyptischen Künstler haben sich sehr um eine naturgetreue Darstellung bemüht. Mariette berichtet, daß beim Öffnen eines Grabes aus dem Alten Reich in Meidum «der erste Lichtstrahl, der in das Grab fiel, das sechstausend Jahre verschlossen gewesen war, auf die Stirn zweier Statuen im *serdab* traf. Das Licht brachte deren Augen derart zum Funkeln, daß die Fellachen entsetzt ihre Geräte fallenließen und davonliefen. Als sie sich von ihrem Schreck erholt hatten, wollten sie die Augen herausbrechen, weil sie glaubten, daß dahinter ein böser Geist verborgen sei. Man mußte sie schließlich mit dem Revolver in der Hand daran hindern» (Maspero, ‹*Essai sur l'art égyptien*›).

Nicht nur Menschen, sondern auch Tiere wurden von den Bildhauern, Malern und Graveuren mit verschiedenen Mitteln so realistisch dargestellt.

Die Bildinhalte sind, besonders im Alten Reich, vorwiegend wirklichkeitsnah. An erster Stelle steht die Zubereitung von verschiedenen Nahrungsmitteln: Szenen aus der Landwirtschaft, die
Abb. 305 Herstellung von Brot und Bier, Viehzucht und Schlachtung, die Weinlese, das Auspressen der

127 - Saqqara Nord - Mastaba des Ti: Ausschnitt mit Herden, eine Furt durchquerend, und Ackerbauszene. 5. Dynastie (um 2450) - *Bemalter Kalkstein*

Beeren, Szenen in Obstgärten und auf dem Land zur Ernte von Früchten und Gemüsen, sowie 300 u. 301
Jagdszenen und der Vogel- und Fischfang. Zu den alltäglichen Themen gehören auch Tischler- Abb. 303
arbeiten, der Schiffsbau und die Herstellung von Schmuck, Statuen, Geweben und dergleichen. und 318
Denn der Verstorbene könnte in der anderen Welt Mobiliar benötigen, ebenso auch Schiffe, um
über den jenseitigen Nil zu fahren oder sich auf eine Pilgerfahrt nach Abydos oder Busiris zu Abb. 296
begeben. Der Schmuck, der mehr als nur eine Zierde bedeutete, könnte ihn beschützen und wie ein Amulett wirken. In den Statuen könnte sich sein Wesen inkarnieren, und schließlich würde er auch Gewänder brauchen. Sicher waren all diese Gegenstände dem Verstorbenen bei seiner Bestattung mit ins Grab gegeben worden und standen entweder im unterirdischen Sargraum neben der Mumie oder im *serdab*. Für den Fall, daß sie zerstört oder gestohlen würden, waren

sie an den Grabwänden noch zusätzlich dargestellt, um im Notfall durch die Magie der Bilder und Texte ersetzt zu werden.

Andere Themen haben dagegen nicht nur magische Funktion, zum Beispiel Kampfszenen oder die Belagerung einer Stadt, die Ankunft von Fremden oder der Vorbeimarsch von Soldaten, auch Tanz, Musik, die Beschneidung von Knaben, die Verurteilung von Delinquenten und schließlich das Totengericht für den Verstorbenen. Abb. 298

Vielleicht wollte ein Grabbesitzer Einblick in seine Lebensweise geben, um die Opferfreudigkeit der Grabbesucher anzuregen (H. Kees). Größerer Reichtum sicherte dem Toten auch größere Macht im Jenseits zu, also stellte man die Güter bildlich dar. So zeigte der Verstorbene den Nachfahren seine Wünsche, damit sie ihn mit Opfergaben überhäuften.

Diese Erklärung, so ungewöhnlich sie uns erscheinen mag, ist dennoch einleuchtend. Im Neuen Reich sind die klassischen Opferformeln manchmal wie Rebusrätsel abgefaßt. Erst wenn man die Formel richtig aussprach, konnte man das Rätsel lösen und durch die Magie des Wortes die Opfergaben für den Toten realisieren, die er sich wünschte.

Die Verwendung bestimmter Themen ist einfacher zu erklären, wenn man bedenkt, daß sich für den Ägypter das diesseitige Leben im Jenseits ähnlich fortsetzte. So spiegeln sich zum Beispiel politische Umschwünge in der Grabdekoration wider. Ein Gaufürst, der zu Lebzeiten gegen seine Nachbarn kämpfen mußte, etwa während der turbulenten Zeiten, die vom Ende der 6. bis zur 11. Dynastie herrschten, stellte in seinem Grab die Truppen dar, die er vielleicht auch im Jenseits brauchen könnte.

Andererseits wurden in friedlichen Zeiten Tanz- und Musikszenen im Grab abgebildet, weil man hoffte, sie im Jenseits beleben zu können, um sich an ihnen zu erfreuen. Seit der 6. Dynastie kommen Darstellungen vor, die den Ablauf der Bestattungsfeierlichkeiten zeigen; ein nach festen Regeln ablaufendes, obligatorisches Ritual sollte die Weiterexistenz nach dem Tode gewährleisten. Der Grabbesitzer ließ diese Bestattungsriten darstellen, um die Gewißheit zu haben, sie bei Bedarf ‹wiederbeleben› zu können. Mögliche Fehler und Mängel, die bei der tatsächlichen Bestattung vorgekommen waren, konnten dadurch wieder ausgeglichen werden.

Nun darf man nicht vergessen, daß wir die Feinheiten der religiösen Vorstellungen der Ägypter bisher noch nicht genau kennen. Die Darstellung eines Brettspiels, die noch vor kurzem einfach als Vergnügung für den Verstorbenen interpretiert worden ist, hat doch einen religiösen Sinn, wie man jetzt nachweisen konnte. Auch Szenen mit Vogeljagd und Fischfang haben für den Ägypter religiöse Bedeutung und wurden deshalb im Grab dargestellt. Abb. 311

Für all diese Themen überzeugt also die Erklärung aus ihrer magischen Aufgabe heraus am meisten. Vergessen wir nicht, daß in den Augen der Ägypter die Macht eines abgebildeten oder geschriebenen Zeichens so stark war, daß sie es für nötig hielten, nicht mehr erwünschte Bilder oder Hieroglyphen zu tilgen, um sie unschädlich zu machen.

Wenn man durch das Niltal fährt oder eines der großen ägyptischen Museen besucht, ist man von der Fülle der Denkmäler überrascht, die bis heute erhalten sind, dazu noch in ausgezeichnetem Zustand, wenn man den großen Zeitraum bedenkt, der zwischen ihrer Entstehung und der Gegenwart liegt. Man könnte meinen, daß wir über einen großen Denkmälerbestand verfügen, der ein umfassendes Studium ägyptischer Malerei und Reliefkunst erlaubt. Doch dieser Eindruck täuscht. Auf ein erhaltenes Denkmal kommen allzuviele andere, die verschwunden sind, sei es, daß sie im Laufe der Jahrtausende ganz zerstört wurden, sei es, daß der Stein wiederverwendet oder gar zu Kalk verbrannt wurde. Vor allem konnten Reliefs und Malereien aus dem Alten Reich, die Kalksteinbauten mit kleinteiligen Mauern schmückten, leicht zerstört oder wiederverwendet werden. Es hängt also weitgehend vom Zufall ab, welche Kunstdenkmäler erhalten und in Sammlungen gelangt sind. Und wir können nur froh sein, wenigstens so viele Werke zu haben, daß wir die Stilentwicklung gut nachvollziehen können, obwohl nicht alle Dynastien mit flachbildlichen Darstellungen gleichmäßig repräsentiert sind.

← 128 - Saqqara, nahe der Stufenpyramide - Mastaba des Achhotep - Ausschnitt: Sänger. 5. Dynastie (um 2500) - *Kalkstein* - Paris, Louvre

← 129 - Stele des Fürsten Aki. Ausschnitt: Harfenspieler. 12. Dynastie (um 1850) - *Kalkstein* - Leiden, Rijksmuseum van Oudheden

130 - Saqqara, nahe der Teti-Pyramide - Mastaba des Mereruka, genannt Mera: Kinderspiel. 6. Dynastie (um 2400) - *Kalkstein*

Von der 3. Dynastie (2700–2600) sind nur aus der Zeit des Königs Djoser einige Werke erhalten. Die meisten anderen sind zerstört. Die 4. Dynastie (2600–2500), aus der wir so viele bedeutende Statuen und Denkmäler kennen, hat uns dagegen nur einige wenige Reliefs und Malereien überliefert. Aus der 5. Dynastie (2500–2400) sind zahlreiche bemalte und reliefierte Werke bekannt. Dieses Aufblühen geht Hand in Hand mit der Verbesserung der sozialen Verhältnisse vieler Beamter, denen Land als Belohnung für ihre Dienste zugewiesen worden war (J. Vandier). Die Einkünfte aus diesen Ländereien wurden für die Totenstiftung und die Erbauung des Grabes verwendet. In der zweiten Hälfte dieser Dynastie wurden Mastabas mit mehreren Räumen beliebt; dort standen den Malern und Bildhauern große Flächen für die Ausschmückung zur Verfügung. Die 6. Dynastie (2400–2200) ist so reich mit Denkmälern vertreten wie die 5. Dagegen sind die 7. bis 10. Dynastie, die man als 1. Zwischenzeit bezeichnet (2200–2100), eine Zeit politischer und sozialer Auseinandersetzungen, sehr viel schlechter repräsentiert. Erst mit Beginn der 11. Dynastie, gegen 2050, entstanden wieder zahlreiche Kunstwerke. In der 12. Dynastie (1900–1750) nahm ihre Zahl noch weiter zu, um dann von der 13. Dynastie an wieder abzunehmen, dem Anfang der 2. Zwischenzeit (1750–1580), in der die Hyksos das Land besetzt hatten.

Es gibt also Zeiten, in denen Denkmäler, die mit Malerei und Relief verziert sind, stark vertreten sind, nämlich die 5., 6., 11. und 12. Dynastie, aber auch Perioden, in denen sie nur schwach

131 - Abusir - Totentempel des Königs Sahure: die Bären. 5. Dynastie (um 2500) - *Bemalter Kalkstein; Höhe 0,39 m* - Berlin, Staatliche Museen, Ägyptisches Museum

repräsentiert sind, wie in der 3. und 4. Dynastie sowie in den beiden Zwischenzeiten, über die wir nur schlecht informiert sind.

Die uns bekannten Reliefs und Malereien gehören zu königlichen Denkmälern oder wurden in Privatgräbern gefunden. Die königlichen Werke, von denen wenige erhalten sind, kommen entweder aus Göttertempeln oder aus Grabanlagen wie den Pyramiden mit ihren zugehörigen Bauten. Malereien und Reliefs privaten Charakters stammen dagegen ausschließlich aus Gräbern. Sie waren entweder in den Oberbauten oder in unterirdischen Anlagen angebracht, oder sie
Abb. 286 schmückten kleinere Gegenstände wie Stelen, Opfertische oder Särge, die in den Gräbern standen.

Die Künstler, die königliche und private Denkmäler schufen, blieben in der ägyptischen Kultur grundsätzlich anonym. Innerhalb eines Stils ist es nicht möglich, einzelne Künstlerhände zu

132 - Saqqara Nord - Mastaba des Ti: Das Durchqueren der Furt. 5. Dynastie (um 2450) - *Bemalter Kalkstein*

133 - Saqqara Nord - Mastaba des Ti: Eselin mit Last und Eselsfüllen. 5. Dynastie (um 2450) - *Bemalter Kalkstein*

unterscheiden. Die Kunstwerke entstanden immer in gemeinsamer Arbeit beziehungsweise durch eine Künstlermannschaft, auch wenn sie besonders qualitätvoll sind. Ein Stil mag für eine bestimmte Zeit oder für eine bestimmte Gegend charakteristisch sein, kann aber niemals einer einzelnen Künstlerpersönlichkeit oder auch einer Mannschaft zugewiesen werden.

Abb. 310 Eine weitere durchgängige Eigenheit der ägyptischen Kunst ist die Art der Tierdarstellung. Abb. 329 und 330 Besondere Merkmale verschiedener Tierarten sind so naturgetreu wiedergegeben, daß ein Zoologe oft auf den ersten Blick die vom Künstler gemeinte Tiergattung erkennen kann. So entstanden auch die eigenartigen Darstellungen von Mischwesen, die Mensch und Tier in einer Figur harmonisch miteinander verbinden und die so typisch für die ägyptische Kunst sind.

Relief und Malerei können nicht voneinander getrennt werden. Es gibt nicht einerseits die Kunst des Flachbilds und andererseits die Kunst der Malerei. Beide stellen dieselben Themen dar und haben dasselbe Ziel: die Natur abzubilden, die im Jenseits durch die Magie des Wortes wiederbelebt werden kann. Die Eigenheit der ägyptischen Darstellungsweise wird von der Notwendigkeit bestimmt, alle wesentlichen Merkmale eines Lebewesens oder eines Gegenstandes hervorzuheben, die zu seiner magischen Wiederbelebung unerläßlich sind. Flachbildliche Darstellungen waren auch bemalt, und nur durch das feine Spiel von Licht und Schatten, das die Konturen des Reliefs deutlicher heraustreten läßt, unterscheidet sich die Reliefkunst von der Malerei.

Die ägyptische Kunst, und zwar besonders Relief und Malerei, kannte nicht das Bedürfnis der modernen Kunst, neue Ausdrucksformen zu finden. Sie versuchte niemals, neue Wege zu gehen, sondern fügte zu den alten Vorbildern nur weitere Elemente nach den althergebrachten Regeln hinzu. Da der Schöpfergott die Kunst so gewollt hatte, ist sie Bestandteil der Weltordnung, der Maat. Sie nicht zu respektieren, wäre gottlos und gefährlich. Der ägyptische Künstler hielt sich also streng an die bewährten Darstellungsformen; im Detail konnten jedoch geringfügige Abänderungen vorgenommen und neue Motive hinzugefügt werden. Solche Veränderungen wurden von den nachfolgenden Generationen übernommen und in das Gesamtbild der Tradition eingebaut.

Relief und Malerei sind wesentliche Schmuckelemente für verschiedene Denkmälergattungen, deren Wesen und Gestalt sich im Lauf der Zeit gewandelt haben. In der Zeit von 2700 bis 1600 gehörten die königlichen Reliefs zu Götter- und Totentempeln oder zu Bauwerken innerhalb

134 - Gebelein - Tempel der Göttin Hathor: Gazelle im Galopp. 11. Dynastie (um 2050) - *Kalkstein; Höhe 0,08 m* - Turin, Museo egizio

135 - Gisa - Grab der Königin Hetepheres, Baldachin-Pfeiler: Falke, der den Namen Snofrus, des Vaters der Königin beschützt. 4. Dynastie (um 2600) - *Gepunztes und ziseliertes Goldblech* - Kairo, Ägyptisches Museum

von Grabanlagen. Leider sind nur wenige dieser Denkmäler gut erhalten. Das ist besonders bedauerlich, da sie als Vorbild für den Dekor von Privatgräbern dienten. Künstler und Handwerker, die in früher Zeit direkt dem König unterstanden, schmückten einerseits Tempel und königliche Sanktuare aus, andererseits aber auch immer häufiger Privatgräber. Maler und Bildhauer haben sich also an den Denkmälern, die für den König errichtet worden sind, weiterbilden und vervollkommnen können.

Aus der 3. Dynastie, der frühesten Zeit des Alten Reiches, kennen wir nur Reliefs des Königs Djoser. Ihr Stil ist kräftig und derb und läßt erkennen, daß die Künstler schon zu dieser Zeit ihr Handwerk voll beherrschten. Die Reliefs befanden sich in den unterirdischen Galerien der Stufenpyramide in Saqqara. In der Zeit nach Djoser sind solche unterirdischen Anlagen von Pyramiden und Gräbern nicht mehr mit figürlichen Darstellungen ausgestattet worden.

Die großen Pyramiden der 4. Dynastie und die dazugehörigen Bauten, in denen so wunderbare Statuen gefunden wurden, sind dagegen nicht mit Reliefs und Malereien geschmückt, so daß hier eine Lücke in der Dokumentation der Reliefkunst entsteht.

In der 5. Dynastie (gegen 2400) war der Aufweg im Pyramidenbezirk des Königs Unas, der den Taltempel mit dem Totentempel an der Pyramide verbindet, an den Innenwänden mit bemalten Reliefs verziert. Einige Darstellungen am Aufweg haben für lange Zeit die Provinzialkunst beeinflußt. Die meisten königlichen Flachbilder dieser Zeit sind aus den Sonnenheilig-

136 - Saqqara - Totentempel des Unas: Opferträger. 5. Dynastie (um 2500) - *Höhe 0,50 m* - Saqqara, Magazin der Antikendirektion

138 - Abusir - Totentempel der Userkaf-Pyramide: Vögel in den Sümpfen. 5. Dynastie (um 2500) - *Kalkstein* - Kairo, Ägyptisches Museum

tümern bekannt, die in der 5. Dynastie zu Ehren des Sonnengotts Re erbaut wurden, galten doch die Könige als ‹Söhne des Re›. Re wurde zu dieser Zeit besonders und auch später hoch verehrt. Die Tempel waren teilweise mit Reliefs verziert, die den Ablauf des Lebens in der Natur während der drei ägyptischen Jahreszeiten schildern: Überschwemmung (Achet), Winter (Peret) und Sommer (Schemu). Diese Szenen dienten auch als Vorbild für die Ausschmückung von Privatgräbern. So war das bezaubernde Bild aus dem Sonnentempel in Abusir, eine um 2500 entstandene Darstellung von Vögeln in den Sümpfen, als Thema in den Privatgräbern des Alten Reiches besonders beliebt, und selbst Mentuhotep (11. Dynastie) verwendete das Motiv noch

137 - Abusir - Totentempel des Sahure: Gottheit, das Meer symbolisierend. 5. Dynastie (um 2500) - *Bemalter Kalkstein* - Kairo, Ägyptisches Museum

139 - Gisa, Westfriedhof - Mastaba des Kaemanch: Jagd im Papyrusdickicht. 6. Dynastie (um 2400) - *Bemalter Kalkstein*

140 - Saqqara - Mastaba des Achhotep: Vogelfang mit Netzen. 5. Dynastie (um 2500) - *Kalkstein* - Paris, Louvre

in seinem Totentempel in Deir el-Bahari. Leider kennen wir nur einen Bruchteil der Reliefdarstellungen aus den Sonnenheiligtümern. Sie hätten uns über die Weiterentwicklung der Motive aus der königlichen Reliefkunst und ihre Übernahme in private Darstellungen Aufschluß geben können. Abb. 319

Während königliche Reliefs und Malereien aus dem Alten Reich nur selten erhalten sind, kennen wir aus dem Mittleren Reich (um 2050–1750) sehr viel mehr Beispiele. Obwohl auch die Totentempel des Mittleren Reiches stark in Mitleidenschaft gezogen waren, haben sie dennoch die Zeiten besser überstanden. Unter den Grabanlagen nimmt der Totentempel Mentuhoteps Abb. 321 in Deir el-Bahari mit seinen herrlichen Kunstwerken einen besonderen Platz ein. Die Erbauer des großen Amun-Tempels in Karnak haben uns einen enormen Dienst erwiesen. Sie hatten die

141 - Deir el-Bahari - Totentempel des Mentuhotep: Papyrusträger. 11. Dynastie (um 2000) - *Bemalter Kalkstein; Höhe 0,46 m* - Genf, Musée d'Art et d'Histoire

Abb. 326 und 327 sogenannte ‹Weiße Kapelle›, die von Sesostris I. (1971–1928) erbaut worden war, Stein für Stein abgetragen, um die Blöcke als Füllmaterial für den dritten Pylon des Tempels zu verwenden. So verwahrt, haben sich die Reliefdarstellungen ausgezeichnet erhalten. Sie gelten als besonders schöne Beispiele für die königliche Reliefkunst der 12. Dynastie.

Obwohl wir zahlreiche Königsreliefs kennen, sind wir über die Reliefkunst und Malerei zwischen 2700 und 1600 vor allem durch private Denkmäler gut unterrichtet. Im Verlauf dieser langen Zeit haben die Privatgräber mit ihren Kunstwerken formal eine starke Entwicklung durchgemacht.

Der gewöhnliche Grabtyp des Alten Reiches ist die Mastaba. Die Gräber liegen im Umkreis der königlichen Bestattungsanlage. In Meidum befinden sie sich in der Nähe der Pyramide des Snofru, des ersten Königs der 4. Dynastie (um 2600) – in einer dieser Mastabas wurde die berühmte, wunderschöne Malerei der ‹Gänse von Meidum› gefunden. Auch in Gisa gruppieren sich die Gräber um die großen Pyramiden von Cheops, Chephren und Mykerinos (um 2550 bis 2470). Seit der 5. Dynastie (um 2400) ging die memphitische Nekropole dann von Gisa nach Saqqara in die Nähe der Stufenpyramide des Djoser und der Pyramiden aus der 5. und 6. Dynastie über.

Durch die Häufung von Mastabas bildete sich eine richtige ‹Totenstadt› mit einem rechtwinkligen Straßensystem. Da Grabbauten im Alten Reich weitgehend ein Privileg waren, das

142 - Abusir - Sonnenheiligtum des Niuserre: Ausschnitt des Jahreszeitenkalenders. 5. Dynastie (um 2450) - *Bemalter Kalkstein; Länge 0,66 m* - Berlin, Staatliche Museen, Ägyptisches Museum

der König wenigen auserwählten Personen zugestand, wurden hier nur etwa seine Eltern und die engsten Vertrauten beigesetzt. Der Pharao stellte ihnen nicht nur die Mittel für die Errichtung und Dekoration des Grabes zur Verfügung, wie Boden, das Recht, Steinmaterial zu verwenden, Arbeitsgruppen mit ihren Steinbrucharbeitern, Maurern, Bildhauern und Malern, sondern er sicherte den Verstorbenen auch ewige Versorgung im Jenseits zu. Erst seit der 5. Dynastie verfügten einige Persönlichkeiten, ebenfalls durch königliche Zuwendungen, über die notwendigen Mittel, um sich eine Mastaba zu bauen und einen Totenkult einzurichten. Seit dieser Zeit gruppierten sich die Mastabas nicht mehr nur um das Königsgrab. Nun wurden auch Gräber für die ganze Familie errichtet, die in der Folgezeit anstelle des Königs die ständige Versorgung des Verstorbenen mit Opfergaben zu gewährleisten hatte.

Die meisten Mastabas des Alten Reiches befinden sich in Memphis. Denn die Nekropole von Memphis, der von Menes gegründeten Hauptstadt, erstreckte sich von Abusir im Norden bis nach Saqqara im Süden, also am Wüstenrand entlang, wo sich die ägyptischen Pharaonen schon seit der Thinitenzeit hatten bestatten lassen. Seit dem Ende der 5. Dynastie wurden Mastabas nun auch in der Provinz angelegt und ausgemalt, vor allem in Deschascheh. Neben einigen Gräbern

143 - Karnak - Stationsheiligtum des Königs Sesostris I.: Der Gott Horus reicht Sesostris I. das Lebenszeichen. 12. Dynastie (um 1950) - *Kalkstein*

aus dieser Zeit entstanden die meisten Mastabas dort während der 6. Dynastie, als die zentrale, memphitische Macht auseinanderzubrechen begann.

Der Dekor der Mastabas im Alten Reich erlebte eine bedeutende Entwicklung in der Zeit zwischen der 3. und 6. Dynastie, in der sie ihren Höhepunkt erreichte.

In der frühesten Zeit waren ihre Wände noch nicht ausgeschmückt. Der Totenkult wurde außerhalb des Grabes, wahrscheinlich vor der Ostwand vollzogen. Denn dort befand sich eine Nische mit einer Grabstele und einem Opfertisch. Außer diesen Kultobjekten enthielt das Grab keinen weiteren Dekor. Die Stelen sind schmucklos oder geben eine Scheintür wieder, durch die eine direkte Verbindung mit der unterirdischen Grabkammer hergestellt wird, in der der Verstor-
Abb. 275 bene liegt. Seit der Thinitenzeit zeigen die Stelen den Verstorbenen vor einem Opfertisch sitzend, der mit Gaben überhäuft ist. Auf dem Tisch liegen lange, in zwei Teile geschnittene Brote, Fleisch, Geflügel, Gemüse, Krüge mit Bier und vieles andere. Die Stele, die bemalt oder häufiger noch reliefiert ist, nennt Namen und Titel des Verstorbenen sowie die rituelle Opferformel.

Vor der Stele steht der Opfertisch, auf dem die Priester rituelle Trankopfer ausgossen, die dann über eine Rille ablaufen konnten. Auf den Tisch wurden auch die Opfergaben für den Grabherrn

144 - Karnak - Stationsheiligtum des Königs Sesostris I.: Ausschnitt eines Pfeilers mit Geier und Falke, die Namen des Königs beschützend. 12. Dynastie (um 1950) - *Kalkstein*

145 - Saqqara, nahe der Teti-Pyramide - Mastaba des Anchmahor: Zerlegung eines Rindes. 6. Dynastie (um 2400) - *Kalkstein*

gelegt. Der Opfertisch ist, wie die Stele, mit Reliefs überzogen, oder er hat Aushöhlungen. Er war aber nicht bemalt, da die Trankopfer die Farben abgewaschen hätten. Der Tisch trägt ebenfalls Namen und Titel des Verstorbenen. In der Mitte sind die Opfergaben einzeln dargestellt: verschiedene Brotformen und Bierkrüge. Im Alten Reich bestand die Opferformel grundsätzlich aus zwei Aussagen: dies ist «ein Opfer, das der König gibt ...», nämlich «Brot und Bier, außer für Feste auch für jeden Tag für den NN». Später nennt man nur «Brot und Bier», um das Totenopfer zu bezeichnen. Die Darstellung der Opfergaben – auf den Stelen als Malereien, auf den Opfertischen als Reliefs – sind echte Stilleben.

Nach und nach entwickelte sich der Dekor der frühen Mastaba weiter. Stele und Opfertisch befanden sich bald nicht mehr vor dem Grab, sondern wurden ins Innere der Mastaba verlegt. So wie das Reich des Osiris, der über die Toten herrscht, im Westen lag, standen die Kultobjekte jetzt an der westlichen Innenwand des Grabes, ganz am Ende eines Ganges, der sich nach Osten öffnete. Im Verlauf der Jahre entwickelte sich aus diesem Gang ein rechteckiger Raum, der Kultraum, dessen Wände mit Szenen aus dem täglichen Leben geschmückt wurden. Später wurden seitlich und auch um den Kultraum herum weitere Kammern angelegt. Solche Mastabas mit mehreren Räumen waren seit der zweiten Hälfte der 5. Dynastie (um 2450) sehr beliebt. In der 6. Dynastie vergrößerte sich sogar noch die Zahl der Räume; das Grab wurde als Wohnhaus des Toten betrachtet, als *per djet*, das Haus der Ewigkeit, dessen Innenwände man mit Reliefs und Malereien schmückte.

146 und 147 - Saqqara - Die Hungernden. Ende 5. Dynastie (um 2450) - *Kalkstein; Gesamthöhe 0,38 m* - Paris, Louvre

Während sich im Lauf der Zeit aus der Mastaba mit dem ursprünglich schmalen Gang ein Bauwerk mit zahlreichen Räumen entwickelte, wurde auch ein enger Raum ohne Dekor, der *serdab*, im Innern der Anlage eingebaut. In diesem Raum, der nicht zugänglich war, standen Statuen des Verstorbenen. Nur durch einen schmalen Schlitz konnte man vom Kultraum in den *serdab* hineinschauen.

Damit waren nun alle wichtigen Bestandteile der Mastaba beisammen. Sie sollten den Kult und die Opfergaben für den Verstorbenen und auch für die im *serdab* eingeschlossenen Statuen gewährleisten. Dazu gehören Scheintür und Opfertisch, die während der gesamten Entwicklung ihre Funktion beibehalten hatten, und auch die Darstellungen, die anfänglich nur die Wände der Kultkammer, später, seit der 5. Dynastie, auch die der anderen Grabräume schmückten. Alles zusammen bildete eine geschlossene Einheit. Relief und Malerei an den Wänden, Texte und Darstellungen auf Stelen und Opfertafeln sollten dem Verstorbenen und seinen im *serdab* verborgenen Statuen zur Verfügung stehen.

Am Ende des Alten Reiches entstand neben der klassischen Mastaba eine neue Grabform, die sich seit dem Mittleren Reich in Mittel- und Oberägypten großer Beliebtheit erfreute. Das Grab wurde nicht mehr aufgemauert, sondern in den Felsen geschlagen. Zurückgehend auf die Mastaba mit mehreren Räumen, enthält auch das Felsgrab mehrere Kammern, die meist in einer Reihe nebeneinanderliegen. Der tiefste Raum, in dem die Stele oder Statue des Verstorbenen und der Opfertisch stehen, entspricht dem Kultraum der klassischen Mastaba und ist wie dieser ausgeschmückt. Vor dem Eingang zum Grab liegt ein offener Hof mit einer Säulen- oder Pfeilerstellung, die auch mit Flachreliefs oder Malereien versehen sein kann. In einen der Räume ist der

148 und 149 - Saqqara Nord - Mastaba des Ti: Nilpferdjagd und Genette, ein Nest angreifend. 5. Dynastie (um 2450) - *Bemalter Kalkstein*

150 - Gisa, Westfriedhof - Mastaba des Kaemanch: Herde und Ernteszene. 6. Dynastie (um 2400) - *Malerei auf Kalkstein*

Grabschacht eingetieft, auf dessen Boden der Sarg steht. Wenn der Felsen glatt genug ist, standen den Malern und Bildhauern bei diesem Grabtyp große Flächen zur Verfügung. Meist aber eigneten sie sich eher für Malereien.

Während die Grabwände im Alten Reich großflächig bemalt und reliefiert waren, beschränkten sich die Darstellungen, die für das Weiterleben des Verstorbenen so bedeutsam waren, im Mittleren Reich mehr auf kleinere Flächen. Vor allem wurden die Innen- und Außenseiten des Sarges, der aus Holz oder Stein hergestellt war, verziert. Während die Gräber des Alten Reiches in der Gegend der Hauptstadt Memphis liegen, befinden sich die Felsgräber des Mittleren Reiches fast ausschließlich in Mittel- und Oberägypten, zum Beispiel in Beni Hassan, el-Berscheh, Scheich Said, Meir, Assiut, Deir Rifeh, Qau el-Kebir, Theben, Moalla, el-Kab, Assuan und so fort.

Vom Beginn des Alten Reiches bis zum Ende der Hyksoszeit waren die Kultkammern und die übrigen Räume der Mastabas und Felsgräber sowie Sargwände, Stelen und Opfertische die wesentlichen Träger der privaten Reliefkunst und Malerei.

Wie schon erwähnt, wurden Denkmäler immer von mehreren Künstlern und Handwerkern geschaffen, die gemeinsam an demselben Denkmal oder demselben Grab arbeiteten. Im Alten Reich waren sie vom Königshof abhängig und rekrutierten sich aus den Bewohnern von Memphis und Umgebung. Darum sprechen wir von ‹memphitischer Kunst› und ‹memphitischem Stil›. Abgesehen von der Spätzeit der ägyptischen Geschichte, kannte man in Ägypten kein Geld. Darum mußte der König für den Lebensunterhalt der Künstler sorgen. Er stellte ihnen Wohnungen zur Verfügung, gab ihnen Essen und Trinken und versorgte sie mit Kleidern. Die Befriedigung dieser Grundbedürfnisse war ihre einzige Entlohnung. Durch ihre Tätigkeit entgingen sie gleichzeitig der allgemein sehr harten Fronarbeit, unter der viele Ägypter, vor allem die Bauern, litten. Die Künstler hatten auch die Möglichkeit, sich einen Platz im Jenseits zu

151 - Saqqara, nahe der Stufenpyramide - Opferraum der Mastaba von Ptahhotep II., Ostwand: Jagd in der Wüste und Herstellung von Seilen. Ende 5. Dynastie (um 2450) - *Bemalter Kalkstein*

sichern. Denn sie konnten sich in ihren Kunstwerken selbst darstellen – wer konnte sie daran hindern? In ihren Augen hatte diese Aussicht auf ein Weiterleben nach dem Tode sicherlich sehr viel mehr Gewicht als die Gewißheit, reichlicheres Essen und ein größeres Haus zu haben.

So wie die Künstler, die später mit dem Bau und der Dekoration der großen Königsgräber in Theben beauftragt waren, lebten die Arbeiter, Handwerker und Künstler in besonderen Ansiedlungen, die eigens für sie in der Nähe der Bauten angelegt worden waren, die sie errichten oder ausschmücken sollten. Eine solche Stadt aus dem Mittleren Reich wurde in Kahun, am

153 - Salamieh - Tonmodell: Brettspiel. 1. Zwischenzeit (um 2150) - *Malerei auf Ton; Länge 0,29 m* - Norwich Castle Museum

Eingang zum Fayum, gefunden. Hier wohnten alle, die an der Errichtung der Pyramide Sesostris' II. und der dazugehörigen Bauten beteiligt waren. Die königliche Residenz befand sich in dieser Zeit immer unmittelbar bei dem Grabbezirk, der gerade in Bau war. Dadurch konnten die Künstler, wie zur Dekoration der Tempel und Gräber, auch jederzeit zu profanen Tätigkeiten herangezogen werden, etwa zur Errichtung und Instandhaltung des Palastes.

Maler und Bildhauer erlernten schon in jungen Jahren ihr Handwerk. Obwohl wir keine eindeutigen Beweise haben, können wir doch wohl annehmen, daß die jeweiligen Kenntnisse vom Vater an den Sohn weitergegeben wurden. Sobald das Kind ein Werkzeug in der Hand halten und den Vater zur Arbeitsstelle begleiten konnte, begann schon die Ausbildung, die sich das ganze Leben hindurch fortsetzte. Die frühzeitige Beschäftigung mit der Materie und die kontinuierliche Weitergabe der erworbenen Kenntnisse führten zu dem großen handwerklichen Können der memphitischen Künstler. Wenn jedoch infolge von politischen oder sonstigen Unruhen die Künstler für längere Zeit zerstreut wurden, gingen auch die Kenntnisse und Erfahrungen bald verloren. Die Alten konnten die Jungen nicht mehr anleiten, so daß diese auch nicht mehr an ihre Stelle treten konnten.

Wir kennen nicht die interne Hierarchie der Künstlergruppen – wenn es so etwas überhaupt gab. Einige besonders großzügig angelegte Wohnhäuser in Kahun, die manchmal bis zu siebzig Zimmer hatten und gleich neben den Häusern der Arbeiter lagen, beweisen, daß die Gruppen wohl von hohen Beamten geleitet und überwacht wurden. Für die Arbeitsmannschaften oder unter den Aufsehern brauchte man erfahrene Schreiber. Sie schrieben und kontrollierten die hieroglyphischen Inschriften, die regelmäßig auf allen Flachreliefs und Malereien vorkamen.

Das Kunstwerk blieb immer anonym. Keine Einzelpersönlichkeit und keine Künstlergruppe zeichnete dafür. Wenn Künstler bei der Ausführung einer traditionellen Szene Phantasie bewiesen und ein neues Motiv eingefügt hatten, wie etwa die Otter, die einen Fisch packt, oder das Krokodil, das in einer Furt lauert, um seine Beute zu fassen, wurden solche Details auch von anderen Künstlergruppen gern aufgegriffen und in das allgemein gültige Themenrepertoire auf-

152 - Saqqara Nord - Mastaba des Ti: Durchquerung einer Furt mit Krokodil auf der Lauer. 5. Dynastie (um 2450) - *Bemalter Kalkstein*

154 - Saqqara - Mastaba des Mereruka, genannt Mera: Fischotter im Angriff. 5. Dynastie (um 2400) - *Bemalter Kalkstein*

genommen. Man kann also nicht der einen oder der anderen Gruppe die Ausführung dieses Grabes oder jenes Sanktuars zuschreiben. Die ägyptische Kunst kannte nicht einmal Entsprechungen für den ‹Meister des Tucheraltars› oder den ‹Meister der heiligen Veronika› der abendländischen Kunst. Auch die Anzahl der Werkstätten läßt sich nicht ermitteln, die zu einer bestimmten Zeit und in einer bestimmten Gegend gearbeitet haben. Wir wissen noch nicht einmal, ob Mitglieder der einzelnen Gruppen untereinander ausgetauscht werden konnten, ob zum Beispiel ein Maler mit besonderen Fähigkeiten von einer Gruppe zur anderen wechseln konnte, wenn er benötigt wurde.

In der Reliefkunst kannten die Bildhauer drei verschiedene Techniken. In jedem Fall mußte die Oberfläche vor der Bearbeitung zuerst sorgfältig geglättet werden. Im Notfall mußten Unebenheiten in der Wand mit Gips ausgeglichen oder sogar die ganze Wand mit einem feinen Gipsverputz überzogen werden. Danach wurden Darstellungen und Szenen mit dem Pinsel vorgezeichnet, meist in Rot, seltener in Schwarz und Gelb. Von diesem Stadium an unterscheiden sich die Techniken.

Am besten ist uns die Technik des erhabenen Reliefs vertraut. Zuerst wurde die gesamte Oberfläche der Wand rund um die skizzierte Darstellung herum abgenommen, die in einem mehr oder weniger hohen Relief stehenblieb. Danach arbeitete der Künstler die Figuren und Szenen im Detail aus.

Seit der Regierungszeit des Cheops (4. Dynastie) war die Technik des versenkten Reliefs bekannt, die ebenso häufig angewandt wurde. Wie beim erhabenen Relief wurden zuerst die Konturen der Szenen vorgezeichnet. Danach aber wurde die Wand nicht rings um die Figuren abgenommen, sondern die Künstler tieften die Darstellung in den Stein ein. Entlang der Konturen ist er am tiefsten eingeschnitten. Die Figuren scheinen sich wie beim erhabenen Relief vom Stein zu lösen, während sie in Wirklichkeit auf derselben Ebene verbleiben wie der Hintergrund. Die Szenen sind so kunstvoll in die Wand eingetieft, daß man genau hinschauen muß, um zu

155 - Saqqara Nord - Mastaba des Ti: Angler. 5. Dynastie (um 2450) - *Bemalter Kalkstein*

156 - Gebelein - Grab des Iti: Kuh mit Kalb. 11. Dynastie (um 2050) - *Malerei auf Lehm; Länge 0,80 m* - Turin, Museo egizio

erkennen, daß sie nicht erhaben, sondern versenkt gestaltet sind. Auf der Photographie ist das häufig nur schlecht zu sehen.

Die dritte Technik ähnelt dem versenkten Relief. Dabei wurde von der gesamten Figur die Oberfläche abgenommen und begradigt. Man verwendete diese Technik ausschließlich für die Hieroglyphen, die neben Szenen und Darstellungen stehen. Häufig wurden Inschriften auch nur eingeritzt oder aufgemalt.

Die Art des Denkmals und die Qualität des Materials beeinflußten meist die Wahl der Technik. Ein gutes Beispiel sind die Mastabas vom Ende der Regierungszeit des Chephren. Der dabei verwendete nummolithische Kalkstein erforderte für die Reliefierung eine Gipsgrundierung. Der Kalkstein enthält so viele Fossilien, daß er nicht ungrundiert bearbeitet werden konnte. Also wurden die Blöcke mit einem Gipsüberzug versehen. Für das erhabene Relief ist er jedoch ungeeignet, da die Verputzschicht dafür zu dünn ist. Deshalb wählte der Künstler dann das versenkte Relief, das nur leicht in die Wand eingetieft wurde.

157 - Meir - Felsgrab des Uchhotep, Sohns des Senbi, Südwand des Opferraums: Kuh mit Kalb. 12. Dynastie (um 1900) - *Kalkstein*

Je nach Härte des Untergrunds verwendete der Steinmetz im Alten und Mittleren Reich neben dem Holzschlegel auch einen stabilen Kupfermeißel, der stark genug war, um in den weichen memphitischen oder thebanischen Kalkstein einzudringen. Bei der Bearbeitung des Gipsüberzugs ergaben sich keine Probleme. Mit Hilfe eines harten, glatten Poliersteins in länglicher Form wurden später die Meißelspuren sorgfältig beseitigt.

In der Malerei verwendete man ausschließlich Temperafarben. Man verrieb die Farbstoffe zu Pulver, löste sie in Wasser auf und gab Eiweiß oder pflanzliches Gummi als Bindemittel dazu. Diese Malerei wirkt zwar sehr lebendig und farbenfroh, ist dafür aber auch sehr empfindlich. Obwohl früher alle Denkmäler bemalt waren, sind deshalb nur wenige Reliefs mit ihren Farben erhalten. Vor allem im 19. Jahrhundert wurden zahlreiche Malereien zerstört, wenn Besucher mit einem Schwamm die Darstellungen vom Staub befreien wollten und dabei die Farben abwuschen.

Vom Alten Reich bis in die 18. Dynastie standen den Malern roter und gelber Ocker für die Farben Rot und Gelb zur Verfügung. Diese fossile Tonerde enthält Eisenoxid. Sie konnte leicht

158 - Meidum - Mastaba der Itet, der Frau des Nefermaat: Gänsefries. 4. Dynastie (um 2600) - *Malerei auf Verputz über Lehm; Gesamtlänge 1,73 m* - Kairo, Ägyptisches Museum

gewonnen werden, da man sie in großer Menge in den geologischen Formationen am Rande Ägyptens findet. Für die blaue Farbe verwendeten die Maler entweder ein Kupfererz, das Azurit, in pulverisierter Form oder ein Gemisch aus Silizium, Kalziumkarbonat, Malachit und Natron, das erst erhitzt und dann zu Pulver zerstoßen wurde. Aus dieser Verbindung wurde auch die Glasurfarbe hergestellt, mit der Perlen und Amulette seit vorgeschichtlicher Zeit überzogen wurden. Für Grün verwendete man verschiedene Kupfererze, vor allem Malachit und Chrysokoll, der in mehreren Schichten am Nil und im Sinai vorkommt. Schwarze Farbe wurde aus Ruß gewonnen, und als Weiß verwendete man entweder pulverisierte Kreide, oder man sparte die Oberfläche des Steins oder den Gipsüberzug einfach naturweiß aus.

Mit diesen Grundfarben konnte der ägyptische Maler außerordentlich geschickt umgehen und feinste Nuancen erzielen. Ein gutes Beispiel dafür sind die ‹Gänse von Meidum› aus sehr früher Zeit oder die ‹Enten mit den umeinandergeschlungenen Hälsen› aus dem Mittleren Reich. Meist wurden die Farben auf großen Flächen einheitlich aufgetragen. Schattierungen kamen erst im Neuen Reich vor. Manche Farben sind bestimmten Objekten vorbehalten; die Haut der Männer ist zum Beispiel immer rotbraun dargestellt, machmal sogar noch etwas dunkler, die der Frauen ist gelb, selten etwas rosa. Die Maler versuchten nach Möglichkeit die natürliche Farbe des darzustellenden Objekts wiederzugeben. Vor allem bei hieroglyphischen Zeichen wurden feine Details aufgemalt. Soweit die Farben bis heute erhalten sind, haben sie sich im Laufe der Zeit doch in einigen Fällen verändert; blau ist zum Beispiel oft schwarz geworden.

Aus Grabungen und durch sonstige Forschungen kennen wir das Handwerkszeug des ägyptischen Künstlers. Es handelt sich um ganz einfache Gegenstände wie Muscheln oder kleine, halbkugelige Tongefäße, in denen Wasser, Farben und Bindemittel miteinander vermischt wurden. Für jeden Farbton gab es jeweils einen Napf. Man verwendete Stäbe aus faserigem Holz oder Palmrippen, deren unteres Ende wie bei Pinseln zerfasert war.

Wir kennen aus dem Alten Reich sehr viel mehr Mastabas mit Reliefdarstellungen als ausschließlich mit Malereien. Da die Bemalung sehr empfindlich ist, sind diese Darstellungen häufig beschädigt. In der Zeit zwischen 2700 und 2200 richtete sich die Wahl der Dekortechnik – ob Relief oder Malerei – vorwiegend nach der Beschaffenheit des Untergrunds, der sich den Künstlern bot. Wenn der Stein von guter Qualität war oder einige Stellen mit Hilfe von Gips ausge-

159 - El-Berscheh - Sarg des Djehutinacht: Enten mit umeinandergeschlungenen Hälsen. 12. Dynastie (um 1900) - *Malerei auf Holz* - Boston, Museum of Fine Arts

bessert werden konnten, zog man Reliefierung vor. Die Mastabas, die aus Lehmziegeln erbaut waren – eine Tradition, die bis in die Thinitenzeit zurückreicht –, wurden mit Malereien ausgeschmückt. Die Wände überzog man mit einer dicken Schicht aus Nilschlamm, der mit gehäckseltem Stroh vermischt war. Die Oberfläche des Überzugs wurde dann mit einer dünnen Schicht von feingeschlämmtem Ton oder häufiger mit einer Gipsmischung mehr oder weniger gut geglättet und diente als Malgrund. Die herrlichen Szenen einer im Louvre ausgestellten Mastaba und auch die ‹Gänse von Meidum› sind auf einen solchen Untergrund gemalt worden. Dieser Anstrich ist äußerst gefährdet. Denn Termiten haben oft das gehäckselte Stroh zerfressen, das dem Schlamm Halt gibt, so daß der Überzug zu Staub zerfiel. Darum haben so wenig Malereien die Zeiten überdauert.

Seit dem Mittleren Reich, um 2000, wurden auch die Steinwände der Felsgräber bemalt, etwa in Beni Hassan und in el-Berscheh. Häufiger noch kommt bemaltes Relief vor, zum Beispiel in Meir und Scheich Said. Maler und Bildhauer verwendeten in dieser Zeit dieselben Techniken wie im Alten Reich.

Für Holzsärge bevorzugte man Malerei; die Inschriften neben den Darstellungen wurden manchmal auch in versenktem Relief ausgeführt. Flachreliefs wurden nur für Steinsarkophage verwendet.

Im Mittleren Reich wurden Reliefs und Malereien in Privatgräbern seltener, da in dieser Zeit häufig kleine rundplastische Modelle mit ins Grab gegeben wurden. Und anstatt die Wände der

160 - Beni Hassan - Grab 3, Ostwand des Hauptraums: Fischfang im Nil. 12. Dynastie (um 1900) - *Malerei auf Kalkstein*

161 - El-Berscheh - Grab des Djehutihotep, Innenraum: Prinzessinnen mit Halskette und Diadem, an einer Lotosblume riechend. 12. Dynastie (um 1900) - *Bemalter Kalkstein* - Kairo, Ägyptisches Museum

Opferkammer mit flachbildlichen Darstellungen der Brotbereitung zu versehen, begnügte man sich im Grab mit Statuetten von Müllerinnen, die Mehl mahlten, und von Bäckern, die Brot buken. Dieser Brauch tauchte in der 5. Dynastie auf, verbreitete sich in der 6. Dynastie und war in der 12. Dynastie allgemein üblich.

Ein wesentliches Merkmal ägyptischer Kunst ist ihr Realismus – wir würden sagen: ihre Gegenständlichkeit –, die unerläßlich ist, soll sie magisch wirksam werden. Der ägyptische Realismus unterliegt festen Regeln, über die viel geschrieben worden ist. Aber Generationen von Ägyptologen haben die Erfahrung gewonnen, daß diese Regeln nicht als störend empfunden wurden. Unser Auge gewöhnt sich um so schneller an sie, als uns die zeitgenössische Kunst seit dem Kubismus mit der «Synthese aufeinanderfolgender Bilder» (André Lhote) vertraut gemacht hat, die dem Grundprinzip der ägyptischen Kunst, der aspektivischen Darstellungsweise, entspricht. Maler und Steinmetzen bemühten sich in erster Linie, lebende Wesen und Gegenstände Abb. 285
von ihrer charakteristischen Seite und gleichzeitig möglichst vollständig darzustellen. Darum wird zum Beispiel der Kopf des Menschen im Profil gezeigt, während Auge und Schultern in Vorderansicht dargestellt sind. Beim Körper geht die Dreiviertelansicht unmerklich in das echte Profil über, in dem Hüften, Beine und Füße erscheinen.

162 - El-Berscheh - Sarg des Djehutinacht: Bunte Hieroglyphen und ‹Sargtexte› in Kursivhieroglyphen. 12. Dynastie (um 1900) - *Malerei auf Holz* - Boston, Museum of Fine Arts

Breitere Gegenstände werden im Profil gezeigt, flachere dagegen von oben, sozusagen aus der Vogelperspektive. Da ein Gegenstand möglichst vollständig abgebildet werden sollte, kann er gleichzeitig, in ein und derselben Zeichnung, von der Seite und von oben wiedergegeben sein. Diese Synthese erscheint zum Beispiel bei einem Möbelstück, dessen Füße von der Seite gezeigt sind, während die Sitzfläche, die in der Realität waagerecht verläuft, von oben gesehen ist.

Um einen Gegenstand vollendet darzustellen, muß der Künstler auch dessen Inhalt sichtbar werden lassen, entweder mit Hilfe der ‹Transparenz›, wie etwa bei einem Gefäß aus Ton oder hartem Stein, durch dessen Wandung er den Inhalt durchscheinen läßt, oder noch einfacher, indem er den Inhalt oberhalb des Behälters zeigt. In dieser Art werden auch Szenen mit mehreren Personen oder Lebewesen dargestellt, zum Beispiel Leute, die Weintrauben auspressen, oder Ziegen, die Blätter von einem Baum fressen. Menschen und Tiere erscheinen einer hinter dem anderen. Obwohl das menschliche Auge hier in der Wirklichkeit zahlreiche Überschneidungen wahrnähme, würde eine derartige Darstellung der magischen Wirksamkeit der Szene schaden.

Der ägyptische Künstler beachtete also nicht die Perspektive, sie interessierte ihn nicht. Denn er wollte nicht darstellen, was er sah, sondern was tatsächlich existierte. Diese Darstellungsart ist der klassischen westlichen Kunst völlig fremd. Es störte den Ägypter nicht, daß die wichtigste Person einer Szene, und zwar meist der Verstorbene selbst, viel größer als alle anderen gezeigt wurde. Denn er war es, der ernährt werden sollte durch die Gaben, die herbeigebracht worden waren.

In der ägyptischen Kunst mit ihrer spezifischen Darstellungsweise ist es vielfach schwierig, den jeweiligen Stil einer bestimmten Zeit oder Gegend zu erkennen. Ein Ägyptologe kann zwar ein Denkmal der einen oder anderen Epoche innerhalb der langen ägyptischen Geschichte zu-

163 - Deir el-Bahari - Sarkophag der Prinzessin Kawit. Ausschnitt einer Längsseite: Ein Diener bringt seiner Herrin Geflügel. 11. Dynastie (um 2000) - *Kalkstein; Gesamthöhe der Szene etwa 0,50 m* - Kairo, Ägyptisches Museum

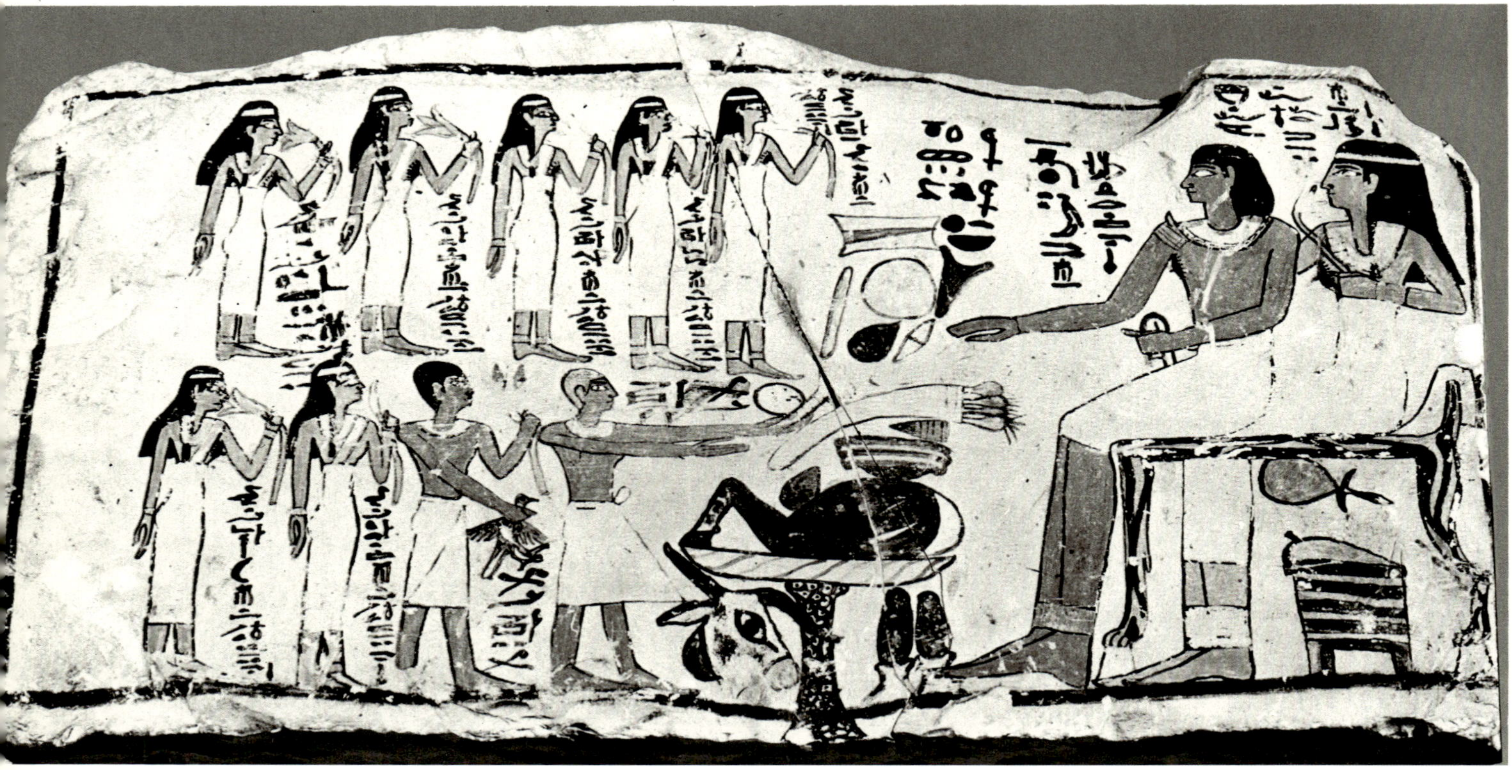

164 - Theben - Grabstele: Tetu mit Familie. 2. Zwischenzeit, 17. Dynastie (um 1675) - *Malerei auf Kalkstein* - New York, The Metropolitan Museum of Art

weisen. Wenn ihn aber ein Laie nach den genauen Kriterien für diese Zuweisung fragt, kann er leicht in Schwierigkeiten kommen. Denn selbst Fachleute sind oftmals uneins über die Datierung eines Kunstwerkes wie etwa bei den herrlichen Reliefs des Djoser aus dem III. Jahrtausend, die von einem bedeutenden Archäologen der 26. Dynastie (663–525) zugeschrieben wurden.

Wie kann es zu solchen Schwierigkeiten kommen? Ganz allgemein liegt der Grund darin, daß der ägyptische Künstler, wenn er die nötigen handwerklichen Voraussetzungen besaß, sich zuerst einmal ein Vorbild in den alten Darstellungen suchte. So wurden im Mittleren Reich und in der Spätzeit die ‹neomemphitischen Reliefs› von den großen Vorbildern in Saqqara und Gisa beeinflußt. Der Künstler suchte nie, wenigstens nicht bewußt, nach neuen Ausdrucksmöglichkeiten und wollte sich nicht selbst herausstellen. Der neue Stil, der sich etwa in der 1. Zwischenzeit und am Beginn des Mittleren Reiches ausprägte, war bedingt durch die politischen Ereignisse, durch die ein Bruch in der Kunsttradition entstanden war. Die Künstler besaßen nicht mehr die Technik, um Kunstwerke in demselben oder in einem vergleichbaren Stil wie Künstler des Alten Reiches zu schaffen. Als sich die Kunst wieder dem alten Stil angeglichen hatte, entstanden erneut Werke, die nur ein Fachmann anhand von manchmal nur geringfügigen Details von denen ihrer großen Vorgänger unterscheiden kann. Die Bestimmung des Stils wird noch dadurch erschwert, daß die einzelnen Künstler uns nicht namentlich bekannt sind und daß andererseits verschiedene Stile innerhalb einer Epoche, ja sogar manchmal an einem einzigen Denkmal erkennbar werden. Die Ähnlichkeit der Techniken erleichtert diese Zuordnung nicht.

Die königlichen Denkmäler spielen durch die Wahrung der Tradition und damit durch die Beibehaltung des Stils eine wichtige Rolle, denn sie waren maßgebend für die Privatkunst. We-



165 - Meir - Felsgrab des Uchhotep, Sohns des Senbi, Südwand: Rinderhirte. 12. Dynastie (um 1900) - *Kalkstein*

gen des geringen Denkmälerbestands können wir die langsame Stilentwicklung nur schwer nachvollziehen, die trotz der außerordentlich konservativen Haltung der ägyptischen Künstler im Lauf der Zeit spürbar wurde und natürlich unvermeidlich war.

Beim aufmerksamen Studium der Privatkunst läßt sich eine Qualitätsminderung des Stils von der 5. bis in die 6. Dynastie erkennen. Dagegen konnten wenigstens die königlichen memphitischen Denkmäler trotz des allmählichen Niedergangs der Königsmacht bis in die 6. Dynastie hinein die Qualität der 5. Dynastie halten.

Seit der 6. Dynastie unterscheiden wir in der ägyptischen Kunst zwei Stile, einerseits die rein memphitische Tradition, die den Menschen idealisiert darstellte, andererseits die Provinzialkunst, die in dieser Zeit eine intensive Entwicklung erlebte und sehr viel herber und realistischer ist. Aus diesem zweiten Stil entwickelte sich dann im Mittleren Reich der ‹thebanische Stil›.

Diese Unterscheidungen erfordern eine gründliche Analyse der Denkmäler. Sie basieren nur selten auf genauen Untersuchungen, zum Beispiel über Veränderungen der Größenverhältnisse, wobei der menschliche Kopf im Verhältnis zum übrigen Körper sehr viel kleiner dargestellt wurde. Dieser neue Proportionskanon setzte sich seit der 11. Dynastie in rund- und flachbildlichen Darstellungen durch. Häufiger lassen sich Veränderungen in Details erkennen, wie bei Tanzszenen, deren energiegeladener Ausdruck charakteristisch für den realistischen Provinzialstil seit der 6. Dynastie ist. Auch die Darstellung von roten Blutstropfen beim rituellen Rinderopfer tritt dort nicht vor dem Ende der 6. Dynastie auf. An einem einzelnen Denkmal wurden im Mittleren Reich häufig zwei verschiedene Techniken gleichzeitig angewendet, das erhabene und das versenkte Relief (W. S. Smith). In besonders günstigen Fällen kann man die Herkunft des einen oder anderen Reliefs noch ermitteln. So waren die Reliefs vom Aufweg des Unas (Ende der 5. Dynastie) Vorbild für manche Darstellungen in Provinzgräbern aus der 6. Dynastie. Die Schule von Saqqara, die realistischere Arbeiten hervorbrachte als die von Gisa, hatte einen gewissen Einfluß auf die Reliefs der Gräber von Meir in Mittelägypten, wie ein Vergleich zwischen den Werken der Schule von Saqqara und denen von Meir zeigt.

Aber solche Fälle sind außergewöhnlich. Die einzelnen Stile unterscheiden sich immer nur durch Feinheiten voneinander. In manchen Fällen kann man nicht einmal erkennen, ob ein Werk sehr früh oder viel später entstanden ist. So können Malereien aus der 1. Zwischenzeit (um 2200) manchmal kaum von denen aus der 2. Zwischenzeit (um 1700) unterschieden werden, obwohl etwa fünf Jahrhunderte dazwischenliegen.

Um wenigstens die privaten Mastabas genauer datieren und dadurch die Entwicklung der Stile leichter verfolgen zu können, müßte man die Themen untersuchen, die von den Künstlern zu den verschiedenen Zeiten dargestellt wurden. Leider sind die großen Dekorszenen thematisch schon seit dem Ende der 5. Dynastie festgelegt und verändern sich kaum noch. Nur in der 6. Dynastie kommen noch Bestattungsszenen hinzu, die sich erst in der Folgezeit veränderten. Für die Periode, die uns interessiert, sind Szenen des täglichen Lebens auf Reliefs und Malereien die wichtigsten Themen.

Bevor wir weiter auf sie eingehen, sei noch das erwähnt, was gewöhnlich nicht dargestellt ist. Es fällt auf, daß Szenen aus Ackerbau und Viehzucht häufig vorkommen, notwendige Vorarbeiten wie das Ausheben von Kanälen und die Errichtung von Schutzdämmen in den Reliefs aber niemals dargestellt sind. Das gilt auch für die ‹Zwischenzeiten› in Landwirtschaft, Nahrungsbereitung und Handwerk. Auf das Säen folgt unmittelbar die Ernte. Man sieht keine einzige Szene, in der etwa Unkraut gejätet wird. Auch bei der Herstellung von Leinen, das in früher Zeit als einziger Stoff verwendet wurde und deshalb eine wichtige Rolle spielte, ist nur das Ernten des Flachses, nicht aber die notwendige Röste der Faserbündel dargestellt.

Trotz der zahlreich erhaltenen Denkmäler können wir diese Lücke in der Dokumentation nicht schließen. Bestimmte Szenen sind vielleicht wirklich nur selten dargestellt worden, andere sind uns nur durch ein einziges Beispiel bekannt. Das bedeutet, daß mitunter eine Lücke durch



167 - Meir - Felsgrab des Uchhotep, Sohns des Senbi, Nordwand: Papyrusträger. 12. Dynastie (um 1900) - *Kalkstein*

166 - Saqqara - Mastaba des Mereruka, genannt Mera: Das Mästen von Hyänen. 6. Dynastie (um 2400) - *Bemalter Kalkstein*

168 - Saqqara - Die Nahrung der Ewigkeit. Ende 5. Dynastie (um 2400) - *Kalkstein; Höhe 0,71 m* - Kairo, Ägyptisches Museum

einen zufälligen Fund geschlossen werden kann. Aber im wesentlichen sind doch seit der 5. Dynastie alle Themen in den Mastabas repräsentiert. Sie wurden bis zum Ende der ägyptischen Geschichte verwendet und veränderten sich nur in dem Sinne, daß sich die Vielfalt der Szenen und die Anzahl der dargestellten Personen mit der Zeit verringerte. So gesehen, ist das Alte Reich außerordentlich ergiebig gewesen. Das Mittlere Reich fügte dagegen kaum noch Neues hinzu. Die Kampfszenen, die am Anfang des Mittleren Reiches so häufig vorkommen, waren auch schon im Alten Reich bekannt. Das gilt ebenso für berühmte Szenen wie den Transport einer Kolossalstatue in el-Berscheh. Denn auch schon im Alten Reich wurde der Transport von Grabstatuen abgebildet.

All diese Kunstwerke in Malerei und Relief lassen eine ganze Gesellschaft vor unseren Augen wiederauferstehen. Wir sehen einige wenige, aber bedeutende Persönlichkeiten, die nicht nur Arbeiten überwachten und leiteten und denen dafür Nahrung und Bequemlichkeiten für ihr Leben im Jenseits bereitet wurden, sondern die auch Besuch empfingen und bei Musik- und Tanzveranstaltungen anwesend waren. Andererseits sieht man neben diesen hohen Persönlichkeiten auch eine ganz andere Welt, nämlich das einfache Volk: Bauern, Schäfer, Fischer, Soldaten, Handwerker, Diener und Hauspersonal. Leider sind sie nur bei ihrer Arbeit gezeigt, nicht aber wie sie mit Leib und Seele sich der Freude und dem Schmerz bei den großen religiösen Festen hingeben, wovon uns Herodot später berichtet hat; denn dabei wurde das Wesen einer Kultur am Beispiel der «religiösesten Menschen» erkennbar, wie es die Alten nannten. Durch ihre Darstellungen gaben die Künstler dieser Gesellschaft ihr Leben zurück. Die Texte allein wären nicht in der Lage gewesen, sie mit solcher Intensität heraufzubeschwören.

Man muß sich immer wieder vor Augen halten, daß all das, was Maler und Bildhauer uns zeigen, dem Bereich des Totenkults angehört; daß alle Personen, die am Speisetisch sitzen und die Hand nach dem Brot ausstrecken, um zu essen, daß Mann und Frau, die sich inniglich umarmen und daß auch die dargestellten Arbeiter nicht mehr leben – und überhaupt niemals in dieser Welt existiert haben. Wie alt waren sie, als der Tod sie überraschte? Die Künstler haben sie von ihrer besten Seite dargestellt, noch jung, in den besten Jahren, oder zu Beginn ihrer Reife, würdig und korpulent. Sie alle haben einen wohlgenährten Körper und eine Seele, und durch die Kraft der Magie können sie erfolgreich wiederbelebt werden. In den realistischen Darstellungen, die zugleich idealisiert sind, warten sie nur auf das magische Wort, das ihnen ewiges Leben geben soll.

# V

# PLASTIK

*Von Cyril Aldred*

## 1. Einleitung

Die Rundplastik aus Elfenbein, Holz, Stein und Metall war eine Glanzleistung der altägyptischen Kultur, die schon seit den Tagen der römischen Kunstsammler bei den Kennern Anklang gefunden hat. Aber bevor wir Eigenart und Entwicklung dieser allgemein bewunderten Kunst betrachten, müssen wir einiges über die ursprüngliche Rolle der Statue im Alten Ägypten sagen.

Wie viele andere alte und junge Völker glaubten die Ägypter, daß die Statue eines Menschen oder eines Tiers unter bestimmten Umständen beseelt, ja sogar wirklich lebendig sein konnte. Man hat Statuen gefunden, die bedeutende und einflußreiche Männer darstellen und bei denen Teile glatt gewetzt sind durch die Hände von Bittstellern; wie Lebewesen hatten sie die Statuen um Gunstbezeigungen gebeten. Mit Ausnahme des Sonnengottes während der kurzen Amarna-Periode galten alle Götter Ägyptens als beseelt gegenwärtig in ihren Statuen, die folglich wie lebende Standespersonen behandelt wurden. Sie wurden von besonderen Dienern (Priestern) bedient, täglich geweckt, gewaschen, mit Räucherungen bedacht, gekleidet, mit Speise und Trank versehen und zur Ruhe gebracht. Kolossalstatuen einiger Könige wurden als Götter verehrt und hatten eine eigene, ihnen dienende Priesterschaft; sie konnten bei Feierlichkeiten, an denen der König selbst nicht teilnahm, als seine Stellvertreter anwesend sein.

Die Vorstellung, daß eine Statue mit dem dargestellten Menschen oder Gegenstand übereinstimme, ist nicht auf die alten Ägypter beschränkt; aber nur sie betonten so entschieden die Identität des Dargestellten mit der Darstellung selbst, daß sie durch das magische Ritual der ‹Mundöffnung› die Statue mit den fünf Sinnen zu erfüllen suchten. Die Identität war erst vollständig, wenn der Name des Dargestellten in die Statue eingemeißelt war – und sie stellte sich sogar dann ein, wenn das Stück für eine andere Person hergestellt worden war und wenig oder gar keine Ähnlichkeit mit dem neuen Eigentümer aufwies. Eine unbeschriftete Statue war unvollständig und stellte niemanden dar.

Die Belebung solcher Skulptur war passiver Art, die Statue wurde zum unbewegten Träger numinoser Macht; nur besondere Statuetten, etwa Dienerfiguren, die dazu bestimmt waren, für ihre Herren im Jenseits zu arbeiten, konnten in lebhafter Handlung dargestellt sein. Im Bestreben, die Statue als Stellvertreter des lebenden Menschen zu konzipieren, hielt sich der Handwerker notwendigerweise an das Ideal, ein nach Proportion und Erscheinung dem Vorbild entsprechendes Werk zu schaffen. Die vom primitiven afrikanischen Künstler bevorzugten instinktiven Verzerrungen findet man im pharaonischen Ägypten nicht; im Gegenteil, die Statue ist meist mit den üblichen natürlichen Farben bemalt und hat oft Einlagen von realistisch gestalteten Augen. Sogar Bilder von ägyptischen Göttern bewahren die Proportionen und die Mäßigung natürlicher

169 - Tanis - Sphinx des Königs Amenemhet III. (Ausschnitt). 12. Dynastie (um 1790) - *Granit; Gesamthöhe 0,99 m* - Kairo, Ägyptisches Museum

Formen, obwohl ihre übernatürlichen Mächte doch durch Übertreibung eines besonderen Teils oder durch irgendeine ausdrucksstarke Abwandlung der Form hätten symbolisiert werden können. Auch wenn man eine schreckliche, wilde Gewalt darstellen wollte, integrierte man ihre menschlichen und tierischen Bestandteile in eine rationale Form, die wenig Gewalttätiges oder Furchterregendes hatte.

Daß die Ägypter solch eine maßvolle und rationale Einstellung zu ihrer Umwelt hatten, war nur eine Spiegelung der Ordnung, die Ägypten vom Schöpfer gegeben war: jedes Jahr ließ er ein verjüngtes, neu in die alte Form gegossenes Land aus den chaotischen Fluten der Nilüberschwemmung auftauchen. Fast überall, wo das Kulturland abrupt von der unfruchtbaren Wüste abgelöst wird, konnte man die Grenzen dieser geformten Welt sehen, die jedes Jahr nach dem Rückgang der Überschwemmung ganz genau vermessen wurde, damit die alten Felder- und Domänengrenzen wieder festzulegen waren. Da die Ägypter schon zu so früher Zeit ihrer Welt ein Maßsystem geben und sie in eine rational begrenzte Struktur bringen konnten, ist es verständlich, daß sie auch einen Proportionskanon für ihre Kunstwerke entwickelten. Die Proportionen gründeten sich auf das Verhältnis der verschiedenen Glieder des menschlichen Körpers zu seinem Ganzen. Daraus ergab sich eine Darstellungsweise, die ‹naturalistische› Intentionen hatte, obwohl sie bei einer aspektivischen Wiedergabe der Wirklichkeit blieb. Ordnung und Rationalität der ägyptischen Kunstwerke sind nur ein Spiegelbild der vom Schöpfer im chaotischen Makrokosmos der Natur alljährlich hergestellten Ordnung. Es ist wohl bezeichnend, daß der Schöpfergott *par excellence*, Ptah von Memphis, der Schutzherr der Künstler war und daß sein Oberpriester als ‹oberster Leiter der Handwerker› galt.

## 2. Die Frühzeit

An dieses Bildsystem waren die Ägypter gebunden, sobald Menes Ober- und Unterägypten zu einem Reich vereinigt hatte, das während der ersten beiden Dynastien rasch eine hochorganisierte Verwaltung entwickelte. Von vornherein zeigt die pharaonische Kunst wenig von den Eigenschaften ihrer prähistorischen Vorgänger: die Reliefs der Narmer-Palette richten sich bereits nach den Regeln, die im geschichtlichen Ägypten für die Anfertigung von Flachbildern galten und die sie von den Ideographen primitiver Kulturen unterschieden. Der Übergang von prähistorischen plastischen Arbeiten aus Holz, Stein oder Elfenbein zur Skulptur der historischen Zeit ist schwerer zu bestimmen, da kaum Material vorhanden ist. Von prähistorischen Zeiten an gab es eine Tradition der Holz- und Elfenbeinplastik, die noch die ganze historische Zeit hindurch fortlebte; freilich waren solche Schnitzarbeiten den Verwüstungen durch Mensch und Natur sehr viel mehr ausgesetzt, und nur wenig ist auf uns gekommen. Eine beschädigte Statuette aus Abydos, die einen frühen König im *heb-sed*-Mantel darstellt, ist aus dieser Zeit anscheinend das einzig erhaltene Beispiel für Elfenbeinplastik, die eine große Tradition weiterführte. Ihre Form mag ursprünglich durch die Gestalt des Elefanten- oder Nilpferdzahns bestimmt gewesen sein, aber die Statuetten von Cheops und Mykerinos zeigen hinlänglich, daß spätestens in der 4. Dynastie die natürliche Form des Materials keinen Einfluß mehr auf die Gestaltung der Statue hatte.

Ebenso hat die gewachsene zylindrische Form des Baumstamms, die in der primitiven afrikanischen Bildhauerei vielfach eine entscheidende Rolle spielte, schon sehr früh jeglichen Einfluß auf die endgültige Form der ägyptischen Holzplastik verloren. Bereits aus der Zeit des Qaa, des letzten Königs der 1. Dynastie, hat man Bruchstücke von Holzstatuen gefunden, die den Dargestellten in der klassischen Haltung der männlichen Standfigur zeigen: mit vorgesetztem linken Fuß. Das ist keine Haltung, die in eine primitive Holzschnitzertradition gehört; sie zeigt, daß die Plastik schon nach aspektivischer Darstellungsweise gebildet wurde.

170 - Abydos, Kenotaph - Fragment der Maske eines libyschen Gefangenen. 1. Dynastie (um 3000) - *Holz; Höhe 0,165 m* - Boston, Museum of Fine Arts

171 - Saqqara, Pyramide von Phiops I. - Kopf eines Gefangenen. 6. Dynastie (um 2280) - *Kalkstein; Höhe 0,18 m* - Saqqara, Magazine der Antikendirektion

Der ‹Palermo-Stein› erwähnt als bemerkenswerte Ereignisse aus der Zeit der ersten Könige die ‹Geburt› verschiedener Götter. Damit ist wohl gemeint, daß die entscheidende Form, die bildliche Darstellungen ägyptischer Götter erhalten sollten, damals festgesetzt wurde. Auf solche maßgebende Urbilder griffen spätere Auftraggeber zurück, etwa König Neferhotep (1750 v. Chr.), der in alten Aufzeichnungen in Heliopolis nachforschte, damit eine Osiris-Statue in ihrer wahren alten Form angefertigt werden konnte.

Daß die ikonographische Entwicklung rasch vor sich ging, kann man aus der fragmentarisch erhaltenen Holzmaske schließen, die bei Abydos in einem Kenotaph aus der 1. Dynastie entdeckt wurde. Auf dieser geschnitzten Maske erkennt man deutlich die Gesichtszüge eines Libyers, Abb. 302 höchstwahrscheinlich eines Gefangenen. Die Darstellung ist offensichtlich ein Anzeichen des mindestens bis zur Zeit Phiops' I. anhaltenden Brauchs, den Grabbezirk der Könige mit Statuen von kniend und mit gefesselten Armen wiedergegebenen Gefangenen auszustatten. Die Holzmaske sollte vielleicht auf einem weniger leicht zu bearbeitenden Material befestigt werden, oder sie war Teil einer aus mehreren Stücken zusammengesetzten Statue. Sie führt uns zu einem

Charakteristikum ägyptischer Plastik: bei Skulpturen, die als Stellvertreter ihres lebenden Originals gedacht und durch Nameninschrift identifizierbar waren, wurde dem Gesicht als dem eigentlich Kennzeichnenden besondere Aufmerksamkeit zugewandt. Die Physiognomie des libyschen Gefangenen gibt eher den Typus, den Angehörigen eines Volkes wieder als ein Individuum. Aber auch der Typus hängt von unterscheidbaren Gesichtsmerkmalen ab. Die Maske steht am Anfang der pharaonisch-ägyptischen Kunst; vielleicht begegnen wir hier ihrer vorzüglichsten, beständigsten Errungenschaft: dem Porträt.

Sicher bemühte sich der ägyptische Bildhauer bewußt darum, die Individualität mancher Modelle, ja sogar ihren Charakter durch eine wahrheitsgetreue Wiedergabe der Gesichtsbildung zu erfassen. Ein Vergleich der Mumien einiger Pharaonen des Neuen Reiches mit ihren Statuen zeigt, wie weitgehend Ähnlichkeit erreicht wurde. Eine in der Nähe der Teti-Pyramide bei Saqqara gefundene Totenmaske ist den Statuen dieses Königs und seines Sohnes Phiops' I. sehr ähnlich. Aber man sieht auch, daß diese königlichen Porträts idealisiert sind. Das Modell wird fast immer in der Hochblüte des Lebens gezeigt, gesund, wachsam, zuversichtlich und erfolgreich. Das Gesicht ist faltenlos und frei von jeglicher Entstellung. Nur für eine kurze Zeitspanne während der 12. Dynastie findet man Zeichen von Alter und Weltüberdruß in den Zügen der Herrscher, aber der kräftige Körperbau zeigt keinerlei Entstellung oder Spuren von Krankheit. Nur ausnahmsweise wurden verkrüppelte oder schlecht ernährte Menschen dargestellt, und dann sind es meist Bauern oder Leibeigene, die durch die Gnade ihres Herrn in Stein verewigt wurden.

Während eine idealisierende, aber kennzeichnende Porträtkunst für die königlichen Statuen als sicher angenommen werden kann, ist es fraglich, ob bei Privatpersonen individuelle Ähnlichkeit angestrebt wurde, von Ausnahmen abgesehen. In der 5. Dynastie findet sich in Totentexten der Ausdruck ‹Statue nach dem Leben›. Solch eine Formulierung legt nahe, daß in bestimmten Fällen eine bewußte Anstrengung gemacht wurde, Ähnlichkeit mit dem Vorbild zu erreichen. Man kann aber auch folgern, daß dies erwähnenswerte Ausnahmen waren. Es gab nämlich eine Tendenz, Privatpersonen stereotyp mit den jeweiligen königlichen Zügen zu versehen, dem Idealbild folgend, das alle treuen Untertanen anstrebten und mit dem die Bildhauer durch ständige Nachbildung am besten vertraut waren. Nun waren in der 4. Dynastie die Auftraggeber allesamt mit dem König nah verwandt; und was uns als konventioneller Stil erscheint, mag in Wirklichkeit Familienähnlichkeit gewesen sein. Es gibt unter Privatplastiken Beispiele für sehr verschiedene Darstellungen ein und derselben Person, und nur dadurch, daß sie Namen und Titel tragen, sind sie identifizierbar.

Statuenbasen im Totentempel des Qaa und Möbelfragmente aus den Mastabas der 1. Dynastie offenbaren das hohe technische Können der ägyptischen Holzbildhauer. Da in Abydos und in Saqqara Gräber der 1. Dynastie absichtlich verbrannt worden waren, hatte man sich die Empfindlichkeit von Holz- und Elfenbeinarbeiten bewußt gemacht und ging mehr und mehr zu Steinplastik über – aus Alabaster, Granit, Basalt, Quarzit und Grauwacke und auch aus weicherem Material wie Kalkstein, Steatit und Serpentin.

Nur wenige Skulpturen sind erhalten, die mit Gewißheit in die ersten beiden Dynastien datiert werden können. Meistens sind Statuen ihrer groben Ausführung wegen, die aber kein sicheres Kriterium ist, dieser Zeit zugeschrieben worden. Auch der archaische Schemel mit seinen gebogenen Holzverstärkungen, auf dem der Verstorbene häufig sitzend dargestellt ist, diente zur Datierung. Solche Statuen haben vermutlich Königsplastik zum Vorbild, wie die in Hierakonpolis gefundenen Statuen Chasechems. Das Exemplar aus Grauwacke ist genau wie das restaurierte Kalksteingegenstück in Oxford das Werk eines Meisterbildhauers aus der Zeit Chasechems. Stilistisch entfernt es sich schon von den Holzstatuen und zeigt den Charakter einer typisch monolithischen Plastik. Der Thron ist massiv und geradlinig geworden; die Hände sind zur Faust geballt, als wollten sie die Zepter halten, die bei einer Holzstatue als getrennte Ele-

172 - Gisa (?) - Statue des Schiffbauers Bedjmes mit dem Breitbeil. 3. Dynastie (um 2640) - *Granit; Höhe 0,66 m* - London, Britisches Museum

mente gearbeitet worden wären. Der Kopf ist nach vorn geschoben, um die Masse der Weißen Krone im Gleichgewicht zu halten. Einzelne Gesichtszüge, besonders die Augen und die Muskeln an den Mundwinkeln, sind plastisch ausgebildet und zeigen, daß die Handwerker, deren Beruf erblich war und die ihre Erfahrung von Generation zu Generation weitergaben, stetige Fortschritte in der Bearbeitung von hartem Stein machten.

Die Haltung der Sitzfigur, die einen Arm vor den Leib, den anderen auf den Oberschenkel gelegt hat, findet man bei etlichen Privatstatuen dieser Zeit, so in Berlin, Leiden, London, Turin und Neapel, wobei die Hände geöffnet oder geschlossen sein können. Sie alle sind durch die Ausarbeitung des Rückens gekennzeichnet, die das Gewand oder die Muskulatur ungehindert sichtbar werden läßt, und durch einen unverhältnismäßig großen Kopf mit deutlich abgesetzter Haartracht über einem kurzen Hals. Das ausgeprägteste Beispiel dieser Reihe ist wohl die Granitstatue des Schiffbauers Bedjmes in London; Bedjmes hält in der linken Hand das Breitbeil als

Zeichen seines Berufs, das wie ein königliches Zepter über der linken Schulter liegt. Die Granitstatue des Totenpriesters Hetepdief zeigt als einzige dieser Gruppe den Dargestellten kniend mit den Hacken unter dem Gesäß und den Händen flach auf den Knien. Damit ist offensichtlich eine bittflehende Haltung vor den ersten drei Königen der 2. Dynastie angegeben, deren Totenkult er abhielt. Die Glieder sind so angeordnet, daß keine Verbindungsstege sichtbar sind, und der Kopf ist unverhältnismäßig groß. Beides entspricht der Überlieferung der Frühzeit.

173 - Memphis - Kniefigur des Priesters Hetepdief mit den Händen auf den Knien. 2. Dynastie (um 2680) - *Granit; Höhe 0,39 m* - Kairo, Ägyptisches Museum

174 - Hierakonpolis - Sitzfigur des Königs Chasechem. 2. Dynastie (um 2710) - *Schist; Höhe 0,56 m* - Kairo, Ägyptisches Museum →

175 - Saqqara, Djoser-Bezirk, ‹serdab› des Totentempels - Sitzfigur des Königs Djoser (Ausschnitt). 3. Dynastie (um 2650) - *Bemalter Kalkstein; Gesamthöhe 1,35 m* - Kairo, Ägyptisches Museum. *Vgl. Abb. 2*

## 3. Das Alte Reich

Organisation und Fähigkeiten, die sich in der Frühzeit entfaltet hatten, wurden unter der Herrschaft Djosers zu Beginn der 3. Dynastie durch den Genius des Imhotep nutzbar gemacht – es war ein Wendepunkt in der Entwicklung Ägyptens. Die ungeheure architektonische Konzeption des Grabbezirks mit Stufenpyramide – weit größer und komplizierter als alles Vorangegangene – regte alle bildenden Künste einschließlich der Bildhauerei zu intensiver, weitgespannter Tätigkeit an. Im *heb-sed*-Hof gefundene Karyatidenfiguren sind erst grob bearbeitet und können nur eine schwache Vorstellung davon geben, wie sie fertig ausgesehen hätten, lassen aber doch den Umfang der für dieses Denkmal vorgesehenen Plastik erkennen. Das gilt auch für die dort gefundenen Statuenbasen. Eine von ihnen zeigt die Füße von vier gestaffelt aufgestellten Personen; wahrscheinlich erschien hier Djoser neben Gottheiten oder Familienmitgliedern. Ein Kragstein aus schwarzem Granit mit Köpfen von Ausländern ist fast unversehrt. Er gibt ein so reifes Beispiel für eine von späteren Stücken her besser bekannte architektonische Form, daß man ihn meist in eine spätere Zeit datiert hat, obwohl der Typ schon von der Zeit Chasechems an vorkommt. Die berühmteste Plastik aus dem Djoser-Bezirk ist jedoch das lebensgroße Sitzbild, das im *serdab* gefunden wurde. Es ist höchst kunstvoll aus Kalkstein gehauen und wirkt monumental Abb. 280
mit dem vom *heb-sed*-Mantel umhüllten Körper, mit der unter der Brust geballten rechten Hand und der flach auf dem Schenkel liegenden Linken. Wie der im Grabbezirk zu Stein gewordene Architekturstil kann diese Statue mit ihrer geschlossenen Form und ihrem massiven Kopf die Herkunft von ihren Vorgängern aus der Frühzeit nicht verleugnen. Neu ist nur der deutliche Porträtcharakter mit den markanten Backenknochen, den tiefliegenden Augen und den nach unten gezogenen Mundwinkeln; aber diese Merkmale wurden dann auch für die Darstellung eines zeitgenössischen Beamten wie Hesire maßgeblich. Schon mit den belebenden eingelegten Augen, die verloren sind, erzeugte das Bildwerk sicher die schwerlastende Atmosphäre einer fernen und machtvollen Majestät.

Wichtiger für die Entwicklung der ägyptischen Plastik ist die Statue im Brooklyn-Museum, die aus dieser Zeit stammt. Solche Statuen müssen in den Nischen der Kapellen des *heb-sed*-Hofs gestanden haben. Dieses Exemplar und ein fragmentarisches Gegenstück in Brüssel bestehen aus einem außerordentlich harten Gneis, aus Diorit, der vielleicht von Steinbrüchen tief in der nubischen Wüste stammt. Aber der Bildhauer beherrschte das Material bis in die Gestaltung der Details vollkommen und besonders in der plastischen Modellierung der Augen. Anders als die Grabstatue Djosers ist das Götterbild nicht mehr der Frühzeit verhaftet. In der Steinplastik ist es das erste vollendete Beispiel für den Stil des Alten Reiches, und darum lohnt es sich, die Statue eingehender zu behandeln.

Die altägyptischen Bildhauer hatten weniger komplizierte künstlerische Probleme als die Hersteller von Flachbildern, die drei Dimensionen auf einer ebenen Fläche unterbringen mußten und die, als sie im Dienst des göttlichen Königs eine aspektivische Darstellungsweise gefunden hatten, die auf einer zum Konzept gewordenen Sicht der Wirklichkeit basierte, daran festhielten wie an einem religiösen Grundsatz, solange pharaonische Kunst bestand. Dagegen konnten die Bildhauer eine jeweils ganz genau projizierte Vorderansicht, eine Rückenansicht und zwei Seitenansichten in dem auf den Steinblock gemalten Quadratnetz anbringen und sie dann ineinanderarbeiten. An so frühen Merkmalen wie der Gestaltung des Rückens, gelegentlich dem Zusammenstellen der Füße und dem Anwinkeln des Arms sieht man, daß dieses Vorgehen nur oberflächlich naturalistisch ist und weitgehend von Prototypen aus Holz oder Elfenbein stammt. Es gab eine Fortentwicklung zu einer dreidimensionalen Gestaltung in eben der aspektivischen Darstellungsweise, die man bei Reliefs und Malereien findet; an der Statue in Brooklyn wird das ganz deutlich. Altägyptische Standfiguren sind genauso konzipiert wie Reliefdarstellungen von

176 - Saqqara (?) - Standfigur eines Gottes mit Messer. 3. Dynastie (um 2650) - *Diorit; Höhe 0,213 m* - New York, Brooklyn Museum

Männern und Frauen. Gewöhnlich haben die Männer den linken Fuß vorgestellt, die Frauen stehen mit geschlossenen Füßen. Die Tatsache, daß wie bei der Statue in Brooklyn auf der linken Körperseite nur ein Bein gezeigt wird und der übrige Raum ausgefüllt ist, spricht für die zweidimensionale Konzeption der Statue, die hauptsächlich von ihrer rechten Seite betrachtet werden sollte. Auch ist unter allen altägyptischen Malereien und Reliefs nur *eine* Rückenansicht bekannt, aus späterer Zeit, während die Vorderansicht der menschlichen Gestalt ab und zu vorkommt. Bezeichnenderweise wurde bei der Steinplastik der Rücken mit Vorliebe durch eine Platte oder einen hochlehnigen Thron, schließlich sogar durch einen Pfeiler verborgen.

Bei der Brooklyn-Statue hat die Rückenplatte die Form einer oben abgerundeten Stele, die vermutlich einen Schrein mit gewölbtem Dach darstellt. Rückenplatte oder Pfeiler spielen tatsächlich auf den architektonischen Rahmen der Statue an, in dem sie erst wirksam werden konnte. Das Sitzbild Djosers fand man eingeschlossen in einem großen steinernen Gehäuse, dem *serdab*. Fast alle ägyptischen Statuen sollten in einem Schrein aufgestellt werden, entweder allein oder integriert in einen Tempel oder in ein Grab, wo sie ihre Funktion erfüllten. Der volumetrische Charakter der ägyptischen Statuen ist kubisch; er ist nicht nur von der ägyptischen Vorstellung vom Weltall abgeleitet, das von drei in rechten Winkeln zueinanderstehenden Achsen durchzogen gedacht war, sondern auch vom Charakter des Raums, der die Statuen umgab.

Wenn die Konzeption der Statue auch von einer aspektivischen Auffassung der Wirklichkeit geprägt war – der architektonische Rahmen brachte es doch mit sich, daß die Vorderansicht den wesentlichen und oft einzigen Eindruck erzeugte, im Gegensatz zu den bei zweidimensionalen Darstellungen vorherrschenden Profilansichten. In den meisten Fällen sind Seiten- und Vorderansicht ägyptischer Statuen streng voneinander getrennt. Nur beim Kopf, wo das Streben nach Porträthaftigkeit eher Identität als Symbolisierung erforderte, geht die Einarbeitung der Profile in die Vorderansicht bis zur Integrierung. Bei der Brooklyn-Statue scheint das schräg in der rechten Hand gehaltene Messer diese Trennung der Körperebenen zu durchbrechen. Aber in Wirklichkeit ist das nur eine Notlösung, die sich aus der technischen Unmöglichkeit ergeben hatte, ein nach vorn in der Hand gehaltenes Messer vollständig aus dem sehr harten Material herausgelöst darzustellen.

Die gleiche Notlösung beobachtet man an den etwas späteren lebensgroßen Statuen von Sepa und Neset. Beide sind Steinausführungen hölzerner Vorbilder, aber hier wurde beim Übertragen von einem Material auf das andere nach aspektivischen Prinzipien verfahren. Mit der über das Zwerchfell gelegten linken Hand und den großen, massig auf den Schultern sitzenden Köpfen lebt die Haltung der Statuen ganz aus der Tradition der Frühzeit. Die Ausfüllung zwischen den Beinen des Mannes hat man belassen; Stab und Zepter sind in Relief aus der Oberfläche des Körpers herausgearbeitet. Diese Haltung des Mannes mit seinem Stab, den er im Stil gleichzeitiger Reliefs vor dem Körper hält, ist eine ausgesprochen frontale Konzeption. Die eingelegten Augen sind wie bei Djoser von Metallstegen umgeben; der Brauch hielt sich bei Statuen aus Holz und weichem Stein bis weit in die 5. Dynastie hinein und wurde später häufig wiederaufgegriffen, auch für Skulpturen aus hartem Stein.

Die Statuen von Rahotep und Nofret mit eingelegten Augen und den üblichen Farben stellen den Höhepunkt dieses Stils im frühen Alten Reich dar; sie bilden eine Brücke zwischen der 3. und der 4. Dynastie. Die Porträts zeigen das Familienantlitz der herrschenden Elite, die das Geschick dieser Zeit der großen Pyramidenbauer lenkte. Nofret trägt eine schwere Perücke und einen einhüllenden Mantel, die übliche Kleidung der Frühzeit; Details wie das Stirnband und der Halskragen lassen die Massivität ihres Körpers leichter erscheinen. Die klaren eingelegten Inschriften sind dekorativ und mit neuartiger Zurückhaltung angebracht.

Das eindrucksvolle Sitzbild des Hemiunu, trotz des Verlustes der eingelegten Augen schlechthin das Meisterwerk dieser Zeit, gehört in die gleiche Tradition; doch die Wiedergabe des fülligen Körpers ist gewandter durch die Frontalanordnung der Hände in der Haltung gleichzeitiger

179 - Meidum - Sitzfiguren des Prinzen Rahotep und seiner Frau Nofret (Ausschnitt). Ende 3. bis Anfang 4. Dynastie (um 2600) - *Bemalter Kalkstein mit inkrustierten Augen; Gesamthöhe 1,20 m* - Kairo, Ägyptisches Museum

← 177 und 178 - Standfiguren von Sepa und Neset. 3. Dynastie (um 2630) - *Bemalter Kalkstein; Höhe 1,65 m und 1,52 m* - Paris, Louvre

Königsplastik. Die Besonderheiten des wohlgenährten Körpers und die gebieterischen Züge sind mit den gleichen sparsamen Mitteln gestaltet wie die ‹Ersatzköpfe›. Die Statuen von Rahotep, Nofret und Hemiunu sind die einzigen vollständig erhaltenen unter einer Masse von Bruchstücken aus der Zeit von Snofru und Cheops, der ersten beiden Könige der 4. Dynastie und Eigentümer der riesigen Pyramiden in Dahschur und Gisa. Nur die schon erwähnten ‹Ersatzköpfe›, deren Funktion wir nicht genau kennen, sind fast vollständig erhalten und zeigen individuelle Varianten einer durchgehenden Familienähnlichkeit. Die etwas breite Behandlung ihrer Gesichter wirkt so, als habe man Gipsporträtmasken, die in dieser Zeit summarisch über die Leinenbinden von Mumien modelliert wurden, in Stein reproduzieren wollen. Die ‹Ersatzköpfe› bestehen aus Kalkstein und sind unbemalt, doch manche Teile wie zum Beispiel die Ohren sind aus Gips geformt und dann an die Köpfe angefügt worden. Gips wurde auch benutzt, um Unebenheiten des Steins auszugleichen. Fast alle noch erhaltenen ‹Ersatzköpfe› waren von Cheops an Familienmitglieder verliehen worden, aber auch in der 5. Dynastie kamen sie noch gelegentlich vor.

Abb. 292, 293 u. 295

Subtile Veränderungen modifizierten später die starre Ikonographie und den geheiligten Stil dieser königlichen und religiös bestimmten Kunst; sie gehen wohl auf die Eigenart besonders fähiger Handwerker zurück. Vielleicht war solch ein Künstler für die weniger strenge Behandlung der Körperformen und für die plastischere Wiedergabe einzelner Züge an den Skulpturen aus der Zeit von Djedefre und Chephren verantwortlich. Plastik von Djedefre ist nur fragmentarisch erhalten, doch gibt es ein Stück, bei dem seine Gemahlin in kleinerem Maßstab zu seinen Füßen kauert. Das Motiv, das sich bis zum Ende des Alten Reiches hielt, ist schon von einem

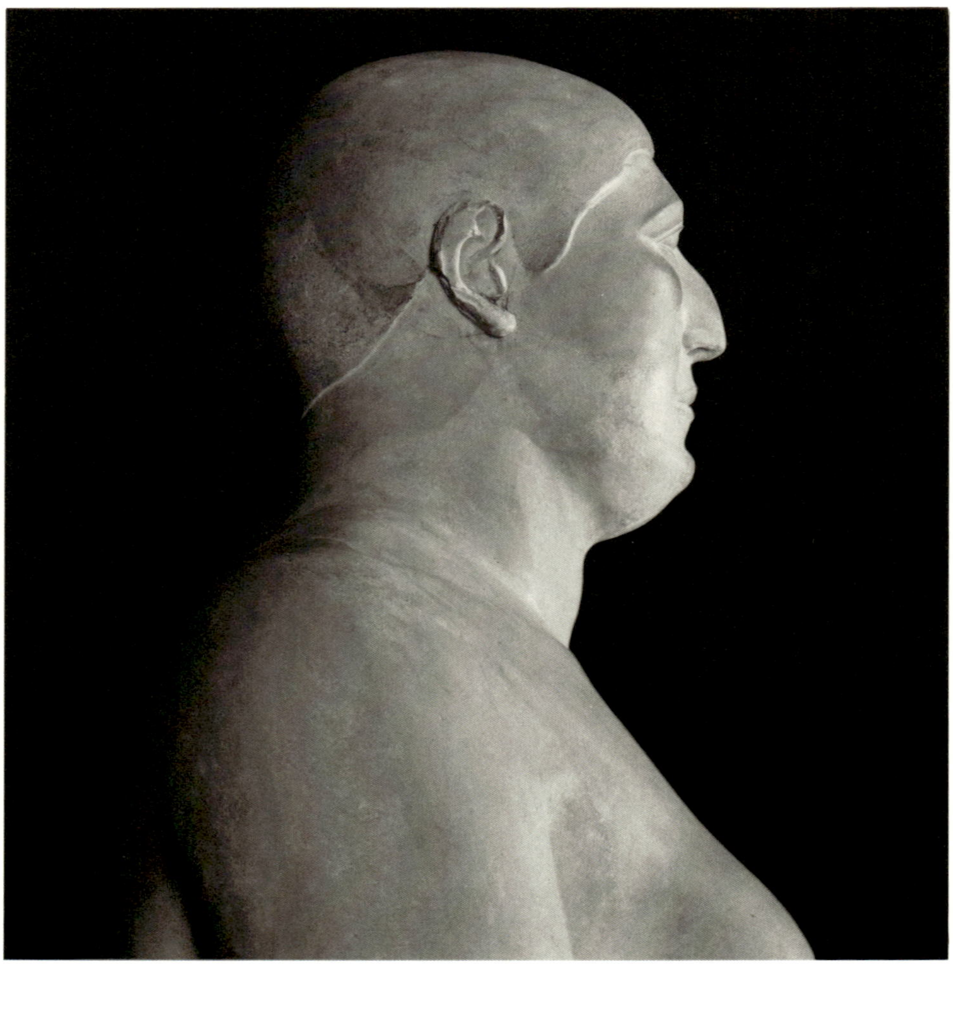

181 - Abu Roasch - Kopf einer Statue des Königs Djedefre mit Königskopftuch. 4. Dynastie (um 2560) - *Quarzit; Höhe 0,28 m* - Paris, Louvre

Relief aus der Zeit Djosers bekannt. Das qualitätvollste Bruchstück ist ein lebensgroßer Kopf des Königs aus rotem Quarzit. Er trägt das Königskopftuch und den Uräus; der Knochenbau des Gesichtes ist in diesem schwer zu bearbeitenden Gestein mit großer Einfühlung und Genauigkeit wiedergegeben. Es ist ein vereinzeltes Stück in der Kunst jener Zeit, nicht nur wegen der realistischen Modellierung der individuellen Gesichtszüge, sondern auch wegen des Ausdrucks von nach innen gekehrter Schwermut, die man bei Königsporträts erst wieder in der 12. Dynastie antrifft.

Aber das herausragende Meisterwerk dieser Schule ist die Dioritstatue des Chephren. Er sitzt auf seinem Löwenthron, und der Falke des Horus, dessen Inkarnation der König auch ist, schwebt hinter seinem Kopf. Von dreiundzwanzig zertrümmerten Exemplaren aus dem Taltempel Chephrens in Gisa ist dieses Stück am besten erhalten und seit seiner Entdeckung durch Auguste Mariette mit Recht dafür berühmt, daß es die Verherrlichung der göttlichen Majestät im Alten Ägypten ausdrückt. Der gemmenharte Stein ist in den großen Formen wie im kleinsten

180 - Gisa - Sitzfigur des Prinzen Hemiunu (Ausschnitt). 4. Dynastie (um 2570) - *Kalkstein; Gesamthöhe 1,57 m* - Hildesheim, Pelizaeusmuseum

Detail mit bewundernswerter Könnerschaft bearbeitet; die glattpolierte Oberfläche gibt der Muskulatur eine natürliche Weichheit, die bei dem für Djedefre benutzten körnigen Quarzit nicht zu erreichen gewesen wäre. Die Statuen bildeten den Menschen und Herrscher idealisierend als Gottheit ab; in ihrem architektonischen Rahmen mit dem vom Alabasterfußboden reflektierten Oberlicht aus der Deckenöffnung müssen sie ehrfurchtgebietend gewirkt haben.

Den gleichen Sinn für verhaltenen Realismus in der Porträtkunst zeigt die Büste des Anchhaf, eine Weiterentwicklung der ‹Ersatzköpfe› aus der Zeit von Cheops. Ein Überzug von bemaltem Gips über dem Kalkstein erleichterte die plastische Ausarbeitung der Gesichtsstruktur, die wir beim Kopf von Djedefre fanden; nur ist sie hier noch freier, des weicheren Materials wegen.

Die Plastiken der nächsten Generation zeigen den Einfluß dieser königlichen Handwerkertraditionen; er tritt besonders in den Zweier- und Dreiergruppen von Mykerinos hervor. Mei-

183 - Memphis - Sitzstatue des Königs Chephren. 4. Dynastie (um 2550) - *Alabaster; Höhe 0,77 m* - Kairo, Ägyptisches Museum

182 - Gisa, Taltempel des Königs Chephren - Sitzstatue Chephrens auf seinem Thron, beschützt vom Horusfalken (Ausschnitt). 4. Dynastie (um 2550) - *Diorit; Gesamthöhe 1,68 m* - Kairo, Ägyptisches Museum

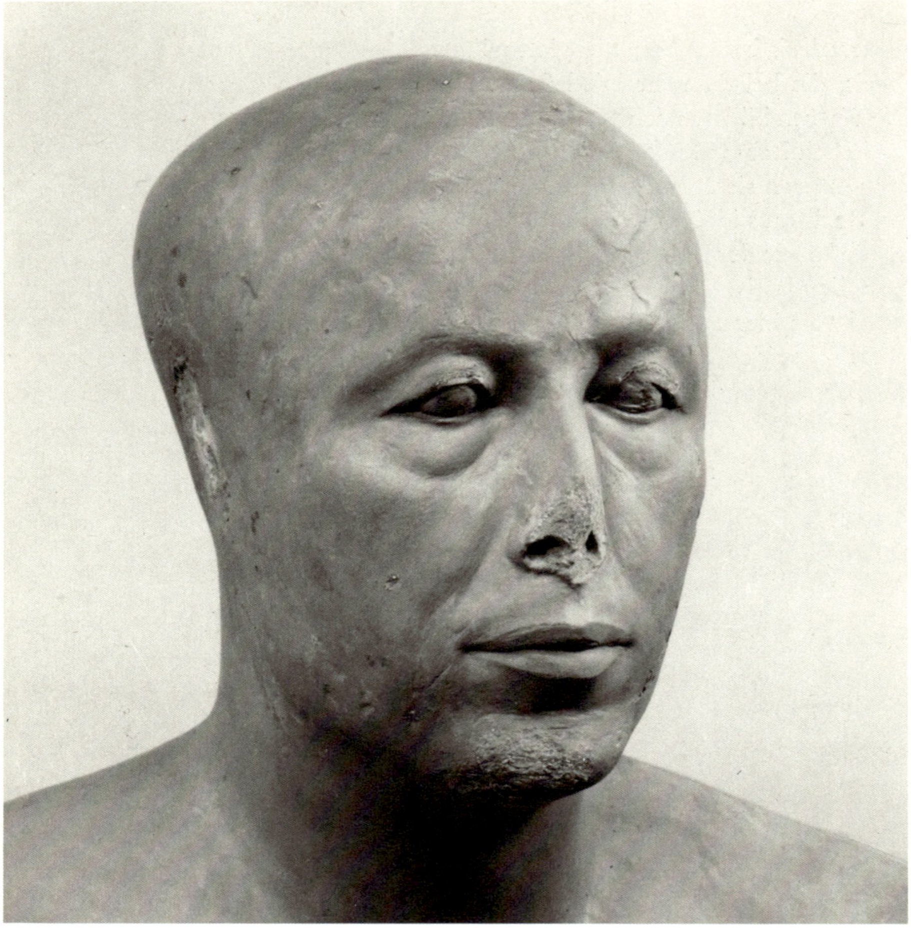

184 - Gisa - Büste des Prinzen Anchhaf (Ausschnitt). 4. Dynastie (um 2540) - *Bemalter Gips auf Kalkstein; Gesamthöhe 0,51 m* - Boston, Museum of Fine Arts

stens sind diese Arbeiten kleiner als die Statuen aus der Zeit Chephrens, es gibt aber auch überlebensgroße Sitzfiguren des Königs aus Alabaster. Die Bostoner Zweiergruppe von Mykerinos und seiner Hauptgemahlin ist etwa zweidrittellebensgroß. Obwohl unvollendet, steht sie als Meisterwerk der Chephren-Statue kaum nach. An der einsamen Majestät des göttlichen Königs hat hier seine Frau teil, die in gleichem Maßstab wie ihr Gemahl und in der gleichen Haltung mit vorgestelltem linken Fuß dargestellt ist. Die Beziehung zwischen den beiden Figuren lebt aus ihrem Nebeneinander. Der linke Arm der Königin liegt quer vor ihrem Oberkörper in einer Haltung, die an frühe Frauenstatuen erinnert, hier aber zu einer Umarmung wird. Wie sehr die Hand des rechten Arms, der den Gemahl umfängt, integriert ist, fällt besonders in der Seitenansicht auf; die entkörperlichte Wirkung der entsprechenden Hände der Göttin in den Dreiergruppen ist vermieden. Diese Paarstatue zeigt vollendet die Vorstellung, die man sich von Mann und Frau in der ägyptischen Gesellschaft machte. Sie strahlt eine zarte Menschlichkeit aus, die der gottgleichen Zurückhaltung der Chephren-Statue fehlt.

Eine gleiche Empfindung belebt die Dreiergruppe des Mykerinos, in der die Göttin Hathor im Beisein einer Gaugöttin die Rolle der Königin übernimmt. Die Verbindung des Königs mit Hathor wird in dem Kairoer Beispiel durch dieselbe Fußhaltung und durch die Berührung der Hände betont – in dem Bostoner Exemplar durch die Umarmung der sitzenden Göttin. All diese Statuen vom Taltempel des Mykerinos in Gisa bestehen aus Schist; er gab dem Bildhauer größeren Spielraum als der harte Diorit der Chephren-Statuen und ermutigte ihn, sein Interesse der

185 - Gisa - Zweiergruppe des Königs Mykerinos und seiner Frau. 4. Dynastie (um 2510) - *Schist; Höhe 1,42 m* - Boston, Museum of Fine Arts

187 - Abusir, Sonnenheiligtum des Userkaf - Kopf einer Statue des Königs Userkaf. 5. Dynastie (um 2495) - *Schist; Höhe 0,345 m* - Kairo, Ägyptisches Museum

Muskulatur der männlichen Figuren und den weicheren weiblichen Formen unter den enganliegenden Kleidern zuzuwenden.

Dies waren die Leistungen der Bildhauer der 4. Dynastie: die Massivität des Stils der Frühzeit wandelten sie um in leichtere, naturnähere Proportionen; den Kopf setzten sie in stolzer Haltung auf einen kräftigen Hals, und sie bildeten athletische Körperformen. Die Suche nach Formvereinfachung mündete in den Kanon der ‹Ersatzköpfe› und der Statue des Hemiunu. Dieses Ideal wurde wohl für die Empfindung der Künstler oder ihrer Auftraggeber zu streng; an späteren Skulpturen der Zeit bemerkt man eine freiere und plastischere Wiedergabe der Formen. Aber die eindrucksvolle Größe und Präzision der Bauten dieser Dynastie und die klassischen Skulpturen darin blieben eine Grundlage für die nachfolgenden Bildhauer.

Aus der 5. Dynastie ist nicht genügend Königsplastik erhalten, als daß man sie nach Umfang und Qualität beurteilen könnte. Der im Sonnenheiligtum des Userkaf bei Abusir gefundene Schist-Kopf entspricht den Traditionen der Mykerinos-Zeit. Er ist kompetent gearbeitet, verrät jedoch einen gewissen Formalismus. Aber in kulturellen Hochzeiten fehlt es bei ägyptischen Statuen meist nicht an Neuerungen. Zur Zeit des Chephren waren Augenbrauen und Schminkstriche in den äußeren Augenwinkeln schon gelegentlich in erhabenem Relief angegeben worden; doch von nun an wurden sie bei Königsplastik allgemein üblich, während Privatplastik im Alten Reich keinen Schminkstrich zeigt. Ein kühner Kolossalkopf des Userkaf aus rotem Granit markiert eine weitere Neuerung dieser Zeit; in ihm haben wir das erste Beispiel einer freistehenden überlebensgroßen Statue. Die dritte Neuerung war die Entwicklung des Rückenpfeilers. Er

186 - Gisa, Taltempel des Mykerinos - Dreiergruppe des Königs Mykerinos, der Göttin Hathor (anstelle der Königin) und eines personifizierten Gaues. 4. Dynastie (um 2510) - *Schist; Höhe 0,97 m* - Kairo, Ägyptisches Museum

189 - Saqqara, Mastaba des Kaaper - Standfigur des Vorlesepriesters Kaaper, des sogenannten ‹Scheich el-beled› (Ausschnitt). Ende 4. bis Anfang 5. Dynastie - *Holz mit inkrustierten Augen; Gesamthöhe 1,09 m* - Kairo, Ägyptisches Museum

ist zuerst bei einer Standfigur Niuserres aus Karnak belegt, die sich zum einen Teil im Kairoer Museum, zum anderen in Rochester (New York) befindet. Der Rückenpfeiler hat sich ursprünglich aus der Rückenplatte entwickelt und betont den architektonischen Zusammenhang der Statue; man findet ihn hauptsächlich bei Standfiguren, gelegentlich auch bei Sitz- und Hockfiguren.

Daß es so wenig – vor allem wenig qualitätvolle – Königsplastik aus der 5. Dynastie gibt, mag teilweise auf die bescheidenen Maße ihrer Grabanlagen und auf deren besonders starke Beschädigung zurückzuführen sein. Andererseits gaben die häufiger und umfangreicher werdenden Privatgräber mit ihren großen Opferkammern und *serdabs* den memphitischen Handwerkern größeren Spielraum. Eine Fülle von Skulpturen aus Holz, Kalkstein und Granit ist erhalten, aber auch da beobachtet man einen stetigen Übergang von der hohen Qualität etwa der Statuen von Kaaper und Ranofer zu den meist kleineren und minder guten Plastiken vom Ende der Dynastie. Natürlich haben sich Künstler und Auftraggeber hauptsächlich von Königsplastik anregen lassen. Zweiergruppen, die den Dargestellten mit seiner Frau neben ihm stehend zeigen, folgten der Abb. 297

188 - Saqqara - Standfigur des Oberpriesters Ranofer im Festschurz. 5. Dynastie (um 2500) - *Bemalter Kalkstein; Höhe 1,80 m* - Kairo, Ägyptisches Museum

Tradition der Paarstatuen von Djedefre und Mykerinos. Aber etwas Neues entstand mit der ‹Schreiberfigur› des am Boden hockenden, lesenden oder schreibenden Beamten. Königsplastik hat man in dieser Haltung bisher noch nicht gefunden, obwohl die Pyramidentexte vom König als dem Schreiber des Sonnenkönigs sprechen. Das unbestrittene Meisterwerk dieser Art ist der berühmte Louvre-Schreiber, das lebensvolle Porträt eines fähigen Geschäftsmanns.

Die lebensgroßen bemalten Kalksteinstatuen des Ranofer bilden den Höhepunkt der Privatplastik im Alten Reich und stammen sicher von einem königlichen Handwerker. Spätere Beispiele sind meist nur halb so groß und verraten weniger Bemühung, ein Individualporträt herzustellen. Die Statue des Kaaper ist ein herausragendes Beispiel für Holzplastik, die eine lange Tradition in Ägypten hatte, aber selten in unversehrtem Zustand erhalten ist. Bei dieser Statue, einer unter mehreren aus seiner Mastaba, fehlen etwa die Unterschenkel und der bemalte Überzug; sie zeigte Kaaper in dem beleibten Stolz seines öffentlichen Erfolges. Wie viele besonders gute Statuen der Zeit hat sie realistische eingelegte Augen aus Alabaster, Kristall und schwarzem Stein, die von Kupferstegen eingefaßt sind.

190 - Saqqara (?) - Gruppe des Herkare und seiner Frau Meresanch. 5. Dynastie (um 2450) - *Bemalter Kalkstein; Höhe 0,53 m* - Paris, Louvre

191 - Gisa (?) - Gruppe des Vorstehers Memisabu und seiner Frau. 5. Dynastie (um 2350) - *Kalkstein; Höhe 0,61 m* - New York, The Metropolitan Museum of Art

192 - Saqqara - Schreiberfigur. 5. Dynastie (um 2490) - *Bemalter Kalkstein; Höhe 0,535 m* - Paris, Louvre

Jacques Vandier hat in seiner Untersuchung der Plastik des Alten Reiches über einhundertzwanzig verschiedene Haltungen allein bei Steinstatuen festgestellt – eine klare Widerlegung der Ansicht, ägyptische Plastik sei auf wenige Stereotypen beschränkt gewesen. Eine so detaillierte Analyse würde hier zu weit führen; fassen wir kurz zusammen: Statuen dieser Zeit stellen Männer oder Frauen dar, stehend, sitzend, hockend oder kniend. Zweiergruppen zeigen einen Mann und eine Frau; entweder es stehen beide, oder beide sitzen, oder aber einer von beiden steht, und der andere sitzt oder hockt. Gruppenstatuen zeigen außerdem stehende Kinder; manchmal sitzt oder hockt ein Kind. Abb. 308

Die Gruppe von Herkare und Meresanch im Louvre ist ein gutes Beispiel für eine Familiengruppe in klassischer Haltung, wobei die Frau hier die Füße nebeneinanderstellt. Bei einer Ab-

193 - Saqqara - Familiengruppe des Obervorstehers Irukaptah. Ausschnitt: Die Frau kniet zu seinen Füßen, der Sohn steht. 5. Dynastie (um 2400) - *Kalkstein; Gesamthöhe 0,735 m* - New York, Brooklyn Museum

wandlung des Themas umarmt auch der Mann seine Frau, und beider Füße stehen nebeneinander. Der Brauch, eine Frau kleiner darzustellen als ihren Mann, hat es hier dem Bildhauer ermöglicht, eine natürlichere Haltung und eine einheitlichere Komposition statt eines Nebeneinanders der beiden Figuren zu erreichen. Die Gruppe von Irukaptah in Brooklyn folgt einer anderen Tradition: die sehr viel kleinere Frau kauert zu Füßen ihres Mannes und umfaßt sein vorgestelltes Bein; auf der anderen Seite bildet ihr Sohn ein Gegengewicht zur Figur der Mutter – er ist nackt, trägt eine Kinderlocke und hat den Zeigefinger am Mund; all das waren Merkmale der Kindheit. Es gab noch eine dritte Möglichkeit, eine Familiengruppe anzuordnen; dadurch, daß

194 - Saqqara - Familiengruppe des Aufsehers der Schreiber Nikare (Ausschnitt). 5. Dynastie (um 2400) - *Bemalter Kalkstein; Gesamthöhe 0,575 m* - New York, Brooklyn Museum

bei der Gruppe von Nikare Frau und Sohn zu gleicher Bedeutung und Größe erhoben wurden und der Mann zwischen ihnen sitzt, auch alle drei Köpfe fast die gleiche Größe und Höhe haben, blieb die kubische Form der Statue erhalten. Am Ende der 4. Dynastie ließen sich Privatleute auch in Felsgräbern beisetzen. In der 5. und 6. Dynastie, als die Oberen der Provinz nicht mehr daran interessiert waren, in der Nähe der Pyramide ihres Königs begraben zu werden, wurden Felsgräber häufiger. Statuen wurden da oft aus dem gewachsenen Felsen herausgehauen, vor allem dann, wenn die Vorderansicht des Verstorbenen und seiner Verwandten gezeigt werden sollte und wenn sie in einem Schrein oder in einem Gang standen. Manche Gruppen wurden aber auch als freistehende Einheiten in hoch erhabenem Relief gearbeitet. Die Familie Penmerus in Boston ist eine der vollständigsten und gelungensten Kompositionen dieser Art. Wenn in einer solchen Gruppe dieselbe Person mehrmals dargestellt ist, spricht man von einer ‹Pseudo- Abb. 307
Gruppe›. An den Statuen der Penmeru-Gruppe mit der vereinfachten Modellierung von Gliedern und Brustmuskeln und mit den stilisierten Gesichtern spürt man, daß die Bildhauer mehr und mehr routinemäßig arbeiteten, vielleicht um der wachsenden Nachfrage eines größeren Kundenkreises gerecht zu werden. Die Tendenz zur Routine verstärkte sich gegen Ende des Alten Reiches. Zu Beginn der 6. Dynastie leistete ein eingespieltes Verwaltungssystem mit ehrwürdiger Tradition effektive Arbeit; die Plastik dieser Zeit spiegelt bis zu einem gewissen Grad diese Stabilität wider. Trotzdem konnte der Geist des einzelnen Künstlers eine routinemäßige Konzeption mit mehr Leben und Empfindung erfüllen.

Die Holzstatue des Metjetji in Brooklyn mit ihren eingelegten Augen, den persönlichen Zügen und der verhaltenen Modellierung der Glieder und des Rumpfes übersteigt alle Normen der 6. Dynastie – sie ist ein zeitloses Meisterwerk. Die Hockfigur des Arztes Nianchre zeigt eine ein-

195 - Saqqara - Statue des Vorstehers Metjetji (Ausschnitt). 6. Dynastie (um 2330) - *Holz, mit Gips überzogen und bemalt; Gesamthöhe etwa 0,75 m* - Kansas City, W. Rockhill Nelson Gallery of Art, Atkins Museum of Fine Arts

malige Beinhaltung; der neue Ansatz des Bildhauers verletzt anscheinend die aspektivischen Regeln der ägyptischen Kunst. Die energisch diagonale Stellung des rechten Beins und die Haltung der rechten Hand wirken so, als wolle der Abgebildete seine Glieder der hockenden Stellung anpassen: daraus entsteht eine Bewegtheit, die auch die Reliefs der Zeit belebt. Das Porträt von Nianchre mit dem ruhigen, aber intelligenten Gesichtsausdruck und mit der naturnahen Modellierung des Körpers spricht für die Hand eines selbstbewußten und originellen Künstlers.

Ein anderes Werk aus der 6. Dynastie, eine Familiengruppe, zeigt den gleichen neuartigen

196 - Gisa - Hockfigur des Arztes Nianchre. 6. Dynastie (um 2340) - *Bemalter Kalkstein; Höhe 0,70 m* - Kairo, Ägyptisches Museum

Ansatz: die Gruppe des Zwerges Seneb. Die Frau sitzt neben ihrem Mann, und wie sie ihn mit ihren Armen vorn und hinten stützt, wirkt ihre Haltung schützend und liebevoll zugleich. Senebs großer Kopf und die Anordnung seiner Glieder verschleiern das den Regeln der ägyptischen Kunst zuwiderlaufende Mißverhältnis zwischen seiner Größe und der seiner Frau. Die Aufstellung der auf übliche Art wiedergegebenen Kinder bewahrt die Einheit und das Kubische der Komposition.

Der muntere und freundliche Ausdruck von Seneb und seiner Frau wird durch den Verlust der gemalten Pupillen kaum beeinträchtigt; er gibt dem Stück den Charakter eines Genrebildes, das an den Stil der steinernen Dienerfiguren des späten Alten Reiches erinnert. Diese Figuren, dazu bestimmt, für ihre Besitzer im Jenseits zu arbeiten, sind oft sehr lebhaft konzipiert und in Proportion und Ausführung recht wirklichkeitsnah; von ihnen geht die gleiche Bewegtheit aus wie von der Statue des Nianchre. Vermutlich wurden solche Arbeiten Lehrlingen überlassen, die mit den Geheimnissen und Traditionen ihres Handwerks noch nicht völlig vertraut waren. Dagegen ließ der Würdenträger Weriren die Modellfiguren für sein Grab und die Statuette seines Totenpriesters Kaemked von einem außergewöhnlich fähigen Bildhauer arbeiten. Kaemked ist in

198 - Gisa - Statue einer Bierbrauerin (Ausschnitt). 5. Dynastie (um 2400) - *Bemalter Kalkstein; Gesamthöhe 0,267 m* - Kairo, Ägyptisches Museum

unüblicher Haltung kniend dargestellt und hat die Hände über seinem Schurz ineinandergelegt; die eingelegten Augen verleihen dem Gesicht einen lebendigen Ausdruck. Die detaillierte Wiedergabe des Schurzes, die feine Ausarbeitung der Hände und der einwärts gebogenen Fußspitzen bilden einen wirkungsvollen Kontrapunkt zu der breiten Modellierung der Arme und des Oberkörpers.

Lebensgroße königliche Steinplastik ist aus der 6. Dynastie nicht erhalten, sieht man von dem etwas routiniert wirkenden Fragment einer Granitstatue ab, das in der Nähe der Teti-Pyramide gefunden wurde. Immerhin hat man Teile einer Kupferstatue von Phiops I. und seinem Sohn (?) bei Hierakonpolis entdeckt; damit haben wir ein einzigartiges Beispiel für eine Statuenart, die laut Palermo-Stein schon in der 2. Dynastie hergestellt worden war. Man hat angenom-

197 - Gisa - Familiengruppe des Zwerges Seneb. 6. Dynastie (um 2330) - *Bemalter Kalkstein; Höhe 0,33 m* - Kairo, Ägyptisches Museum

199 - Saqqara - Kniefigur des Totenpriesters Kaemked. 5. Dynastie (um 2400) - *Bemalter Kalkstein mit inkrustierten Augen; Höhe 0,43 m* - Kairo, Ägyptisches Museum

200 - Saqqara - Statue der Müllerin Ischat (Ausschnitt). 5. Dynastie (um 2400) - *Bemalter Kalkstein; Höhe 0,355 m* - Kairo, Ägyptisches Museum

men, das Metall sei über einem Holzkern in seine Form gehämmert worden. Wenn das zutrifft, dann waren die lebensgroße Statue und ihr kleineres Gegenstück eine technische *tour de force*; aber wegen der Korrosion des Kupfers hat man nur eine unvollständige Vorstellung von ihrem ursprünglichen Aussehen.

Vier Statuetten aus der 6. Dynastie, eine in Kairo, die anderen in Brooklyn, sind vorzüglich geformt und ausgearbeitet. Sie lassen etwas von der Reichweite und Mannigfaltigkeit der Königsplastik dieser Zeit ahnen, obwohl sie zu klein sind, um die Qualitäten der Bildhauerkunst der Abb. 314 6. Dynastie voll zu erschließen. Die Kniefigur aus Schist von Phiops I., der Gefäße mit Wasser darbringt, ist das erste Beispiel dieses Typs, der am Anfang einer langen Tradition in der pharao-

201 - Hierakonpolis - Standfigur des Königs Phiops I. (Ausschnitt). 6. Dynastie (um 2280) - *Gehämmertes Kupfer; Gesamthöhe 1,78 m* - Kairo, Ägyptisches Museum

nischen Plastik steht. Trotz ihrer geringen Größe ist die Figur so gearbeitet, daß alle Glieder frei sind von Füllstegen; Details wie die Nägel der greifenden Finger und der gespreizten Zehen sind genau angegeben. Als Porträt ist sie kühn und nachdrücklich, die Lebendigkeit des Lächelns wird durch die eingelegten Augen erhöht. Die etwas größere Figur Phiops' I., der hier im *heb-sed*-Mantel und mit Krummstab und Wedel in den Händen auf einem Thron sitzt, knüpft an eine Tradition der 2. Dynastie an und wirkt trotz ihrer Kleinheit viel monumentaler. Die Glieder sind in voller Rundung wiedergegeben. Der auf der Thronlehne sitzende Falke gehört zu dem auf der Rückseite eingeschnittenen Horusnamen, erinnert aber an den Falken der Chephren-Statue.

202 - Saqqara (?) - Sitzfigur des Königs Phiops I. im ‹heb-sed›-Mantel. 6. Dynastie (um 2280) - *Alabaster; Höhe 0,255 m* - New York, Brooklyn Museum

Ein drittes Stück in dieser bemerkenswerten Reihe ist die noch etwas größere Sitzfigur der Königin Anchnesmerire, die ihren Sohn Phiops II. auf dem Schoß hält. Auch hier gibt es fast keine Füllstege. Die beiden Figuren sind unabhängig und im rechten Winkel zueinander konzipiert. Der Sohn ist als vollständig erwachsener König in Miniatur dargestellt und hat eine eigene, doch mit dem Ganzen verbundene Fußplatte. Wir haben hier das erste bekannte Beispiel eines seltenen Typs von Königsplastik vor uns, der erst wieder in der Amarna-Zeit belegt ist.

203 - Saqqara (?) - Statue der Königin Anchnesmerire mit ihrem Sohn Phiops II. auf dem Schoß. 6. Dynastie (um 2270) - *Alabaster; Höhe 0,392 m* - New York, Brooklyn Museum

## 4. Die 1. Zwischenzeit

Der Zusammenbruch des Alten Reiches am Ende der langen Regierungszeit von Phiops II. scheint plötzlich und gründlich gewesen zu sein. Die memphitische Regierung von unbedeutenden Erben der großen Pharaonen bestand nur nominell; die politische Macht lag in den Händen vieler Kleinfürsten, die unabhängig von der Zentralregierung über ihre Bereiche herrschten. Der einheitliche Stil des Alten Reiches war sicher dadurch erreicht worden, daß generationenlang feste Handwerkstraditionen an Künstler weitergegeben wurden, die unter dem Schutz des Ptah, also des Schöpfergottes von Memphis, standen. Die Schrumpfung der Zentralgewalt des Königs und das stetige Anwachsen des Feudalismus während der 5. und 6. Dynastie förderten den Aufstieg etlicher Provinzstädte zu größerer Bedeutung. Die Gaufürsten hatten nun erbliche Ämter inne und benutzten ihre eigenen Begräbnisstätten und Friedhöfe in der Nähe ihrer Gauhauptstädte. Dadurch entstand ein höherer Bedarf an Grabkunst einschließlich Statuen.

Sehr wahrscheinlich entstanden in der Provinz für den örtlichen Bedarf Kunstzentren, die weitgehend unter dem Einfluß von Handwerkern aus Memphis standen, die von den günstigen Angeboten der neuen Schutzherren angezogen worden waren. Die memphitischen Handwerker bildeten lokale Handwerker aus, die dann die verpflanzten Traditionen weiterführten. Freilich hätte man die großen Residenzkünstler wohl kaum von ihren Werkstätten weglocken können, selbst wenn ihnen die Abwanderung gestattet gewesen wäre; viele Provinzkunsterzeugnisse aus der 6. Dynastie sind denn auch von wenig bedeutenden Handwerksgesellen geprägt, die sich damit zufriedengaben, alte Vorlagen immer wieder zu kopieren. Und wo immer ein Stück von überdurchschnittlicher Qualität auftaucht, muß man damit rechnen, daß es aus einer memphitischen Werkstatt importiert worden war.

In der 1. Zwischenzeit, als den Königen von Hierakonpolis die Werkstätten von Memphis zufielen, nahmen solche Tendenzen zu; die rivalisierenden Fürsten von This, Dendera, Moalla, Assiut und Theben entwickelten ihre eigenen, deutlich unterschiedenen Abänderungen des memphitischen Stils in *splendid isolation*. Unglücklicherweise sind aus diesen unruhigen Zeiten kaum Arbeiten aus Stein erhalten, so daß wir nicht recht feststellen können, ob die Könige von Hierakonpolis den hohen Standard der Residenzkunst erhalten konnten. In Zeiten der Armut, wie sie durch die Wirren der 1. Zwischenzeit entstand, wurde wieder ausschließlich Holz für Grabstatuen verwendet. Aus der Nekropole von Assiut stammen Arbeiten einer deutlich auszumachenden Holzbildhauerschule; am vollständigsten und typischsten ist die Statue von Wepwawetemhat in Boston. Mit ihren überlangen Proportionen steht sie in der Nachfolge der 6. Dynastie; neu sind dagegen die vereinfachten Flächen, die übertriebenen Extremitäten und der schroffe, aggressive Ausdruck, den die großen starrenden Augen noch verstärkten. Die wilde Gewalt der verstörten und kriegerischen Zeit kommt darin zum Ausdruck.

Eine ähnliche Atmosphäre brutaler Macht wird an thebanischen Arbeiten der Zeit deutlich, etwa an den im Totentempel von Mentuhotep II. (Nebhepetre) aufgestellten Sandsteinstatuen mit ihren gedrungenen Proportionen und massiven Gliedern. Am besten erhalten ist das Exemplar aus einem Kenotaph des Tempels, das den König im *heb-sed*-Mantel und mit der unterägyptischen Krone darstellt. Die weit aufgerissenen Augen mit den lang ausgezogenen Konturen und dem Schminkstrich, die im Relief angegebenen Brauen, die dicken Lippen, deren Ränder durch Grate abgesetzt sind, das schwere Kinn und die betonten Muskeln an Mundwinkeln und Nase, all das stammt aus der manieristischen Porträtkunst der späten 6. Dynastie; doch hier ist es mit einer barbarischen Gewalt erfüllt, die einen neuen Archaismus erzeugt. Damit ergibt sich der Ausgangspunkt für die Plastik des Mittleren Reiches.

## 5. Das Mittlere Reich

Es gelang Mentuhotep in seiner langen Regierungszeit, die Vormacht von Herakleopolis zu brechen und Ägypten unter seiner Alleinherrschaft wieder zu vereinigen. Dieser Sieg hat die bäuerlichen Thebaner wahrscheinlich fortdauernd in Berührung mit den memphitischen Traditionen gebracht. Offensichtlich hatte der Oberste der Bildhauer von Mentuhotep vorher dem letzten König von Herakleopolis gedient. In den späteren Arbeiten der Zeit macht sich ein verfeinernder Einfluß bemerkbar, besonders in den Reliefs aus Tod, bei denen die Eleganz der Proportionen und eine geschmeidigere Behandlung des Materials zeigen, daß sich die Überlieferungen der pharaonischen Kunst wieder durchgesetzt hatten, wenn auch mit einer neuen Dynamik.

Abb. 322 In der Plastik gehören die Grabmodelle von Meketre zu den besten ihrer Art. Sie stammen vom

204 - Deir el-Bahari, Kenotaph des Totentempels - Sitzfigur des Königs Mentuhotep im ‹heb-sed›-Mantel und mit der Krone von Unterägypten. 11. Dynastie (um 2055) - *Bemalter Sandstein; Höhe 1,83 m* - Kairo, Ägyptisches Museum

205 - Assiut - Statue des Wesirs Nachti (Ausschnitt). 10. Dynastie (um 2100) - *Bemaltes Holz mit inkrustierten Augen; Gesamthöhe 1,75 m* - Paris, Louvre

Abb. 324 und 325 Ende des Alten Reiches, als man begann, solche magischen, oft jämmerlich gearbeiteten Stellvertreter bei den ärmlichen Begräbnissen jener Zeit aufzustellen. Besonders zwei Opferträger-Figuren in viel größerem Maßstab zeigen eine selbstsichere, aber zurückhaltende Behandlung des Materials und eine gewisse Delikatesse in der Farbgebung. Mit ihnen hat das Mittlere Reich die archaisierenden Tastversuche hinter sich gelassen. Eine spätere Gruppe von Dienerfiguren aus el-Berscheh zeigt dieselbe vortreffliche Handwerksarbeit; doch die größere Eleganz wurde mit einem gewissen Verlust an Vitalität bezahlt.

Auch einige fragmentarische Statuenköpfe hat man in diesen Abschnitt der 11. Dynastie datiert. Doch erst aus der Zeit des ersten Königs der 12. Dynastie sind vollständige Statuen erhalten, die uns eine wirkliche Vorstellung von Umfang und Qualität der neubelebten Kunst der Königsplastik aus dem Mittleren Reich geben können. Am bedeutendsten ist der obere Teil einer Zweiergruppe aus grauem Granit; man schreibt das in Tod gefundene Stück Amenemhet I. oder seinem Sohn Sesostris I. zu, der zehn Jahre lang Mitregent seines Vaters war. Das Fragment

206 - Deir el-Bahari - Statue einer Opferträgerin. 11. Dynastie (um 2010) - *Bemaltes Holz; Höhe etwa 1,12 m* - Kairo, Ägyptisches Museum

207 - Lischt - Standfigur des Königs Sesostris I. mit der Krone von Oberägypten. 12. Dynastie (um 1960) - *Holz, mit Gips überzogen und bemalt; Höhe 0,57 m* - Kairo, Ägyptisches Museum

208 - Tod - Fragment einer Statue des Königs Amenemhet I. (?). 12. Dynastie (um 1970) - *Granit; Höhe 0,65 m* - Kairo, Ägyptisches Museum

macht das Neue am Stil des Mittleren Reiches sehr deutlich. Der harte Stein ist kunstgerecht bearbeitet und läßt die straffe, athletische Muskulatur unter der zurückhaltend gestalteten Körperoberfläche hervortreten. Die Literatur des Mittleren Reiches erinnert oft sehnsüchtig an die Ruhmestaten der 4. Dynastie, des goldenen Zeitalters; deshalb ging man auch bei Königsgräbern wieder zur klassischen Pyramidenform über und richtete keine Felsgräber mehr ein. Das erwähnte Zweiergruppenfragment und ein weiteres in Kairo sind von Ikonographie und Stil der Mykerinos-Plastiken beeinflußt worden.

Seit der 4. Dynastie hatten sich allerdings die politischen Machtverhältnisse sehr verschoben. Die Könige der 12. Dynastie lebten zunächst in einem Feudalstaat, in dem sie nur noch *primus*

209 - Karnak - Kolossalstatue des Königs Sesostris I. (Ausschnitt). 12. Dynastie (um 1960) - *Granit; Gesamthöhe 3,10 m* - Kairo, Ägyptisches Museum

*inter pares* waren. Ihre Autorität mußten sie mit den Gaufürsten teilen, die politische Ereignisse nach ihren eigenen Regierungsjahren berechneten, eigene Armeen und Flotten unterhielten und Steine brachen für eigene Bauten, die manchmal erstaunlich groß waren. In dieser Lage versuchten die Könige, ihren Thronanspruch gegenüber den rivalisierenden Lehnsherren mit ‹publizistischer› Hilfe zu festigen. In der Literatur der Zeit werden sie daher einmal als mächtige irdische Herrscher, ein andermal als wohltätige Götter dargestellt. Vermutlich mußten auch die Bildhauer der Propaganda dienen; da der König als Mittler zwischen Gott und Mensch galt, gaben sie den Königsstatuen in den lokalen Tempeln einen Ausdruck von verborgener Energie und unheimlicher Macht, um allen Betrachtern Furcht einzuflößen. Ein grimmiger Mund, starke Backenknochen und große Ohren betonten die Allgegenwart des Königs in der Tagespolitik der Zeit. Die im Delta gefundenen Granitstatuen von Amenemhet I. und Sesostris I. beeindrucken nicht nur durch Größe, sondern auch durch brutale Erscheinung; die Vereinfachung der Flächen und die Betonung der Steinmassen bringen die Vorstellung vom König als einem unbedingten Oberherrn zum Ausdruck. Die Tendenz erschien schon in der frühen Plastik von Mentuhotep Nebhepetre; sie verleiht den Porträts des Mittleren Reiches einen einschüchternden Charakter.

Es gab also Plastik, die man als ‹offiziell› bezeichnen kann; ihre neuartigen Verwendungszwecke mag man an der Statue ablesen, die Sesostris III. an der damaligen Südgrenze Ägyptens bei Semna am 2. Katarakt hatte aufstellen lassen, oder an den Sitzkolossen von Amenemhet III., die bei Biahmu auf Sockeln aufgerichtet worden waren. Die meisten Statuen waren für Tempel bestimmt, die überall in Ägypten errichtet wurden und Lokalgottheiten geweiht waren. Die Könige des Mittleren Reiches scheinen nämlich aktivere Bauherren gewesen zu sein als ihre Vorgänger. Zu solcher Tempelplastik gehören die Granitkolosse von Sesostris I. aus Karnak; in ihrer Größe und Muskelanspannung drücken sie die wachsame Macht des Königs aus, der jederzeit bereit war, gegen alle Rivalen einzuschreiten. Die massive Sphinx von Amenemhet II., eines der großen Meisterwerke dieses Typs, zeigt den gleichen majestätischen, dabei wachsamen Blick im menschlichen Gesicht und die verborgene Macht im geduckten Löwenkörper. Die bei Tanis gefundenen Statuen von Sesostris II. wurden vom Stil Chephrens (4. Dynastie) beeinflußt, und zwar bis in solche Details wie die Handhaltung und die Wiedergabe der Augenbrauen. Doch die kräftigen Muskeln von Rumpf und Gliedern gehören einem Athleten, dem es wie Sinuhe gelang, im Wettkampf mit dem Asiaten jeden Widerstand zu überwinden. In der Plastik von Sesostris III. erreichte das Königsporträt dann eine fast bedrückende Erhabenheit; realistisch ist daran die Ausarbeitung des Gesichts mit den schweren Augenlidern, dem strengen Mund, dem festen Kinn und mit den Linien und Wülsten zwischen den Brauen, an der Nase und an den Mundwinkeln. Sesostris III. ordnete die königliche Macht in Ägypten und Nubien neu, indem er die Macht der feudalistischen Gaufürsten brach und sie zu Dienern der Krone machte. Viele Porträts dieses Alleinherrschers sind eindrucksvoll, die Sphinx ist überwältigend, sie ist eines der großen Meisterwerke des Mittleren Reiches.

Abb. 341

Abb. 344

Während der langen Regierungszeit seines Nachfolgers Amenemhet III. – er war der letzte bedeutende König der Dynastie – veränderte sich der Realismus der Skulpturen seines Vaters geringfügig, aber spürbar. Eine Stilisierungstendenz macht sich bemerkbar: der Rumpf ist ohne Details modelliert, die Brustmuskeln sind verbunden, der Nabel ist an die Unterseite einer tiefen Bauchfalte gesetzt. Die Brustbeinkerbe ist verschwunden, die Ecken des Königskopftuchs stehen weit ab. Diese Wandlung entsprach der Konsolidierung der Sozialstruktur und des politischen Systems. Der Pharao hatte wieder seine einsame Höhe erreicht und die gesamte Verwaltung unter seine Kontrolle gebracht. Der Grundbesitz der ehemaligen Gaufürsten war wohl an die Tempel der Hauptgötter und an die Palastverwaltung verteilt worden; die fachkundigen Leute der Gaufürsten, auch die Bildhauer, mußten anderweitig nach Beschäftigung suchen.

Obwohl der im Mittleren Reich erbaute Amun-Tempel von Theben zu sehr zerstört ist, um wirklich bekannt zu sein, war er doch jedenfalls reich ausgestattet und hatte die Herrscher der

210 - Tanis - Sphinx des Königs Amenemhet II. (Ausschnitt). 12. Dynastie (um 1900) - *Granit; Gesamthöhe 2,06 m* - Paris, Louvre

12. Dynastie als Schutzherren, vor allem die beiden letzten Könige. Zweifellos haben die Amun-Werkstätten sich zur Anfertigung von Königsstatuen verpflichtet, wie es auch später üblich war. Von solchen Werkstätten erwartete man Belieferung, wann immer eine größere Zahl von Plastiken gebraucht wurde, etwa für ein neues Gebäude, zu Beginn einer Regierungszeit oder für ein Jubiläum. Derlei Ergänzungsbetriebe zu den königlichen Werkstätten waren vielleicht besonders im späteren Mittleren Reich für die stilistische Vielfalt der Plastik verantwortlich, deretwegen manche Beobachter von verschiedenen regionalen Bildhauerschulen sprechen.

Während der langen Regierungszeit von Amenemhet III. hat es wohl zwei oder noch mehr Bildhauergenerationen gegeben, die für den König arbeiteten und die Veränderungen in Ikonographie und Porträtkunst zuwege brachten. Die Mähnensphingen Amenemhets III. aus Tanis sind eigentlich Löwen mit dem bärtigen Gesicht des Königs. Den Körpern fehlt die Muskelspannung der Louvre-Sphinx; an Details wie dem Haar, den Rippen, den Pfoten und dem Hinterteil zeigt sich eine Stilisierung, die an Routine reicht. Doch die kraftvolle Modellierung der wilden Gesichter harmoniert bewundernswert mit den Umrissen des Löwenkörpers und erzeugt eine seltene Verschmelzung von menschlichen und tierischen Partien. Eine entsprechende Stilisierung kann man an der Zweiergruppe von langhaarigen Bewohnern der östlichen Sumpfgebiete beobachten, die ihre Opfergaben darbringen: Nilfische und Wasserpflanzen. Die Einzelheiten sind in dem harten Stein genauestens wiedergegeben und bilden einen wirkungsvollen Kontrast zu der summarisch behandelten Körpermuskulatur und ein Gegengewicht zur Masse der gelockten Haarsträhnen und Bärte. Die Merkmale der Plastiken von Amenemhet III., der in seiner langen Regierungszeit große Autorität besaß, wurden zum Vorbild für die Königsplastik der Jahre, die dem Mittleren Reich noch vergönnt waren. Die geringen Überreste an Königsplastik aus der 13. Dynastie und aus der 2. Zwischenzeit zeigen ein mechanisches Nachahmen vorgegebener Formen; der Stil verlor seine Kraft und verfiel in einen schalen Manierismus.

Neben dem ‹offiziellen› Stil gab es in der 12. Dynastie noch eine andere Skulpturentradition. Sie bezog sich auf die Grabstatuen der Könige, bei denen uns eine ruhigere, idealisierte Porträtdarstellung und eine eher subtile Modellierung des Körpers begegnet. Da Grabplastik aus dem weicheren Kalkstein gearbeitet wurde, haben wir hier wahrscheinlich den traditionellen Stil der memphitischen Werkstatt vor uns. Wie in der Kunst des Alten Reiches ist der König idealisiert und als ein Unsterblicher dargestellt. Manchmal erscheint er auch in dem Gewand des auferstandenen Gottes Osiris, der als Personifizierung des Königtums jetzt für den Staat sehr wichtig geworden war und mit dem der tote König identifiziert wurde.

Abb. 323 Sesostris I. ist außer durch fragmentarische Plastik durch die zehn unvollendeten Sitzfiguren seines Pyramidenbezirks in Lischt vertreten. Die charakteristische Darstellung des Königs mit seinem starken Kinn wird durch den weichen Ausdruck des Mundes und durch das Fehlen von horizontal verlaufenden, reliefierten Augenbrauen gemildert. Von diesen zehn Sitzfiguren sind einige sicher Meisterwerke, obwohl sie in ihrer gedrängten Aufstellung beim modernen Betrachter nicht so leicht Anklang finden. Dasselbe gilt für die Osiris-Statuen aus Lischt. Die einzige erhaltene Grabstatue von Amenemhet III. zeigt eine ähnliche Idealisierung der furchterregenden Züge dieses Königs; und auch der Körper ist weniger muskulös wiedergegeben als bei den Hartsteinskulpturen aus Theben, aus Tanis und vom Fayum.

Die Holzstatuen von Sesostris I., die als Kultstatuen beim Begräbnis eines seiner Beamten benutzt worden waren, gehören trotz ihrer Rolle im Totenkult mit ihren schweren Gliedmaßen und stämmigen Proportionen mehr zum ‹offiziellen› Stil. Das breite runde Gesicht, die vorstehenden Backenknochen und die großen Augen mit ihren ausgeprägten Konturen und den reliefierten Brauen verdanken vieles dem Stil der 11. Dynastie. Ihr feines Zedernholz hat den Künstlern wie der weiche Kalkstein der Statuen von Lischt die Möglichkeit zu geschmeidigerer Gestaltung gegeben.

← 211 - Tanis - Sitzfigur des Königs Sesostris II. 12. Dynastie (um 1890) - *Granit; Höhe 2,65 m* - Kairo, Ägyptisches Museum

← 212 - Kopf einer Statue des Königs Sesostris III. 12. Dynastie (um 1860) - *Quarzit; Höhe 0,45 m* - Kansas City, W. Rockhill Nelson Gallery of Art, Atkins Museum of Fine Arts

213 - Tanis - Opferträger mit Nilfischen und Wasserpflanzen. 12. Dynastie (um 1790) - *Granit; Höhe 1,60 m* - Kairo, Ägyptisches Museum

214 - Hawarah - Sitzfigur des Königs Amenemhet III. (Ausschnitt). 12. Dynastie (um 1810) - *Kalkstein; Gesamthöhe 1,60 m* - Kairo, Ägyptisches Museum

215 - Kopf einer Königin, von einer Sphinx. 12. Dynastie (um 1900) - *Harter grüner Stein; Höhe 0,39 m* - New York, Brooklyn Museum

Familiengruppen von Männern und Frauen in der im Alten Reich üblichen Haltung kommen in dieser Zeit außerordentlich selten vor, da die Grabanlagen von Privatpersonen im allgemeinen bescheidener waren als im Alten Reich. Nur die großen Feudalherren konnten sich besser ausgestattete Felsgräber leisten; ihre großen Grabstatuen sind jedoch nur fragmentarisch erhalten. Einzelstatuen von Königinnen und sonstigen Frauen sind dagegen nicht ungewöhnlich; bemerkenswert in Qualität und Erhaltungszustand ist die Granitstatue der Dame Sennui. Der Bildhauer milderte angenehm den offiziellen Stil solcher Granitplastik und erreichte damit etwas mehr weibliche Anmut. Nachlassende Strenge des offiziellen Stils bemerkt man auch an dem Kopf einer weiblichen Sphinx, der schon in römischer Zeit als Meisterwerk erkannt und abgetrennt worden war, um die Kunstsammlung einer kaiserlichen Villa in Tivoli zu schmücken. Sphinxstatuen von Königinnen sind äußerst selten und nur in der Mitte der 12. Dynastie belegt.

Abb. 333

Dieses Exemplar muß aus einem grünen Steinblock von beachtlicher Größe und Qualität gehauen worden sein. Stil und handwerkliche Ausarbeitung erinnern an die Louvre-Sphinx; auch strahlt diese weibliche Variante die gleiche majestätische Ruhe aus.

Abb. 332 Die bei Adana in der Türkei gefundene Granitstatue der Amme Satsnofru ist ungewöhnlich gestaltet: die unter der rechten Körperseite gekreuzten Beine und die linke, diagonal vor die rechte Brust gelegte Hand stören die in der ägyptischen Plastik übliche Ausgewogenheit der Frontal-
Abb. 338 ansicht. Das erst posthum aufgestellte Sitzbild des Fürsten Chema in Assuan ist dagegen ganz konventionell gestaltet; es ahmt in Haltung und Stil die gleichzeitigen Statuen von Sesostris III. nach, ist aber tatsächlich ein gelungenes Idealporträt des Verstorbenen als eines Unsterblichen. Diese Statue wurde im Kultraum der Familie des Hekaib gefunden, einer Familie, die während der 12. und 13. Dynastie eine wichtige Rolle in der Gegend spielte. Die anderen Statuen dieser Reihe bilden den Verstorbenen realistischer ab und weniger grob, im Stil von Amenemhet III. und seiner unmittelbaren Nachfolger.

Abb. 340 Privatstatuen von dieser Größe und Qualität gab es während des Mittleren Reiches selten. Der Zeitgeschmack bevorzugte Hartsteinstatuetten; sie zeigten die Verstorbenen von einem Mantel oder langen Schurz umhüllt, kauernd oder sitzend in Haltungen, die den Körper als geschlossene Masse erscheinen ließen. Ein Beispiel ist die Statue des Bürgermeisters Rehemuanch aus hartem Quarzit; nur der Größe nach ist sie eine Ausnahme, obwohl ein vielleicht in derselben Werkstatt gearbeitetes Gegenstück in Berlin genauso groß ist. Privatplastik aus dem harten Quarzit wurde gegen Ende der 12. Dynastie sehr beliebt und ist meist vorzüglich gearbeitet. Ein besonders hervorragendes Stück ist das Sitzbild von Sikahika, bei dem die Passivität der Handhaltung einer Mode von Amenemhet III. entspricht. Der lange Schurz und die Perücke lassen die Körperformen geschlossen erscheinen; aber obwohl das Gesicht die Königsplastik der 12. Dynastie nachahmt, ist es individueller ausgearbeitet; so etwa sollen Runzeln auf den Wangen und auf der Stirn das Alter andeuten. Das könnte von Altersmerkmalen an einigen Statuen der beiden letzten Könige der 12. Dynastie beeinflußt sein; nur sind sie hier mehr betont und stehen in deutlichem Gegensatz zu den übrigen Idealporträts der frühen Jahre des Mittleren Reiches.

Der Statuentyp, bei dem der Körper auf seine einfachste Form reduziert wurde und damit dem Gepräge des Kopfes einen starken Akzent verleiht, ist der Würfelhocker. Die menschliche Gestalt ist hockend dargestellt, die Arme liegen gekreuzt auf den hochgezogenen Knien, ein Mantel umhüllt den Körper und läßt nur den Kopf, die Hände und manchmal die Füße frei. Solche Würfelhocker erschienen zum erstenmal gegen Ende der 6. Dynastie als Holzstatuetten unter dem Sonnendach von Grabmodellbooten, die dem Verstorbenen durch magische Stellvertretung die Pilgerfahrt nach Abydos oder anderen heiligen Städten ermöglichten. Anscheinend symbolisierten die Würfelhocker den Toten als einen *hesi* oder als ein geheiligtes Wesen, das er vielleicht kraft einer Pilgerfahrt geworden war, und deshalb haben sie wohl eine besondere Beziehung zu den vielen Bauten in Abydos, dem großen Kultzentrum des Osiris im Mittleren Reich. Das früheste Stück aus Abydos ist der Würfelhocker des Sihathor. Dergleichen Votivgaben sind auch in anderen Tempeln gefunden worden. Durch die vereinfachte Körperform und die konventionelle, an den regierenden König erinnernde Darstellung des Kopfes konnten solche Statuetten von Handwerksgesellen in Massenproduktion hergestellt und an Pilger verkauft werden, die Heiligtümer beliebter Götter besuchen wollten. Viele Fromme waren sicher nur wenig begütert und schon zufrieden, wenn sie ein Stück Massenware erwerben konnten, in das dann ihr Name an einer eigens dafür freigelassenen Stelle eingeritzt werden konnte. Hin und wieder gelang dem Bildhauer eine gewisse Harmonie zwischen dem im herkömmlichen Stil gefertigten Kopf und der vereinfacht geformten Körpermasse. Aber viele solche Statuen bestehen aus weichem Gestein, sind klein und von jämmerlicher Mittelmäßigkeit, ja sogar Roheit. Dargestellt
Abb. 343 und 345 werden Einzelpersonen oder Gruppen; für gewöhnlich stehen sie vor einer Rückenplatte oder vor einer Stele, in einer die Vorderansicht betonenden Haltung. Ein Beispiel für dieses Genre,

216 - Sitzfigur des Bürgermeisters Rehemuanch. 12. Dynastie (um 1850) - *Quarzit; Höhe 0,74 m* - London, Britisches Museum

217 - Karnak - Sitzfigur des Vorstehers Sikahika (Ausschnitt). 13. Dynastie (um 1770) - *Quarzit; Gesamthöhe 0,65 m* - Kairo, Ägyptisches Museum

jedoch von vorzüglicher Qualität, ist die Gruppe von Senpu und seiner Familie. Die Zentralfigur steht im Mantel vor einer Opferplatte, rechts und links von ihm steht je eine Frau mit an der Seite herabhängenden Armen und neben den Frauen noch je ein Mann, der seine Hände flach auf den Oberschenkeln liegen hat. Dies ist eine häufige Haltung bei Standfiguren aus der Zeit von Sesostris III. Dieses Exemplar und noch einige ähnlich ausgeführte Stücke von anderen Orten repräsentieren den Geschmack der kleinen Leute, die nun zum erstenmal als Käufer von Kunstgegenständen in der Gesellschaft des Alten Ägypten in Erscheinung traten.

Die Plastik des Mittleren Reiches nahm von Arbeiten des Alten Reiches ihren Ausgang, unterscheidet sich aber merklich von ihnen. Die majestätische Verschlossenheit der Königsstatuen war offiziell durch einen drohenden Ausdruck ersetzt worden, der sich aber gegen Ende der Epoche in eine wohl wachsame, aber weltmüde Passivität verwandelte. Bei der Privatplastik

218 - Abydos - Würfelhocker des Schatzmeisters Sihathor. 12. Dynastie (um 1890) - *Bemalter Kalkstein; Höhe 0,43 m* - London, Britisches Museum

219 - Abydos - Familiengruppe des Kabinettsvorstehers der Opfergabenkammer Senpu vor einer Opferplatte. 12. bis 13. Dynastie (um 1785) - *Kalkstein und Alabaster; Höhe 0,243 m* - Paris, Louvre

sieht der Verstorbene nicht mehr gar so optimistisch in die Zukunft – im Stolze eines idealen Körperbaus. Die geformte Gestalt scheint in immer freudlosere Introvertierung zu schrumpfen. Der idealisierte halbnackte Körper, wie er im Alten Reich vorkam, ist nun von langen Schurzen, Mänteln und schweren Perücken bedeckt. Fortschreitend dienten Rückenpfeiler, Füllstege und Körperhaltung dazu, die schwerlastende Unbeweglichkeit der Statue noch zu betonen. Gleichzeitig wurden Inschriften, die bisher auf die Platten beschränkt waren, nun in Körper und Kleidung eingeritzt, wodurch jegliche Illusion von Naturnähe zerstört ist.

In diesem Stilwandel spiegelt sich eine deutliche soziale Spaltung wider. Im Alten Reich war Privatplastik für die Verwandten und Beamten des Königs hergestellt worden; seine fortdauernde Nähe auch nach dem Tode war ihre Hoffnung auf Unsterblichkeit. Der traumatische Zusammenbruch des Alten Reiches, der sich auch in der pessimistischen Literatur der 1. Zwischenzeit niedergeschlagen hat, wendete den Sinn der Menschen hin zu der Hoffnung auf ein ewiges Leben an der Seite des wiedererstandenen Gottes Osiris. Die Pilgerfahrt nach Abydos und die Aufrichtung einer Stele oder Votivstatue für Osiris wurden deshalb für viele Ägypter wichtiger als eine Grabstätte in der Nähe ihrer Herren, besonders nach der Entmachtung der großen Gaufürsten. Bescheidene Statuetten genügten, durch magische Kraft diese Hoffnung zu erfüllen. Sie haben die Gestalt eines kontemplativen Beters, der als Stellvertreter dem Mysterienspiel von Tod und Auferstehung beiwohnen sollte. Bezeichnenderweise wurde gegen Ende dieser Epoche die Opferformel im Totenkult nicht mehr für den Verstorbenen selbst, sondern für seinen Ka gesprochen.

VI

# DIE UMGESTALTUNG DES STOFFS ODER DIE ANGEWANDTE KUNST

*Von Christiane Desroches-Noblecourt*

Wir pflegen Dinge als ‹Kleinkunst› einzustufen, die nicht vom Hauch des Erhabenen umhüllt sind und denen das Prestige abgeht, zweckfrei und nicht von unmittelbar praktischem Nutzen zu sein. Wenn es jedoch einen Bereich gab, wo Ägypten innerhalb eines abgesteckten Rahmens das Wagnis einer gewissen schöpferischen Freiheit eingegangen ist, wo es eine Vielfalt ganz ungewöhnlicher Formen entwickelt hat und einen Einfallsreichtum spielen ließ, der – immer erfolgreich – ans Kühne grenzt, dann ist es der Bereich der tausenderlei Gegenstände des täglichen Gebrauchs, die das Leben angenehmer machen, ihm Reiz und Glanz verleihen.

Diese Gegenstände sind in ihrer bunten Vielfalt eine notwendige Ergänzung zum Götterbild, zum König, Priester, Adligen und Bürger, zum Künstler, Schreiber oder Bauern. Nie waren es Dinge, die nur sich selbst genügten und nur zum Anschauen bestimmt waren; aber es sind doch Kunstäußerungen, in denen sich der verfeinerte Geschmack, die Ästhetik und die Stimmung eines ganzen Volkes widerspiegeln, das um des Lebens und Überlebens willen die rohe Materie mit selbstgeschaffenem Werkzeug verzauberte.

Diese menschennahe Kunst bildete und schmückte einen schlichten Napf genausogut wie den Streitwagen des Sonnenkönigs. Sie ließ den Priester dem Götterbild wie der Barke Weihrauch spenden; sie gab dem Fellachen zur Zeit des Menes eine Sichel von ein für allemal gültiger Form in die Hand, und sie schuf Möbel, auf denen es sich immer behaglicher sitzen ließ. Von dieser Kunst war der Goldschmied inspiriert; sie ließ den Waffenschmied das geeignete Profil für Wurf- und Schußwaffen, Kampf- und Prunkschwerter finden. Sie verzierte die Gewänder, erhob den Körper des Toten über sich selbst und versah ihn mit einer letzten Wegzehrung ohnegleichen; sie verfeinerte die Utensilien des Opfertischs. Für Öle und Salben schuf sie aufwendige und in der Form beziehungsreiche Behältnisse.

Dinge für Götter, für lebende Menschen und für alle, die sich aufs Ewige Leben vorbereiteten – so könnten wir diese Zeugen des Alltags, der Riten und Schlachten, der Feste wie auch der mühseligen Plackerei bezeichnen. Sie enthüllen uns die ganze ägyptische Kultur, das brausende Leben, die überirdisch leuchtende Pracht und das Bukolische der Nilufer, die Liebe zur Natur, die klare Linie, die Freude am Bunten und den Hang zum Preziösen – wie bescheiden das verwendete Material auch immer sein mochte.

Von der 1. Dynastie an sind schon alle Formen gültig ausgeprägt. Sie entwickelten sich dann weiter, weil man neue und bessere Metalle und Legierungen kennenlernte (die Bronze, das Eisen oder – häufiger verwendet auf Grund vorderasiatischer Kontakte – das Silber). Da man sich seiner Feinde zu erwehren hatte, wurde später der vorderasiatische Streitwagen und im Zuge damit auch das Pferd übernommen. Im Alten Reich wurden sehr verschiedenartige Rohmate-

220 - Dahschur - Pektorale des Königs Sesostris II. (Ausschnitt). 12. Dynastie - *Gold mit Lapislazuli-, Türkis- und Karneoleinlagen; Höhe 0,048 m* - Kairo, Ägyptisches Museum. *Vgl. Abb. 232*

rialien verwendet. Wir können an ihnen ablesen, wie weit die Ägypter bei ihren Expeditionen innerhalb des Reiches und im Ausland gelangt sind. Aus einheimischen Hölzern gearbeitete Dinge sind nur in morschen Überresten erhalten; es kamen ungefähr zwölf verschiedene Holzsorten vor. Hiervon wurden Dattelpalme, Dumpalme, Feige, Persea und Weide nur selten verwendet. Bevorzugt wurden Akazie, Sykomore und Tamariske. Schon im Alten Reich haben die Ägypter fremdländische Hölzer importiert, wie die Libanonzeder, die syrische Zypresse oder die Eibe aus dem Taurus; dazu kam spätestens seit der 1. Dynastie das Ebenholz aus Äthiopien und dem Lande Punt, das über den Sudan nach Ägypten gelangte.

Bereits zu Beginn der historischen Zeit waren die Ägypter ausgesprochene Meister in der Bearbeitung des Goldes, das in Nubien und vielleicht auch in den im Osten Südägyptens gelegenen Wüsten und in Punt geschürft wurde. Punt war auch Lieferant von natürlichem Elektron. Die Minen enthielten nur sehr wenig Silber, so daß dieses Metall in Ägypten besonders wertvoll war. Erst im Neuen Reich verfügte Ägypten dank seiner Verbindungen zu Kleinasien über Silber in größerer Menge.

Die Bearbeitung von Kupfer, das schon in frühhistorischer Zeit zur Herstellung von Waffen und Gefäßen verwendet wurde, dürfte im Neolithikum vom Kaukasus und von Persien her über Mesopotamien nach Ägypten vermittelt worden sein. Die Bronze, die von der 4. Dynastie an sporadisch als vorderasiatischer Import vorkommt, hat sich während der 12. Dynastie zum Gebrauchsmetall entwickelt. Eisen, und zwar ausschließlich Meteoreisen, wurde sehr selten und nur zu kultischen Zwecken verwendet. Erst am Ende der Ramessidenzeit wurde Eisen am Nilufer verhüttet.

Die Ägypter kannten keine Edelsteine. Offenbar hatten sie vor der Spätzeit auch keinerlei Kontakt mit Indien. Für Schmuck und zum Inkrustieren von Prunkmöbeln verwendeten sie Steine, die durch ihre Farbvielfalt hervorstachen, nicht durch ihren Lichtbrechungseffekt. In dem unveränderlichen Gold glaubte man das Fleisch der Götter zu sehen; die drei Farben, mit denen das Gold meist eingefaßt war, erinnerten an das lebendurchpulsende Blut (Rot), den Frühling des Lebens (Grün) und an das Reich der Götter (Blau). Der Lapislazuli war der kostbarste Stein. Er kam mit Karawanen durchs Euphrattal und stammte aller Wahrscheinlichkeit nach aus Badachschan in Afghanistan. Das tiefe Blau des Lapislazuli kontrastiert oft mit dem warmen Hellgrün des Türkis vom Sinai. Allerdings ist die Gewinnung von Türkis eine heikle Sache; die Farbintensität des Steins hängt von der Qualität der Ader und von dem Zeitpunkt ab, zu dem man ihn aus seinem Bett löst. In den Steinbrüchen Südostägyptens gewann man den grünen Feldspat und den Amethyst, bestimmte Sorten Granatstein, verschiedenfarbigen Jaspis, Karneol und Bergkristall. Chalzedon, Kalkspat und Obsidian wurden schon bei der Herstellung von Prunkgegenständen der ältesten Perioden ägyptischer Kultur verwendet. Amulette des Mittleren Reiches weisen gelegentlich Perlmutt auf, das aus Muscheln des Nils und des Roten Meers stammt; Perlen kommen selbst bei Königsschmuck nicht vor.

Schon vor der Reichseinigung haben sich die Ägypter um Lapislazuli-Ersatz bemüht; denn der Stein war schwer erhältlich, und man benötigte ihn vielleicht noch öfter zu apotropäischen Zwecken denn als Schmuckstein. So hat man entweder Steatit mit einer blauen alkalischen Glasur überzogen oder Fritte fabriziert. Hierbei handelt es sich um zerstoßenen, erhitzten und mit Natrium vermengten Quarz, der mit einer glänzenden Glasschicht auf Malachitgrundlage überzogen wurde. Es ist dies die ägyptische Fayence (*tjehenet*), die sich während der gesamten Dauer der ägyptischen Kultur einer ungewöhnlichen Beliebtheit erfreute.

Man hat also bereits in frühgeschichtlicher Zeit die Glasherstellung erfunden; doch wurde Glas vor dem Neuen Reich nur selten allein verwendet. Im Neuen Reich war dann allerdings bunte Glaspaste so beliebt, daß sie weitgehend die wertvolleren Steine verdrängen konnte.

Von den südlichen Ländern bezogen die königlichen Werkstätten Straußeneier und -federn, um daraus kleine Scheibenperlen zu schneiden beziehungsweise um Wedel und Fächer herzustellen. Der Anbau von Flachs ermöglichte das Weben besonders feiner Stoffe; vor allem wurden sie schon früh als Mumienbinden gebraucht (die ersten Mumien stammen aus dem Alten Reich). Aus dem Papyrus, der im Delta anfangs sehr üppig wuchs, stellte man «den königlichen [Stoff]» her, ägyptisch: *pa per-aa*. Auf dieses uralte Wort geht – über die gräzisierte Form Papyros – unser Wort ‹Papier› zurück. Genannt seien auch die verschiedenen Faserpflanzen, vom Hanf bis zum schlichten Schilfrohr, die das Rohmaterial für allerlei Flechtwerk lieferten: für Matratzen, Körbe aller Art, Kästchen, Sandalen.

Knochen, Nilpferdzahn und Elfenbein wurden als weiches und leicht zu bearbeitendes Material oft wegen ihrer apotropäischen Wirkung benutzt. Pelze und Tierhäute aus dem Süden und aus der Wüste wurden für den Priesterornat, als Futter für Köcher und Taschen, als Trommelfell und als Zier von Prunkzelten verwendet.

Der ägyptische Handwerker nützte mit angeborenem Sinn für das Ästhetische, mit üppiger Phantasie und vollendetem Geschick alles Erreichbare, um die vielseitigen Bedürfnisse seines Landes zufriedenzustellen. Ob bei hochgeistiger oder ganz banaler Tätigkeit, beim Ritus des Götterkultes oder bei der Feld- und Erntearbeit – überall verwendete man Gerät und Gegenstände, die im wahrsten Sinne des Wortes ein Hand-Werker hergestellt hatte. Diese Erzeugnisse zeigen, auf welchem hohen Niveau das Handwerk im Land der Pharaonen stand, und zwar trug die Summe der vier Komponenten Material, Form, Farbe und Dekor dazu bei, daß der funktionelle Gegenstand durch eine prophylaktische Kraft noch eine höhere Wirksamkeit besaß.

Die Handwerker standen in erster Linie im Dienste des Palastes; sie hatten für den Bedarf des Herrschers, für seine irdische und für seine Grabwohnung zu sorgen; sie mußten den Ansprüchen der vielköpfigen königlichen Familie gerecht werden und den Herrscher in die Lage versetzen, fremde Fürsten, mit denen er Beziehungen unterhielt, mit Erzeugnissen seines Landes zu beschenken. Hohe Beamte wurden ebenfalls zum Lohn für treue Dienste mit Schmuck, Prunkgefäßen und Möbeln bedacht, und sie konnten wiederum ihrem Herrn ihre Ergebenheit bekunden und Glückwünsche dadurch wirksam unterstreichen, daß sie ihm an hohen Festtagen und zumal beim Neujahrsfest die schönsten Produkte ihrer Werkstätten dedizierten. Wir müssen auch noch an die gewaltigen Handwerkerkolonnen der Tempel denken, die außerordentlich stark spezialisiert gewesen sein dürften. Sie mußten praktisch alles herstellen, was die Priesterschaft für ihre Domänen benötigte – und in der Tat stellten die Tempel kleine Kultstädte dar.

Zwar haben die Ausgräber bisher nur wenige Spezialbetriebe entdeckt (die Glasindustrie von Lischt, Malqata und Tell el-Amarna; die Fayence-Betriebe von Hermopolis und von Mit-Rahineh); aber die großen Städte Ägyptens und die Haupttheiligtümer müssen bedeutende Zentren der Materialverarbeitung besessen haben. In diesem Zusammenhang ist unbedingt der Gott Ptah von Memphis, der Schutzgott der Handwerker, zu erwähnen, eine Vorform des griechischen Hephaistos, und zwar deshalb, weil Memphis, die Hauptstadt des Alten Reiches, wohl ein Zentrum der Metallindustrie gewesen ist.

Ebenso wie die eigentlichen Kunstwerke sind auch Kleinkunsterzeugnisse durch ihre Epoche gekennzeichnet. Im Alten und Mittleren Reich kann man feststellen, daß ägyptische Kunst nur aus Eigenem schöpft und nichtägyptischer Einfluß sich kaum nachweisen läßt. Trotzdem war der Ägypter für das Fremde nicht unempfänglich. In einem Grab des Mittleren Reiches aus Beni Hassan ist ein Zug von Nomadenfrauen abgebildet; sie tragen Gewänder, deren Schnitt und Schmuck ausländisch anmuten. Was der Künstler hier bezweckte, war nun keinesfalls, neue Mode darzustellen, an der man sich womöglich hätte orientieren sollen. Er wollte vielmehr nur das Exotische hervorheben.

Kretischer Einfluß zeigt sich bei bestimmten Keramiktypen oder Gewandmustern, wie sie auf den bemalten Decken von Grabkapellen des Mittleren Reiches abgebildet sind. Abgesehen von solchen minoischen Motiven, könnten wir als ‹asiatisch› inspiriert einige wenige Gegenstände ansehen, die aus der Zeit stammen, da die Hyksos ins ‹Geliebte Land› einfielen.

Zu Beginn der 1. Dynastie gehören Rollsiegel, die auf das vorderasiatische Mesopotamien zurückgehen, zu den Beigaben, die sich ein für allemal als maßgebend für die Ausstattung eines Grabes erweisen sollten. Diese Siegel sind einige Zentimeter lang und stecken bisweilen in einem Holzfutteral, in dem man sie drehen kann. Sie werden gewöhnlich zusammen mit einem Perlenhalsband gefunden. Die meisten Rollsiegel sind aus Steatit oder Serpentin, seltener aus Elfenbein oder Holz. Worauf es ankam, ist, daß sie den Verstorbenen als Person auswiesen und ihn so darstellten, wie er sich angesichts der Ewigkeit am liebsten sah. Die Siegel tragen oft Namen und Titel des Toten, und er ist vor einem nur in Umrissen angedeuteten Speisetischchen mit dem Totenopfer auf einem Schemel sitzend dargestellt. Diese Rollsiegel waren sein ‹Personalausweis›, den er an einer Schnur um den Hals trug oder in der Hand hielt. Eingraviert war eine ‹Identitätsmarke›, die auf Krugverschlüssen aus Ton abgerollt werden konnte. Auf diese Weise kennzeichnete der Eigentümer alles, was ihm gehörte, als das Seinige.

Das Siegel, das sich im Alten Reich rasch unter der Beamtenschaft verbreitete, war typisches Merkmal eines vollkommen durchorganisierten Verwaltungssystems. Auch im Mittleren Reich ‹unterschrieb› der Pharao selbst oder in seinem Namen ein Beauftragter weiterhin mit dem kunstvoll gearbeiteten Siegel alle offiziellen Dokumente; aber es wurde nun allmählich durch den Skarabäus ersetzt, der aus Halbedelstein – im Mittleren Reich vor allem aus Amethyst – oder auch aus glasierter Fritte geschnitten war. Der Skarabäus entwickelte sich zum Petschaft schlechthin; seine Siegelfläche gibt entweder Namen und Beamtentitel des Trägers wieder, oder sie enthält das Porträt einer Gottheit oder eines Pharaos; außerdem konnte sie auch einen beliebigen Amulettzauber aufweisen. Die Rückseite des Skarabäus hatte die Form eines Mistkäferrückens. Er wurde hinfort als Amulett oder als Siegelring getragen und wurde zu einem der besonderen Kennzeichen des Alten Ägypten.

222 - Skarabäensiegel in einem Fingerring. Hyksoszeit - *Gold und Steatit; Höhe 0,032 m* - Paris, Louvre

## *Möbel und die Kunst der Holzbearbeitung*

Holz wurde während der Gesamtdauer der ägyptischen Kultur mit besonderer Vorliebe zu Möbeln verarbeitet. So ist der Möbeltischler seit dem Ende der 4. Dynastie ein beliebtes Sujet im Bildrepertoire der Mastabas: man sieht, wie Bretter mit dem Fuchsschwanz gesägt, zugeschnitten, überm Feuer gerundet werden; Holz wird mit dem Meißel plastisch geformt – alle diese Vorgänge sind im Relief dargestellt. Es gibt aber auch vom Anfang des Mittleren Reiches an kleine Holzmodelle, die vor allem aus Gräbern in Mittel- und Oberägypten stammen.

Der Status des einzelnen und seine Rolle zu Lebzeiten finden ihren Ausdruck in der Darstellung des Toten vor dem Opfertisch; schon die Rollsiegel der 1. Dynastie zeigen sie. Der Tote sitzt auf einem Stuhl, dessen Sitzfläche wohl ausgekehlt und vielleicht mit einem Kissen bedeckt war. Noch fehlt die Lehne, aber die Stuhlbeine sind den Vorder- und Hinterfüßen des Stiers nachgeformt; die Basis unter dem meist geriefelten Huf bildet eine Art isolierenden Sockel, der oft mit Kupfer- oder Goldplättchen belegt ist. Möbelteile aus Gräbern der 1. Dynastie zeugen von der hohen Kunstfertigkeit der Handwerker; denn die Tierfüße, die manchmal aus Knochen oder Elfenbein geschnitzt sind, geben sehr genau die Muskulatur und die Adern jener Leitrinder wieder, die dem auf ewiges Fortbestehen bedachten Verstorbenen im Jenseits als überirdisches Gespann dienen sollten. Diesem magisch-religiösen Tierdekor fügte der Ägypter noch eine vegetabilische Komponente hinzu, zwei Papyrusdolden, die hinten am Schemel – seltener vorn – horizontal herausragten. Von der 2. Dynastie an wurden die Beine des Schemels höher. Auch kommt jetzt ein würfelförmiger Hocker mit einer kleinen Lehne und vier rechtwinklig stehenden schmucklosen Beinen vor, die gelegentlich durch eine gebogene Leiste oder eine einfache horizontale Strebe miteinander verbunden sind. Die Lehne wird allmählich höher und hat ein

221 - Kästchen und Inhalt: Drei Siegelzylinder mit dem Namen des Königs Mentuhotep. 11. Dynastie - *Kästchen: Alabaster und Schist; Länge 0,098 m; Siegel: Elektron, Silber und Bronze; Länge 0,067, 0,057 und 0,055 m* - Paris, Louvre

darübergeschlagenes Kissen. Der würfelförmige Hocker bleibt die ganze Geschichte Ägyptens hindurch als Abbild des Sitzes für Götter erhalten.

Die Holzreliefs sowie die berühmten Wandmalereien aus dem Grab des Hesire, eines hohen Beamten unter Djoser in Saqqara, stellen einen wichtigen ‹Musterkatalog› von Palastmobiliar dar. Bis 1925 waren dies die einzigen Bildquellen für den Anfang des Alten Reiches. Dann aber entdeckte der Ägyptologe Georg Reisner in der Nähe der Cheops-Pyramide einen Hort, in dem man schon im Altertum die aus dem Grab der Königin Hetepheres – der Gemahlin des Snofru und Mutter des Cheops – geretteten Trümmer geborgen hatte. Hier ist nun auf eine ungewöhnlich anschauliche Weise die Ausstattung eines pyramidenzeitlichen Schlafzimmers zusammengestellt: zwei große Sessel, noch verhältnismäßig klobig gearbeitet, wenn auch prunkvoll verziert, sind Zeugnis für die gleichmäßige Fortentwicklung dieses Prestigemöbels. Der Sessel hat eine ziemlich hohe, undurchbrochene Rückenlehne sowie zwei Seitenlehnen, deren leichte Überproportioniertheit dadurch etwas gemildert ist, daß sie durchbrochen sind: der Rahmen ist ausgefüllt mit einem Bündel von drei in der Mitte zusammengerafften Papyrusstengeln. Die Stuhlbeine geben nach wie vor Tierfüße wieder, diesmal aber solche vom König der Tiere. Löwen-

224 - Kopfstütze mit dem Namen des Königs Phiops II. 6. Dynastie - *Elfenbein; Höhe 0,188 m* - Paris, Louvre

← 223 - Gisa, nahe der Cheops-Pyramide - Grabmobiliar der Königin Hetepheres. 4. Dynastie - *Holz mit Goldbeschlägen, Kupferhaken; Höhe des Baldachins 2,197 m; Länge des Betts 1,778 m* - Kairo, Ägyptisches Museum

füße sollten von nun an die meisten ägyptischen Sitzmöbel schmücken. Gelegentlich ist auch ein sitzender Löwe als Ganzes an den Stuhlseiten angebracht, zum Beispiel auf dem Relief der Königin Meresanch, auch aus der 4. Dynastie. Manchmal treten auch nur zwei Löwenköpfe über den Vorderbeinen hervor, wie bei dem Thron der bewundernswerten Chephren-Statue in Kairo. Ein üppiges, mit Gänse- oder Taubenfedern ausgestopftes Kissen lud vermutlich zum bequemen Sitzen auf diesem stattlichen Sessel ein. Die Königin hatte noch einen zweiten gleichartig gestalteten und goldüberzogenen Sessel, doch ist dieser stark mitgenommen. Trotz seines schlechten Erhaltungszustands läßt sich aber der Dekor noch rekonstruieren: er besteht aus Götteremblemen, umgeben von Vogelfedermotiven; auf den Seitenlehnen erscheint ein großer Falke mit halb entfalteten Flügeln. Die Farbe war belebt durch Streifen blauer Glaspaste. Zu dem Prunkmobiliar der Hetepheres gehörte auch ein Bett. Seine Form erinnert an das Bett, von dem schon im Zusammenhang mit dem Grab des Hesire die Rede war. Es hat ziemlich niedrige Beine mit Löwenklauen. Das leicht erhöhte Kopfende ist überdies an den beiden Ecken des Rahmens mit je einer vorspringenden Lotosblüte verziert. Am Fußende befand sich das für alle ägyptischen Betten typische Fußbrett; es war mit Inkrustationen verziert und von einem Rahmen begrenzt, der ebenso wie die übrigen Teile des Bettes goldplattiert ist. Der Bettboden bestand vermutlich aus einer aufgespannten und durch Schnüre mit dem Rahmen verbundenen Leinwand oder Rindshaut. Der Schlafende war ebenso wie der auf dem Sessel Thronende durch das Tier beschützt und zugleich mit dessen höchster Kraft versehen. Auf diese Weise vermochte er seine Persönlichkeit und den Schutz, dessen er zum Zeitpunkt seiner Prüfungen im Jenseits bedurfte, noch zu verstärken. Vervollständigt wurde das Bett durch eine silber- und goldplattierte Kopfstütze, die aus einer ‹protodorischen› Säule mit einem mondsichelförmigen Auflager darüber

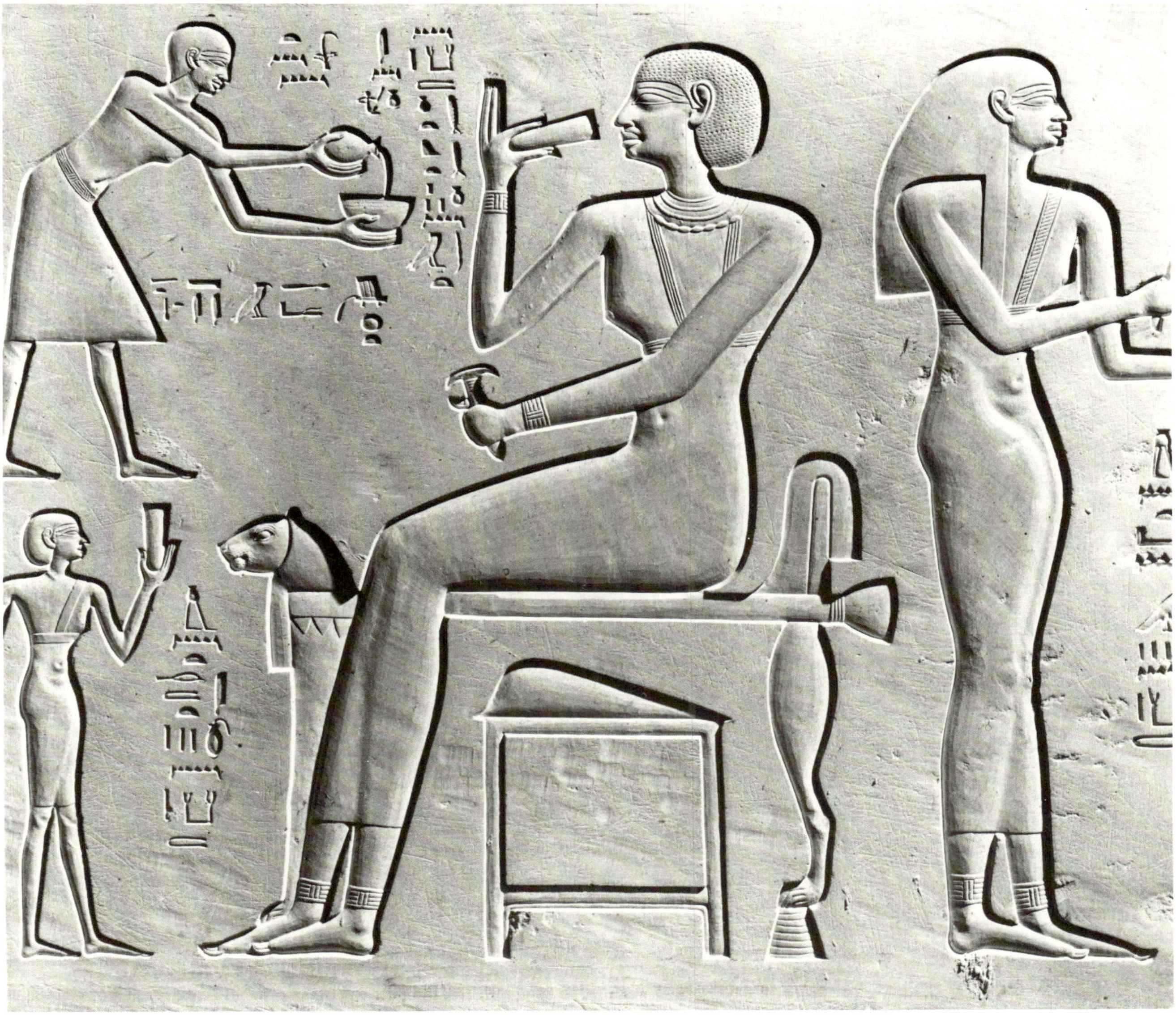

226 - Relief am Sarkophag der Prinzessin Kawit: Die Prinzessin beim Trinken, auf einem Hocker mit niedriger Lehne sitzend. 11. Dynastie - *Kalkstein; Höhe der Szene etwa 0,50 m* - Kairo, Ägyptisches Museum

bestand. Diese Form blieb während des ganzen Alten Reiches in Gebrauch, ob die Stütze nun aus Holz, Elfenbein oder aus Alabaster bestand. Dünne Holzsäulen in der Form von Zeltstangen – man vergleiche die ‹Kapitelle› – trugen einen großen hölzernen Baldachin (solche Zeltstangen finden wir in der Malerei im Grab des Hesire, und sie sind auch auf zeitgenössischen Reliefs vor bestimmten Betten abgebildet); sein Rahmen war ganz und gar mit Gold plattiert, und in das Gold waren in Treibarbeit Hieroglyphen eingeschrieben. Über dem Gestell war vermutlich ein dünner Leinenbehang angebracht, der die Königin zugleich vor Insekten und vor neugierigen Blicken schützen sollte. Zu ihrem Inventar gehörte sodann noch eine große rechteckige, goldüberzogene und mit Fayence eingelegte Truhe, in der sich wohl die Vorhänge befanden. Ein rechteckiger und gleichfalls goldplattierter Kasten enthielt einfache silberne Armbänder, die mit Türkisen, Lapislazuli und Karneol besetzt waren.

Aus der Zeit der 4. und 5. Dynastie sind uns von den verschiedenen Denkmälern her noch weitere Sessel bekannt. Sie sind recht massiv und haben gewichtige Seitenlehnen, die gelegent-

225 - Saqqara, Mastaba des Mereruka - Relief: Die Dame Watetchethor spielt Harfe für ihren Gemahl Mereruka. 4. Dynastie - *Kalkstein; Länge der Szene etwa 1,60 m*

lich mit Bildthemen in durchbrochener Arbeit verziert sind. Zur gleichen Zeit ist auch das ‹Kanapee› bezeugt, auf dem zwei Personen nebeneinander sitzen konnten.

Im Mittleren Reich bleiben die Sitzmöbel zwar der Tradition der vorhergehenden Zeit treu, weisen jedoch, was die Ausgestaltung und den Sitzkomfort betrifft, gewisse Veränderungen auf. Der Schemel erhält eine kleine, sehr niedrige Rückenlehne mit Kissen (so beim Sarkophag der Prinzessin Kawit). Der Tier- und Pflanzendekor bleibt der gleiche; doch die Sessel haben jetzt oft sehr schmale, gerade und durch Sprossen verstärkte Beine. Die mit Kissen bedeckte Rückenlehne endet unterhalb der Schulterhöhe, und die niedrigen durchbrochenen Seitenlehnen reichen nicht bis zur vorderen Sitzbank. In der 12. Dynastie wurde die Rückenlehne der Stühle von hinten durch einen schrägen Steg verstärkt, und dies gab dem Stuhl seine endgültige Form.

Eine große Rolle spielen Truhen, die Vorläufer unserer Kommoden. Waren sie für Kleider bestimmt, sind sie rechteckig und haben einen flachen Deckel mit Gesims oder mit dreieckigem Giebel. Es sind die Prototypen der Truhen, die noch im Neuen Reich in Mode waren. Sie stehen auf rechtwinkligen Beinen, die genau die Hälfte der Gesamthöhe des Möbels einnehmen, und sie sehen eher wie Architektur aus. Truhen sind oft abgebildet, zum Beispiel unter den Betten von Würdenträgern (Mastaba von Mereruka in Saqqara). Durch Kupferringe, die unter dem Boden angebracht waren, konnte man Stangen führen, so daß die Truhe transportiert werden und ihren Herrn auf Reisen begleiten konnte.

Kleinere Truhen dienten häufig zum Aufbewahren von Gerät, Schreibutensilien, persönlicher Habe und Schmuck. Die Frauen bewahrten darin ihr Geschmeide auf. Solche kleinen Truhen hatten gewöhnlich gerade Beine; manchmal sind es aber auch regelrechte Kästchen ohne Beine.

Im Mittleren Reich haben die Truhen – zum Beispiel bei der Prinzessin Sathathoriunu, el-Lahun – sehr niedrige Füße; sie sind mit inkrustiertem Dekor auf hellem Grund versehen, der von einem dunklen Rahmen umgeben ist. Bemerkenswert ist der gewölbte Deckel, der vorn steil ansteigt und nach hinten sacht abfällt (im Neuen Reich verläuft die Wölbung zwischen den beiden Schmalseiten). Als Verschluß dienten ein Knopf am Truhenrand und ein zweiter auf der Deckelwölbung; eine Leinenschnur wurde um beide herumgeführt und der Knoten mit einer Tonbulle versehen, auf welcher der Eigentümer seinen Skarabäus abdrückte. Im übrigen wurden im Mittleren Reich natürlich auch Truhenformen des Alten Reiches weiter verwendet. Die kostbarsten Exemplare sind mit Elfenbein belegt, mit Gold eingefaßt und mit farbigen Mustern bemalt oder mit Edelmetall oder Stein inkrustiert. Innen sind diese Truhen durch Zwischenwände unterteilt, so daß man Gefäße oder Toilettenartikel unterbringen konnte; letztere fanden aber auch in Schubladen Platz.

Im Mobiliar der Ägypter sucht man vergebens nach dem großen Eßtisch. Seit ältester Zeit findet man vielmehr kleine runde Tischchen abgebildet, die aus Holz oder Stein bestanden und einen geraden, massiven, unten erweiterten Fuß hatten. Diese Form setzt sich in immer eleganterer Abwandlung bis zur letzten ägyptischen Dynastie fort. Es gab allerdings auch kleine, rechteckige, ziemlich niedrige Tische mit einfachen geraden Beinen, die durch Streben verstärkt waren. Sie hatten sehr klare Proportionen und erinnern uns geradezu frappierend an heutige Tische. Auf solchen Tischen sehen wir Gegenstände abgestellt, Kleider sind darübergelegt, oder Schmuck ist ausgebreitet; manchmal ist auf ihnen auch Opfergerät aufgestellt. Schließlich gibt es niedrige runde und rechteckige Tischchen, vor denen Männer beim Brettspiel hocken: die beiden Parteien beim *senet*-Spiel.

Der Tischler fügte die Einzelteile der Möbel mit Hilfe von Stiften und Zapfenlöchern, Schwalbenschwänzen, Holzpflöcken, Haken und Kupferringen zusammen. Die Verbindungsstellen konnten überdies durch Kupferbänder, Leinen- oder Hanfschnüre oder durch kunstvoll geflochtene Lederriemen verstärkt werden.

Stühle und Betten waren als einzige Möbel mit einem Tier- und Pflanzendekor versehen, des-

227 - Theben - Sargdeckel des Königs Sechemre Heruhermaat Antef. 17. Dynastie - *Holz mit bemaltem Gipsüberzug und inkrustierten Augen; Höhe 1,885 m* - Paris, Louvre

228 - Theben - Sargdeckel des Königs Sechemre Wepmaat Antef. 17. Dynastie - *Holz mit vergoldetem Gipsüberzug und inkrustierten Augen; Höhe 2 m* - Paris, Louvre

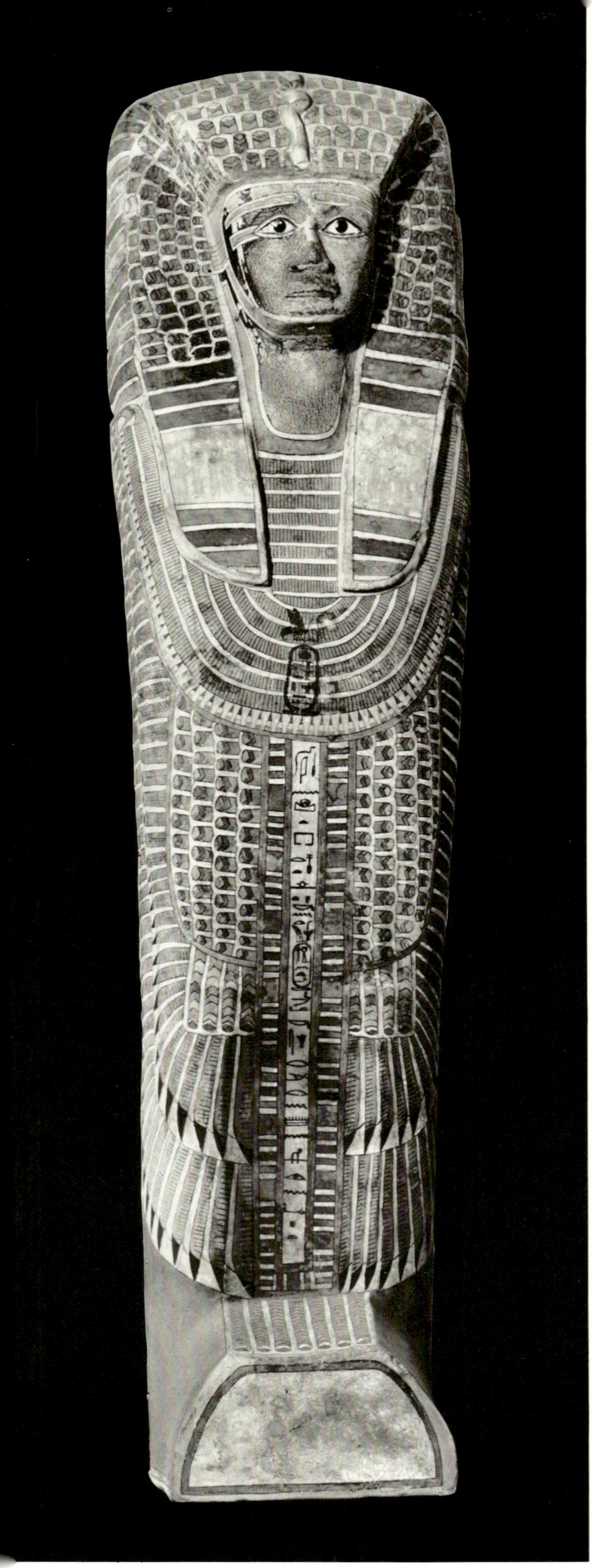
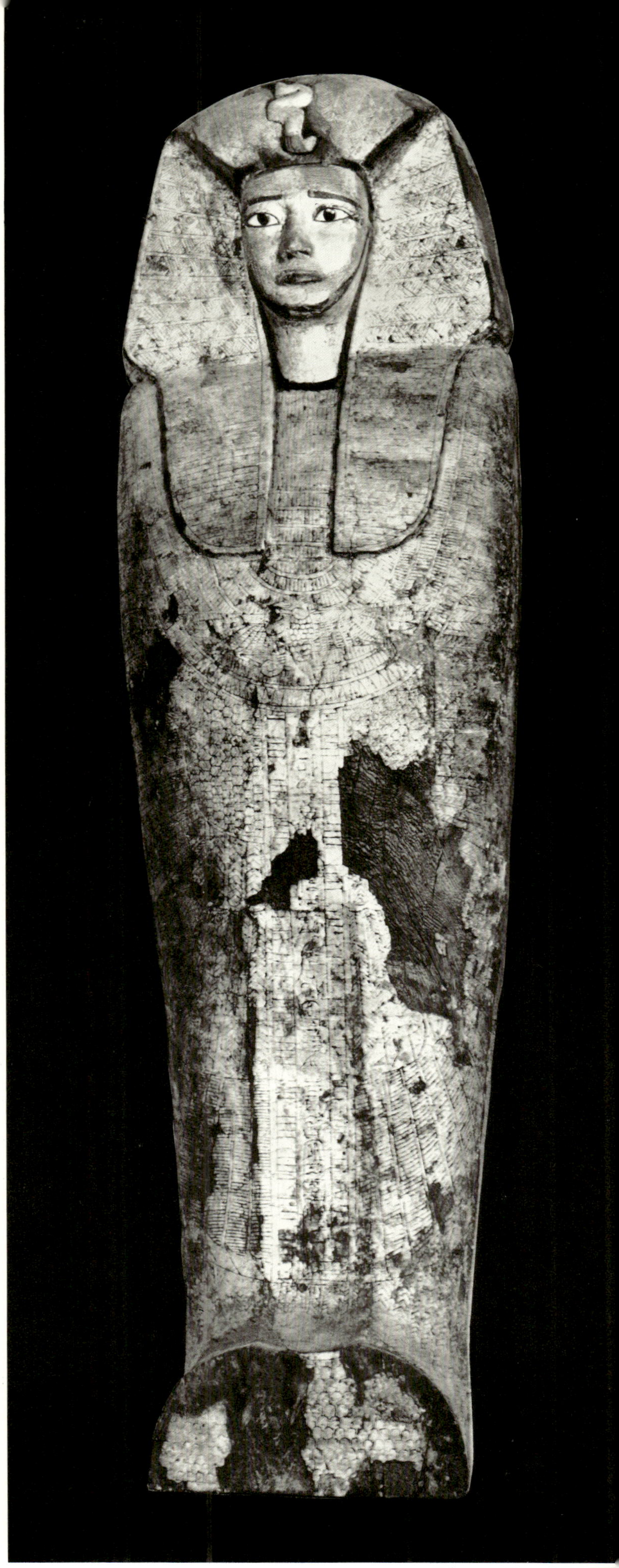

229 - Balsamierungstisch in Form einer Totenbahre, verziert mit zwei Löwenkörpern. 3. Dynastie (?) - *Alabaster; Länge 0,92 m* - Kairo, Ägyptisches Museum

sen Symbolik ihren höheren Sinn unterstreichen sollte: im hiesigen wie im jenseitigen Leben waren sie dazu bestimmt, den Menschen ruhen zu lassen, ihn zu umschließen, zu schützen und zu erheben.

Haben wir bisher das Wohnmobiliar des Alten und Mittleren Reiches betrachtet, so wollen wir uns jetzt noch den Sarkophagen zuwenden. Im Alten Reich bestanden sie aus Stein oder aus Holz, je nach Vermögen des Eigentümers. Sie waren rechteckig und vermittelten den Eindruck eines den Toten umgebenden Schutzwalls. Zu Beginn des Mittleren Reiches gab es noch rechteckige Särge, die außen mit Hieroglypheninschriften überzogen waren, die Namen und Titel des Verstorbenen enthielten. Auf der Innenwand des Sarkophags waren alle die Dinge, die den Toten begleiten sollten, und fromme Texte gemalt. Dann aber kommen die ersten anthropoiden Sarkophage auf: sie sind aus Holz, mit Stuck überzogen und bemalt. Ein gutes Beispiel ist der sehr prunkvolle Sarkophag der Senebtisi aus Lischt; an diesen Typus erinnert auch der mumiengestaltige und vergoldete Sarkophag eines der letzten Antef-Könige (Sechemre Wepmaat) vom Ende der Hyksoszeit (heute im Louvre).

### *Das Goldschmiede- und Juwelierhandwerk*

Unter allen Handwerksprodukten haben die Juwelen den höchsten Wert, das größte Prestige. Seit Urzeiten waren sie für den Ägypter zugleich Schutz, Schmuck und gewiß auch schon schätzenswerter Besitz. Auch spielten für den, der den Schmuck trug oder dem er ins Grab mitgegeben werden sollte, Aussehen und Qualität des Materials eine Rolle.

Das Schmuckstück ist etwas, das man der Gottheit in ihrer verschiedenen Gestalt verehrt. Auf dem Wege des Sympathiezaubers bekräftigt man den nicht abzuändernden Vorrang der kosmischen Macht: man bietet das unveränderbare Metall, das ‹Fleisch der Götter›, dar, in dem sich das Strahlen der Sonne widerspiegelt. Ebenfalls der Gottheit sind die seltensten Steine vorbehalten, die der Mensch gestaltet und sublimiert; freilich nicht nur durch das Polieren, sondern dadurch, daß er sie in ein imaginäres System von Körpern und Farben einfügt, wodurch ihnen eine unüberwindbare Kraft eingeflößt wird. Eine solche dem Geschmeide beigemessene Kraft ging natürlich Hand in Hand mit der Wirkung ihres ganz evidenten materiellen Wertes. Zuallernächst machte der Schmuck seinen Träger oder seine Trägerin schön und begehrenswert; aber er verlieh ihm auch Gewicht. In der Tat konnte nicht jeder Gold sein eigen nennen, der es haben wollte. Pharao stand es zu, über das Gold zu verfügen. Bei ihm liefen die Sendungen aus dem Süden ein, Beutel mit Goldstaub oder Gold in Ringform. Seit dem Beginn der Ramessidenzeit wurde Gold auch aus den Minen der Arabischen Wüste, westlich von Theben und im Wadi Alaki (Nubien) gewonnen. Die Produktion einer Mine war manchmal unmittelbar für bestimmte Tempel vorgesehen, so das Gold von Redesijeh für das Heiligtum von Abydos. Berühmt sind die Szenen auf den Wänden einiger Bauten des Neuen Reiches, die zeigen, wie Pharao Armbänder, Schalen und Halskragen als ‹Ehrengold› an seine hohen Beamten verteilt. Dies dürfte in allen Epochen der Fall gewesen sein; das Goldgeschenk stellte den höchsten Lohn dar, um so mehr, als das Metall durch die Verarbeitung noch einen zusätzlichen Wert erlangt hatte; es hatte die Form von Gegenständen erhalten, die die belohnte Leistung symbolisierten: besondere Halskragen für die obersten Beamten, Opferschalen für den mutigen und getreuen Waffengefährten, Fliegen oder Löwen als Tapferkeitsmedaillen für Soldaten, die sich im Kampf ausgezeichnet hatten oder vielleicht gar für eine Fürstin, die während der Befreiungskämpfe ihres Landes Standhaftigkeit bewiesen hatte; schließlich Dienstsiegel, die der Wesir persönlich im Namen des Königs den Inhabern hoher Ämter übertrug.

Wenn wir bedenken, daß die von Thutmosis III. im Tempel von Karnak verschenkten Halskragen und Armbänder folgendermaßen beschrieben sind: «Zierat, der den Schutz der Glieder des Gottes gewährleistet», so wird uns klar: diese ‹magischen Waffen› oder Ehrenbezeugungen, die aus einem Metall bestanden, dem Gutes verheißende und symbolische Kraft innewohnte, hatten für den Ägypter – war er sich auch ihres Wertes bewußt – nur dann Interesse, wenn das Metall bearbeitet war und die das Metall belebende Form eine sinnvolle Botschaft übermittelte.

In den Goldschmiede- und Juwelierwerkstätten arbeiteten sehr verschiedene spezialisierte Handwerker: Goldschmelzer, Einfasser, Steinschneider, Perlen- und Fayencehersteller, Halskragenmacher und viele andere. In keinem Land hat man jemals so viele und so verschiedenartige und vielgestaltige Perlen gefunden wie in Ägypten. Sie sind oft mit dem Drillbohrer bearbeitet, und sie wurden auf vielerlei Weise zu Halskragen und Armbändern zusammengesetzt. Abb. 334
Auch verwendete man sie als Besatz für Kleider.

Seit Beginn der Pharaonenzeit wurden Griffe von Silexmessern mit Blattgold belegt, häufiger aber noch Amulette, so die Oryxantilope oder der Stier aus Naga ed-Deir; mit Blattgold verziert sind auch die so originell geformten Perlen auf den Armbändern aus dem Grab des Königs Djer in Abydos, bei denen noch die lebhaft schimmernden Türkise erhalten sind. Das schönste Exemplar setzt sich aus alternierenden Türkis- und Goldelementen zusammen; sie stellen in je nach dem Material leicht abgewandelter Stellung Falken dar, die auf ‹Palastfassaden› sitzen. Aus letzteren entwickelte sich die falkenbekrönte Einrahmung für den Horusnamen des Königs. Mit den verschiedenen Armbändern von König Djer, die auch Amethyste, Lapislazuli sowie glasierte und gefärbte Terrakotta aufweisen, entsteht ein Geschmeidetyp, der im Verlauf des Alten und Mittleren Reiches zahlreiche Varianten erleben sollte. Häufig sind Perlen in Reihen aufgefädelt und durch Amulette unterbrochen. Die hübscheste Komposition stammt aus dem Grab der Prinzessin Sathathoriunu aus el-Lahun: es sind vier unabhängige Perlschnüre mit einem goldenen Verschluß in Gestalt einer verknoteten Schnur; in der Mitte befinden sich jeweils zwei kleine gegenständige Löwen aus Gold, die von einem Band zum nächsten an Größe zunehmen. Die harmonische Verbindung von Gold, Karneol und Türkis ist typisch ägyptisch. Bisweilen ist das Armband sehr breit, besteht aus mehreren Perlreihen und bedeckt das Handgelenk sowie einen Teil des Unterarms. Die Reihen der Karneol-, Lapislazuli- und Türkisperlen sind untereinander durch kleine hohe Silber- und Goldstäbchen verbunden.

Es gab aber auch dicke gewölbte Hohlringe, die das Handgelenk umschlossen; wir finden sie an Frauenstatuen oder -reliefs vom Anfang des Alten Reiches. Im Grab der Hetepheres, der Mutter des Cheops (4. Dynastie), fand sich ein Kästchen mit zwanzig silbernen Armreifen; sie sind verziert mit Schmetterlingen aus Türkis, Lapislazuli und Karneol, die in die Reifoberfläche eingelegt sind. Die nüchterne Ursprünglichkeit von Form und Dekor ist unübersehbar.

Hals und Brust waren ebenfalls mit apotropäischem, elegantem Schmuck bedeckt. Seit der 1. Dynastie kennen wir eine Art von Halsband, das sich aus muschelähnlichen Goldamuletten (Naga ed-Deir) oder aus kleinen Käfern (zum Beispiel Kakerlaken wie in Gisa) zusammensetzt und uns eine Vorstellung davon gibt, wie vielseitig der Schmuck war. Die Frauen trugen manchmal regelrechte ‹Hundehalsbänder›, ähnlich wie unsere aus mehreren Perlschnüren bestehenden und durch einen Verschluß zusammengehaltenen Armbänder; oder sie trugen die von den Ägyptern ‹breiter Kragen› genannten Halskragen mit Perlreihen, die zur Brust hin immer breiter wurden und statt durch einen Verschluß durch zwei halbkreisförmige Ansätze abgeschlossen wurden. Oft besteht die unterste Reihe aus Anhängern an einer Perlschnur. Diese Perlen sind für gewöhnlich aus Fayence in den traditionellen Farben, und die Schnur ist unterbrochen und seitlich begrenzt durch Reihen von Goldperlen und -amuletten. Bei Mumienhalskragen enden die beiden halbkreisförmigen Partien in goldenen Falkenköpfen. Die großen Halskragen konnten seit dem Beginn des Alten Reiches zudem noch einen schweren, geometrisch gestalteten Perlenanhänger enthalten (Mastaba des Achtihotep, Louvre).

Schließlich können im Mittleren Reich die regelmäßig angeordneten Perlen der großen Halskragen durch Reihen von Amuletten mit Steineinlagen in Goldzellen ersetzt werden. Amulette dieser Art schmücken ebenfalls eine einreihige Halskette, von der Anhänger herabhängen, deren Enden frei auslaufen. Sehr oft besteht im Mittleren Reich das Halsband aus einem feinen Draht mit einer großen Talismanperle in der Mitte. Natürlich trugen die Offizianten und Priester auch ihre Rangabzeichen, und zwar in Gestalt von beachtlich großen Anhängern, oft mit sehr kompliziertem Aufbau. Aber die hohen Herren um die Zeit der 6. Dynastie besaßen manchmal auch Halsschmuck aus einer Reihe Perlen, die sich im Nacken kreuzte und deren beiden Enden lang nach vorn hinabfielen, so etwa die Statue des Metjetji in Kansas City.

Im Mittleren Reich gibt es die ausgesuchtesten, harmonischsten und oft auch originellsten Abb. 335 Schmuckstücke. Ein außergewöhnlicher Fundkomplex ist dem Grabmobiliar der Prinzessin Chnumit in Dahschur entnommen. Es finden sich darunter Halskragen, an denen Sterne, ein Schmetterling oder durchbrochene Rosetten hängen (alle granuliert); kleine Muscheln lassen entschieden an Einflüsse aus dem Mittleren Orient oder gar aus der Ägäis denken. Das vorzüglichste Stück ist aber ein Goldanhänger mit blauem Grund; in der Mitte ist in einem Kreis mit geometrischem Farbdekor eine weiße, schwarzgefleckte Kuh dargestellt, das älteste bisher bekannte Miniaturbild und, wie jüngste Forschungen ergeben haben, zugleich auch das älteste Stück Glasmosaik. Die berühmtesten Anhänger des Mittleren Reiches gehören zum Schatz der Prinzessinnen von Dahschur: es handelt sich um Geschenke ihrer Väter oder Ehegatten; denn sie tragen das Zeichen und die Namen der Pharaonen.

Einer der Anhänger der Prinzessin Sathathoriunu ist mit dem Namen Sesostris' II. versehen. Er hat die Gestalt einer abgestumpften Pyramide, und die Goldzellen sind mit Karneol-, Lapis-

231 - El-Lahun, Grabausstattung der Prinzessin Sathathoriunu - Halskette und Pektorale mit der Kartusche von Sesostris II. 12. Dynastie - *Gold und Halbedelsteine; Höhe des Pektorales 0,045 m* - New York, The Metropolitan Museum of Art

230 - Abydos, Grab des Königs Djer - Armband des Königs. 1. Dynastie - *Gold und Türkis; Länge 0,156 m* - Kairo, Ägyptisches Museum

232 - Dahschur - Pektorale des Königs Sesostris II. 12. Dynastie - *Gold mit Lapislazuli-, Türkis- und Karneoleinlagen; Höhe 0,048 m* - Kairo, Ägyptisches Museum

lazuli- und Türkiseinlagen ausgefüllt. In der Mitte ist kniend der Genius der Millionen Jahre, der Heh-Gott, dargestellt, darüber die Kartusche mit dem Thronnamen des Sesostris. Diese Motive sind links und rechts von zwei Falken im Profil eingerahmt, die jeder auf einem Bein stehen. Ihre Rücken bilden den seitlichen Abschluß des Schmuckstücks. Die Oberseite mit zwei Sonnen über den Falkenköpfen ist schmaler. Die Ziselierung des Goldes auf der Rückseite hält durchaus Schritt mit der Klarheit der Linien, der Farbkomposition und der sorgsam gearbeiteten Einlegetechnik auf der Vorderseite.

Bei einem ähnlichen Pektorale sind die Flügel der Falken, die den Krönungsnamen Sesostris' II. gegenständig einrahmen, in konventioneller Weise inkrustiert. Dafür haben wir zum erstenmal den architektonischen Rahmen vor uns, der für diese Art königlicher Anhänger typisch wurde: ein breiter Pylon mit Hohlkehle. Wiederum haben wir es mit einer Einlegearbeit in Goldzellen zu tun. Der Schatz von Dahschur enthält im übrigen innerhalb des Grabinventars der Königin Mereret noch ein Pektorale dieser Art; es hat jedoch die Gestalt eines regelmäßigen Rechtecks, das von einer Hohlkehle bekrönt ist; die Seiten werden von zierlichen Lotosstengeln gebildet. Zentrales Motiv sind zwei gegenständige Greifen, die die Feinde Pharaos zu Boden

234 - Dahschur - Pektorale mit dem Namen des Königs Sesostris III. 12. Dynastie - *Gold, Karneol, Feldspat und Lapislazuli; Höhe 0,05 m* - Kairo, Ägyptisches Museum

233 - Dahschur, Grabausstattung der Königin Mereret - Anhänger in Form einer Muschel. 12. Dynastie - *Gold, Lapislazuli, Türkis und Karneol; Höhe 0,046 m* - Kairo, Ägyptisches Museum

235 - Gisa - Stirnband mit Blumenmotiven. 4. Dynastie - *Gold, Kupfer und Karneol; Länge 0,56 m* - Kairo, Ägyptisches Museum

treten. Die über dem Ganzen schwebende Geiergöttin mit ausgebreiteten Flügeln nimmt ein Motiv vorweg, das wir sehr oft auf analogen Schmuckstücken des Neuen Reiches antreffen.

Aber das schönste Stück in dieser Sammlung feiner kostbarer Schmuckstücke aus dem Mittleren Reich ist wohl ein goldener Anhänger aus Dahschur in der Form einer großen Muschel. In die Goldzellen sind Halbedelsteine in rein dekorativen Formen eingelegt; diese gehen von der Lotosblüte aus, die die Spitze der Muschel dicht am Scharnier schmückt, gleich als ob sie den Urgrund des Lebens symbolisieren wollte. Die zeitgenössischen Herrscher trugen gelegentlich auch große Perlmuttschalen um den Hals.

Diademe kommen offenbar nicht so früh vor wie die sonstigen Schmuckarten. Das bisher älteste stammt vom Anfang der 4. Dynastie und gehörte der Prinzessin Nofret, der Frau eines Sohnes des Snofru. Im Dekor und in den Farben, mit denen es bemalt ist, erinnert es an das Stirnband, das an der Statue der Nofret zur Befestigung ihrer schweren Perücke dient: aus kostbaren Steinen gebildete Blumen, die auf den Metallreif aufgesetzt sind, sollten ein Diadem mit echten Lilien- und Lotosblüten andeuten. Ebenfalls in die Zeit der 4. Dynastie gehören Mumiendiademe aus Gräbern von Gisa. Eines davon besteht aus einem kupferverstärkten Goldband; an den Enden sind die Löcher erhalten, durch die ein Band gezogen wurde, mit dem es am Hinterkopf zu befestigen war. Drei kreisförmige Motive mit leichtem Relief sind auf den Reif aufgesetzt: in der Mitte eine Lotosblüte von oben mit einer Karneolknospe; die beiden Seitenornamente bestehen aus je zwei Papyrusdolden und haben auch einen Karneol in der Mitte; darüber befinden sich je zwei voneinander abgewandte Ibisse – sie symbolisierten die Unsterblichkeit der Seele der Verstorbenen. Das Herrscherdiadem war strenger und schmucklos, so wie wir es auf der Kopfbinde des Königs Antef aus der 11. Dynastie sehen. Ganz offensichtlich ist ein Band nachgeahmt, in das in regelmäßigen Abständen kleine Stäbchen eingewebt sind. Der Knoten im Nacken mit den herabhängenden Enden wird betont durch das klassische Motiv zweier Papyrusblüten, die einen Knopf aus Karneol flankieren; an der Stirn befindet sich der Königsuräus. Auf dem Lande pflegten bei bestimmten jahreszeitlichen Festen die Fährleute frisch gepflückte Lotosblumen vom Nilufer in die Bänder ihrer Kopfbinden zu stecken. Dieser Schmuck hat sicher Pate gestanden, als Juweliere des Mittleren Reiches die Kronen der Gaufürstentöchter von el-Berscheh entwarfen. Wir sehen die jungen Frauen auf einer berühmten

236 - Meidum - Sitzfigur der Prinzessin Nofret, der Gemahlin des Prinzen Rahotep (Ausschnitt). 4. Dynastie - *Bemalter Kalkstein mit inkrustierten Augen; Gesamthöhe 1,20 m* - Kairo, Ägyptisches Museum. *Vgl. Abb. 179*

Wandmalerei im Kairener Museum; das Haar ist geschmückt mit einem Goldband, in das rundum wunderschöne blaue Lotosblüten – gewiß in Einlegetechnik gearbeitet – gesteckt sind.

Wenden wir uns noch einmal den Schätzen von el-Lahun, Dahschur und Lischt zu; denn sie enthalten die schönsten bis heute bekannten Diademe. Sie wurden mit Zubehör gefunden, und so können wir feststellen, daß zu diesen Stirnbändern vornehmer Damen kleine Goldanhänger gehörten, die an den Locken der Perücke befestigt wurden – ganz gleich, ob das Diadem selbst einfach oder besonders kunstvoll gestaltet war. So gehört zum Beispiel zu dem leichten Stirnband der Senebtisi (Lischt), das aus einer dreifachen Reihe winziger Ringe bestand, eine ganze Anzahl Goldmargeriten, die die vertikale Linie der herabfallenden schwarzen Flechten betonten. Die Perücke der Ita oder der Chnumit (Dahschur) war vermutlich auch noch mit kleinen Goldvögelchen verziert. Der Schatz der Prinzessin Sathathoriunu aus el-Lahun enthielt zwei Kopfbinden, die an den Perückenbesatz der Prinzessinnen von el-Berscheh erinnern. Doch fehlen hier die erhaben gestalteten Blüten. Rosetten mit einem Malteserkreuz in der Mitte, die in regelmäßigen Abständen um das ganze Band herum befestigt sind, lassen an einen von oben betrachteten Lotos denken. In die Goldzellen ist Karneol und Lapislazuli, aber auch grüne ‹Fayence› eingelegt. Vorn befindet sich der Uräus mit Granataugen, und hinten stehen feine, aus Blattgold geschnittene Federn empor. An den Seiten hängen in Ohrenhöhe zwei dünne Bänder herab. Dadurch, daß die Locken der Frisur mit Schmuck versehen sind, erhält das Diadem eine ganz andere Dimension. Eine Unzahl kleiner, nach und nach an Größe zunehmender Goldringe war in die vom Hinterkopf herabfallenden Locken eingeflochten. Die Rekonstruktion des Ganzen, wie man sie in New York vorgenommen hat, läßt ein Gewoge von Schwarz und Gold entstehen, das zusammen mit dem glänzenden Kopfband das Gesicht umrahmte.

Abb. 339 Unter den Diademen aus Dahschur findet sich ein Kopfschmuck, der aus einem Netz von Goldfäden besteht; die Fäden sind je zu zweit unregelmäßig durch kleine fünfblättrige Türkisblüten mit einem Karneol in der Mitte zusammengehalten; hinzu kommen kunstvoll verteilte Paare kleiner Lapislazuliperlen. Dieses ganze Blumengeflecht bildet sechs Gruppen, wobei die

237 - Dahschur - Vogel eines Perückenschmucks. 12. Dynastie - *Getriebenes Gold; Höhe 0,011 m* - Kairo, Ägyptisches Museum
238 - Dahschur, Grabausstattung der Königin Mereret - Gürtel aus kaurimuschel-förmigen Gliedern (Ausschnitt). 12. Dynastie - *Gold; Länge einer Muschel 0,057 m* - Kairo, Ägyptisches Museum

239 - El-Lahun, Grabausstattung der Sathathoriunu - Diadem der Prinzessin (Ausschnitt). 12. Dynastie - *Gold mit Lapislazuli-, Feldspat- und Glaseinlagen; Durchmesser 0,635 m* - Kairo, Ägyptisches Museum

Stengel mit sechs eingelegten Motiven in Gestalt von Malteserkreuzen vereinigt sind: letztere bestehen aus vier türkisenen Papyrusdolden, die um mit Goldnägeln beschlagene Karneolherzen gruppiert sind.

Die Juweliere haben aber auch die Hüften der jungen Frauen geschmückt. Auf thebanischen Wandmalereien finden wir junge Dienerinnen dargestellt, die den Gästen beim Totenmahl Speisen darreichen. Um ihre Hüften ist ein leichter Perlgürtel geschlungen. Vor der Entdeckung des Schatzfundes von Dahschur wußten wir noch nicht, daß auch Prinzessinnen bestimmten Alters bei manchen Anlässen solchen Hüftschmuck trugen, der aus Goldamuletten und Amethystperlen besteht und Motive aufweist, die hier allerdings auf Tierformen zurückgreifen. Bei einem dieser Gürtel sind in Gold gearbeitete Kaurimuscheln aufgereiht, die das Geschlecht, das sie zu hüten hatten, zugleich auch versinnbildlichten. Nicht weniger augenfällig ist die apotropäische Bestimmung bei einem anderen Gürtel: hier sind es sehr selten bezeugte Goldamulette in Gestalt gegenständiger Pantherköpfe, deren magische Kraft ins Auge springt; sie ließen sich über dem Geschlecht von Mann oder Frau tragen; denn der Pantherkopf erscheint ziemlich oft auf dem königlichen Schurzgehänge. Eben ein solcher Kopf bekrönt eine Hieroglyphe mit Amulettcharakter aus dem Schatz von Dahschur.

240 - Dahschur - Rekonstruierter Gürtel mit Gliedern aus zwei gegenständigen Pantherköpfen. 12. Dynastie - *Getriebenes Gold; Länge eines Gliedes 0,053 m* - Kairo, Ägyptisches Museum

Als weiteren Amulettyp aus besagtem Schatz hat man ausgestreckte goldene Gepardenklauen mit Zelleneinlagen angesehen, die an Knöchelbändern aus Perlen hingen; bisweilen sehen wir sie an den Fußgelenken der Ritualtänzerinnen, wie sie in Grabkapellen dargestellt sind.

Zwei Gattungen wird man in dieser sehr summarischen Übersicht über den Schmuck des Alten und des Mittleren Reiches vermissen: zum einen die Ohrringe; wir können nur ein – dazu nicht einmal völlig gesichertes – Stück dem Alten Reich zuweisen; erst in der Hyksoszeit kommen sie wirklich in Mode, so daß sie vielleicht auf orientalischen Einfluß zurückgehen; zum andern den Fingerring; im Schatz von Dahschur sind Skarabäen aus Stein oder Gold mit Einlagen auf einen goldenen Schilfstengel als Ring aufgesetzt; in den Gräbern des Alten Reiches fanden sich jedoch keinerlei Ringe, ob mit oder ohne Stein. Auch auf Statuen und Reliefs lassen sie sich nicht nachweisen, von einer Ausnahme abgesehen: in der Mastaba des Chufuchaf trägt die Ehefrau offenbar einen Ring.

### *Einlegearbeiten und Goldauflagen*

Goldschmieden und Juwelieren oblag es, die goldenen Götterstatuen herzustellen. Der berühmte Falkenkopf von Hierakonpolis, der auf einem Gruppenbild die Gestalt des Königs

241 - Hierakonpolis - Falkenkopf. 6. Dynastie - *Gehämmertes Goldblech, Obsidianaugen; Höhe 0,10 m* - Kairo, Ägyptisches Museum

hoch überragt, besteht aus Goldblech, das über einem Holzkern gehämmert worden ist. Die kleinen Löcher unten am Hals zeigen, daß das Gold ursprünglich wohl auf einer hölzernen, wahrscheinlich gipsüberzogenen und bemalten Rundplastik aufgenagelt war. Die Augen des Falken sind mit Obsidian eingelegt: alles in allem, ein Meisterwerk der Tierdarstellung aus der Zeit der 6. Dynastie.

Der Goldschmied vermochte es, jede mögliche plastische Form mit Blattgold zu bedecken und mit Glaspaste zu inkrustieren. So wurden auch Gefäße als Opfergaben dargebracht, die Massivgold simulierten, zum Beispiel die berühmte Vase des Neferirkare aus Abusir. Schließlich war man auf den Juwelier auch angewiesen bei der Herstellung jener prachtvollen Menschen- und Tieraugen, die in Statuen, Sarkophage und in die Reliefs mancher Tempel eingesetzt wurden; ist doch das Auge das Organ, das die Gestalt erst belebt. Ob Gott, König oder einfacher Sterblicher, bei allen ist das Auge zumeist von einem schmalen Kupfer- oder Bronzesteg umrahmt. Kalkspat, Obsidian oder Bergkristall wurden für die Augen verwendet, um dem Blick die nötige Intensität zu geben, die durch die Augenbrauen noch erhöht wurde; sie konnten mit blauer Lapislazulipaste, Silber, Kupfer oder Gold eingelegt sein.

### *Toilettengegenstände*

Wertvolles Toilettengerät wurde anscheinend schon in ältester Zeit in kunstvoll gearbeiteten Kästchen verwahrt, wie sie uns in einigen Exemplaren erhalten sind. Die verschiedenen Sachen

242 - Gebelein - Truhe für Toilettengegenstände. Altes Reich - *Holz mit Einlagen aus Elfenbein, glasierter Fritte und Glaspaste; Höhe 0,19 m* - Turin, Museo egizio

243 - Theben - Kästchen für Toilettengegenstände und Kosmetikartikel mit den Namen Amenemhets III. aus dem Besitz von Renuni, Haushofmeister dieses Königs. 12. Dynastie - *Zedernholz, Ebenholz und Elfenbein; Höhe 0,203 m* - New York, The Metropolitan Museum of Art

ließen sich darin nach Gebrauch am praktischsten einordnen; denn Frisier- oder Schminktische haben die Ägypter offenbar nicht gekannt und auch nicht jene Tische dazu verwendet, auf denen man später Kunstgegenstände deponierte. Das Museum von Turin besitzt aus der Zeit des Alten Reiches eine kleine rechteckige hölzerne Truhe, die auf vier Beinen ruht; Wände und Deckel haben Einlagen aus Elfenbein und farbiger Fayence – eine außerordentlich wirkungsvolle Zusammenstellung. Aus der Zeit des Mittleren Reiches kennen wir den Toilettenkasten der Prinzessin Sathathoriunu. Aus dem Grab der Königin Mentuhotep in Deir el-Bahari stammen zwei Abb. 320

244 - Relieffragment: Die Königin Nofru wird von der Dame Henut frisiert. 11. Dynastie - *Kalkstein; Höhe 0,19 m* - New York, Brooklyn Museum

Holz- beziehungsweise Papyruskästchen, von denen eines auf einem durchbrochenen Sockel steht und von ähnlicher Machart ist wie Arbeiten heutiger Korbmacher.

Kämme, die alle zum wohlbekannten Typ des Frisierkamms gehören, sind aus Holz oder Elfenbein und sehr kurz; oft tragen sie Tierdarstellungen. Seit Beginn des Mittleren Reiches benötigten die ägyptischen Frauen, wie wir wissen, für die Anordnung ihrer Frisur lange Nadeln aus Holz, Knochen oder Elfenbein; sie waren mit geometrisch geformten Köpfen verziert. Rasiermesser waren zunächst aus Kupfer, dann aus Bronze und manchmal vergoldet oder versilbert; sie hatten im Alten und Mittleren Reich die Gestalt unserer heutigen Rasierklingen. Sie waren rechteckig, an den vier Rändern dünn und scharf, während der Mittelteil dicker war, damit man die Klinge greifen konnte.

Am wichtigsten war für die Schönheitspflege natürlich der Spiegel. Hier sind prachtvolle Exemplare erhalten, vom Alten Reich zunächst aus Kupfer, dann vom Mittleren Reich aus Bronze. Die Oberfläche der dünnen, oben und unten leicht abgeplatteten Scheiben war auf beiden Seiten höchst sorgfältig poliert und reflektierte ein ziemlich genaues Bild; der Handwerker war nämlich bemüht, jegliche Verformung zu vermeiden. Der Griff, an dem der Ägypter seine Phantasie spielen ließ, war aus Gold, Silber, Glaspaste oder Ebenholz, aber bisweilen auch aus

245 - Dahschur, Grabausstattung der Prinzessin Sathathoriunu - Spiegelgriff. 12. Dynastie - *Griff: Gold mit Inkrustierungen; Spiegel: Silber; Gesamthöhe mit Spiegel 0,28 m* - Kairo, Ägyptisches Museum

türkisgefärbtem Elfenbein – Kupfer und Bronze nicht zu vergessen; die Form erinnert oft an eine kleine Papyrussäule. Am unteren Ende und unterhalb der Blütendolde ahmen Goldblätter und -schnüre vegetabilische Elemente nach. Im Spiegel, der die äußeren Züge des menschlichen Antlitzes reflektierte, konnte der sinnende Betrachter aber auch bis zum Grund seines Wesens vordringen; und so symbolisierte der Spiegel beide Aspekte des Individuums. Oft schmücken auch Doppelköpfe der Hathor, ein Frauengesicht mit Kuhohren, das ‹Kapitell› auf der Vorder- und Rückseite des Griffs an der Stelle, wo sich sonst die Papyrusdolde befindet. Der Spiegel, der das strahlende Auge der Sonne einfängt und in seiner Form überhaupt an das Tagesgestirn erinnert, wurde auch als Grabbeigabe verwendet und jedenfalls im Alten Reich der Mumie unter den Kopf gelegt. So vermochte er Leben und Wärme zu übertragen, und er befähigte den Toten, sich am Tage der Auferstehung zusammen mit der Sonne zu erheben.

Salbnäpfchen, wie sie die Lebenden verwendeten, wurden auch dem magischen Rüstzeug des Toten beigefügt. Im Alten und im Mittleren Reich sind sie nach Form und Ritus Zwischenglieder zwischen den frühgeschichtlichen Schminkpaletten und den berühmten, als ‹Salblöffel› angesehenen Gegenständen des Neuen Reiches. Sie haben schon seit der Zeit der 1. Dynastie sehr unterschiedliche Gestalt; bei allen sieht man die Freude am Originellen und die Grundzüge des ägyptischen Dekors mit seinen überwiegend tierischen und pflanzlichen Motiven. Musterbeispiele hierfür sind die Funde aus dem Grab des Hemaka in Saqqara (1. Dynastie). Wie schon während der 1. Dynastie unter König Dewen haben Handwerker kunstvoll geflochtene und höchst elegante kleine Schilfkörbchen in grünem Schist nachgeahmt – so wie zwei Dynastien später König Djoser Holzelemente archaischer Architektur in Stein umsetzen ließ. Aus dem Grab des Königs Sechemchet (3. Dynastie) ist eine kleine aus Goldblech gearbeitete Schmink-

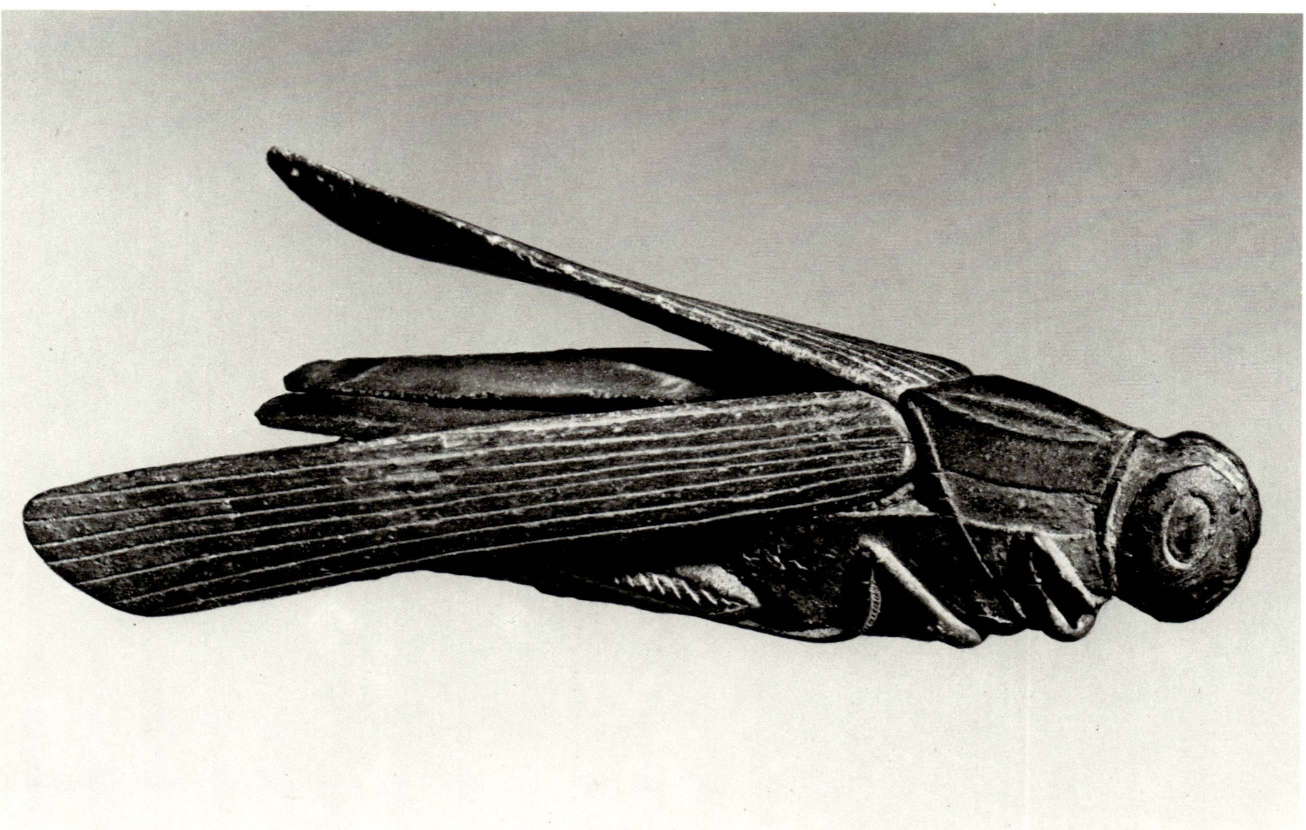

246 - Schminkbüchse in Form einer Heuschrecke mit beweglichen Flügeln. 6. Dynastie (?) - *Holz; Länge 0,175 m* - Kairo, Ägyptisches Museum

247 - Saqqara, Grab des Königs Sechemchet - Zweischalige Schminkbüchse in Form einer Jakobsmuschel. 3. Dynastie - *Getriebenes Gold; Länge 0,052 m* - Kairo, Ägyptisches Museum

248 - Saqqara - Toilettengefäß, ein Binsenkörbchen nachahmend. 1. Dynastie - *Schist; Länge etwa 0,60 m* - Kairo, Ägyptisches Museum

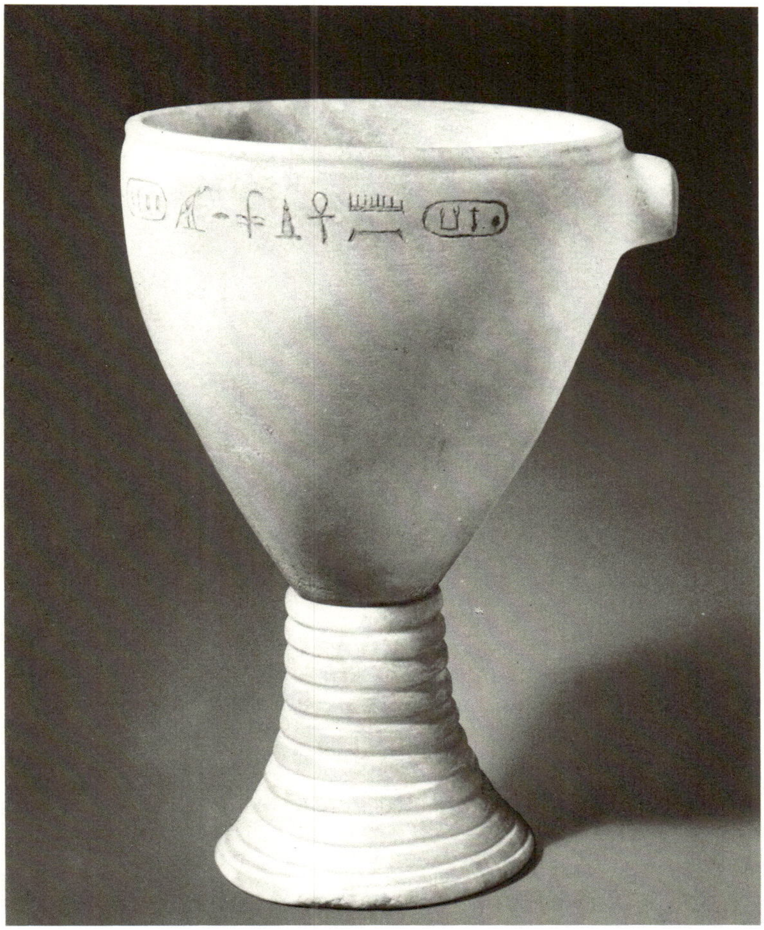

250 - Parfümgefäß mit dem Namen des Königs Merienre, in der Form einer Äffin, die ihr Junges hält. 6. Dynastie - *Alabaster; Höhe 0,18 m* - New York, The Metropolitan Museum of Art

251 - Saqqara - Ausgußschale mit den Namen des Königs Phiops II. und der Königin Anchesenpepi. 6. Dynastie - *Alabaster; Höhe 0,178 m* - New York, The Metropolitan Museum of Art

dose in Form einer Jakobsmuschel auf uns gekommen, die erstaunlich qualitätvoll ist. Wahrscheinlich in die 6. Dynastie gehört ein Holzgefäß in Gestalt einer Heuschrecke mit langen geriefelten und gegliederten Flügeln; wir sehen, wie außerordentlich vielfältig diese Salb-, Puder- und Parfumbehälter waren, die auf einen sehr alten Prototyp zurückgehen.

Schon aus der 1. Dynastie finden sich in den Königsgräbern von Abydos kleine schmale Becher mit flachem Deckel, winzige Schälchen und eiförmige Gefäße mit Goldauflagen, die um Lippen und Wellenhenkel gelegt sind. Sie waren an geflochtenen Goldfäden aufgehängt. Das für diese preziösen Gefäße verwendete Material war Serpentin, Breccie aus der Wüste und vor allem Alabaster.

Im Mittleren Reich hat man Öle, wohlriechende Salben und Kohel, das an die Stelle der Malachitschminke der ersten Dynastien getreten war, in Behältnissen aufbewahrt, die, soweit für Männer bestimmt, aus Obsidian, feinem Alabaster oder oft auch aus blauem Abydos-Marmor waren. Bisweilen sind sie von Bändern aus Goldfolie eingefaßt. Inschriften geben Namen und Titel der Gefäßeigentümer an. Als typische Beispiele dieser Zeit können noch einmal die Schminkgefäße der Prinzessin Sathathoriunu dienen sowie zwei der schönsten uns bekannten plastischen Gefäße aus blauem Marmor: das eine ist eine Vase, aus zwei aufgerichteten Enten komponiert, deren zurückgebogene Hälse die beiden Henkel bilden; das andere ein sehr hübscher Tiegel aus der Sammlung Schimmel; er ist auf der einen Seite mit einem in Hochrelief

249 - Girgeh - Salbgefäß: Zwei Enten Rücken an Rücken, deren Hälse die Henkel bilden. 12. Dynastie - *Marmor; Höhe 0,17 m* - New York, The Metropolitan Museum of Art

wiedergegebenen Affen verziert, der sich geschmeidig an die Gefäßwand schmiegt, während er den Schwanz um den Fuß des Tiegels schlingt. Bereits aus der Zeit des Alten Reiches stammt ein theriomorphes Alabastergefäß mit Inschrift des Königs Merenre (6. Dynastie): eine hockende Affenmutter mit ihrem Jungen auf dem Schoß, das den Kopf zärtlich gegen ihre Brust drückt.

### *Geschirr und Gefäße*

Von den Gefäßen des Alten und Mittleren Reiches kennen wir unzählige Exemplare. Alle stammen aus Nekropolen. Das einfache tägliche Gebrauchsgeschirr war natürlich aus Ton; es war sehr sorgsam gearbeitet, ziemlich dunkel korallenrot getönt und auf der Oberfläche glasiert; doch konnte der Farbton auch ins Hellere spielen. Die einfachsten Gefäße waren sogar ungeglättet. Der in der ältesten Zeit übliche Dekor war außer Gebrauch gekommen, und die Gefäßoberfläche ist für gewöhnlich schmucklos. Man spürt in dieser eleganten Entäußerung die Tendenzen des ägyptischen Stils, für den immer vollendete Linie und Nüchternheit typisch waren. Erst am Ende des Mittleren Reiches, als sich ein gewisser minoischer Einfluß bemerkbar machte, findet man auf einigen wenigen Stücken die charakteristischen geometrischen Motive Kretas. Auf der anderen Seite erinnert uns nubische Keramik des Mittleren Reiches mit eingeritzten geometrischen Ornamenten in der Mehrzahl der Fälle an frühgeschichtliche Techniken. Die eigentlich ägyptischen Formen sind eleganter, und während der ersten Dynastien haben bestimmte sehr hohe Becher ohne Fuß aus rötlichem Ton gelegentlich einen gemalten Netzdekor, der sich auf das ursprünglich verwendete Tragnetz zurückführen läßt. Für Schalen und kugelförmige Gefäße hatten die Töpfer sehr schlanke Ständer vorgesehen, die ein wenig an die Form von Schleuderkreiseln erinnern. Wie zahlreich all diese Keramik auch war und wie sehr sich im Wandel der Zeiten ihre Form geändert haben mag, zeigt sie doch immer jenen entschieden ägyptischen eigenständigen Stil. Die Form der Gefäße hing im übrigen auch vom Inhalt ab. Die in einem Becken stehende Wasserkanne hat nicht das geringste gemein mit den Öl- und Weinkrügen, der Milchflasche oder dem Bierkrug.

Die Deckel waren, je nach dem, was das Gefäß enthielt, konisch oder – häufiger noch – flach. Vom Mittleren Reich an porträtierten die Deckel der Kanopengefäße – das heißt die Eingeweidekrüge aus Ton oder Stein – den Kopf des Verstorbenen.

Im Alten Reich bestanden die feinsten Gefäße mit besonders typischer und wohl berechneter
Abb. 317 Linienführung aus Bronze, zum Beispiel die prachtvollen Wasserkannen und die als Lampen
Abb. 284 dienenden, auf einem Untersatz stehenden Tiegel. Im Mittleren Reich wurden aus gehämmerter Bronze bauchige Flaschen mit sehr elegantem Hals hergestellt; sie standen auf einem ringförmigen, armreifartigen Untersatz. Weitere sehr wertvolle Alabastergefäße wurden in großer Menge im Grabinventar von Königen und Prinzen gefunden (aus den Grabkammern der Stufen-
Abb. 276 pyramide von Saqqara stammen Tausende von Exemplaren). Freilich sind all die hier angesprochenen Formen nur ein matter Abglanz jener Meisterwerke, die aus dem Kalzit der Steinbrüche von Hatnub geschaffen wurden. Zum Aushöhlen benutzte der Ägypter hier wie überhaupt bei Steingefäßen Handbohrer, an denen eine Silexklinge befestigt war. Man ließ sie rotieren, und wenn der Stein besonders hart war, nahm man Sand als Schleifmittel zur Hilfe. Der Steingefäßbildner machte sich auch den Verlauf von Gesteinsadern zunutze: man kann erkennen, wie er die natürliche Zeichnung des Steins als Dekor zur Wirkung brachte; so orientierte sich das ästhetische Empfinden des Ägypters an der Natur.

Manche ausländischen Gefäße, die während des Mittleren Reiches zumal aus der Ägäis importiert wurden, gelangten sicherlich über die östlichen Anrainerstaaten des Mittelmeers nach
Abb. 328 Ägypten. So erklärt sich das Vorkommen von Silberschalen in den unterirdischen Räumen des Tempels von Tod. Sie tragen wesentlich zur Kenntnis der bildenden Kunst der wohl auf gewaltsame Weise untergegangenen ägäischen Kultur bei.

252 - Deir el-Bahari, Totentempel des Mentuhotep - Teile eines Gründungsdepots. 11. Dynastie - *Glasierte Fritte; Größte Länge 0,28 m* - Luxor, Museum

*Kultgerät und Apotropaika*

Es ist nicht leicht, sich eine Vorstellung vom Kultgerät des Alten und Mittleren Reiches zu machen; denn die Tempel dieser längst vergangenen Zeiten sind mitsamt ihren sakralen Schätzen fast alle untergegangen. Leichter gelingt das in der späteren Zeit, weil aus dem Neuen Reich manches Gerät im Original erhalten, vor allem aber auf Tempelwänden abgebildet ist. Wir dürfen aber annehmen, daß sich die Dinge im großen und ganzen nur wenig verändert haben, war ihre Gestalt doch schon in archaischer Zeit ausgeprägt worden, und das Ritual schrieb vor, die ursprüngliche Form beizubehalten. Als rituelle Gegenstände des Alten Reiches können wir etwa die berühmten Sistren bezeichnen, bei denen die Griffe an die Spiegelgriffe erinnern, während der Kopf entweder aus einem offenen Resonanzkörper in Form einer kleinen Kapelle besteht (sogenanntes Naos-Sistrum) oder, so im Mittleren Reich, einen Metallbügel mit Gestänge darstellt, an dem kleine Rasselstangen aufgehängt sind (Bügelsistrum). Ein Votivsistrum aus Alabaster vom erstgenannten Typ, mit einem Falken obenauf, geht auf Teti (6. Dynastie) zurück. Es ist ein Beispiel für die zum Kunstwerk ausgestalteten Ritualgeräte, die der Göttin von Dendera geweiht waren. Als Komplementärstück zum Sistrum findet sich sehr oft die Menit, eine Art Halsband mit Wulst und schwerem Gegengewicht; es handelt sich um eine von Mal zu Mal besser gelungene Stilisierung des weiblichen Körpers, wobei das Gegengewicht den Körper darstellt, der Wulst am Halsband das Haupthaar. Die Menit wurde dem Lebenden verehrt oder dem Toten mitgegeben, damit er bei einem festlichen Anlaß wie dem Neujahrstag am Frühling teilhabe, auf daß er durch die Vermittlung des Körpers der Großen Mutter einen neuen Zyklus beginnen konnte.

Vom Instrumentarium der Grabriten kennen wir aus Gräbern Belegstücke, deren Sinn und Bedeutung sich nach und nach erschließen. Zunächst sind kleine Platten aus Alabaster, Schiefer oder auch Kalkstein zu nennen; es handelt sich um Behältnisse mit Aushöhlung in der Form des Gerätes, das für die an der Mumie vollzogene Zeremonie der ‹Mundöffnung› verwendet wurde. Teils sind solche Platten im Original auf uns gekommen, teils finden wir sie auf den Wänden abgebildet. Hübsche kleine Gefäße aus hartem Stein oder Quarz mit besonders klaren Umrissen sind stets um das wesentliche Ritualinstrument herum angeordnet, das aus einem zierlichen Obsidian- oder Schieferstab mit gespaltener Spitze bestand.

Die Opfertische sind im Alten Reich gewöhnlich kleine Tischchen – bisweilen aus Alabaster – bar jeden Dekors, aber bewundernswert in ihrer Schlichtheit. Sehr bald ist dann auch das Opfer selbst abgebildet; es liegt auf einer in Stein umgesetzten Schilfmatte, aus der eine rechteckige ornamentierte Platte wird; in der Mitte einer der Längsachsen hat sie einen Vorsprung zum Abfließen des libierten Wassers. Diese Nachbildung wird zu einem der wesentlichen Elemente der Grabausstattung: es ist der traditionelle Opfertisch, während das kleine runde Tischchen von nun an als Ablage für alle möglichen Dinge dient, die dem Toten *in natura* dargeboten wurden.

Für die Rauchopfer wurden kleine Räucherständer in Auftrag gegeben: eines stammt von König Cheti noch aus der Zeit vor dem Mittleren Reich. Der Rost steht auf vier Beinen und besteht aus durchbrochenen Rauten; ihn umgibt ein Rundgitter, dessen ornamentale Wirkung durch die Hieroglyphen der Königstitulatur erzielt wurde.

253 - Räucherständer des Königs Meriibre Cheti I. 9. Dynastie (von Herakleopolis) - *Bronze; Durchmesser 0,16 m* - Paris, Louvre

254 - Fragment eines Zaubermessers mit apotropäischen Tieren. 11. Dynastie - *Elfenbein; Höhe 0,06 m* - Paris, Louvre

Wenn Pharao einen Tempel erbaute, so mußte er zuvor eine Gründungszeremonie zum Schutz des Gebäudes durchführen. Dazu gab es eine ganze Reihe ritueller Gegenstände: sie verkörperten den Modellziegel oder Modellstein, Opfergefäße mit raren Essenzen, Nachbildungen von Früchten und Blumen oder Opfertiere. Ein ganz unerwarteter Depotfund solcher Art kam unlängst bei den deutschen Ausgrabungen in Deir el-Bahari unter dem Jubiläumstempel des Mentuhotep (11. Dynastie) zutage. Die Fundstücke sind aus modellierter Fritte mit einem Glasüberzug in hellglänzendem Türkisblau; der Farbton ist außerordentlich gut erhalten; er war für diese Zeit bisher noch nicht bezeugt.

In den Gräbern fanden sich innerhalb der so reichhaltigen Beigaben auch Wurfhölzer mit einer originellen, aber auch gefälligen Krümmungslinie. Dem Toten waren sie wohl beigegeben, damit er mit dem noch auf Urzeiten zurückgehenden und folglich rituell wirksamen Jagdgerät Wildenten erlegen konnte; diese verkörperten nämlich die sumpfbewohnenden Dämonen. Zu Beginn des Mittleren Reiches kommen auch magische Elfenbeinklingen vor, die mit apotropäischen Tieren verziert sind, darunter mit der Nilpferdgöttin Thoeris oder mit Aha, dem Vorläufer des Gottes Bes. Der Dämon ist als ausländischer Gefangener mit auf dem Rücken gefesselten Armen dargestellt. Damit der ewige Schutz des Toten noch stärker gewährleistet ist, halten wohltätige Genien den Feind in Schach. All diese Schutzsymbole und Tiere, die noch aus dem Repertoire der prädynastischen Künstler zu stammen scheinen, sind mit so sicherer und gekonnter Strichführung gezeichnet, daß sie die Apotropaika zu unleugbaren Kunstwerken erheben.

Unter den magischen Figuren, die ganz vom Anfang des Mittleren Reiches stammen, sind die Darstellungen von Frauen oder Nilpferden aus glasierter türkisblauer Fritte mit schwarzer Bemalung die bekanntesten. Die weiblichen Miniaturbildnisse bilden die Endstufe ganzer Serien verschiedenartiger Figuren, die bis in die Vorzeit hinaufreichen. Man hat sie lange für Puppen oder Tänzerinnen gehalten, und tatsächlich sind sie durch aufgemalte Halsbänder, Lendengürtel und sogar durch Tätowierung markiert. Im Haar sind Löcher zum Hineinstecken von Blumenschmuck. Sind es aber wirklich Tänzerinnen? Die Beine hören ja schon bei den Knien auf! Eher sollten wir in diesen sehr grazilen und vollendet stilisierten Körper-‹Skizzen› eine Variante der Weiblichkeiten sehen, die man dem Toten zur Verfügung stellte, auf daß er aus eigener Lendenkraft wiedergeboren werden konnte.

Das logische Gegenstück zu diesen Figuren sind nun die Nilpferdstatuetten in dunkelblauem Türkis. Es handelt sich hier nicht um das Nilpferd als Schutzgottheit, die auf den Hinterfüßen saß und der Göttin Thoeris geweiht war (wir sahen sie auf einer der magischen Elfenbeinklingen). Vielmehr hat der Künstler den Dickhäuter als bösen Dämon dargestellt; mit wenigen Strichen verlieh er ihm die Schwere des Körpers und die charakteristische Kopfhaltung zum Erdboden hin, oder er zeigte ihn, wie er sich mit geöffnetem Gebiß schmerzgetroffen zu dem Speer, der ihn durchbohrt hat, zurückwendet. Und um nun die schädliche Bestie, ein Abbild des Dämons, auf den Grund des Flußbettes zu verbannen, damit sie den Toten während seiner Schiffsreise vor der Wiedergeburt nicht behelligte, hat der Künstler mit anschaulichem Pinselstrich Wasserpflanzen auf den Körper des Tieres aufgetragen, die am Grund des Flusses verwurzelt sind, eben dort, wo man es hinwünschte. Auf den Rücken des Nilpferdes dagegen malte er Lotosblüten, die auf der Oberfläche des Wassers eine neue Sonne ans Licht bringen sollten; mit ihr konnte der Verstorbene ungehindert wiedergeboren werden. So wirkte die Hand des Künstlers in Ägypten stets im Dienste der Unsterblichkeit.

### *Die Insignien des Beamten*

Beamter war in Ägypten derjenige, der die für den Eintritt in die Verwaltung nötige Schulausbildung erfahren hatte: er mußte ein «Schreiber, der das Schreibzeug erhalten hat», werden. Das Schreibzeug war also das Würdenzeichen eines Berufs und stellt eine soziale Erhöhung dar. Hesire (3. Dynastie) ließ es sich nicht nehmen, daß man ihn in aller Majestät thronend oder auch stehend abbildete mit den Abzeichen seiner Gelehrsamkeit als Schmuck: das waren die Schreibpalette, die Schreibbinse, der Lederbeutel mit dem Farbpulver, Wassernäpfchen und Radierstift aus feinem Sandstein. Die Palette war im Alten Reich ein nüchternes breites Rechteck aus Schiefer oder Holz; sie hatte zwei Vertiefungen für rote und schwarze Farbnäpfchen. Im Mittleren Reich wurde die Palette länglich; am einen Ende befanden sich die winzigen Tintennäpfchen, die wie auch schon früher von feinen magischen Kreisen umzogen waren. In der Mitte war auf Dreiviertelhöhe ein Kästchen eingetieft, in dem die Schreibrohre oder die dünnen Binsenpinsel lagen. Elfenbeinern getönte, aus aneinandergeleimten und -gepreßten Streifen der Stengel hergestellte Papyrusrollen waren die vornehmsten Träger des menschlichen Geistes.

### *Spiel und Musik*

Spiel und Musik erfüllten das tägliche Leben auf Erden und im Jenseits. Vergnügen, Reiz des Wagnisses oder Behagen sollten Spielzeug und Instrumente bringen – jedes auf seine Art. Aber immer kam es auf sie an, und so können wir den Bildern auf Grabwänden oder den deponierten Gegenständen durchaus Glauben schenken.

Kleine runde Schieferscheiben mit inkrustiertem Tierdekor aus dem Grab des Hemaka (1. Dynastie) sind vielleicht die ältesten bekannten ‹magischen› Kreisel. Ließ man sie um ihre Achse rotieren, so gerieten die Bilder auf der Scheibe in lebendige Bewegung: Hunde hetzen Steinböcke oder brechen ihnen das Genick – eine nicht endende Jagd; Flamingos werden in Netzen gefangen. Das beliebteste Spiel war aber das *senet.* An ihm nahmen zwei Personen teil,

258 - Theben, Grab des Reniseneb - Brettspiel. 12. Dynastie - *Spielbrett: Sykomore, Elfenbein und Ebenholz; Stecksteine mit Hundeköpfen: Knochen; Höhe des Bretts 0,064 m* - New York, The Metropolitan Museum of Art

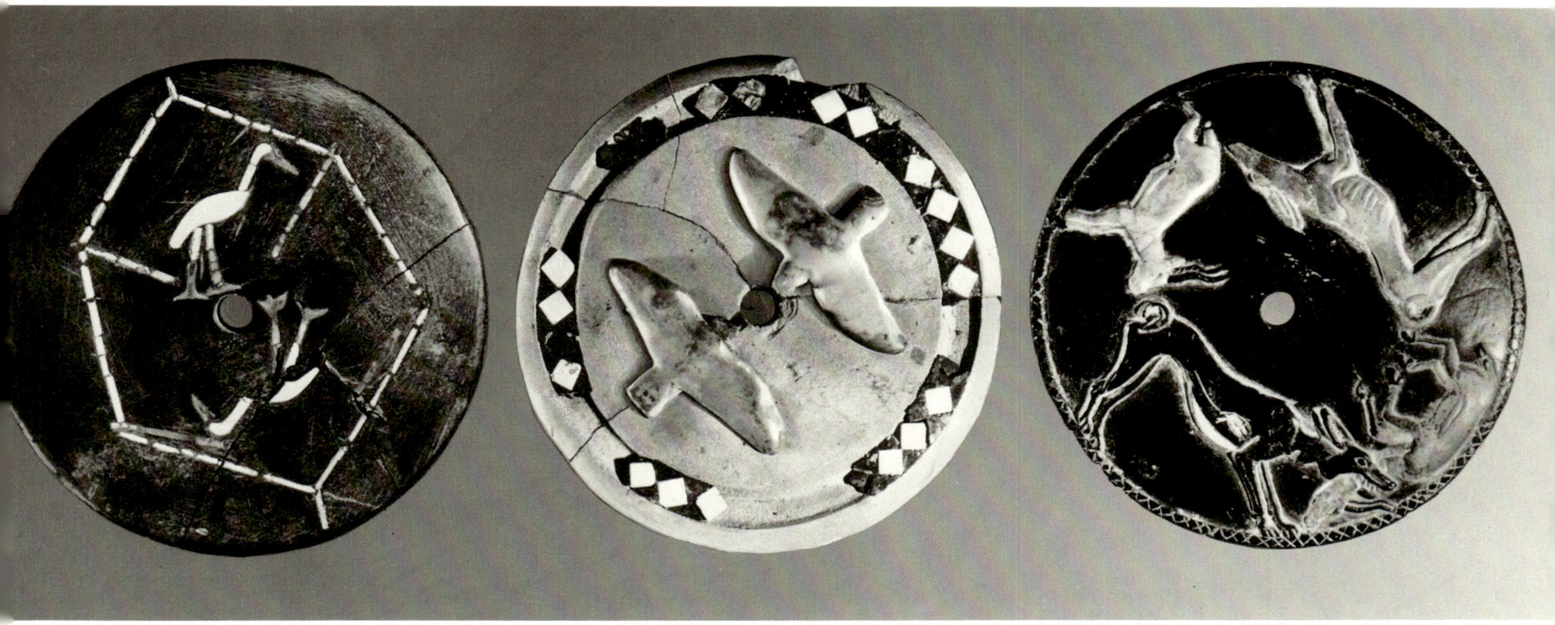

255 bis 257 - Saqqara, Grab des Königs Dewen (Hemaka zugeschrieben) - Kreisel-Scheiben (?) mit Tierdekor. 1. Dynastie - *Steatit, Alabaster, Kalkstein, Glaspaste, Elfenbein, Schist; Durchmesser 0,089 m, 0,097 m und 0,087 m* - Kairo, Ägyptisches Museum

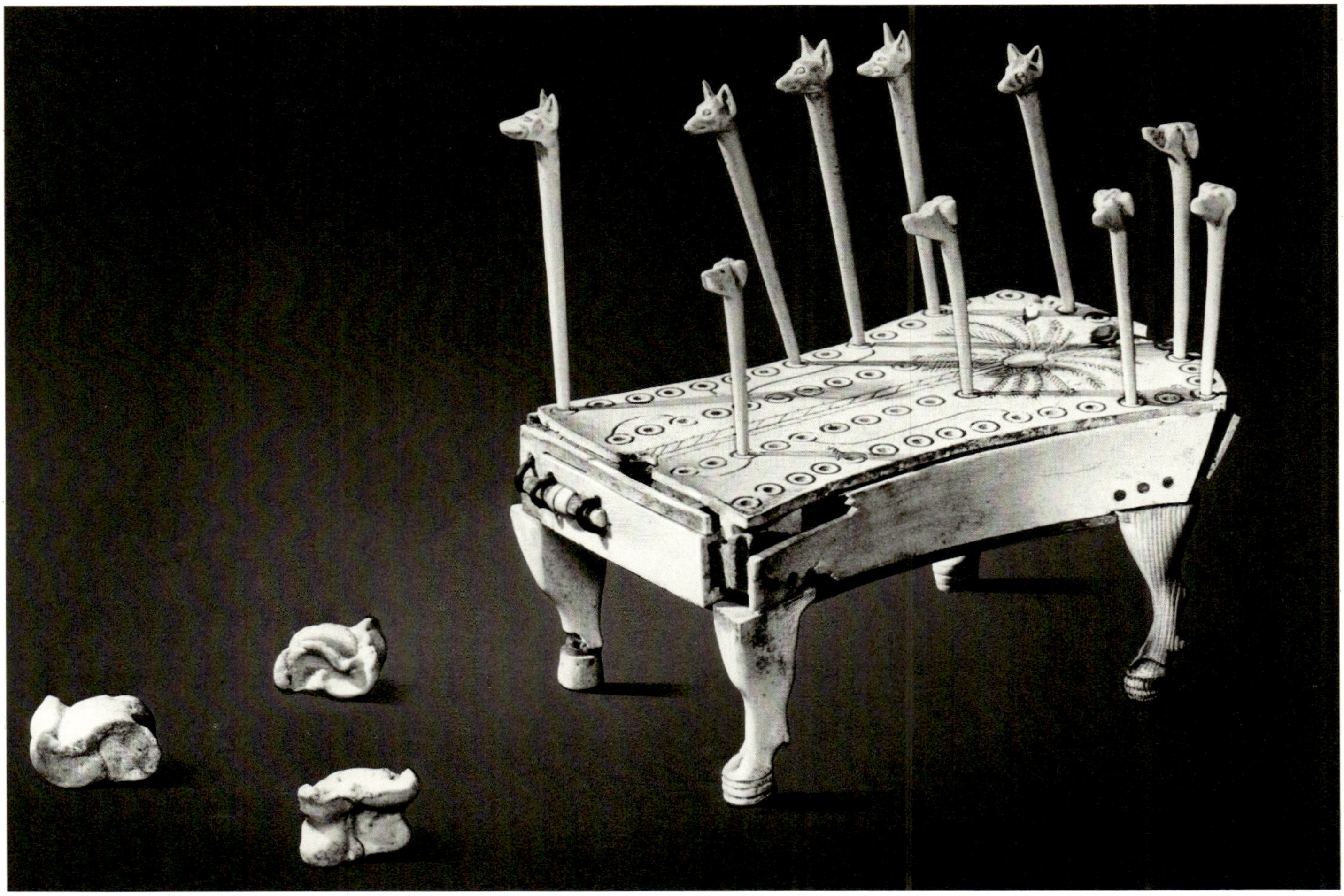

259 - Saqqara, Mastaba des Mereruka - Relief: Der Verstorbene und sein Sohn beim Brettspiel. 6. Dynastie - *Kalkstein; Länge der Szene etwa 1,20 m*

260 - Schlangenspiel, Vorläufer unseres Gänsespiels. 1. oder 2. Dynastie - *Alabaster mit Einlagen (Augen: Obsidian; Zunge: Jaspis); Durchmesser 0,41 m* - Paris, Louvre

die ihre nach Parteien unterschiedenen Spielsteine auf einer Art Damebrett mit dreißig Feldern setzten. Auf den Grabreliefs des Mereruka in Saqqara sehen wir die Spieler beim Spiel an einem Kästchen mit Schubladen.

Eine Abart dieses Spiels und wohl auch seine Vorläuferin war die ‹Schlange›; noch heute ist das Spiel unter diesem Namen in angelsächsischen Ländern bekannt. In der westlichen Mittelmeerwelt kennt man es als das ‹Gänsespiel›. Der Louvre besitzt ein sehr schönes Spielbrett aus der Zeit der 1. oder 2. Dynastie: ein niedriges Tischchen, dessen Platte aus einer langen, um ihren Kopf aufgerollten Schlange besteht. Die Obsidianaugen, die Zunge aus rotem Jaspis beleben das Ganze; die Spielfelder, die über den Körper der Schlange verteilt sind, lassen an ein Labyrinth denken, in das die Spieler sich stürzten. An einer Stelle des Rands zeigen Kopf und

261 - Abydos - ‹Kastagnetten›-Paar in Form von Unterarmen mit Händen. 12. Dynastie - *Knochen; Höhe 0,173 und 0,171 m* - London, Britisches Museum

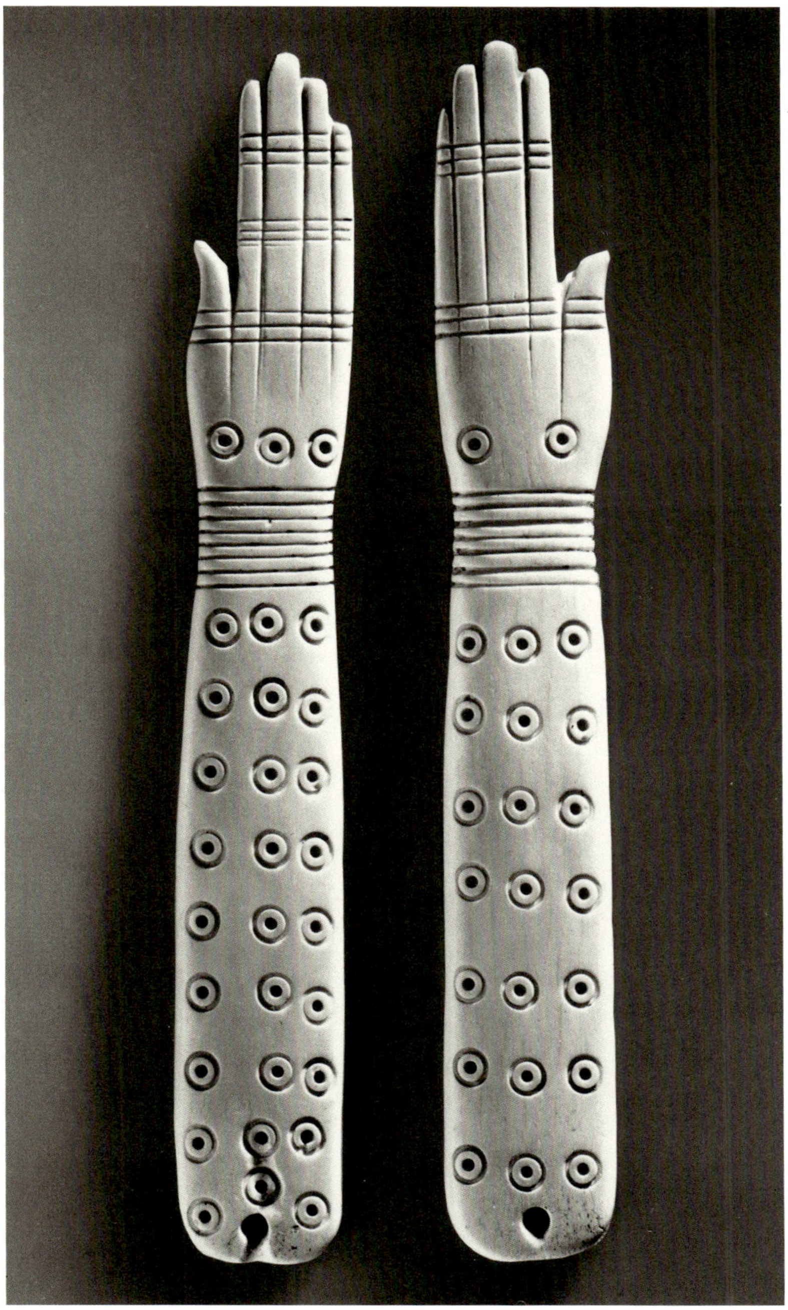

Hals der Sonnengans das Ziel an, das der Spieler, der die Irrwege glücklich durchlaufen hatte, erreichen mußte. In den Gräbern konnte sich jemand, der die Strategie des Spiels beherrschte, dank *senet*-, ‹Schlangen›- oder Hundespiel (das wahrscheinlich am Ende des Mittleren Reiches aufgekommen ist) gegen alle nur denkbaren Arten von Hindernissen den Weg in die andere Welt bahnen.

Konzerte und Tanzveranstaltungen sind auf den Wänden der Mastabas des Alten Reiches abgebildet. Neben Flöten (die Spieler sind bisweilen blind) erscheinen sehr oft Saiteninstrumente; darunter findet die Bogenharfe einen Ehrenplatz im Kultraum des Mereruka.

Die Tänzerinnen pflegten ihre rhythmischen Bewegungen oft mit Kastagnetten, die zwei Händen nachgebildet sind, zu begleiten. Andere Schlaginstrumente hatten mit Vorliebe die Form langer Unterarme mitsamt Händen; sie sind mit Kreisen verziert, die vielleicht eine Tätowierung nachahmen. Im Mittleren Reich haben völlig geradlinige Klangstäbe ein bewußt archaisches Aussehen; in der Folgezeit sind sie dann gebogen.

*Werkzeug und Waffen*

An drei Beispielen wollen wir zeigen, wie der Mensch seine Tätigkeit durch den Gebrauch von geeigneten Werkzeugen und Waffen effektiver gestaltete; dabei sehen wir, daß es Konstanten
Abb. 273 für die künstlerische Ausformung von Gebrauchsgegenständen gab. Die Sichel «des Hemaka» (1. Dynastie) etwa ist durch ihren funktionsgerechten Schwung dem Auge gefällig; der Hand-

262 - Assiut - Soldatenfiguren. 9. bis 10. Dynastie - *Bemaltes Holz; durchschnittliche Höhe 0,40 m* - Kairo, Ägyptisches Museum

263 - Dahschur - Dolch der Prinzessin Ita (Ausschnitt). 12. Dynastie - *Gold, Bronze, Lapislazuli, Karneol und Feldspat; Gesamthöhe 0,258 m* - Kairo, Ägyptisches Museum

werker hat von vornherein die vollendete Form gefunden: einen der Hand angepaßten Griff, eine lange mit kleinen Silexklingen besetzte Schneide, die zahlreiche Grasbüschel oder Stengel auf einmal durchzutrennen vermochte. Die Form ist vier Jahrtausende lang praktisch die gleiche geblieben, so genau entspricht sie ihrer Funktion.

Abb. 283 Der Kupfermeißel aus den Dioritsteinbrüchen des Chephren in Nubien erweckt den gleichen Eindruck. Die im Querschnitt quadratische Klinge ist in ihrer Länge ausgewogen; der Griff ist aus Gründen der Stabilität zusammen mit der Klinge aus einem Stück gearbeitet. Dadurch daß der Meißel an der Griffstelle leicht eingezogen ist, erhält er eine schlichte Eleganz. Oben ist er leicht verbreitert, und der auf diese Weise entstehende Kopf bietet dem Hammer eine bessere Schlagfläche dar.

Waffen bestanden wie Werkzeuge zunächst aus Kupfer, dann, im Mittleren Reich, aus Bronze. Die Frage ist bis heute noch nicht beantwortet, durch welches Verfahren man das Kupfer so gehärtet hat, daß es beim Herausbrechen von härtestem Gestein verwendet werden konnte und im Kampf Stoß und Gegenstoß aushielt. Wir können nicht umhin, noch einmal die originelle Form und die funktionsgerechte Linienführung zu unterstreichen. Die Harpunen der Frühzeit sind nach Proportion und Rauhheit des Materials genau berechnet, und sie müssen wie die Pfeilspitzen von starker Durchschlagskraft gewesen sein. Die Spitzen der Spieße waren im Alten wie im Mittleren Reich sehr elegant geformt. Die damit bewaffneten Soldaten schützten sich mit hohen Schilden (*boucliers*), Vorläufern der europäischen Schilde (*écus*); sie waren ebenso wie die zylinderförmigen Köcher mit gefleckten Rindshäuten bespannt. Die Klinge der Streitaxt hatte manchmal die Form einer langgezogenen Mondsichel und war an zwei Stellen durchlocht. Mit dem Holzstiel war sie durch hellrot gefärbte kunstvoll geflochtene Riemen verbunden. Die
Abb. 337 Dolche schließlich, die im Alten Reich noch sehr einfach gefaßt waren, erhielten im Mittleren Reich eine äußerst typische Form: der Griff ist halbmondförmig, das Heft – wie bei dem Dolch der Prinzessin Ita – mit Zierblumen inkrustiert. Der Halbmondgriff, der oft aus Elfenbein oder Knochen besteht, besitzt gelegentlich eine aufgenagelte Bronzeummantelung; diese hatte in der Mitte des Griffs zwei ausgesparte Stellen, die zugleich dekorativ wirkten und das Gewicht mindern halfen.

### *Fahrten und Reisen*

Der Ägypter kannte zwar seit dem Alten Reich das Rad in Gestalt des Scheibenrades, doch hat er es offenbar nicht für Fahrzeuge verwendet. Die Sandwege oder die Deiche, die vor der jährlichen Nilüberschwemmung schützten, waren kaum zum Befahren geeignet. So wurde das Rad einzig und allein benutzt, um bei Belagerungen von Städten und Festungen Leitern zu transportieren. Für alle Arten von Transporten bediente man sich einfacher Schlitten mit vorn hochgebogenen Kufen; der Ägypter bewegte sich sonst gewöhnlich viel zu Fuß oder auf Eselsrücken (das Pferd wurde erst im Neuen Reich nach Ägypten eingeführt). Manchmal finden wir einen stuhlartigen Kastenaufsatz, der auf den Esel gesetzt wurde und zur Beförderung von Personen diente.

Dieses Traggestell läßt sich mit der Sänfte vergleichen, die Könige und hohe Würdenträger von der 1. Dynastie an benutzten. Ein einziges Exemplar ist uns erhalten; es gehörte der Königin Hetepheres. Im ganzen sieht die Sänfte aus wie die Sessel der Königin: sie ist breit, massiv, hat eine hohe Rückenlehne und hochgezogene, vorn abgerundete Seitenlehnen. Hetepheres konnte ihre Beine in dem Kasten, der sich an die Sitzfläche anschloß, völlig ausstrecken. Verziert war der Reisesessel durch goldene Hieroglyphen in Ebenholzstreifen. Das Möbel ist mit einem Goldstreifen eingefaßt, auf dem ein geometrischer Reliefdekor angebracht ist. Die beiden Tragstangen waren an allen vier Enden mit goldenen Hülsen in Gestalt von Palmblattkapitellen verziert.

Hauptsächliches Verkehrsmittel war am Nil jedoch das Schiff; lief doch alles Leben am Fluß

264 - Grabmodell einer Totenbarke. Mittleres Reich - *Bemaltes Holz; Länge 0,775 m* - Paris, Louvre

zusammen. Papyrusnachen sind schon seit prähistorischer Zeit bekannt; ihre archaische Form schuf man sich in den Kultbarken immer wieder neu. Dann gab es Fischerboote mit Auslegern, Segelboote mit rechteckigem Segel und ein oder zwei horizontalen Rahen; die Boote waren auch mit Rudern ausgerüstet für den Fall der Windstille. Bis zum Mittleren Reich war der doppelte Mast nicht, wie später, in der Mitte des Decks eingesetzt, sondern vorn im ersten Drittel. Es gab auch kleine Schleppkähne sowie größere Lastkähne für den Transport von Lebensmitteln und Vieh. Die Schiffe des Alten und Mittleren Reiches waren alle aus Holz, und ihr nicht sehr tiefgehender Kiel war nur für die Nilschiffahrt gedacht. Das Heck war oft höher als der Bug. Trotzdem haben sich die Ägypter seit früher historischer Zeit zu Schiff zwar nicht auf die offene See, aber doch an der Küste entlang ins östliche Mittelmeer bis nach Byblos begeben, und sie sind an den Küsten des Roten Meers entlang in Richtung Punt gefahren.

Die Schiffsbaukunst gab jedem Bootstyp seine eigene Form. Die Nilschiffe erinnern stets mehr oder weniger deutlich an den archaischen Papyrusnachen, waren also rein ägyptisch. Dagegen scheint es, als ginge die ausgewogene, mit Wanten verstärkte Grundform der seetüchtigen Fahrzeuge auf den Einfluß der Bootswerften von Byblos zurück. Diese Schiffe wurden denn auch *kepenu*, ‹gublitische›, das heißt Byblos-Schiffe genannt. König Snofru ließ Schiffe von 100 Ellen (52,50 m) Länge bauen, um zur Zeit der beginnenden 4. Dynastie, also noch vor Cheops, Zedern aus dem Libanon zu holen. Die Königsbarken hatten, wie man bei dem großen Boot des Sahure (5. Dynastie) sehen kann, reich verzierte Segel.

Die Königsbarke des Cheops, 1952 in einer Grube im Felsboden südlich von seiner Pyramide entdeckt, war in vierhundertsieben Teile zerlegt worden. Der Rumpf bestand aus Zedernplanken, die untereinander durch Taue verbunden waren, welche man durch in das Holz gebohrte Löcher führte. Zerlegbare Schiffe dieser Art hat später Thutmosis III. auf dem Euphrat benutzt, und Jahrhunderte später berichtet noch Diodor in Kapitel 1 seines II. Buches, daß Semiramis ein solches Verfahren den Phöniziern, Zyprioten und Syrern empfohlen habe.

Im Profil erinnert das Schiff des Cheops mit seinem rechtwinklig aufsteigenden Bug, den eine riesige Papyrusdolde bekrönte, und mit seinem leicht hochgezogenen Heck, das wie bei den Papyrusbooten gekrümmt ist, an die traditionelle Totenbarke. Es ist 43 m lang und 5 m breit und hat eine 2,70 m hohe und 9 m lange Kabine, deren Dach auf eleganten Zeltstangensäulen ruht. Es ist außerdem mit sechs Paar Rudern ausgestattet, die zwischen 6,80 und 7,80 m lang sind. Die lanzettförmigen Ruderblätter, die Linienführung des Schiffs und der architektonische Aufbau der Kabine – all das zusammen bewirkt, daß wir das schönste Exemplar einer pyramidenzeitlichen königlichen Totenbarke vor uns haben. Auf ihr war die sterbliche Hülle des Cheops auf dem Nil zu ihrer ‹ewigen Ruhestätte› überführt worden.

### *Dekorative Verkleidungen*

Wenn der Ägypter eine Fläche schmucklos ließ, so tat er das in voller Absicht; es hatte ja jeder Raum, jede Wand, jedes Element eine bestimmte Bedeutung. Das Nachgeahmte konnte die Wirklichkeit evozieren: so sollten zum Beispiel die kleinen türkisblauen Fayenceziegel an den Wänden der unterirdischen Räume vom ‹Südgrab› Djosers in Saqqara den Eindruck von Matten aus Papyrusstengeln erwecken. Die mit reichem Farbdekor verzierten ‹Türen› an den Wänden der Sargkammer (Pyramide des Unas, 5. Dynastie) oder an der Außenseite der rechteckigen Sargwannen des Mittleren Reiches geben zweifellos Wandbehänge wieder, die die Frauen in den königlichen und privaten Webereien zunächst auf dem Tief-, dann auf dem Hochschaftstuhl herstellten. Ähnlich verhielt es sich gewiß bei den Decken der Gräber, die seit dem Mittleren Reich mit Ornamenten geschmückt waren, die aus nebeneinandergesetzten Vierecken bestehen und – bei aller Vielfalt harmonisch – geometrische Muster wiedergeben. Diese Muster treffen wir in weniger komplizierter Form in Flechtarbeiten an, und man findet sie auch noch auf gefärbtem Leder, teils ausgeschnitten, teils aufgenäht.

### *Die Kleidung*

Von den ersten Dynastien an wurde die Kunst, Leinen zu spinnen und zu weben, für so hoch erachtet, daß nicht selten Prinzessinnen einer Werkstatt vorstanden. Sie führten Buch über die äußerst feinen weißen Stoffe, die von den auswärtigen Herrschern als Geschenk Pharaos so sehr begehrt waren. Ärmel waren manchmal auf Holzmodeln kunstvoll gefältelt worden; auch eine Art Kapuzenmantel des Alten Reiches war mit Plissee verziert. Vom Alten Reich bis zum Ende des Mittleren Reiches wurde der Ägypter, der einfache Mann wie der Herrscher, mit dem gewöhnlichen Schurz dargestellt, der oberhalb des Knies endet. Dagegen hat der Privatschurz unter der 12. Dynastie ebenso häufig die Form eines langen, vorn geschlossenen Rockes, der oft mit regelmäßig genähten Stoffornamenten besetzt oder mit einer geometrischen Fältelung verziert war.

Die Frauen trugen einen einfachen Rock aus weißem Leinen, der von zwei Trägern gehalten war, die auf der Brust ein weites Dekolleté freiließen. Zumal im Mittleren Reich wurde das Weiß des Gewandes belebt durch ein gesticktes Netz, das an das Prunk-‹Netz› aus bunten Perlen

265 - Gisa, nahe der Cheops-Pyramide - Totenbarke des Königs Cheops (Ausschnitt). 4. Dynastie - *Zedernholz; Länge 43 m* - Gisa

erinnert. Bisweilen war das Kleid auch noch durch gefältelte Partien verziert, die sich über das ganze Gewand verteilten. Man hat auch die Reste von Gürteln, wie sie die Männer trugen, gefunden; kleine bunte Perlen waren in geometrischem Muster hineingewebt. Die vorn sitzende Schließe konnte durch ein Ornament betont sein.

Was die in Gräbern dargestellten Gewänder der Frauen betrifft, so zeigen sie ebensolche gewebten Gürtel mit goldener Schließe, in die der Name inkrustiert war wie beim Grabschmuck der Hofdame Senebtisi (Lischt). Vom Gürtel dieser Frau hingen rechts lange Schnüre mit aufgefädelten Röhrenperlen herab; oben an den Schnüren saßen Lilienblüten; auf der linken Seite bestanden die Schnüre abwechselnd aus runden und eiförmigen Perlen; oben steckte jeweils eine Papyrusdolde. Daß die Verwendung mehrerer Perlenarten verbindlich war, zeigt ein weiterer Gürtel desselben Typs. Er hat Fransen aus teils röhren-, teils blütenförmigen Perlen.

Üppige, mit prachtvollem Geschmeide besetzte Perücken traten bei den Frauen im Mittleren Reich an die Stelle der kürzeren Haartracht des Alten Reiches. Ausgesprochener Luxus war das Tragen von Sandalen, die aus geflochtener Papyrusfaser bestanden. Hohe Persönlichkeiten, vor allem Pharao, konnten beim Zelebrieren von Ritualen aber auch Sandalen aus weißem Leder tragen.

### *Tradition und fremder Einfluß*

Die Fremdherrschaft der Hyksos, unter der die Ägypter am Ende des Mittleren Reiches zu leiden hatten, hinterließ im ganzen Land tiefe Spuren. Durch die Schwächung und das praktische Verschwinden des Königtums kam die Arbeit in den Werkstätten völlig zum Erliegen, und die bildenden Künstler waren brotlos geworden. Die Tradition lebte nur kümmerlich in ganz aus der Art geschlagenen Werken fort.

Das in seiner Integrität und Ausstrahlungskraft schwer getroffene ‹Geliebte Land› zog sich auf sich selbst zurück und vegetierte dahin. Aber wenn Ägypten nationalistisch war, weil total auf sich selbst bezogen, so war ihm doch jegliche Art von Xenophobie fremd. Als es nach seiner Befreiung den alten Glanz wiedererlangt hatte, da erfuhr es eine solche Erneuerung, daß es sich fortan viel stärker als früher den Verlockungen von orientalischem Luxus und orientalischem Zuschnitt öffnen konnte. Derartiger Einfluß machte sich dann ganz besonders in der künstlerischen Ausformung von Alltagsdingen bemerkbar.

# SCHLUSSWORT

*Von Jean Leclant*

Die ersten Anfänge des ägyptischen Wunders bleiben ein Rätsel. Denn die lange Zeit, in der Ägypten in der Vor- und Frühgeschichte mit dem Pharaonenreich schwanger ging, läßt sich bisher nur durch sehr wenige Funde abstecken. Es handelt sich nur um die tastenden Versuche der Menschen, eine Formenwelt zu finden. Sie machten Abschläge von Feuerstein und begannen später damit, Keramik zu verzieren. Die Felsbilder, denen sich die Forschung in letzter Zeit stärker zugewandt hat, lassen das Niltal als eine Provinz der großen Felsmalereien der Sahara erscheinen, und zwar innerhalb eines riesigen paläoafrikanischen ökologischen Raums, der sich am Nordrand der Sahara vom Atlantik bis zum Roten Meer hinzog. Vielleicht wird es der Fortschritt der Forschung einmal gestatten, zu dem afrikanischen Urgrund vorzustoßen, von dem die Kultur der Pharaonen ausgegangen ist. Dazu muß man zweifellos bis zum Sudan nilaufwärts gehen. Aber werden wir jemals erfahren, wo sich bestimmte Riten und Mythen entwickelt haben und wo jene Formen geprägt wurden, die Jahrtausende lang Bestand hatten? Woher stammt der während der ganzen altägyptischen Kultur gültige Brauch, daß der Sohn, wenn er seinem verstorbenen Vater die letzte Ehre erwies, ein Pantherfell trug, wie es auch manche Priester bei ihren kultischen Verrichtungen anhatten? Wo ist der Gott der Weisheit mit seiner tierischen Verkörperung, dem Pavian, zusammengetroffen, der in historischer Zeit im unteren Niltal unbekannt war? Wenn aber der Einfluß der afrikanischen Dominante nur allzu naheliegt, so sollten wir doch die Möglichkeit des Hinzutretens anderer Kulturelemente nicht in Abrede stellen; denn frappierend ist es, wie praktisch gleichzeitig die großen Kulturen in ihren Flußtal-Oasen aufgeblüht sind: am Unterlauf und im Delta von Nil, Euphrat und Tigris, Indus – alle mehr oder weniger an denselben Breitengraden gelegen. Es sind also Einflüsse in der einen oder anderen Richtung möglich. Doch wäre es vonnöten, die einzelnen Etappen genauer, als das bisher geschehen ist, herauszuarbeiten.

Indes steht die pharaonische Kultur dann mit einem Mal fertig da, im wahrsten Sinne des Wortes. Das heißt, sie stellt auf den ersten Schlag geradezu mustergültig die Formen vor, die während der gesamten ägyptischen Kultur Geltung behielten. Um 3000 v. Chr. hat sich eine der glanzvollsten Wandlungen der Menschheitsgeschichte vollzogen. Noch gestern war Vorgeschichte, und schlagartig trat Ägypten unter Menes in die Geschichte ein. Mit einem Mal entstehen Pharaonentum, systematische Bewässerung und Schrift. Unter diesen dreien die eigentliche Triebkraft auszusondern, ist müßig. Will man dem wirtschaftlichen Faktor den Primat zuweisen, so kann man den eigentlichen Beweggrund in der zusammenhängenden Organisation der Be- und Entwässerung suchen, der Eindeichung und der am jeweiligen Bedarf orientierten Verteilung des Wassers. Aber ebensogut könnte man die Schrift in Erwägung ziehen, derer man bedurfte, um Aufträge für entfernte Länder zu übermitteln, um die für die Erstellung des Kalenders erforderlichen Beobachtungen festzuhalten oder um Rituale und Kultvorschriften aufzuzeichnen. Auf jeden Fall hat Pharao auf der Prunkpalette des Narmer, wie durch seine Statur angedeutet, die Einigung Ägyptens historisch in der Gewalt.

Kaum drei Jahrhunderte später eine neue Wandlung unter Djoser und Imhotep: an die Stelle von Holz- und Lehmziegelarchitektur traten Bauwerke von übermenschlichen Dimensionen aus behauenem Stein, würdig der konsolidierten Gesellschaft, die sich mittlerweile etabliert hatte. Und wieder stehen sofort Meisterwerke vor uns: ein Gebäudekomplex von über 15 Hektar Umfang und eine über 60 m hohe Pyramide. Ägypten, das den Nilschlamm als natürlichen Baustoff höchst gekonnt verwendet hatte, um schöne Lehmziegelarchitekturen zu errichten, und das es in Formung und Politur von kleinformatigen Gefäßen und anderen Gegenständen zu einer unvergleichlichen Virtuosität gebracht hatte, begann nun eine grandiose Geometrie in Schöpfungen aus unvergänglichem Material umzusetzen. Die Pyramide in ihrer reinen Form, jener himmelwärts strebende Ausdruck von Schwung und Kraft, oder die Statue, zugleich realistisch und zeitlos, sind ein Stein gewordenes theologisches und politisches Ideal. Die Kultur der Pharaonen als Ganzes suchte sich in den Kosmos zu integrieren und auf dieser Welt die Vorschriften der Maat, der Wahrheit und Gerechtigkeit, zu erfüllen. Ihr Wunsch nach Fortdauer steht jenseits von Leben und Tod. Es kam darauf an, die ‹Zeit der Götter›, die Urlehre von einem Goldenen Zeitalter, zu verewigen. Die Theologie wurde im Stein fixiert. An der Spitze der Pyramide einer streng hierarchisch gegliederten Gesellschaft stand Pharao als Mittler zwischen Gott und Mensch. Den überwältigenden Dimensionen seiner Rolle entsprechend, ist die Pyramide eine Art von gigantischer Stufenleiter zwischen Himmel und Erde. Als die Stufen der Pyramide dann unter einer glatten Verkleidung zu verschwinden begannen, sieht es aus, als hätten die Strahlen Res, des Sonnengottes, dort Gestalt angenommen. Unter der Erde befand sich ein riesiges System von Kammern und Korridoren – sie gehörten Osiris, dem Herrn der Unterwelt. Im Bestreben, mit der Weltordnung in Übereinstimmung zu sein, schuf der Künstler des Alten Reiches eine harmonische Formenwelt. Die allgemeinen Voraussetzungen, die diese machtvolle Periode zu bieten hatte, waren die einer klassischen Kunst, in der edle Einfalt und stille Größe eine Verbindung eingingen. Ihre Schöpfungen sind Fundamente, die schlichtweg unzerstörbar sein wollten: der Komplex der Pyramide hatte zunächst durch seine Masse Gewicht; die menschlichen Züge der Statue blieben in einem Block eingefangen, der dem Ansturm der Zeit nur eine minimale Angriffsfläche bot.

Nichtsdestoweniger hat sich Ägypten dem historischen Werden und seinen Schwankungen nicht entziehen können. Unter dem Ruhmesmantel theologischer Diktion und königlicher Berichte weiß der Historiker sehr wohl den Gang höchst verschiedener Entwicklungen wahrzunehmen. Wenn das in einer Art von *splendid isolation* abgekapselte Ägypten des Alten Reiches in allen Zeiten und Schaffensbereichen die Überlegenheit der Ordnung über das Chaos proklamierte, hat es doch an der Geschichte teilgenommen. Nach dem Höhepunkt der 4. Dynastie, in der das Reich Pharaos kaum noch von dieser Welt zu sein schien, hat sich der Wandel der Zeiten in verschiedenen Krisen manifestiert. Während der ganzen 6. Dynastie ist zu spüren, wie die Gaufürsten an Macht zunahmen, und auf die lange Regierungszeit Phiops' II. folgte die Stille der 1. Zwischenzeit. Manche Gelehrten wollen darin eine Befreiung von vielleicht zu sehr erstarrten Konventionen sehen; sie glauben in der Kunst der Gaufürsten und in den oft recht bescheidenen, ja sogar ungeschickten Werken provinzieller Herkunft den Reiz des Spontanen oder zumindest des Unerwarteten zu finden.

Wie sich die Normen der großen Hofkunst erhalten haben, ist ein weiteres Wunder der ägyptischen Kultur, das schwer zu erklären oder gar zu verstehen ist. Als Ägypten im Mittleren Reich von Süden, von Oberägypten her, wieder als historische Größe erstand, traten sofort Schöpfungen auf den Plan, in denen der pharaonische Klassizismus triumphierte. Gewiß handelt es sich diesmal um eine viel weltlichere Schönheit in einem Reich, das sich menschlicher, politischer, ja auch psychologischer Probleme bewußt war und das sich auch nach außen hin einigermaßen zu öffnen begann. Die Herrscher des Mittleren Reiches wurden in ihrem Ruhm als den Göttern verantwortlich dargestellt. Eine gewisse Melancholie zeichnet sich sogar auf den gravitätischen Zügen eines Amenemhet III. ab. Nach Süden hin war Ägypten bis in die Wüsteneinsamkeit des 2. Katarakts, in unmittelbare Nachbarschaft des Reiches von Kerma, vorgedrungen. Riesige Festungen wurden erbaut, die während der 2. Zwischenzeit aufgegeben wurden. Nur auf kurze Zeit von modernen Ausgräbern freigelegt, sind ihre hohen Türme und Ziegelmauern nun von den Wassermassen des Nasser-Stausees bedeckt. Ergreifender ließen sich Größe und Vergänglichkeit der Kulturen kaum demonstrieren.

Nach und nach breitete sich ein Schleier der Dekadenz über die Kunst des Mittleren Reiches. Ägypten zerfiel. Das Delta geriet unter die Fremdherrschaft der Hyksos. Zwar spielt die spätere pharaonische Tradition wohl nicht auf dieses Ereignis an, wenn sie vom chaotischen pestverseuchten Nichts redet; aber es hatte doch ein Ende genommen mit den bezaubernden Schöpfungen des Alten und Mittleren Reiches, die in dem vorliegenden Band gebührend behandelt worden sind. Es sind Werke, die ganz und gar den jeweiligen Göttern und der Institution des Königtums untergeordnet waren; sie stammen aus einer begnadeten Zeit, in der man das Wesen der ägyptischen Kunst, ihr Bekenntnis zum Absoluten und Göttlichen, auf ihrem Höhepunkt sieht.

Bald jedoch, um die Mitte des 16. Jahrhunderts v. Chr., erstanden abermals im Süden, in der Gegend von Theben, große Pharaonen und ihre Götter. Die Renaissance fand inmitten einer Welt statt, in der entzweite Völker einander den Rang streitig machten. Diese von Kämpfen, Macht und Überfluß erfüllten Jahrhunderte sind einer dem Imperialismus huldigenden Nation, dem Ägypten des Neuen Reiches, zuzurechnen.

# ZWEITER TEIL

## Zusätzliche Abbildungen

FRÜHGESCHICHTE

266 - *zu S. 44* - Mesaeed - Gefäß in Form eines Nilpferdes - *Elfenbein; Höhe 0,087 m* - Boston, Museum of Fine Arts

267 - *zu S. 57* - Mahasna - Statuette eines Mannes. Negade I - *Elfenbein; Höhe 0,34 m* - Kairo, Ägyptisches Museum

268 - *zu S. 57* - Statuette einer Frau. Negade I - *Elfenbein, Augen: Lapislazuli; Höhe 0,114 m* - London, Britisches Museum

269 - *zu S. 57* - Frosch. Negade - *Porphyr; Länge 0,305 m* - London, Britisches Museum

270 - *zu S. 42* - El-Amra. Negade I - *Gebrannter Ton; Höhe 0,14 m* - Saint-Germain-en-Laye, Musée des Antiquités nationales

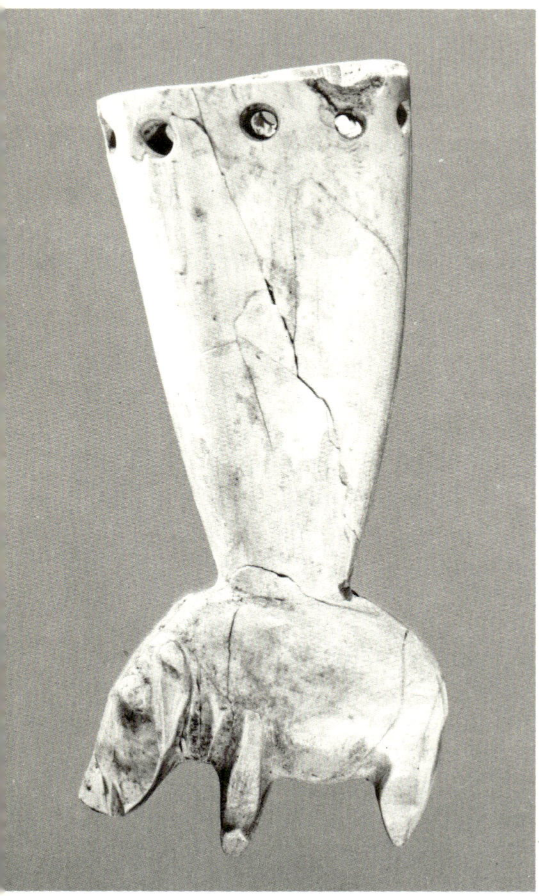

266

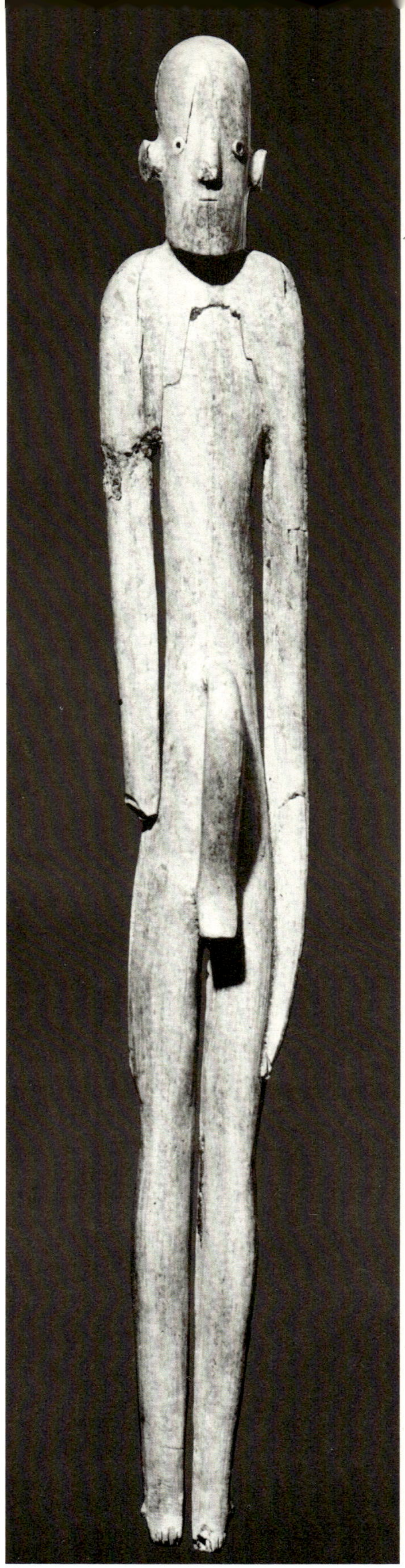

267

268

269

270

271
272

THINITENZEIT

271 - *zu S. 59* - Saqqara - Gesamtansicht des Grabes Nr. 3506 mit Vor- und Rücksprüngen. 1. Dynastie

272 - *zu S. 59* - Saqqara - Stufenoberbau von Grab Nr. 3038 des Horus Adjib. 1. Dynastie

273 - *zu S. 266* - Saqqara, Grab des Königs Dewen - Sichel, angeblich von Hemaka. 1. Dynastie - *Holz und Silex* - Kairo, Ägyptisches Museum

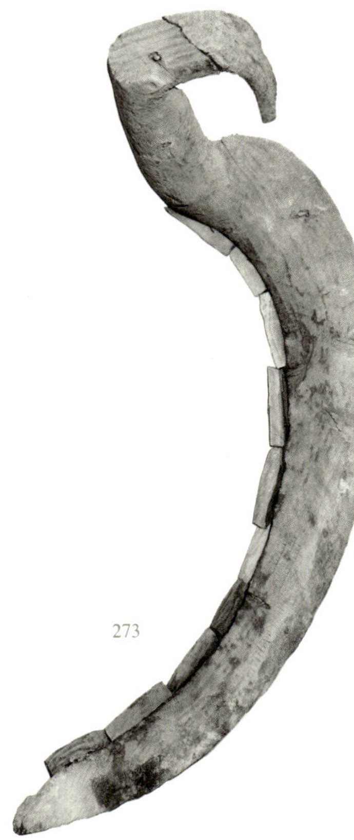

273

274

274 - *zu S. 60* - Abydos - Stele des Königs Schlange (Horus Djed) mit einem ‹serech›. 1. Dynastie - *Kalkstein; Höhe 1,45 m* - Paris, Louvre

275

276

ALTES REICH

275 - Ausschnitt einer Stele: Die Verstorbene Satkai vor dem Speisetisch. 2. bis 3. Dynastie - *Kalkstein; Höhe 0,145 m* - München, Staatliche Sammlung Ägyptischer Kunst

276 - *zu S. 258* - Saqqara, Stufenpyramide des Königs Djoser - Gefäße und Schale. 3. Dynastie - *Alabaster und Quarz* - Saqqara, Museum

277 - *zu S. 63* - Saqqara - Djoser-Bezirk: Die südliche Umfassungsmauer mit ihren Rücksprüngen. 3. Dynastie

278 - *zu S. 76* - Saqqara - Grabbezirk des Horus Sechemchet: Die ursprüngliche Umfassungsmauer im Norden mit Rücksprüngen

279 - *zu S. 63* - Saqqara - Djoser-Bezirk: Die kannelierten Halbsäulen des Tempels T vor der Stufenpyramide. 3. Dynastie

280 - *zu S. 75 und 179* - Saqqara - Djoser-Bezirk: Die Sitzfigur des Djoser im ‹serdab›, während der Grabung 1927 (Blick von der Pyramide). 3. Dynastie

277

278

279

280

281

282

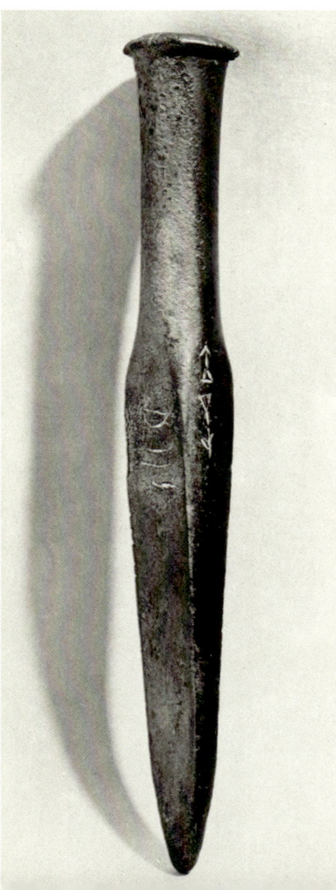
283

284

281 - *zu S. 70* - Saqqara - Djoser-Bezirk: Kapelle mit Eckrundstäben und horizontaler Dachlinie, an der Südwest-Ecke des ‹heb-sed›-Hofs. 3. Dynastie

282 - *zu S. 68* - Saqqara - Djoser-Bezirk: Querraum am Ende der Eingangskolonnade mit Palmrippenbündel-Halbsäulen. 3. Dynastie

283 - *zu S. 268* - Nubische Wüste, Steinbrüche des Cheops - Steinbrecher-Meißel. 4. Dynastie - *Kupfer; Höhe 0,26 m* - Kairo, Ägyptisches Museum

284 - *zu S. 258* - Wasserkanne und Becken aus Kupfer und Wasserkanne aus glasiertem Ton (Kopie der Kupferkanne). 6. Dynastie - *Höhe der Wasserkannen 0,199 und 0,155 m* - Paris, Louvre

285 - *zu S. 101 und 161* - Saqqara - Mastaba des Hesire: Der königliche Schreiber Hesire. 3. Dynastie - *Holz; Höhe des Paneels 1,15 m* - Kairo, Ägyptisches Museum

286 - *zu S. 132* - Gisa - Sargwanne des Chufuanch. Ausschnitt: Architektonischer Dekor und Papyrusblüten. 4. bis 5. Dynastie - *Granit* - Kairo, Ägyptisches Museum

287 - *zu S. 101* - Saqqara - Mastaba des Hesire: Zeichnung einer Nische. 3. Dynastie

285

286

287

288

289

290

291

288 - *zu S. 126* - Abusir (?) - Reliefkopf des Achetaa. 4. Dynastie - *Kalkstein; Gesamthöhe 0,16 m* - Paris, Louvre
289 - *zu S. 80* - Dahschur - Die Knickpyramide des Königs Snofru, Nordost-Ecke. 4. Dynastie
290 - *zu S. 80* - Dahschur - Die Knickpyramide des Königs Snofru: Blick in das Kraggewölbe über den vier Wänden des unteren Raums. 4. Dynastie
291 - *zu S. 81* - Dahschur - Die Rote Pyramide des Königs Snofru: Blick in das über zwei Seiten überkragende Gewölbe des einen Raums. 4. Dynastie

292

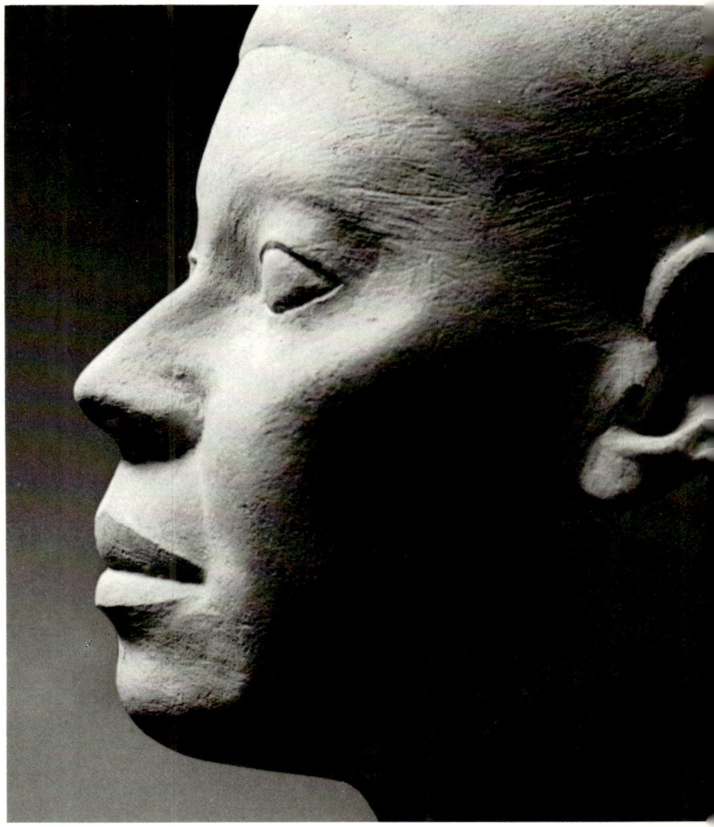

293

294

292 - *zu S. 184* - Gisa - ‹Ersatzkopf›. 4. Dynastie - *Kalkstein; Höhe 0,27 m* - Wien, Kunsthistorisches Museum

293 - *zu S. 184* - Gisa - ‹Ersatzkopf›. 4. Dynastie - *Kalkstein; Höhe 0,30 m* - Boston, Museum of Fine Arts

294 - *zu S. 84* - Zawijet el-Arijan - Granitblöcke des Schachtbodens und Sargwanne. 4. Dynastie

295

297

296

295 - *zu S. 184* - Gisa - ‹Ersatzkopf›. 4. Dynastie - *Kalkstein; Höhe 0,26 m* - Boston, Museum of Fine Arts

296 - *zu S. 127* - Gegend von Memphis (?) - Bootsfahrt. 4. Dynastie - *Kalkstein; Länge 1,84 m* - Berlin, Staatliche Museen

297 - *zu S. 193* - Gisa - Zweiergruppe von Imsu und Wat. 6. Dynastie - *Kalkstein; Höhe 0,93 m* - München, Staatliche Sammlung Ägyptischer Kunst

298

299

300
301

298 - *zu S. 130* - Saqqara, Mastaba des Nechef-tikai - Reliefszene mit Iba-Tanz. 5. Dynastie - *Kalkstein* - Kairo, Ägyptisches Museum

299 - *zu S. 126* - Saqqara, Mastaba des Achhotep - Reliefporträt des Achhotep. 5. Dynastie - *Kalkstein* - Paris, Louvre

300 - *zu S. 127* - Saqqara, Mastaba des Achhotep - Mann mit Steinbock. 5. Dynastie - *Kalkstein* - Paris, Louvre

301 - *zu S. 127* - Saqqara, Mastaba des Achhotep - Zerlegen eines Rindes. 5. Dynastie - *Kalkstein* - Paris, Louvre

302 - *zu S. 173* - Saqqara, Teti-Pyramide - Kopf eines Gefangenen. 6. Dynastie - *Kalkstein; Höhe 0,20 m* - Saqqara, Magazine der Antiken-Direktion
303 - *zu S. 127* - Saqqara, Mastaba des Ti - Fischfang mit der Reuse. 5. Dynastie - *Bemalter Kalkstein*
304 - *zu S. 126* - Saqqara, Mastaba des Ti - Schnitter. 5. Dynastie - *Bemalter Kalkstein*
305 - *zu S. 126* - Saqqara, Mastaba des Ti - Aufzucht eines Kalbes. 5. Dynastie - *Bemalter Kalkstein*

302

303

304

305

306

307

308

306 - *zu S. 94* - Saqqara, Unas-Pyramide - Türsturz mit Hieroglypheninschrift (Ausschnitt). 5. Dynastie - *Kalkstein; Gesamtlänge 2,60 m* - Kairo, Ägyptisches Museum

307 - *zu S. 197* - Gisa - Pseudogruppe des Penmeru. Mitte 5. Dynastie - *Bemalter Kalkstein; Höhe 1,20 m* - Boston, Museum of Fine Arts

308 - *zu S. 195* - Saqqara - Statue des Domänenverwalters Kai. 5. Dynastie - *Bemalter Kalkstein; Höhe 0,78 m* - Paris, Louvre

309

310

309 - *zu S. 126* - Saqqara, Mastaba des Mereruka - Die Frau des Mereruka. 6. Dynastie - *Bemalter Kalkstein*
310 - *zu S. 134* - Gisa - Eselherde. 5. Dynastie - *Kalkstein; Höhe 0,65 m* - Berlin, Staatliche Museen
311 - *zu S. 130* - Saqqara, Mastaba des Mereruka - Der Spiegeltanz. 6. Dynastie - *Bemalter Kalkstein*

311

312

313

314

312 - *zu S. 100* - Saqqara - Totentempel von Phiops I. während der Ausgrabung im Februar 1975. 6. Dynastie

313 - *zu S. 98* - Saqqara - Pyramide von Phiops I.: Ostwand der Sargkammer während des Wiederaufbaus. 6. Dynastie

314 - *zu S. 202* - Saqqara (?) - Kleine Kniefigur des Königs Phiops I. 6. Dynastie - *Schist; Höhe 0,153 m* - New York, Brooklyn Museum

315

316

315 und 316 - *zu S. 106* - Moalla - Grab des Anchtifi: Ausschnitte von Reliefs und Malereien. 1. Zwischenzeit - *Kalkstein*

317 - *zu S. 258* - Abydos, Grab des Priesters Idi - Modellgefäße und Opfertisch. 6. Dynastie - *Kupfer* - London, Britisches Museum

318 - *zu S. 127* - Saqqara - Mastaba von Ptahhotep II.: Jagd in der Wüste. Ende 5. Dynastie - *Bemalter Kalkstein*

317

318

319

320

321

MITTLERES REICH

319 - *zu S. 141* - Deir el-Bahari - Relieffragment: Gazelle mit zurückgewendetem Kopf. 11. Dynastie - *Kalkstein; Höhe 0,263 m* - Brüssel, Musées royaux d'Art et d'Histoire

320 - *zu S. 251* - Thebanische Nekropole, Dra Abu'l-Naga, Grab der Königin Mentuhotep - Truhe für Toilettengegenstände. 2. Zwischenzeit - *Holz und Papyrus; Höhe der Truhe 0,24 m* - Berlin, Ägyptisches Museum

321 - *zu S. 141* - Deir el-Bahari - Pharao Mentuhotep. 11. Dynastie - *Bemalter Kalkstein; Höhe 0,36 m* - Edinburgh, Royal Scottish Museum

322

323

322 - *zu S. 207* - Deir el-Bahari, Grab des Meketre - Grabmodell: Die Zählung der Herde. 11. Dynastie - *Bemaltes Holz; Gesamtlänge 1,75 m* - Kairo, Ägyptisches Museum

323 - *zu S. 216* - Lischt - Sitzfigur des Königs Sesostris I. (Ausschnitt). 12. Dynastie - *Kalkstein; Gesamthöhe 1,92 m* - Kairo, Ägyptisches Museum

324

325

326

327

324 - *zu S. 208* - Deir el-Bahari, Grab des Meketre - Grabmodell: Schreinerwerkstatt. 11. Dynastie - *Bemaltes Holz* - Kairo, Ägyptisches Museum
325 - *zu S. 208* - Deir el-Bahari, Grab des Meketre - Grabmodell: Portikus mit Lotosbündelsäulen vor dem Haus des Meketre. 11. Dynastie - *Holz* - New York, The Metropolitan Museum of Art
326 - *zu S. 142* - Karnak, Stationsheiligtum von Sesostris I. - Ausschnitt eines Pfeilers: Sesostris I. empfängt das Lebenszeichen. 12. Dynastie - *Bemalter Kalkstein*
327 - *zu S. 142* - Karnak - Naos von Sesostris I. Ausschnitt: Sesostris I. als König von Unterägypten. 12. Dynastie - *Granit; Höhe 0,31 m* - Kairo, Ägyptisches Museum
328 - *zu S. 258* - Tod, Tempel - Teil des Schatzes: Truhe, Schalen und Armreifen. Mittleres Reich - *Bronze und Silber* - Paris, Louvre

328

329

330

331

332

333

329 und 330 - *zu S. 134* - Meir, Felsgrab des Uchhotep - Hirte, ein Kalb tragend, und drei Tiere. 12. Dynastie - *Kalkstein*

331 - *zu S. 110* - El-Lahun - Pyramide des Königs Sesostris II. 12. Dynastie - *Lehmziegel*

332 - *zu S. 220* - Adana - Kniefigur der Amme Satsnofru. 12. Dynastie - *Granit; Höhe 0,38 m* - New York, The Metropolitan Museum of Art

333 - *zu S. 219* - Kerma - Sitzfigur der Dame Sennui (Ausschnitt). 12. Dynastie - *Granit; Gesamthöhe 1,68 m* - Boston, Museum of Fine Arts

334 - *zu S. 239* - El-Berscheh, Grab des Djehutinacht - Restaurierter Perlengürtel. 12. Dynastie - Kairo, Ägyptisches Museum

335 - *zu S. 240* - Dahschur - Halsband der Prinzessin Chnumit. 12. Dynastie - *Gold und Halbedelsteine* - Kairo, Ägyptisches Museum

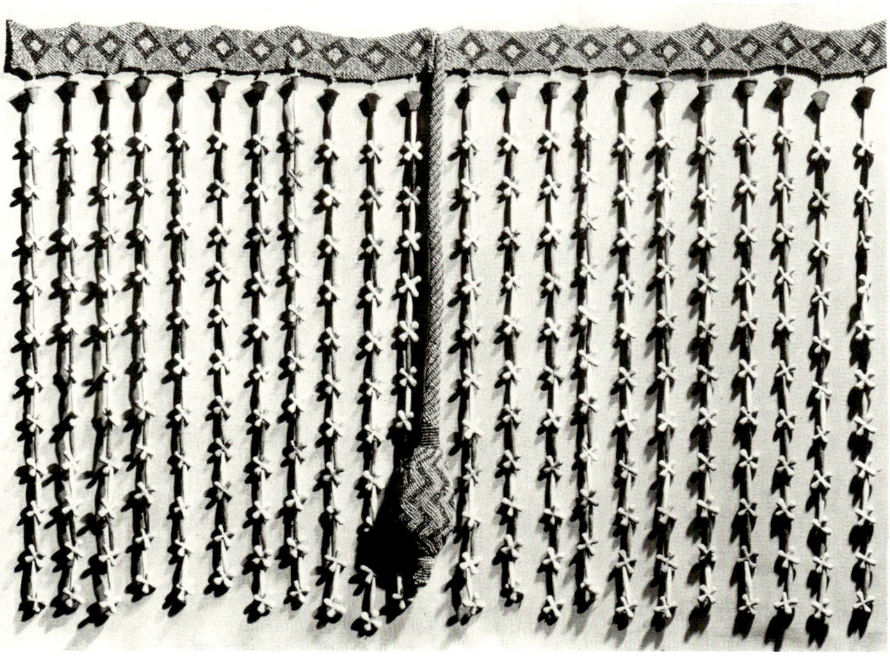

334

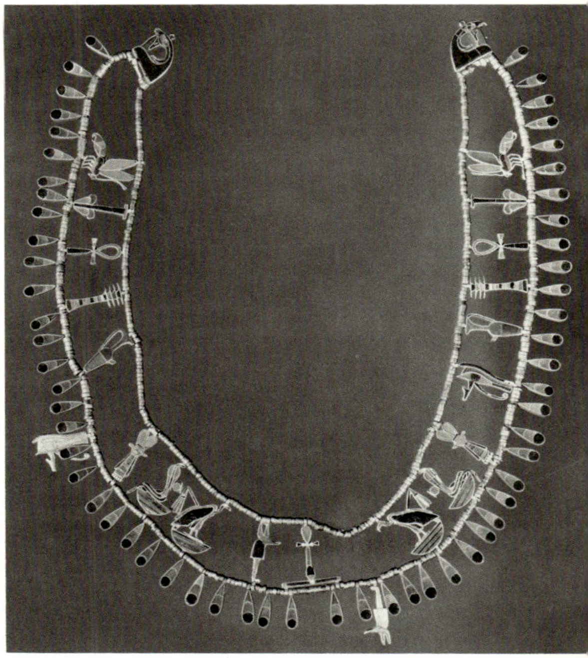

335

336

337

338

339

336 - *zu S. 112* - Qau el-Kebir - Rekonstruktionszeichnungen der Gräber der Gaufürsten Wahka I. und Ibu. 12. Dynastie

337 - *zu S. 268* - Zwei Dolche. Mittleres Reich - *Bronze; Höhe 0,245 und 0,30 m* - Paris, Louvre

338 - *zu S. 220* - Elephantine - Sitzfigur des Gaufürsten Chema (Ausschnitt). 12. Dynastie - *Granit; Höhe 1,14 m* - Elephantine, Museum

339 - *zu S. 246* - Dahschur - Kopfschmuck der Prinzessin Chnumit (Ausschnitt). 12. Dynastie - *Gold und Halbedelsteine* - Kairo, Ägyptisches Museum

340 - *zu S. 220* - Kniefigur des Ameni, Sohns des Ameni. 12. Dynastie - *Basalt; Höhe 0,38 m* - London, Britisches Museum

341 - *zu S. 212* - Sphinx des Königs Sesostris III. (Ausschnitt). 12. Dynastie - *Diorit; Gesamtlänge 0,735 m* - New York, The Metropolitan Museum of Art

342 - *zu S. 112* - Assuan, Steinbrüche - Der unvollendete Obelisk

341

340

342

344

343

345

343 - *zu S. 220* - Abydos (?) - Zweiergruppe des Didu und seiner Frau. 12. bis 13. Dynastie - *Serpentin; Höhe 0,147 m* - Edinburgh, Royal Scottish Museum

344 - *zu S. 212* - Statue des Königs Amenemhet III. (Ausschnitt). 12. Dynastie - *Granit* - Leningrad, Eremitage

345 - *zu S. 220* - Abydos (?) - Unbeschriftete Triade. 12. bis 13. Dynastie - *Serpentin; Höhe 0,137 m* - Edinburgh, Royal Scottish Museum

# DRITTER TEIL

## Anhang

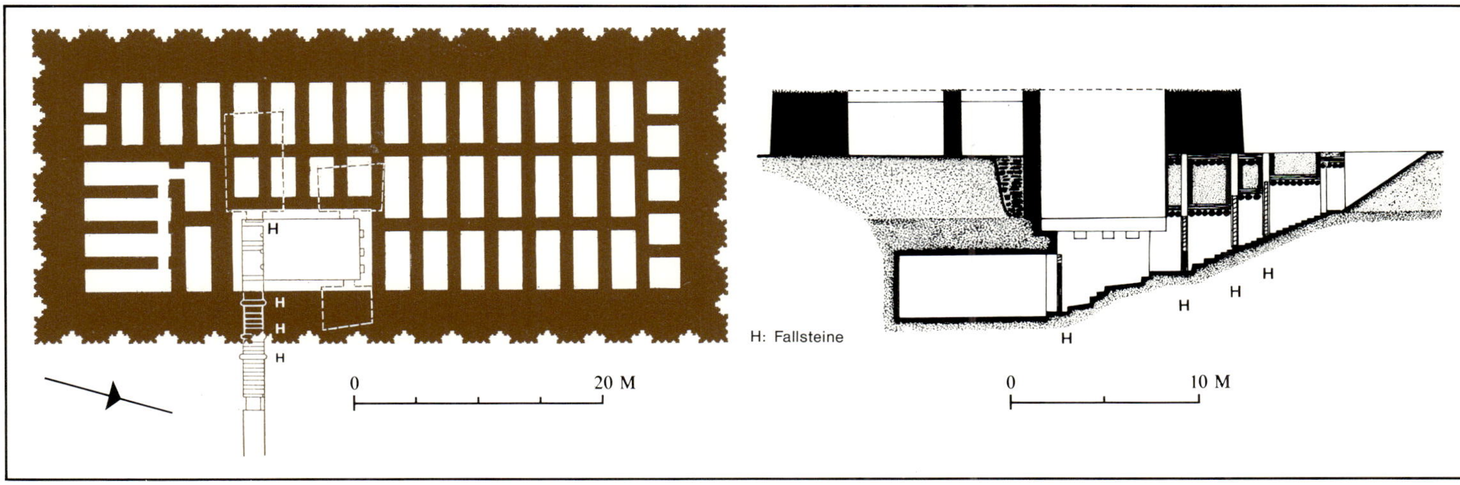


346-347

346 und 347 - Saqqara - Grab mit Rücksprüngen Nr. 3035, von Horus Dewen: Grundriß des Grabes und Querschnitt durch Zugangspassage und Sargkammer. 1. Dynastie

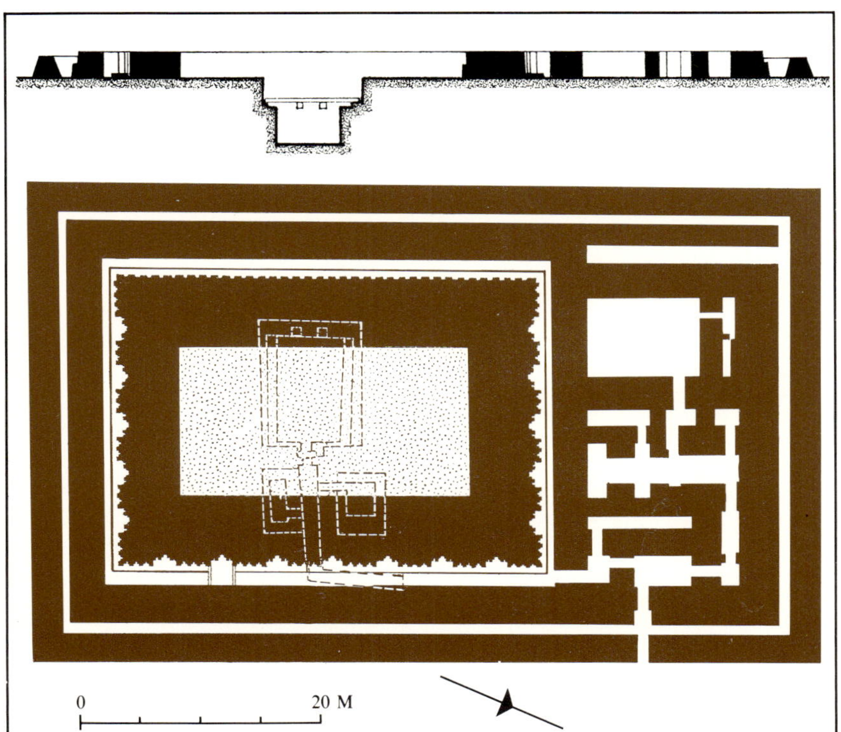


348-349

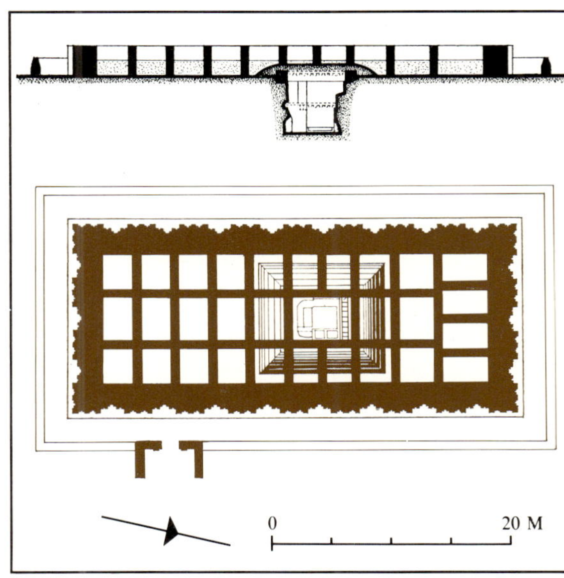


350-351

348 und 349 - Saqqara - Grab mit Rücksprüngen Nr. 3505 mit Totentempel im Norden, von Horus Qaa: Grundriß und Längsschnitt. 1. Dynastie

350 und 351 - Saqqara - Grab mit Rücksprüngen Nr. 3507: Grundriß und Längsschnitt. 1. Dynastie

352

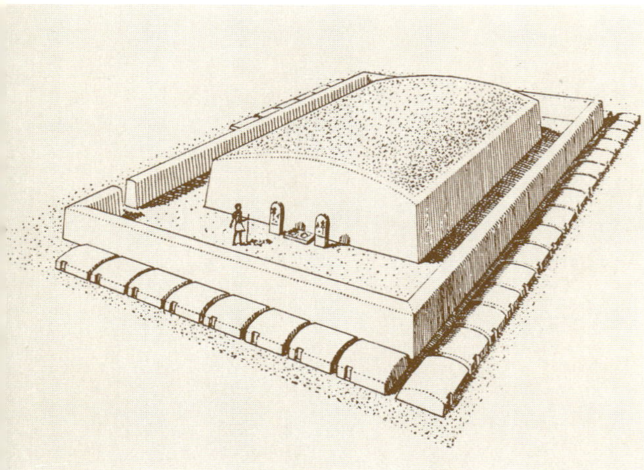

353

352 - Saqqara - Monumentalgrab der Königin Merneith, umgeben von Gräbern von Familienmitgliedern: Rekonstruktionszeichnung der Fassade mit Rücksprüngen vom Negade-I-Typ. 1. Dynastie

353 - Abydos - Kenotaph (?) der Königin Merneith: Rekonstruktionszeichnung des Oberbaus, der vielleicht ein gewölbtes Dach hatte. 1. Dynastie

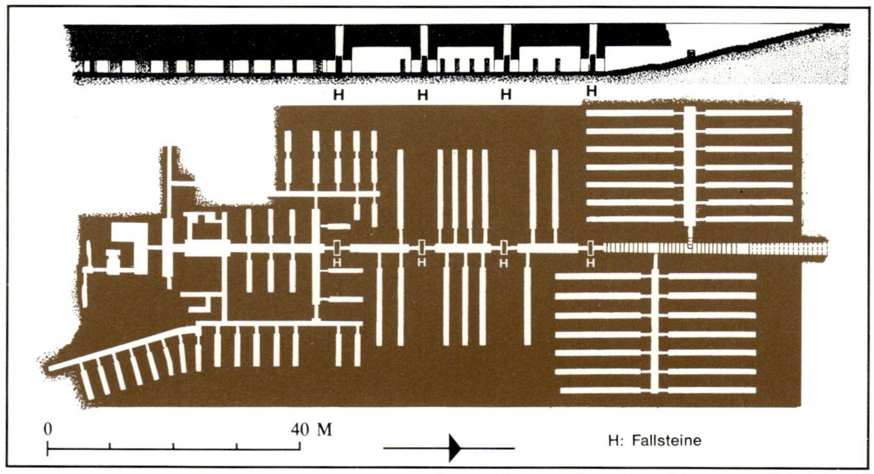


354-355

356-358

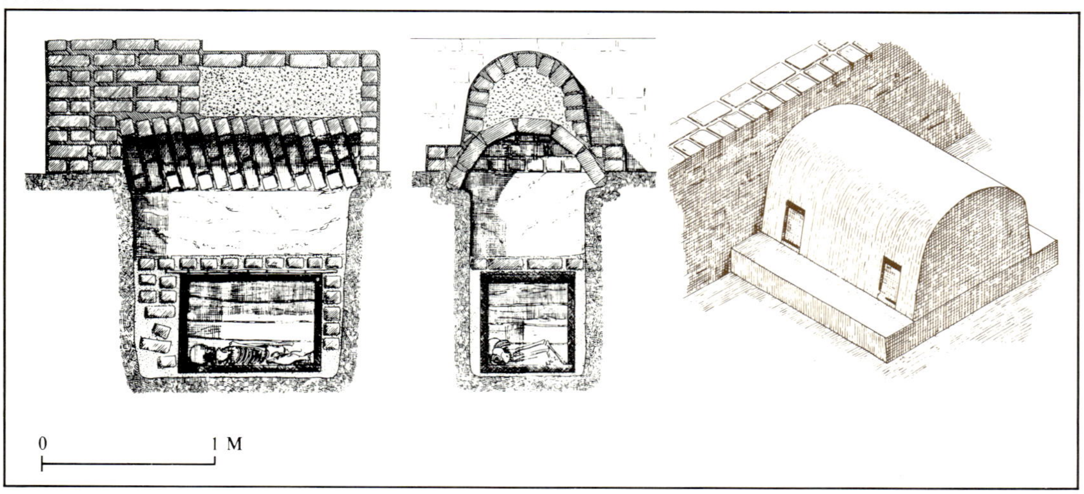


354 und 355 - Saqqara - Unterirdisches Grab des Horus Hetepsechemui: Grundriß des Grabes und Längsschnitt durch den von vier Fallsteinen blockierten Gang. 2. Dynastie

356 bis 358 - Saqqara - Grab eines Familienangehörigen, angebaut an die Umfassungsmauer des Grabes Nr. 3500 (eines der ersten Beispiele für Lehmziegelgewölbe, hier ein Schrägbogengewölbe): Schnitte und Rekonstruktion des Außenbaus. 1. Dynastie

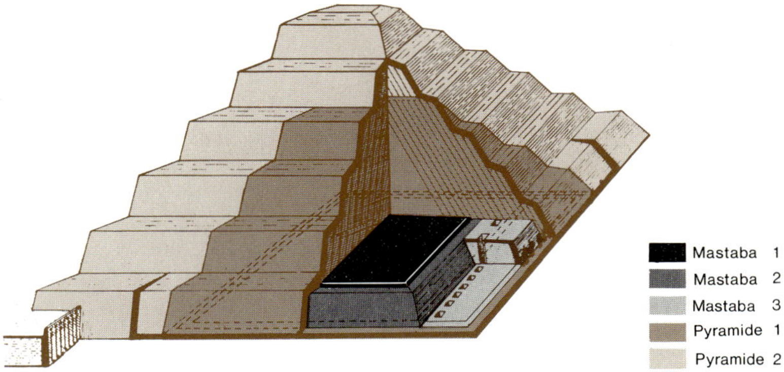


359

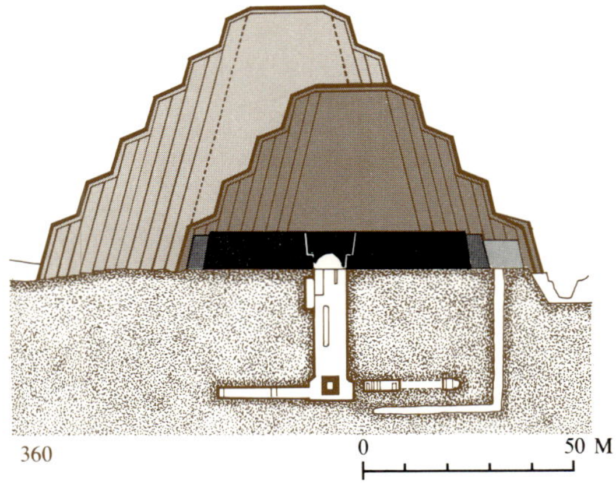


360

361

362

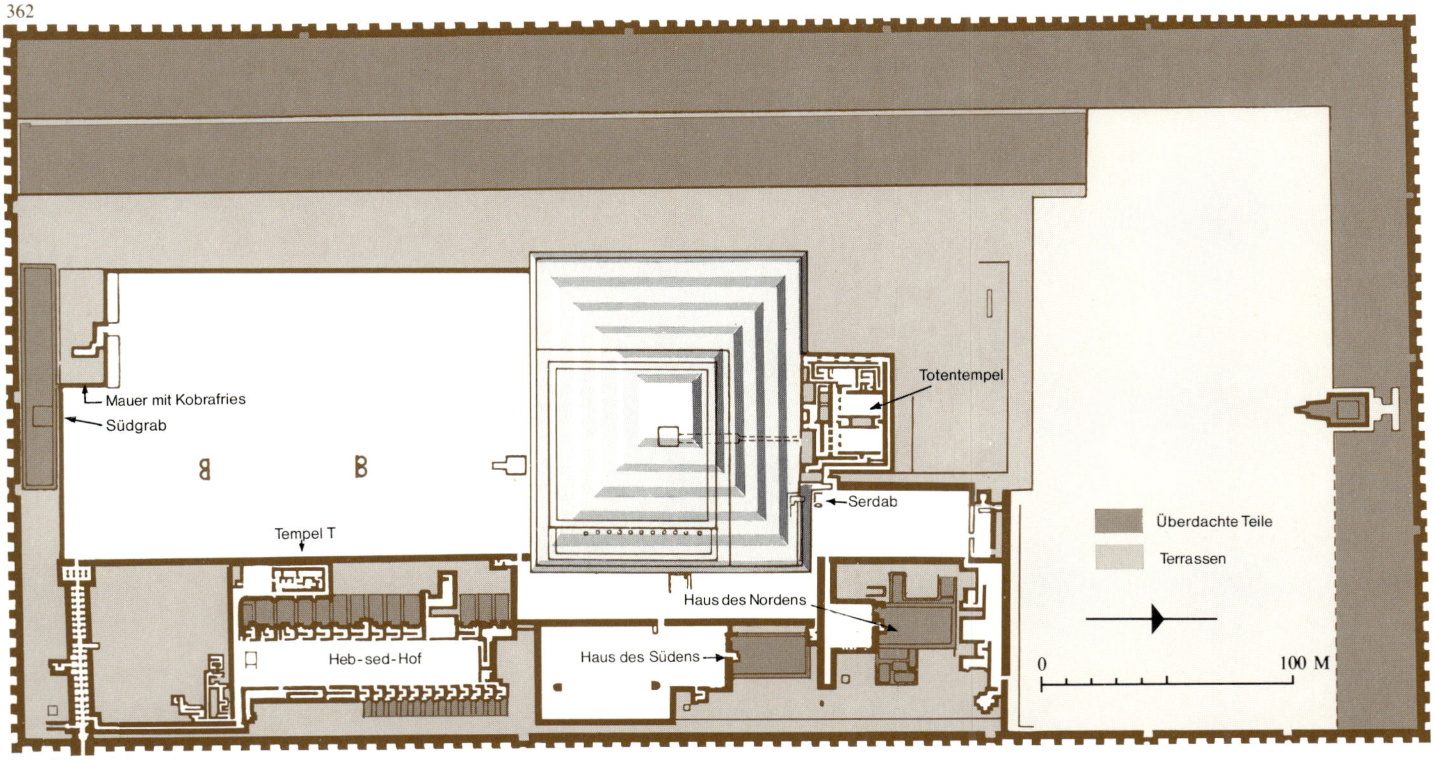


359 und 360 - Saqqara - Stufenpyramide des Königs Djoser: Perspektivische Darstellung der aufeinanderfolgenden Bauzustände und Schnitt in Ostwest-Richtung. 3. Dynastie

361 und 362 - Saqqara - Pyramidenbezirk des Königs Djoser: Rekonstruktionszeichnung und Gesamtgrundriß. 3. Dynastie

363

364

365

Saqqara - Pyramidenbezirk des Königs Djoser. 3. Dynastie

363 - Das ‹Haus des Südens›: Rekonstruktion der Fassade mit kannelierten Dreiviertelsäulen

364 - Totentempel: Rekonstruktion eines der Portiken mit kannelierten Dreiviertelsäulen

365 - Rekonstruktion der Eingangskolonnade mit Palmrippenbündel-Halbsäulen

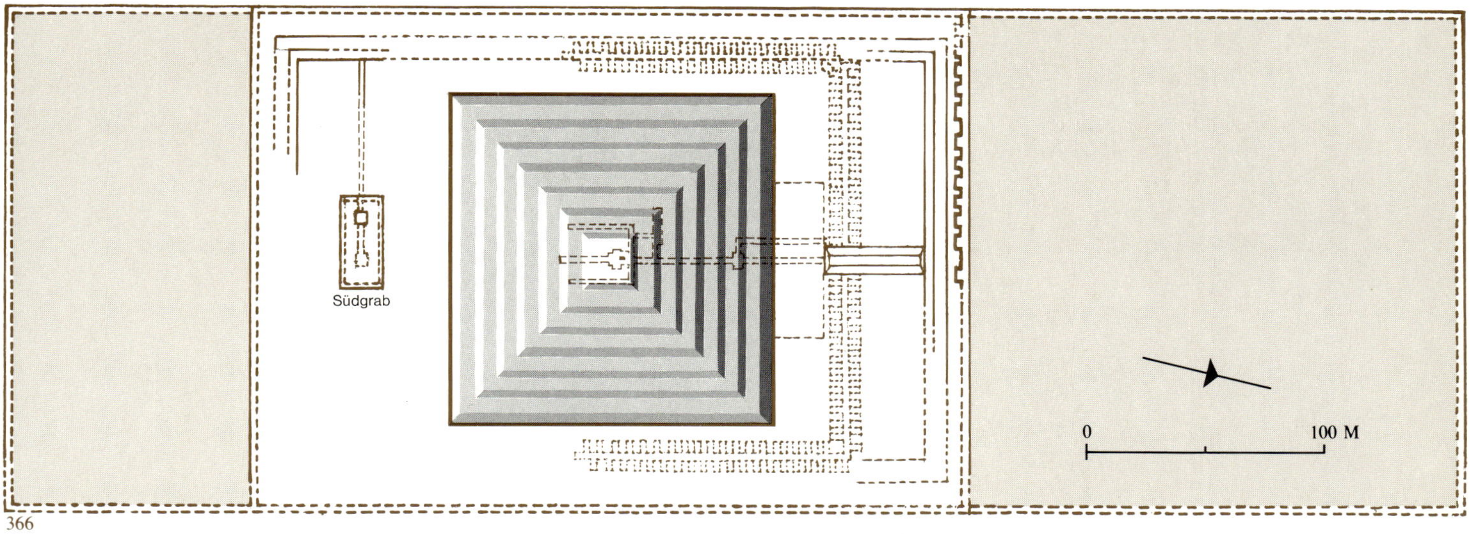


366

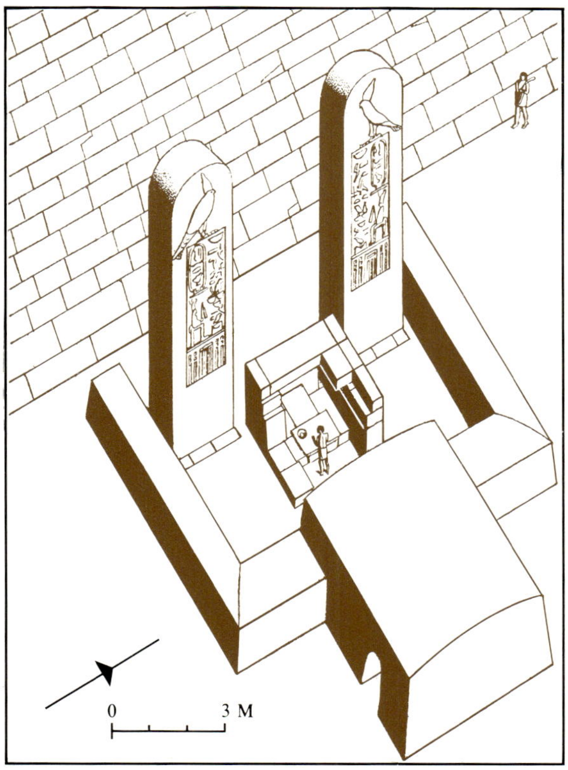


367

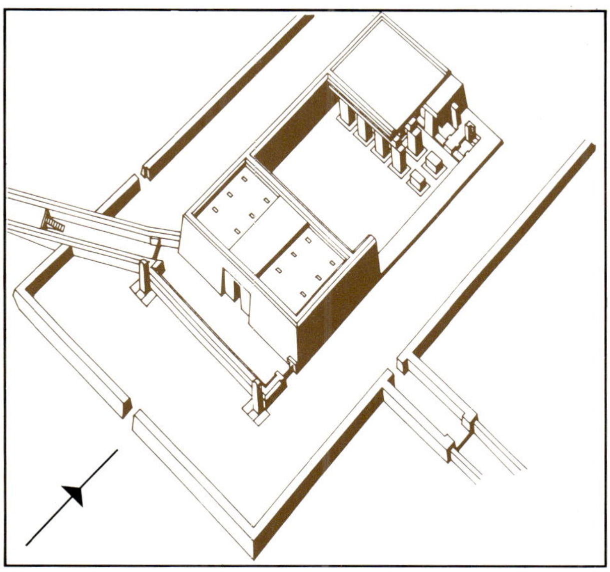

368

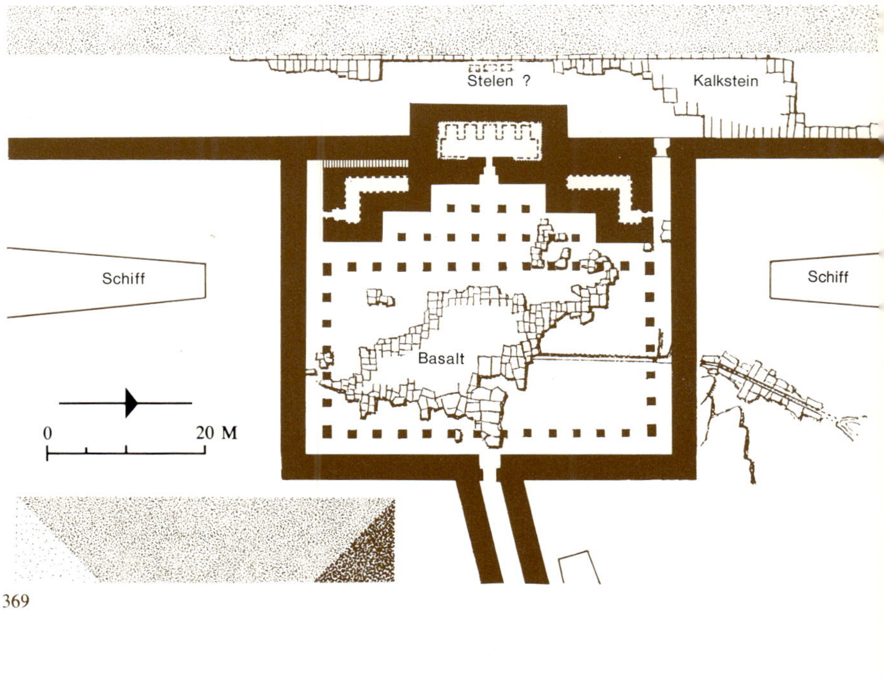


369

366 - Saqqara - Gesamtplan des Grabbezirks von Horus Sechemchet. 3. Dynastie

367 - Dahschur - Rekonstruktionszeichnung der Stelen des Snofru und seines Totentempels am Fuße der Ostseite der Knickpyramide. 4. Dynastie

368 - Dahschur - Rekonstruktion des Taltempels der Knickpyramide des Königs Snofru. 4. Dynastie

369 - Gisa - Grundriß des Totentempels des Königs Cheops an der Ostseite seiner Pyramide. 4. Dynastie

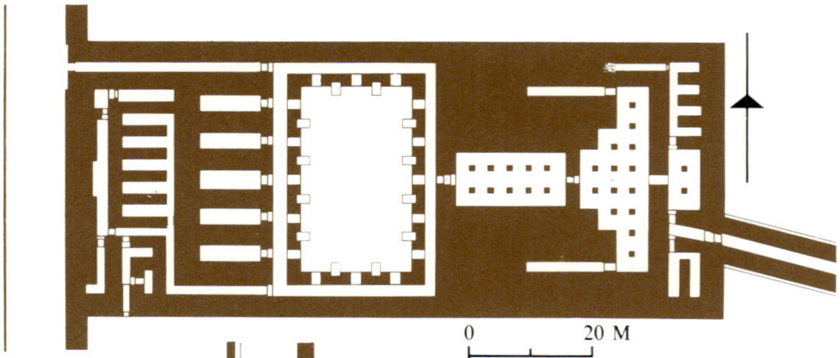


370

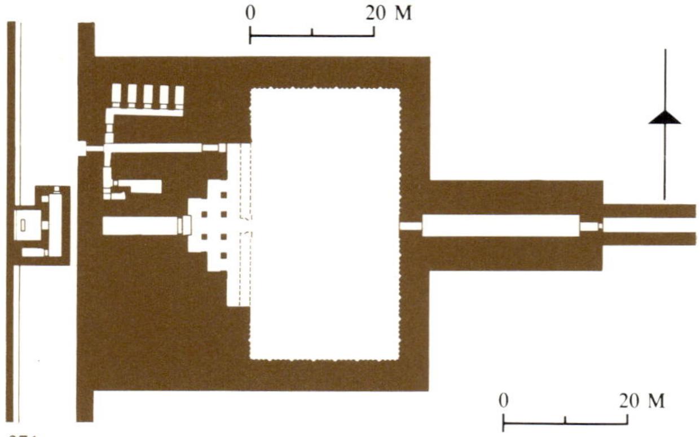


371

372-373

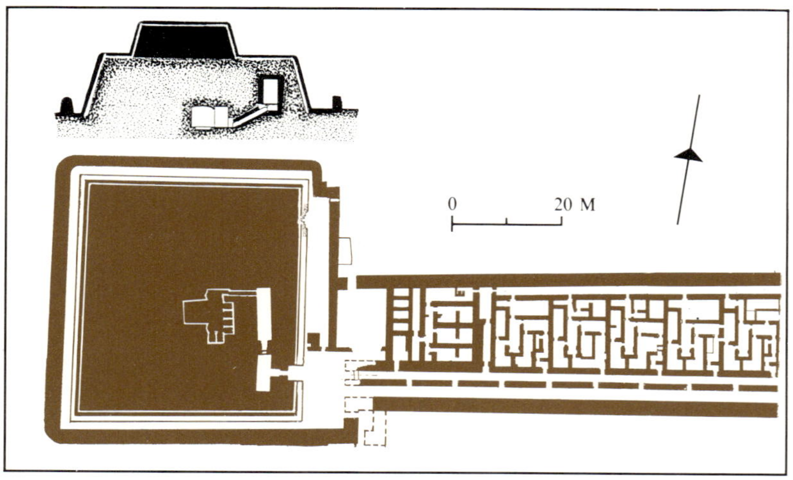


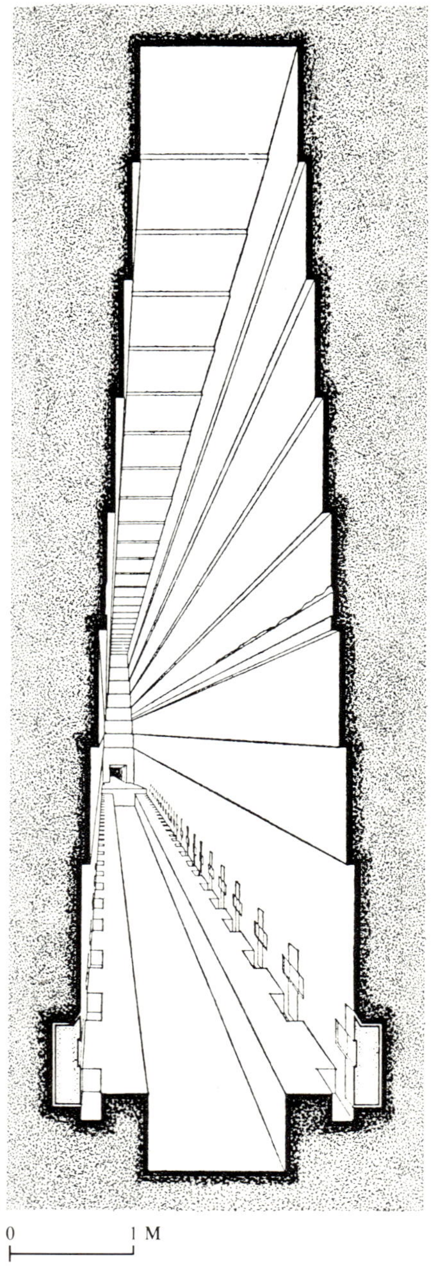


374

370 - Gisa - Grundriß des Totentempels des Königs Chephren an der Ostseite seiner Pyramide. 4. Dynastie

371 - Gisa - Grundriß des Totentempels des Königs Mykerinos an der Ostseite seiner Pyramide. 4. Dynastie

372 und 373 - Gisa - Grab der Königin Chentkaus: Grundrisse des Grabes und der anschließenden Häuser sowie Schnitt durch die Grabkammer. 4. Dynastie

374 - Gisa - Cheops-Pyramide: Perspektivische Zeichnung der Großen Halle. 4. Dynastie

375 - Gisa - Grab des Schepseskaf, sogenannte ‹Mastabat Faraun›: Rekonstruktionszeichnung der Gesamtanlage. 4. Dynastie

375

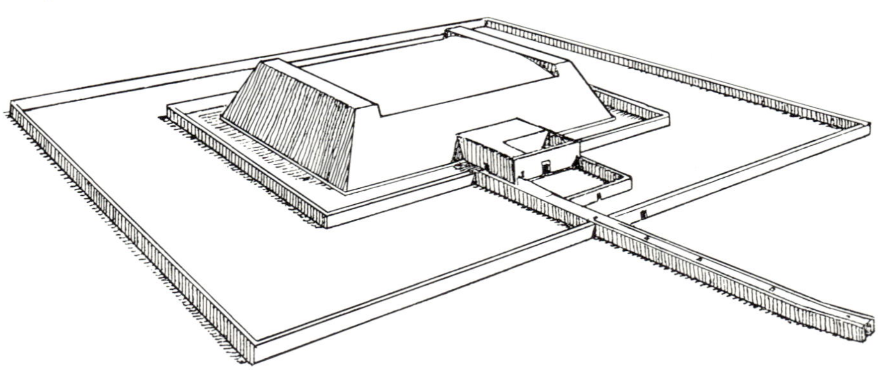

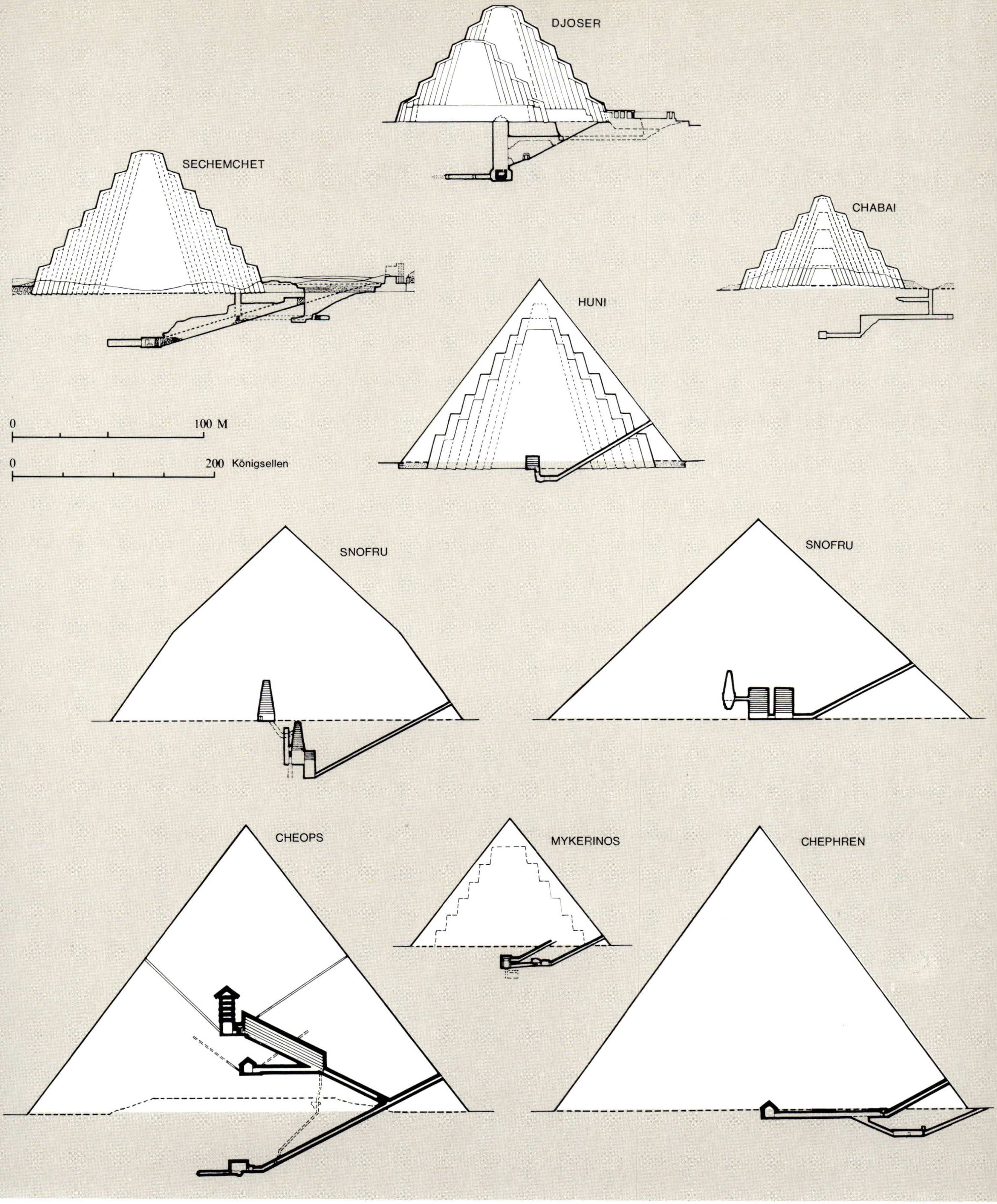


376-384

376 bis 384 - Querschnitte im Vergleich: Die Stufenpyramiden von Djoser und Sechemchet in Saqqara, von Chaba in Zawijet el-Arijan und von Huni in Meidum (aus der 3. Dynastie), die beiden Pyramiden von Snofru in Dahschur und die Pyramiden von Cheops, Chephren und Mykerinos in Gisa (aus der 4. Dynastie)

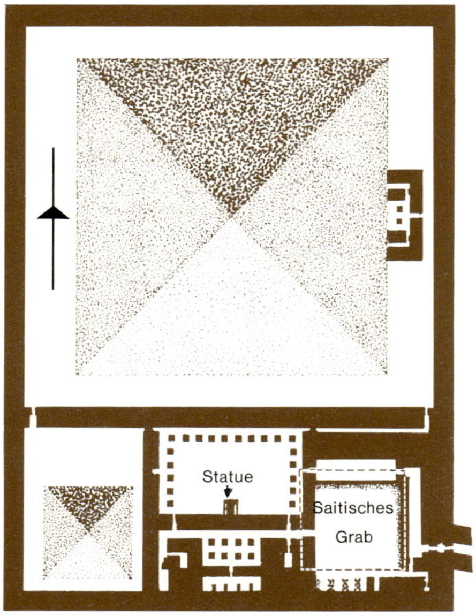


385

0 50 M

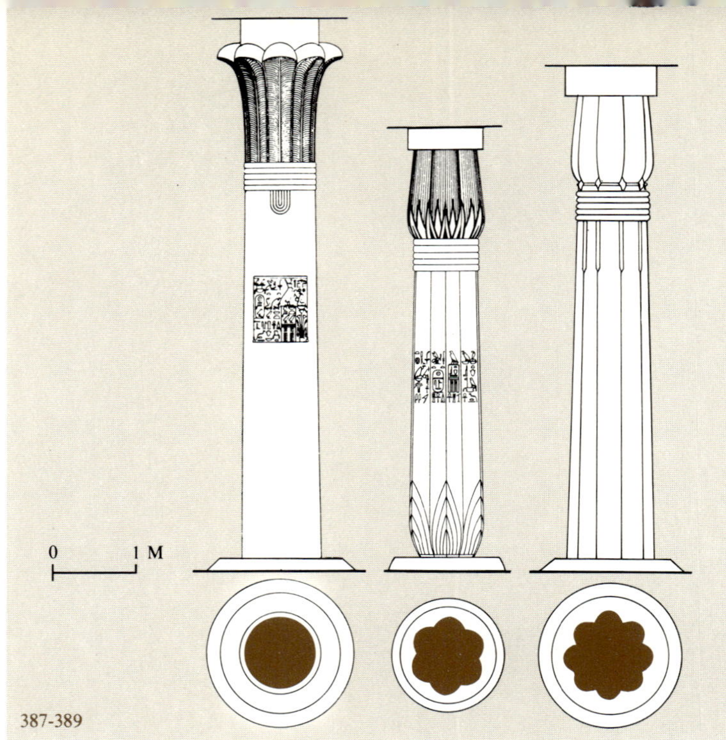


387-389

385 - Saqqara - Grundriß von Pyramide und Totentempel (ausnahmsweise an der Südseite) von Userkaf

386 - Abusir - Gesamtplan des Grabbezirks von Sahure. 5. Dynastie

387 bis 389 - Abusir - Palmstammsäule des Totentempels des Sahure, Papyrussäule des Totentempels des Niuserre und Lotosbündelsäule von der Mastaba des Ptahschepses. 5. Dynastie

390 - Abusir - Rekonstruktionszeichnung aller Grabbezirke. 5. Dynastie

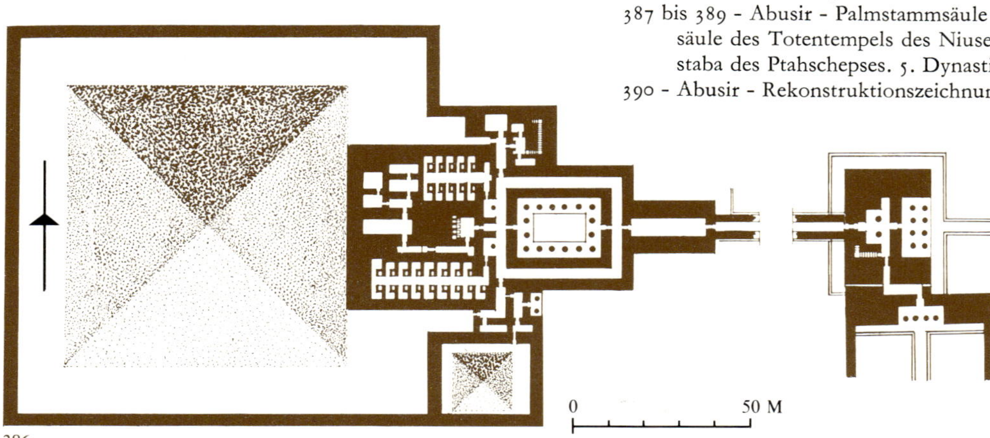


386

390

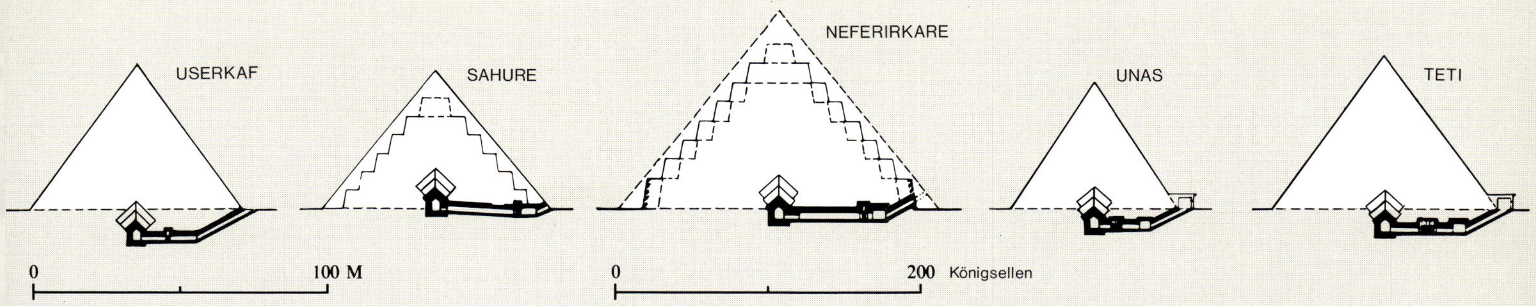


391-395

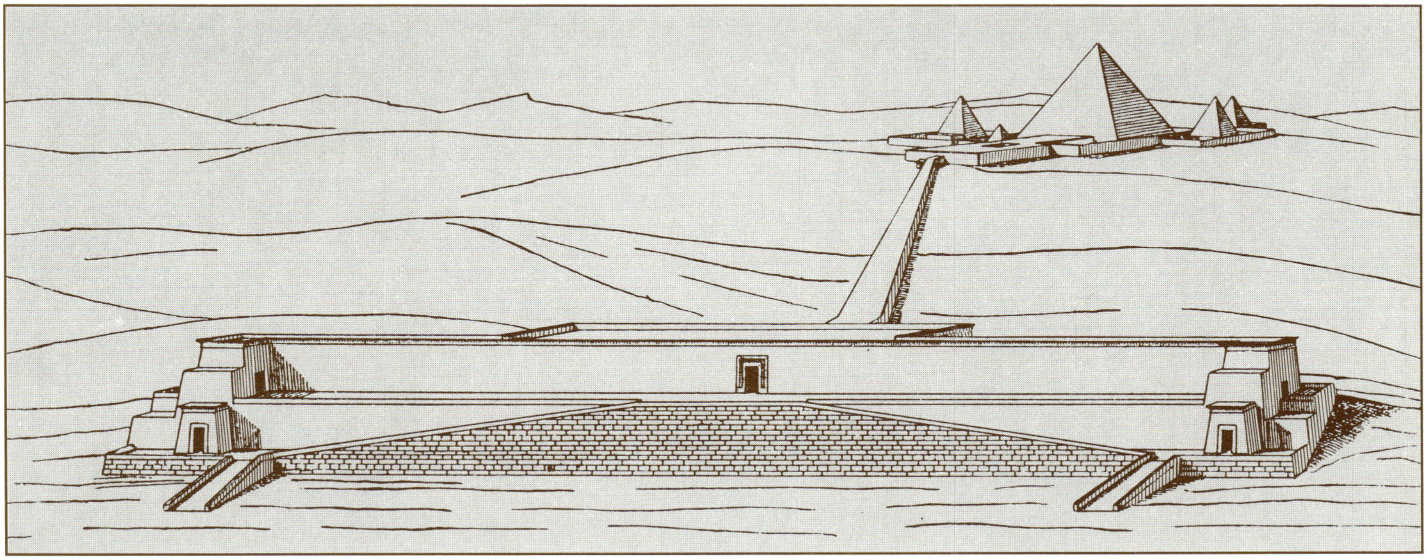

396

391 bis 395 - Querschnitte im Vergleich: Die Pyramide von Userkaf in Saqqara, von Sahure und Neferirkare in Abusir, von Unas in Saqqara (aus der 5. Dynastie) und von Teti in Saqqara (aus der 6. Dynastie)

396 und 397 - Saqqara - Grabbezirke des Königs Phiops II. und seiner drei Königinnen: Rekonstruktionszeichnung und Gesamtgrundriß. 6. Dynastie

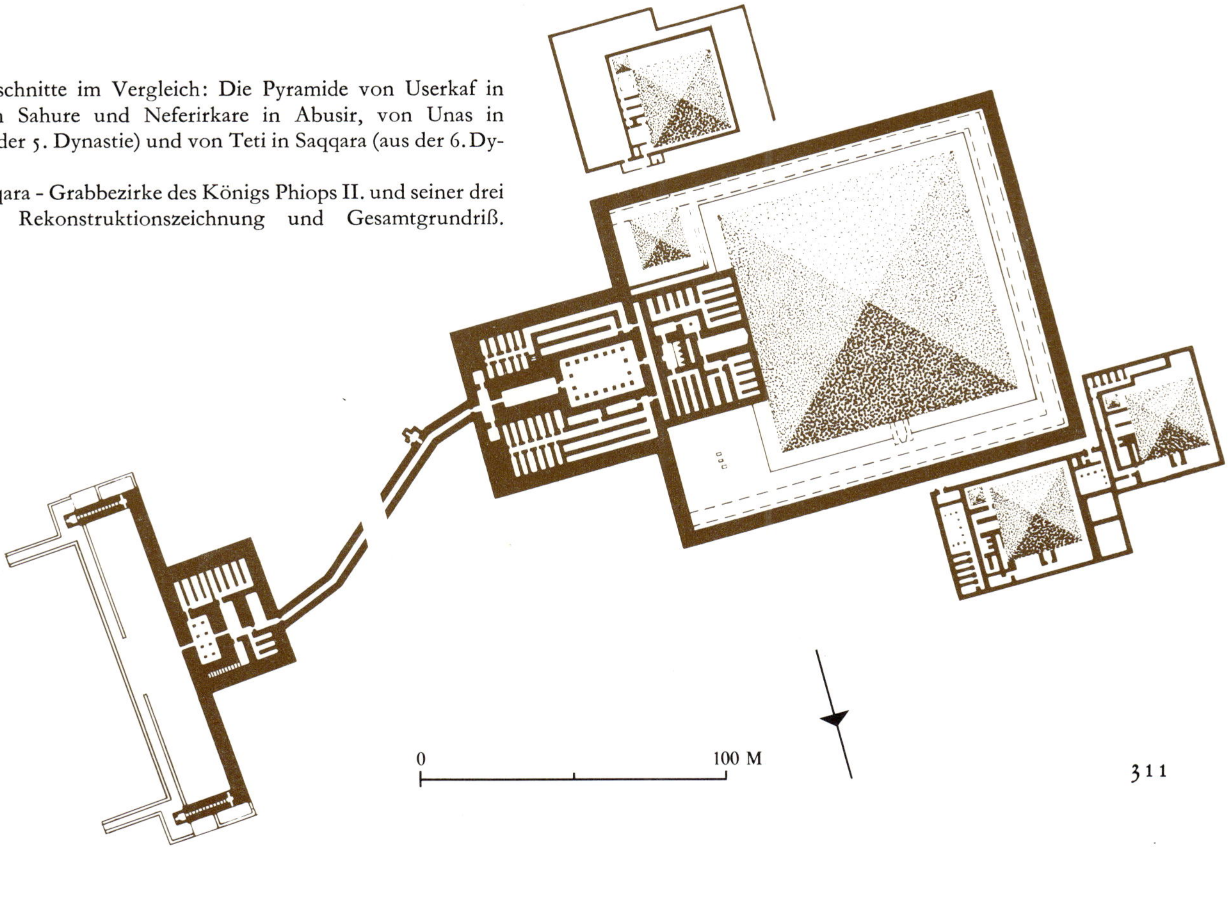


397

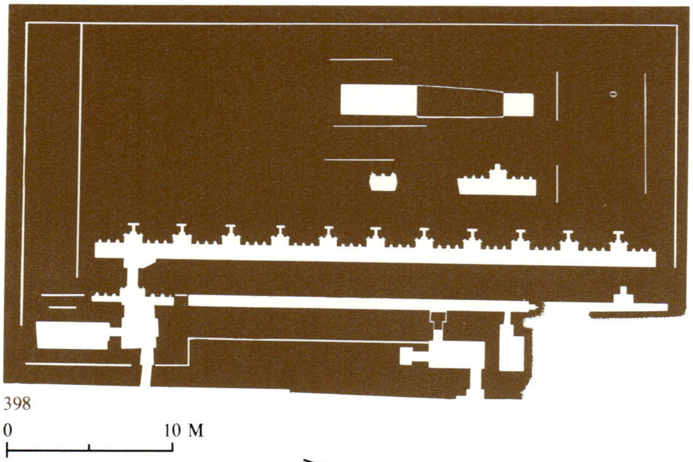

398



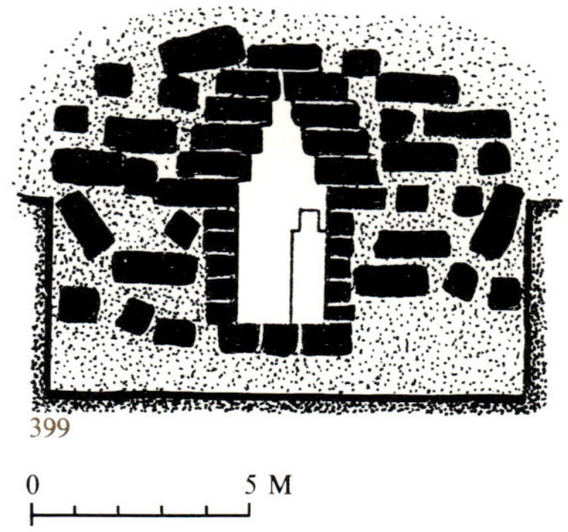

399



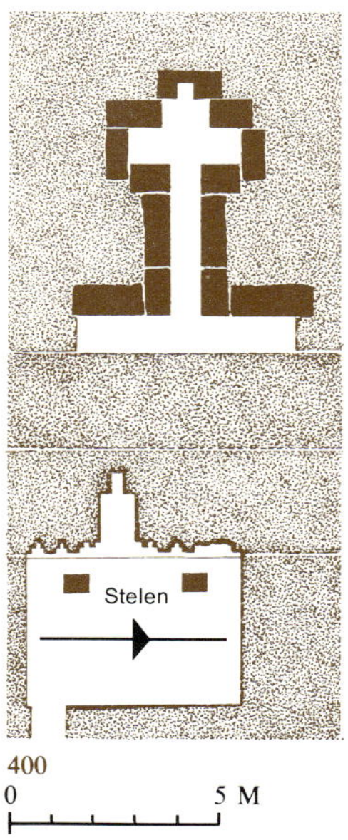


400



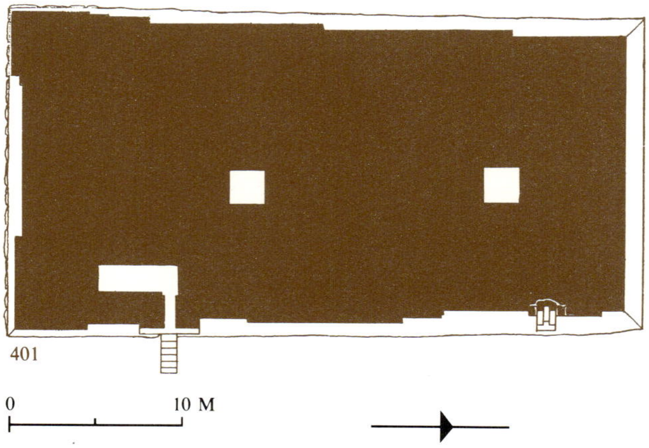

401



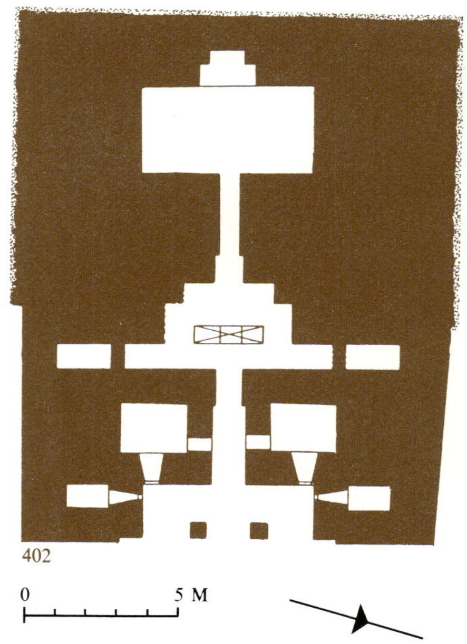

402



398 - Saqqara - Grundriß der Mastaba des Hesire. 3. Dynastie
399 - Meidum - Schnitt durch die Sargkammer der Mastaba des Nefermaat, mit Kraggewölbe. 6. Dynastie
400 - Meidum - Grundriß des Kultraums der Mastaba des Rahotep. 4. Dynastie
401 - Gisa - Grundriß einer Mastaba mit Scheintür. 4. Dynastie
402 - Gisa - Grundriß des Felsgrabs des Rawer. 5. Dynastie
403 - Gisa - Rekonstruktionszeichnung einer Ansammlung von Mastabas. 4. bis 5. Dynastie

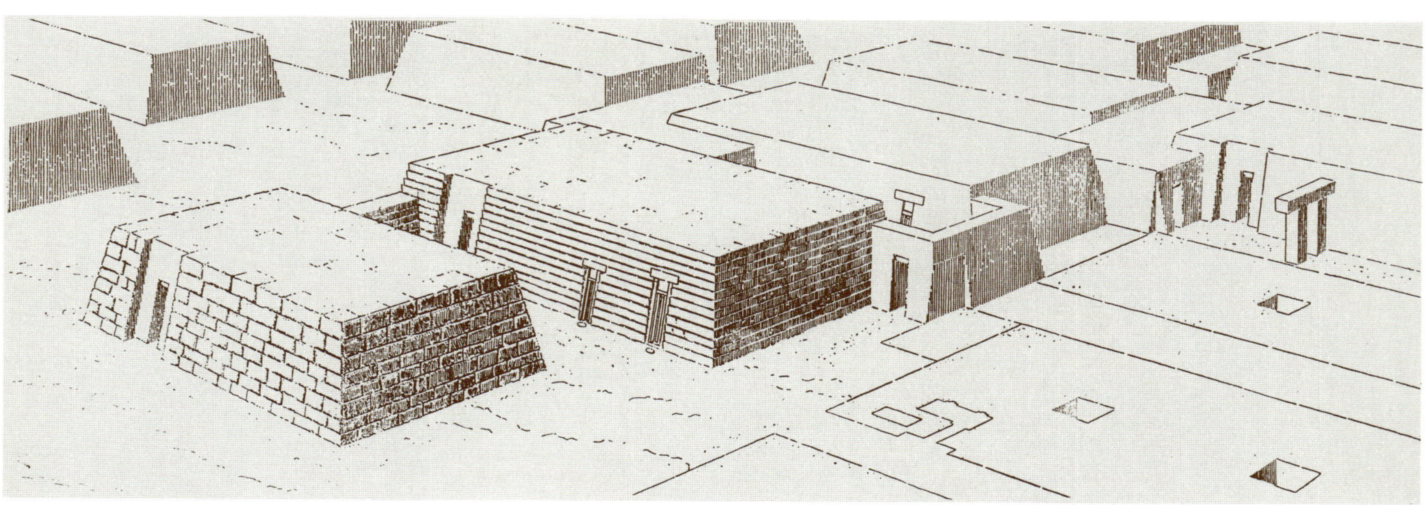

403

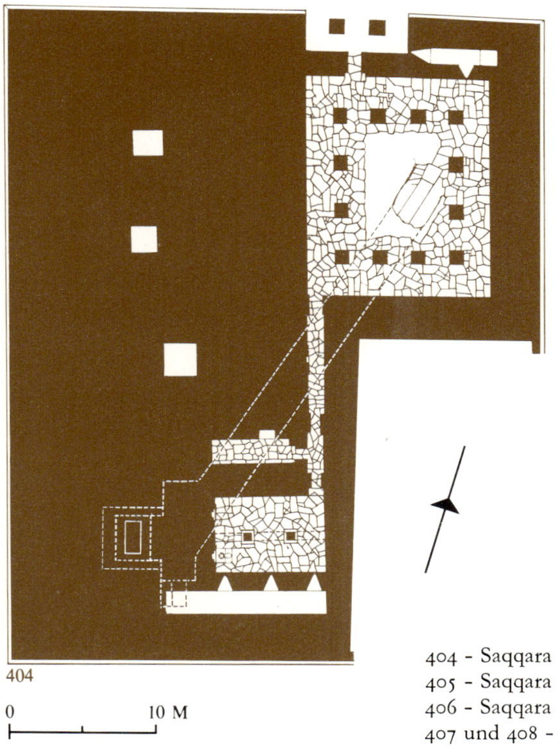


404

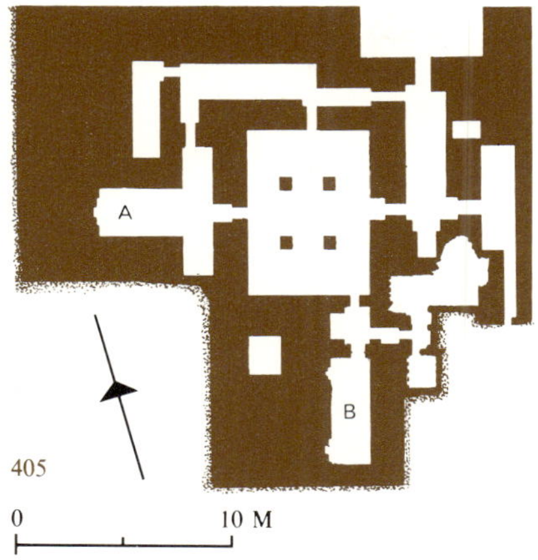


405

406

404 - Saqqara - Grundriß der Mastaba des Ti. 5. Dynastie
405 - Saqqara - Grundriß der Mastaba Achtihoteps (A) und des Sohns Ptahhotep II. (B). 5. Dynastie
406 - Saqqara - Grundriß der Mastaba des Mereruka, genannt Mera. 6. Dynastie
407 und 408 - Saqqara - Mastaba des Mehu: Grundriß des Grabes und Längsschnitt durch die Zugangspassage und die Sargkammer. 6. Dynastie

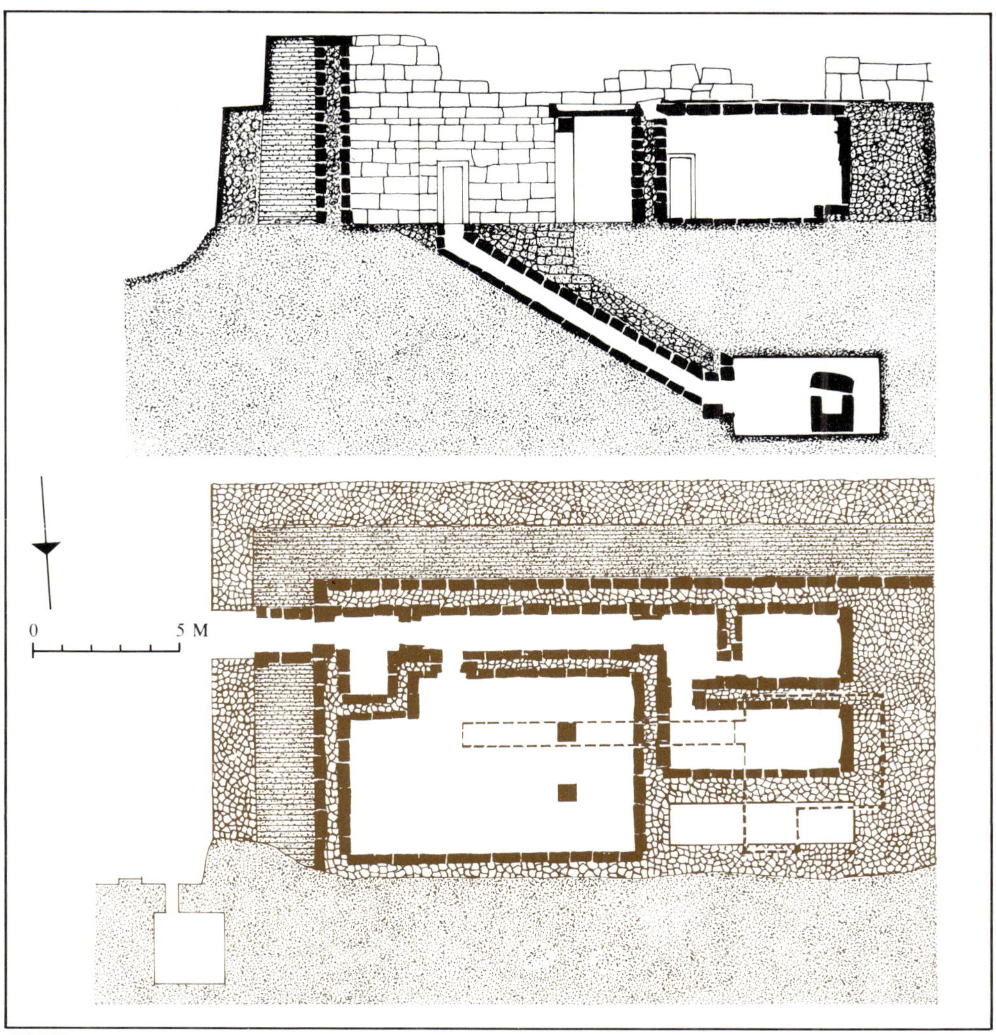


407-408

409

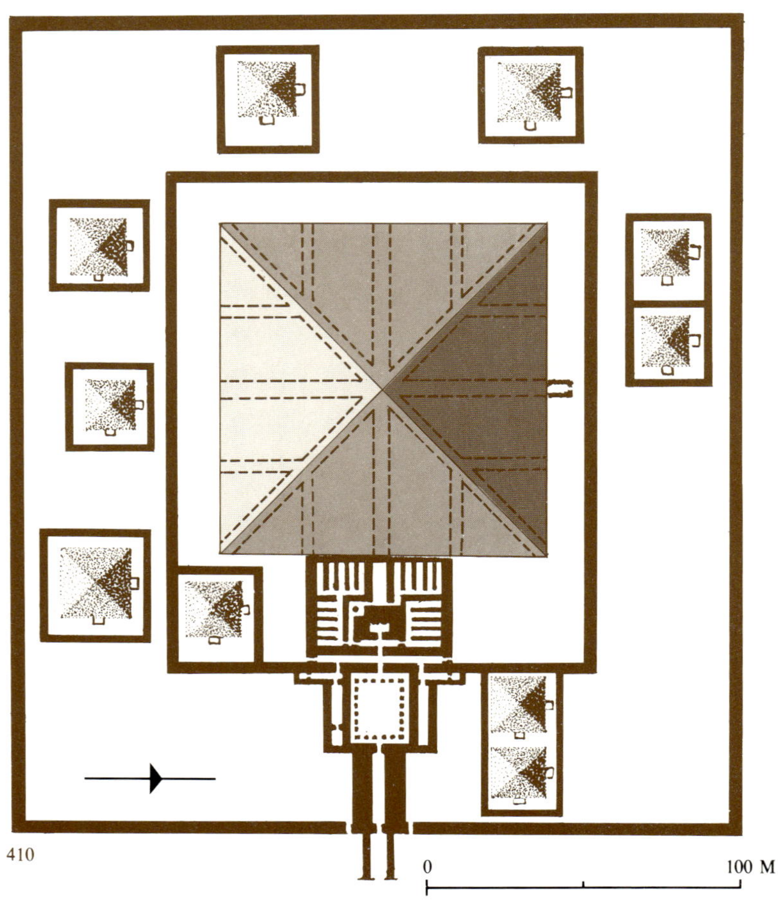


410

409 - Deir el-Bahari - Rekonstruktionsvorschlag des Totentempels des Königs Mentuhotep. 11. Dynastie

410 - Lischt - Grundriß des Grabbezirks von Sesostris I. und seinen Königinnen oder Angehörigen der königlichen Familie. 12. Dynastie

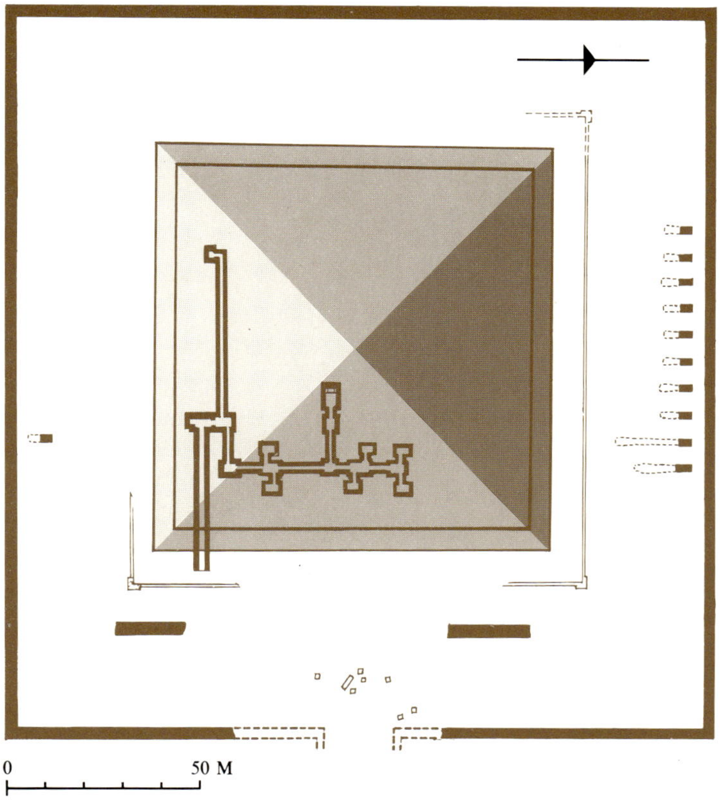


411

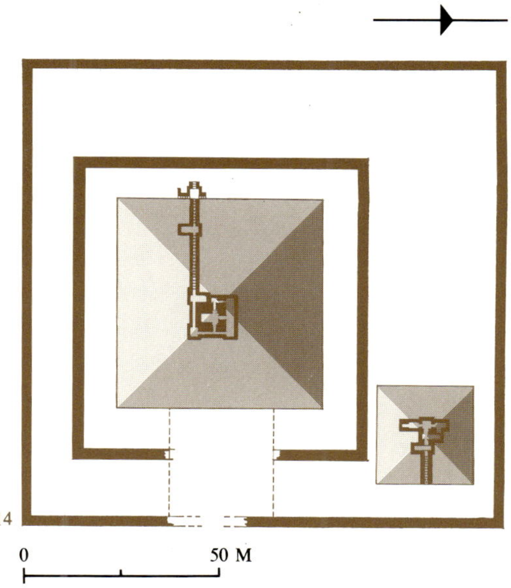


414

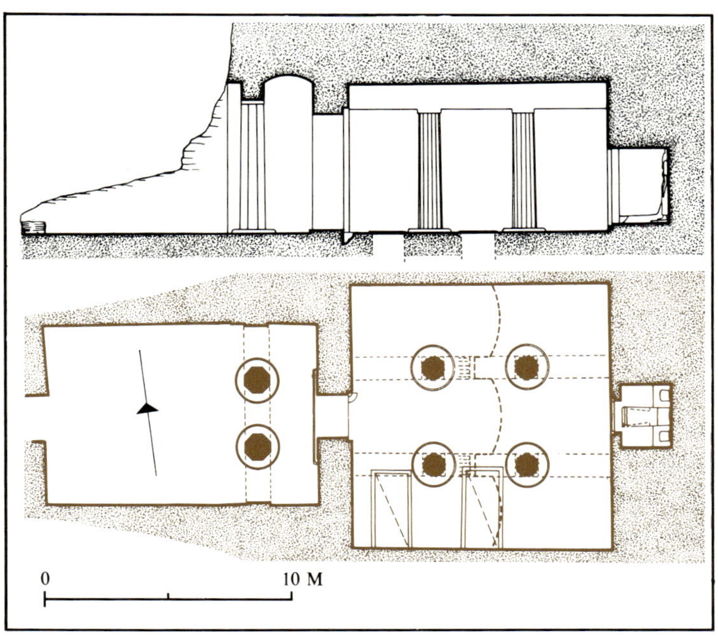


412-413

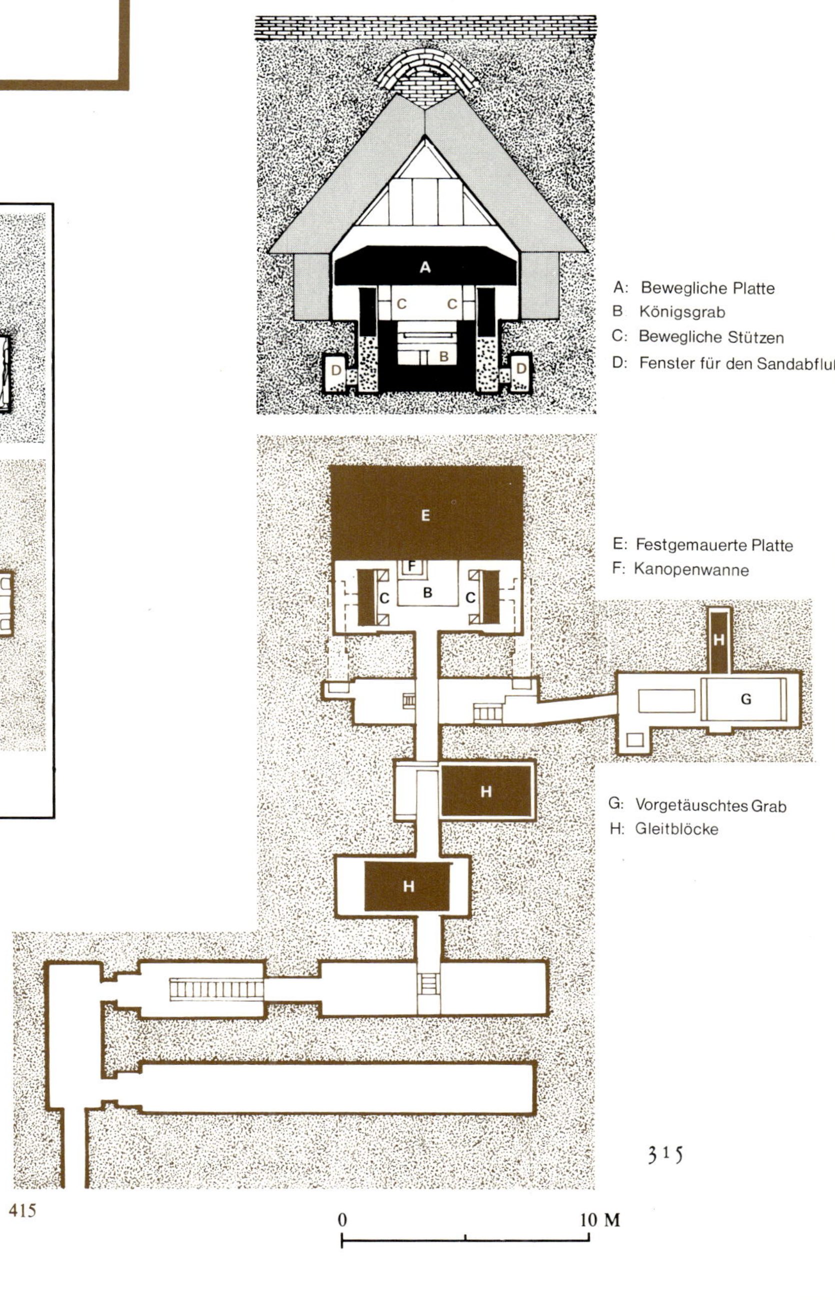


415

411 - Dahschur - Grundriß der Pyramide von Amenemhet III. 12. Dynastie

412 und 413 - Beni Hassan - Felsgrab des Fürsten Amenemhet: Grundriß und Längsschnitt. 12. Dynastie

414 - Saqqara - Grundriß der Pyramide des Chendjer. 13. Dynastie

415 - Saqqara - Pyramide eines anonymen Königs: Grundriß und Schnitt der Sargkammer sowie Teilplan der Grabwohnung. 13. Dynastie

416 - Gisa - Grundriß des Taltempels des Chephren und Grundriß des Sphinxtempels. 4. Dynastie
417 - Abu Gurob - Rekonstruktionszeichnung des Sonnenheiligtums des Niuserre. 5. Dynastie

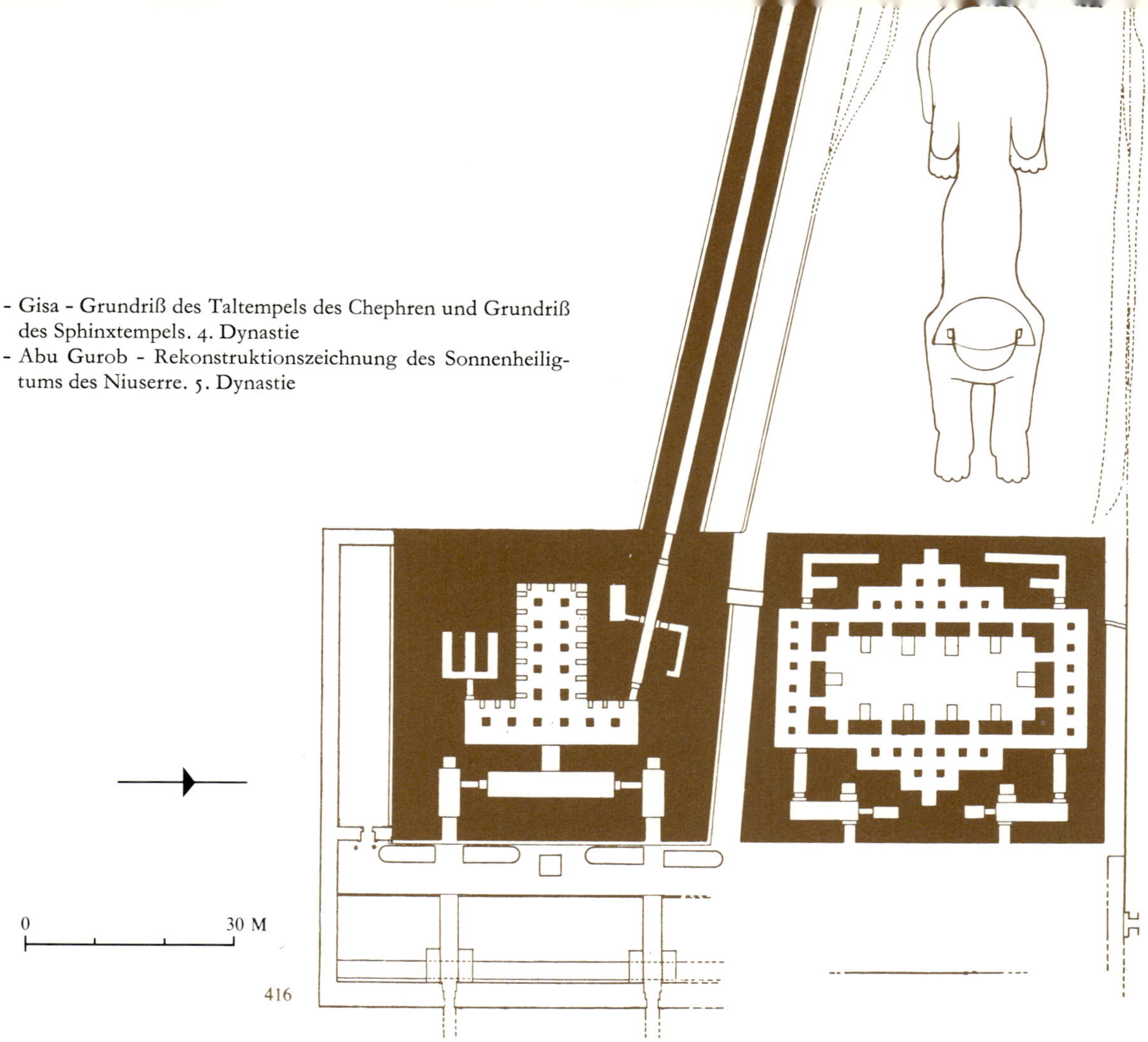

416

417

418

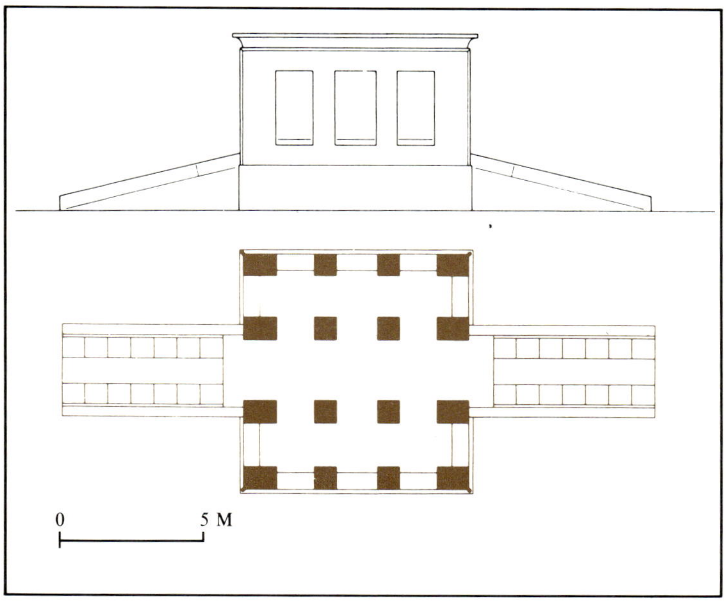


419-420

421-422

418 - Gisa - Mastaba des Meruka: Rekonstruktion der Fassade und des Pfeilerportikus. 6. Dynastie

419 und 420 - Karnak - Stationsheiligtum von Sesostris I.: Aufriß und Grundriß. 12. Dynastie

421 und 422 - Medinet Madi - Tempel, erbaut von Amenemhet III. und Amenemhet IV.: Rekonstruktion der Fassade mit Portikus und Grundriß. 12. Dynastie

423 bis 425 - Qasr es-Sagha - Unvollendeter Tempel: Aufriß der äußeren Fassade, Grundriß und Blick auf die Nischen des Hofs. 12. Dynastie (?)

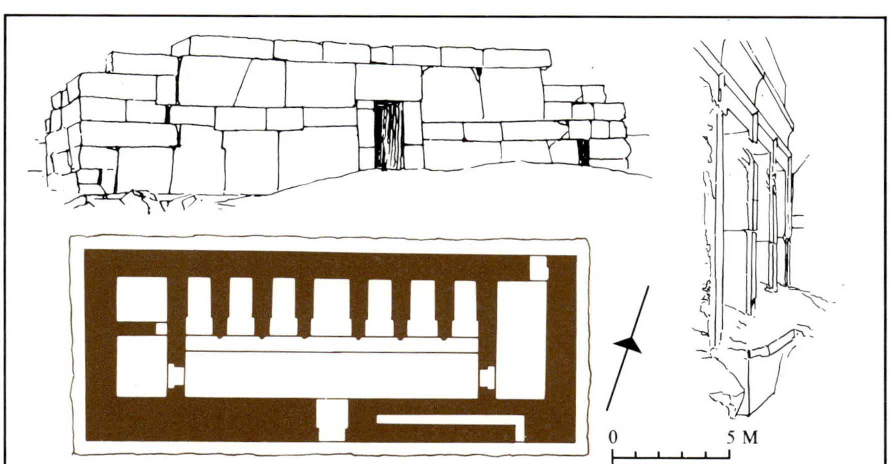


423-425

426

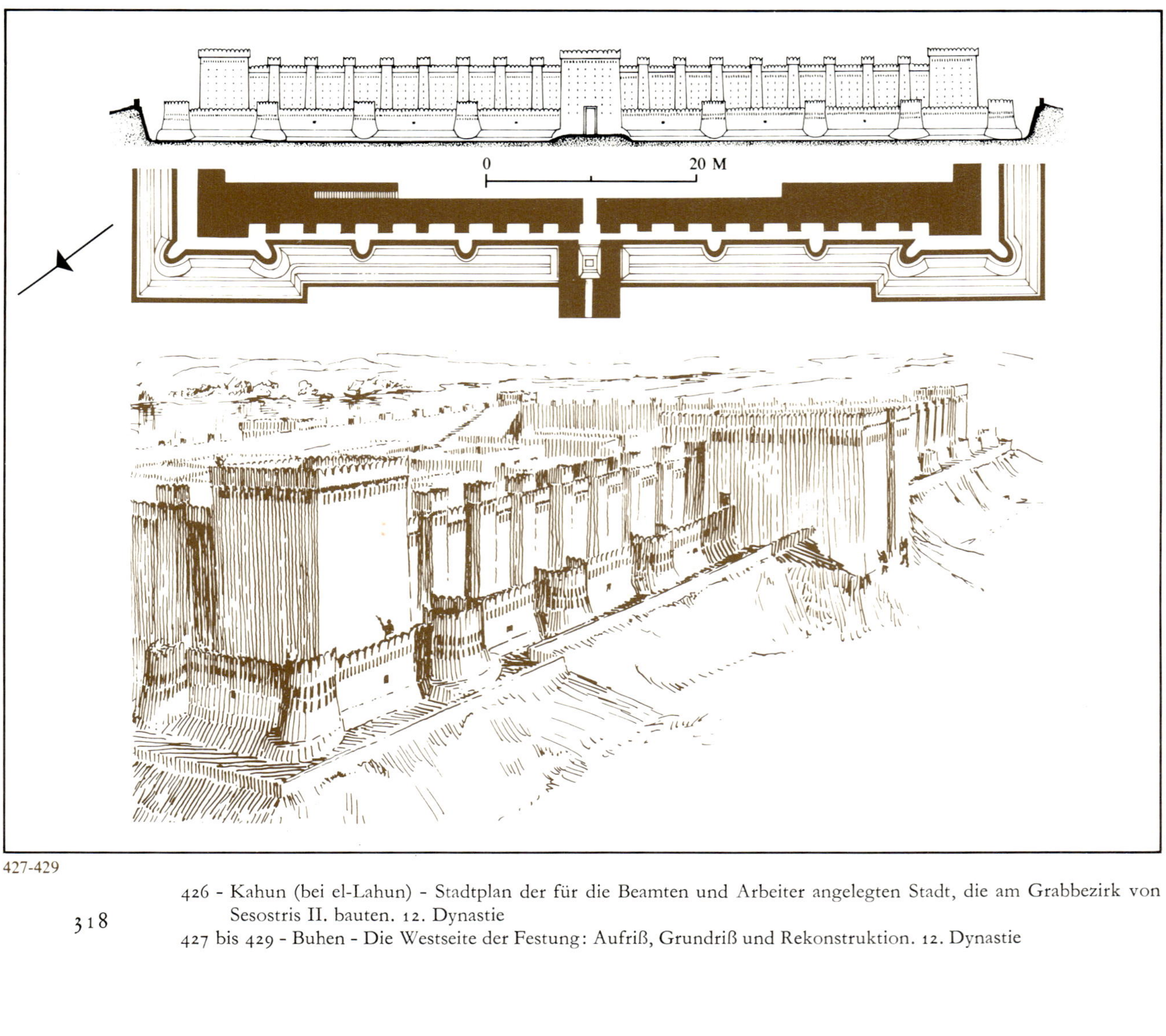


427-429

426 - Kahun (bei el-Lahun) - Stadtplan der für die Beamten und Arbeiter angelegten Stadt, die am Grabbezirk von Sesostris II. bauten. 12. Dynastie

427 bis 429 - Buhen - Die Westseite der Festung: Aufriß, Grundriß und Rekonstruktion. 12. Dynastie

# ANMERKUNGEN

## I. Die sogenannte Thinitenzeit

*1. - zu S. 59 - Gräber vom Negade-Typ. 1. Dynastie*
Bei der Nischenarchitektur dieser Gebäude sind die Grundflächen aller Mittelnischen in rötlichem Ocker bemalt, wie es bei der Wiedergabe von Holz üblich war: diese Flächen stellen das Türblatt des monumentalen Palasttors dar. Die Holzrolle über dem Türblatt erinnert an die aufgerollte Matte, die bei Bedarf als primitiver Verschluß der Öffnungen diente. Solche Scheintüren sind von Rücksprüngen umgeben, auf die Behänge in vielfarbigen geometrischen Mustern aufgemalt sind; darauf sind Schnürbänder an horizontalen, rötlich-ockerfarbenen Streifen angedeutet, die also wohl Holzstäbe vorstellen. Diese Malereien waren auf eine weiße Gipsschicht über einem Tonerdebelag aufgetragen, der seinerseits die Lehmziegel bedeckte.

Über dem Tor gaben Lehmnachbildungen übereinandergelegter Holzleisten zunächst Türstürze an, dann eine gemeinsame Stütze für eine Reihe von nebeneinanderliegenden Fenstern, schmal wie Schießscharten. Weitere Nachbildungen von waagerechten Leisten waren über den Fenstern angeordnet, bis hin zu einem Fries mit geometrischen Mustern, die zur Betonung des Gesimses dienten; dort stellten vertikale Streifen ein Geflecht aus Schilf oder Palmrippen dar. Oben an den turmartigen Vorsprüngen waren die Rücksprünge von Leistennachbildungen durchschnitten, zwischen denen ein Strauß von zwei gegenständigen Papyrusdolden abgebildet war.

Die Grabwohnung ist in der Mitte des Gebäudes untergebracht; der Oberbau umfaßt meist etliche weitere Räume. Sie enthielten eine Fülle von Gefäßen aus Alabaster und anderem, härterem Gestein, Kupfer-, Stein- und Holzgeräte, Waffen und anderes, auch versiegelte Tongefäße mit Vorräten, die nötig waren für das Weiterleben des Grabinhabers und seines möglicherweise geopferten und rundum in den kleinen Nebengräbern bestatteten Gefolges.

Beim Prototyp liegt die Sargkammer deutlich in Höhe des Bodens; in der Folge wurde sie, wie man beobachten kann, zunehmend tiefer gelegt: um 2 m beim Grab des Horus Aha, bei den Gräbern von Horus Djer und Horus Djed mehr als 3 m; bei der größten Anlage aus der Zeit, beim Grab des Horus Udimu, erreicht die Tieferlegung 8,50 m; dort ist die Sargkammer unterirdisch. Ihr Zugang war durch einen Fallstein aus Kalkstein mit zwei Löchern für die Zugstricke verschlossen; er ging von einer großen rechteckigen Ausschachtung aus, in die eine durch drei weitere Fallsteine versperrte Zugangspassage geführt hatte.

Das Grab des Adjib, des Nachfolgers von Udimu, markiert einen Rückschritt: die Ausmaße sind im ganzen geringer, und die Sargkammer ist nur 3,75 m tief in den Boden versenkt. In einem ersten Stadium hatte das Grab einen 2,30 m hohen, länglich-rechteckigen Oberbau, der von kleinen Stufen umgeben war - aber nur an drei Seiten. Nach der Verlängerung dieser Plattform wurde der Oberbau mit einer Hülle umgeben, die die üblichen Rücksprünge aufwies und ihn völlig verbarg. Der Bau war also kein Schritt hin zur Stufenpyramide, die nach Grundidee und Proportionen ja auch ganz anders ist. Dagegen ähnelt diese Anlage eher dem Hügel, der die Sargkammer des Grabes S. 3507 (Königin Horneith) bedeckte. Dieser Sandhügel mit rechteckigem Grundriß, der mit einer nicht ganz 1,60 m hohen Lehmziegelschicht umkleidet war und etwas an den kleinen Tumulus über dem vorgeschichtlichen Grab erinnerte, verschwand ebenfalls im endgültigen Oberbau.

Das Grab des Horus Qaa vom Ende der Dynastie ist ausgedehnter und umschließt eine einfach in den Boden versenkte, aber doch über 5,50 m tief liegende Sargkammer. Ganz nah an der Nordseite erscheint da ein regelrechter Totentempel; mit seiner Lage an dieser Stelle, mit den langgezogenen Räumen, in denen man Reste von großen Holzstatuen gefunden hat, und mit den Eingängen und Durchlässen ist er ein Vorläufer des fünfzig Jahre späteren Totentempels an der Nordseite der Djoser-Pyramide.

*2. - zu S. 60 - Grab des Horus Hetepsechemui in Saqqara. Anfang 2. Dynastie*
Oberbau verschwunden. Die in Nordsüd-Richtung verlaufende Zugangspassage dringt bis in eine Tiefe von 7,50 m vor; dort wird sie zu einem Gang, der mit dicken Platten überdeckt und durch vier Fallsteine im Abstand von etwa 12 m blockiert ist. Durch den Gang gelangt man zu einer Reihe von schmalen Kammern, die wie Kammzinken angeordnet sind; sie zweigen von diesem Gang oder von Sekundärgängen ab. Fast 60 m weiter, direkt hinter dem vierten Fallstein, ist der Gang nur noch halb so hoch und verläuft unterirdisch; er führt zu einer Grabwohnung, die wieder aus vielen schmalen Kammern besteht. Dann endet er in der Sargkammer und ihren unmittelbaren Nebenräumen.

*3. - zu S. 60 - Die königlichen Bauten von Abydos. 1. und 2. Dynastie*
Es handelt sich um zwei etwas über 1,5 km weit voneinander entfernte Gruppen: in Umm el-Qaab in der Wüste liegen Lehmziegelgebäude mit unverputzten Mauern und mit gewölbter oder hügelförmiger Bedeckung. Man hielt sie lange für die Gräber der Könige der 1. Dynastie und für die Gräber von Peribsen und Chasechemui, den letzten Königen der 2. Dynastie; große, aufgerichtete, mit ihren Namen beschriftete Steine sind zumeist dort gefunden worden. Die andere

Gruppe liegt am Rand des Kulturlandes und umfaßt weitläufige rechteckige Einfriedungen, die fast abgetragen sind. Da sie von vielen Nebengräbern umgeben sind, hat man auch sie mehreren Königen der 1. Dynastie zugeschrieben. Außerdem umfaßt die erste Gruppe die beiden angeblichen Festungen, das ‹Middle Fort› und die ‹Schunet es-Sebib› von Peribsen und Chasechemui.

Seit man aber in Saqqara am Rand der Wüste, gegenüber der Hauptstadt Memphis, große Gräber vom Negade-Typ mit Vor- und Rücksprüngen gefunden hat, gilt es als fast sicher, daß die ungeschlachten Gebäude in Umm el-Qaab nur Kenotaphe waren und die eigentlichen Königsgräber sich schon in Saqqara befanden - wie mit Sicherheit zu Beginn der 2. Dynastie; denn aus den Saqqara-Gräbern ist eine Fülle von Namen-Belegen eben der Könige der 1. Dynastie hervorgegangen, auch sind sie viel monumentaler (den beiden Bauten der Königin Merneith vergleichbar). Die Umfassungsmauern der zweiten Gruppe in Abydos stehen anscheinend nicht in Zusammenhang mit den Gebäuden in Umm el-Qaab; sie könnten die Opfergaben-Zentren umschlossen haben, die jeder neue Herrscher für den Kult des Friedhofsgottes Chontamenti anlegen mußte, dessen Tempel genau daneben lag.

*4. - zu S. 61 - Verwendung von Stein*
Eines der ersten Beispiele für die Verwendung von Stein ist eine seltsame Verkleidung aus kleinen Bausteinen, die in Stufen um eine Anhöhe des Tempels von Hierakonpolis herum angeordnet sind; der Tempel ist von seinen Entdeckern König Narmer zugeschrieben worden, wurde aber wohl doch später von Horus Chasechem (Ende der 2. Dynastie) erbaut. Am Gebäude selbst wurde Stein erstmals beim Nischengrab Nr. 2185 in Saqqara verwendet; es stammt aus der Zeit des Horus Djer und ist vielleicht das Grab der Königin gewesen. Stein findet man da in der Form von kleinen, roh behauenen Steinen, als mit Tonerde vermischtes Gestein für die Fundamente und für die im Boden liegenden Innenwände, außerdem als große, grob behauene Platten aus am Ort gebrochenem Kalkstein für Decken und Pflasterungen.

Ein zweites Beispiel für Kalksteinpflaster, schon regelmäßiger verlegt, findet man dann erst vom Ende der 1. Dynastie im Totentempel des Horus Qaa, auch in Saqqara. Einige Reste von sehr viel besser bearbeiteten, großen Granitplatten sind in Abydos im Zentralraum des Baus von Horus Udimu (fünfter König der 1. Dynastie) erhalten. Ihr Vorkommen wäre überraschend, wüßte man nicht, daß dieses Gebäude von König Amasis in der Saitenzeit restauriert worden ist. Nur etwa zweihundert Jahre später unter Chasechemui (letzter König der 2. Dynastie) gab es im Tempel von Hierakonpolis einen Granitpfosten. Außerdem gab es in Heluan schon während der zweiten Hälfte der 1. Dynastie einige Beispiele für Verschalungen aus großen Platten, die grob bearbeitet und senkrecht auf die Wände der aus dem Boden gehöhlten Sargkammer aufgesetzt waren; in die Kammer führte zudem eine Zugangspassage, die von einem oder mehreren Fallsteinen blockiert war. Aber erst gegen Ende der 2. Dynastie wurde im Kenotaph von Chasechemui in Abydos die berühmte Kammer mit einer Verkleidung aus behauenen Quadersteinen in regelmäßigen kleinen Lagen erbaut.

*5. - zu S. 62 - Holzsäulen*
Zu den beiden wichtigsten Neuerungen, zu Ziegelgewölbe und behauenem Stein, kam die verzierte Holzsäule; sie ersetzte den groben Holzpfosten, die Stützen aus vegetabilischen Stengelbündeln oder sogar die einfachen steifen Papyrusstengel. Seit Horus Djer sind solche Säulen durch kannelierte oder gebündelte Modellsäulen in verkleinertem Maßstab bezeugt, die in Abydos entdeckt wurden; in Heluan fand man ein kleines Elfenbeinmodell einer Lotosbündelsäule. Dazu wurde in Saqqara im großen Grab des Horus Udimu ein Fragment einer kleinen kannelierten Holzsäule entdeckt, 0,12 bis 0,15 m im Durchmesser.

In Saqqara wie in Abydos ist festzustellen, daß während der ersten Dynastie in Königs- und Fürstengräbern und in in Kenotaphen Holz weitgehend Verwendung fand, und zwar für die Decken und Dielen des Hauptraums, manchmal auch für die Verkleidung seiner Wände. Das entspricht der häufigeren Verwendung von Holz in den königlichen Palästen. Auch ist anzunehmen, daß die Säulentypen, die wir in Modellen gefunden haben - die durch regulierendes Abschälen von Baumstämmen entstandenen kannelierten Säulen und die Holznachbildungen der gebündelten Säulen aus Schilfrohr oder Palmrippen, die in ländlichen Bauten als Stützen dienen mußten -, dort vorkamen. Dazu kam die schmale Säule, die eine Umsetzung des harten, dreikantigen Papyrusstengels in Holz darstellt und die seit vorgeschichtlicher Zeit für leichte Lauben benutzt wurde, wobei die offene Papyrusdolde zu einem Glockenkelch stilisiert wurde. Im großartigen Grabbezirk des Königs Djoser wurden zu Beginn der 3. Dynastie die verschiedenen Holzsäulen-Ordnungen auf Stein übertragen.

## II. Das Alte Reich

*6. - zu S. 63 und S. 68ff. - Grabbezirk des Königs Djoser. 3. Dynastie*
Der Übergang von der Mastaba zur Stufenpyramide
Um die neue Pyramidenform für das Königsgrab realisieren zu können, erdachte Imhotep eine völlig neuartige Bauweise für das gewaltige Massiv aus Mauerwerk, das die ursprüngliche Mastaba als Kern beibehalten und umhüllen sollte.

Die Mastaba besteht aus horizontalen, zusammenhängenden Steinlagen, und nur die äußeren Blöcke haben, weil sie geböscht sind, ein leicht schräg geschnittenes Profil. Anders bei der Stufenpyramide: da ist das Mauerwerk auf allen vier Seiten aus nach innen geneigten Scheiben gebildet, die etwa 2,60 m dick sind, parallel zueinander verlaufen und miteinander verbunden sind. In jeder Scheibe sind die Steinlagen so geneigt, daß sie lotrecht zur Außenseite der Scheibe liegen; folglich bestehen die Lagen aus Blöcken mit rechteckigem Schnitt. Diese Unterteilung des Mauerwerks in Scheiben, die gegen einen massiven Kern in der Mitte gelehnt sind, verlieh dem Bauwerk natürlich eine große Stabilität; sie vermied zusammenhängende Schichten, da sich bei allzu großen Flächen Senkungen oder Brüche hätten einstellen können, und ist das wesentliche Strukturmerkmal aller Stufenpyramiden der 3. Dynastie. Sieht man von der letzten Stufenpyramide in Meidum ab, haben sie in ihrem Massiv, soweit es sichtbar ist, keine Kammer und keinen Gang; das Massiv ist nur der Oberbau des eigentlichen Grabes, das sich bei Djoser im Boden am Grund eines 28 m tiefen Schachts befindet. Bei Djosers unmittelbaren Nachfolgern ist das Grab unterirdisch angelegt.

Die Palmrippenbündelsäulen der Eingangskolonnade
Die Säulen haben eine runde Basis und einen weit vorspringenden Abakus, sie geben stilisiert Palmrippenbündel wieder, die oben mit den eigenen Wedeln umwickelt sind. Die Proportionen sind in der Eingangskolonnade und in dem westlich anschließenden Querraum verschieden. Im Querraum sind die Halbsäulen nicht an Zungenmauern angebracht wie in der Eingangskolonnade, sondern paarweise an den beiden Schmalseiten von vier kurzen, parallel stehenden Wänden, und sie sind nur 5 m statt 6,60 m hoch. An der Basis haben die Säulen in Eingangskolonnade und Querraum den gleichen Durchmesser (2 Ellen = 1,05 m); oben ist er dagegen in der Eingangskolonnade deutlich kleiner. Und schließlich haben die Säulen im Querraum neunzehn Rippen, in der Eingangskolonnade nur siebzehn (außer am Westende der südlichen Reihe die letzten vier).

Die Kapitelle mit kannelierten überhängenden Blättern an den Kapellen mit gewölbtem Dach
Der kubische Abakus, der oben auf der Mitte der Säule liegt, stellt den Balken oder die Dachpfette dar, die den Holzsparren stützte; der Sparren ist hier durch das gebogene Gesims der Fassade dargestellt. Die Form ist von den einfachen Kultlauben abgeleitet, bei denen man die Zweige der Bedachung bog, um sie widerstandsfähiger zu machen. Die beiden Überhänge oder kannelierten Blätter, die den Abakus umrahmen, geben die Büschel der pflanzlichen Bänder stilisiert wieder, die bei ländlichen Bauten Pfette und Sparren auf dem Holzpfosten befestigten. In dem tiefen Bohrloch unter dem Abakus muß wohl eine weit vorspringende Holzstange gesteckt haben, die das Emblem der Gottheit trug und so die Zugehörigkeit der Kapelle kennzeichnete.

*7. - zu S. 82 - Die ‹Große Halle› der Cheops-Pyramide. 4. Dynastie*
Diese außergewöhnliche, in einem Winkel von 26,5° ansteigende Halle, 8,60 m hoch, 47,85 m lang und 2,10 m breit, ist mit einem im gleichen Winkel ansteigenden Gewölbe aus sieben auf jeder Seite vorkragenden Steinlagen überdeckt. Darin waren die Granitblöcke vorläufig untergebracht, die zur vollständigen Blockierung des aufsteigenden Ganges nötig waren, das heißt zur Abriegelung des Zugangs zu Grabkammer 2. Nach der Entscheidung, Grabkammer 2 durch Grabkammer 3 zu ersetzen, wurde die ‹Große Halle› zum einzigen Durchgang für den Begräbniszug. Also mußte man viele Granitblöcke wieder herausholen, die schon in die Halle gebracht worden waren, außer dreien, die man für den Verschluß des Ausgangspunktes des aufsteigenden Ganges brauchte; man verwendete die herausgezogenen Blöcke weiter oben für die Errichtung des horizontalen Ganges und der neuen Sargkammer aus Granit. Die Sicherheit vor Grabräubern wurde seitdem durch drei Granitfallsteine gewährleistet, die den Gang abriegelten, und durch eine besonders sorgfältige Blockierung des Gangbeginns in Höhe der ‹Großen Halle›. Die verschiedenen Aushöhlungen, Einschnitte und Streifen, die man auf den Wänden der Halle sieht und die so rätselhaft schienen, sind nur Spuren der Befestigung von Holzstücken und der Rinnen für die Schnüre, die man für das Herauslösen der Granitblöcke und für ihr Hochziehen bis zum Fuß der neuen Sargkammer brauchte.

*8. - zu S. 95ff. und S. 106 - Die Säulen der Totentempel von Abusir. 5. Dynastie* - Es kommen dort drei Haupttypen von spezifisch ägyptischen Säulen vor:

1. Die Palmsäule
Das Peristyl des Zentralhofs im Totentempel der Sahure-Pyramide wird von Palmsäulen gebildet. Die monolithischen Granitsäulen ruhten auf einer gesonderten Granitbasis, die im Verhältnis zum Schaft weit vorstand und 0,15 m über die Bodenplatten ragte. Mit der Basis waren die Säulen 6,45 m hoch; der Durchmesser des Schafts betrug an der Basis 0,93 m, unter dem Kapitell 0,82 m. Das Kapitell über den fünf Umschnürungen oben am Schaft wird von neun Palmwedeln gebildet; diese tragen einen sehr viel weniger ausladenden Abakus. Mit den Umschnürungen erreicht das Ganze eine Höhe von 2 m.

2. Die Papyrusbündelsäule
Die beiden frühesten Beispiele befanden sich im selben Totentempel, rechts und links vom Eingang zum Opferraum mit den fünf Statuennischen. Diese Säulen waren Granitmonolithe wie die Palmsäulen, jedoch kleiner; mit der Basis erreichten sie im ganzen nur eine Höhe von 4,43 m. Sie bestanden aus sechs unter dem Kapitell gebündelten Stengeln; die Kapitelle stellten die noch geschlossenen Papyrusknospen dar.

Denselben Typus findet man aus etwas späterer Zeit im Peristyl des Totentempels von Niuserre, aber die Säule ist hier größer, 5,34 m hoch mit Basis. Der obere Durchmesser der Basis beträgt 1,25 m, der Maximaldurchmesser des Schafts 0,94 m, der Durchmesser unter dem Kapitell 0,75 m.

3. Die Lotosbündelsäule
Diesen Säulentypus findet man im Totentempel des Neferirkare. Aber wegen des vorzeitigen Todes dieses Königs konnten die Säulen nicht, wie vorgesehen, aus Granit gefertigt werden. Erhalten sind nur Kalksteinbasen mit Spuren von Holzschäften, die auf ein Bündel aus vier Einzelteilen schließen lassen. Der obere Durchmesser der Basis beträgt 0,52 m. Die schematische Zeichnung stammt von dem Architekten Miroslav Korecký und gibt eine monolithische Kalksteinsäule vom Eingangsportikus der Mastaba des Ptahschepses in Abusir wieder. Diese vom tschechoslowakischen Institut für Ägyptologie entdeckten Exemplare sind die größten Lotosbündelsäulen, die aus dem Alten und Mittleren Reich bekannt sind; ihre Gesamthöhe erreicht 12 Ellen (6,28 m), der Durchmesser des Schafts an der Basis 2 Ellen. Das Bündel ist aus acht Stengeln gebildet, nicht aus sechs wie in der Vorkammer oder aus den üblichen vier.

*9. - zu S. 101 und 106 - Mastabas*

Die Mastaba des Hesire. 3. Dynastie
Die ursprüngliche Kultnische, die durch die Ausweitung des Massivs nach Osten verbaut wurde, hat vielleicht als ‹serdab› gedient. Der Gang mit Palastscheintoren, der die Kultnische ersetzte und aus dem man die berühmten Holzpaneele mit den Reliefporträts des Verstorbenen geholt hat, zeigt auf der gegenüberliegenden Wand in Malerei auf Verputz das Grabmobiliar. Die sehr steile Zugangspassage mündete wie beim Grab T in Gisa in einen Schacht, der zur unterirdischen Grabwohnung führte. Sie ist auf drei Höhen verteilt; der unterste Teil liegt 23 m tief.

Die Mastabas von Nefermaat und Rahotep. 4. Dynastie
Die Kultnischen mit kreuzförmigem Grundriß, die mit zusätzlichen Lehmziegeln zugemauert sind, bestanden aus großen Blöcken feinen Kalksteins, die farblich aufgehöhte, besonders sorgfältige Reliefdarstellungen und Hieroglyphen tragen und die man deshalb in Museen überführt hat. Der Block im Hintergrund der Nische des Nefermaat wog ungefähr 8 Tonnen, die Blöcke an den Seitenwänden nicht weniger als 20. Auf den verputzten Lehmziegelwänden, die den übrigen Teil dieser Kulträume bilden, befanden sich wunderbare Malereien wie der Gänsefries von Meidum; er stammt aus dem Kultraum der Itet, der Gattin des Nefermaat. Nachdem die Kultnischen zugebaut waren, könnten sie als ‹serdab› benutzt worden sein: bei Rahotep (an der Südseite) wurden die großartigen Statuen des Prinzen und seiner Frau Nofret gefunden. Die kreuzförmige Kultnische wurde durch eine ansehnlichere Nische im Süden ersetzt; im Endstadium der Mastabas war sie von Rücksprüngen umrahmt, und ein kleiner Opferhof lag davor, in dem zwei Stelen standen, ähnlich wie im Totentempel der Pyramide von Meidum. Bei Rahotep sind die Stelen teilweise erhalten.

Die Sargkammer des Nefermaat ist in einer fast quadratischen Ausschachtung von etwa 10 m Seitenlänge aus behauenen Steinen erbaut und mit einem Kraggewölbe aus vorkragenden Lagen überdeckt; es ist ein bescheideneres Abbild des Kraggewölbes in der Pyramide von Meidum. Über der Sargkammer des Ranofer (Meidum Nr. 9), die auch in einer Ausschachtung erbaut ist, findet man noch ein ähnliches Gewölbe.

Die Mastaba des Mereruka. 6. Dynastie
Sie umfaßt zweiunddreißig Räume, die auf drei Wohnungen verteilt sind: einundzwanzig Räume für Mereruka, sechs für seine Gattin Watetchethor und fünf für seinen Sohn Meriteti. Die Grabwohnungen nehmen die ganze Oberfläche des Gebäudes ein, das keine massiven Teile mehr enthält. Die Zugangsschächte zu den Sargkammern gehen also von den Pflasterungen der Grabräume aus.

## III. Das Mittlere Reich

*10. - zu S. 109 - Der Totentempel des Königs Mentuhotep in Deir el-Bahari. 11. Dynastie*
Seit Eduard Naville wurde allgemein angenommen, daß sich über der Mitte der beiden großartigen, übereinanderliegenden Terrassen mit Pfeilerumgängen eine Pyramide erhob; erhalten ist nur ein Kernbau aus rohen Quadersteinen, anscheinend der Unterbau der Pyramide. Vor kurzem ist ihre Existenz angezweifelt worden, obwohl die Hypothese, es habe sich um eine dritte Terrasse - ohne Zugangsmöglichkeit! - gehandelt, kaum überzeugend erscheint. Eine Lösung, die die Haupteinwände gegenstandslos machen würde, wäre, die basale Seitenlänge der Pyramide ein wenig geringer anzusetzen und ihren Neigungswinkel leicht zu vergrößern.

*11. - zu S. 109 - Der Grabbezirk von Sesostris I. in Lischt. 12. Dynastie*
Der Grundriß des ‹intimen Teils› des Totentempels ist der gleiche wie in der 6. Dynastie; die Nebenpyramide liegt im Süden, nahe der Südost-Ecke der Königspyramide. Unmittelbar an deren Nordseite findet man auch das kleine Opferheiligtum, das über der Öffnung der Zugangspassage liegt. Dagegen sind im ‹öffentlichen› Tempelteil die zahlreichen Magazine, die bis einschließlich Phiops II. den großen Hof umgaben, auf einige längliche, rechtwinklig und symmetrisch zu beiden Seiten angeordnete Räume reduziert. Etwa zwölf Sitzfiguren des Königs, die in der Nähe des Hofs in einem Schacht lagerten, müssen vor den Pfeilern gestanden haben. Überdies waren Osiris-Statuen des Königs in regelmäßigen Abständen in den Wandnischen des Aufwegs und der Eingangshalle des Totentempels aufgestellt. Eigentlich neu waren die neun kleinen Königinnen- oder Prinzessinnenpyramiden, die alle eine Kultkapelle im Osten und eine eigene Umfriedung haben. Sie sind rund um die Königspyramide herum verteilt und liegen zwischen der schönen äußeren Umfassungsmauer aus Stein und der inneren Hauptumfassungsmauer aus Lehmziegeln.

*12. - zu S. 110 und Abb. 415 - Die Schutzvorrichtungen des Zugangs zu den Sargkammern der Pyramiden vom Ende des Mittleren Reiches*
Offensichtlich trifft man in verstärktem Maße Vorkehrungen, die eventuelle Grabräuber irreführen sollten: es gibt lange Gänge ohne Ausgang, Gänge, die auf Scheinwände von Grabkammern aus hartem Stein stoßen, aber jenseits davon auf höherem Niveau weiterführen, und es gibt immer mehr Abzweigungen zu leeren kleinen Räumen. Seit der Pyramide Amenemhets III. in Hawarah kommt ein System von sehr dicken Verschlußsteinen aus Quarzit auf, die von der Seite her eingeschoben sind, und vor allem erscheint ein neuer Sargkammer-Typus. Die Sargkammer war nun nur ein riesiger Hohlraum ohne Öffnung, das heißt, sie bestand aus einer Wanne, die aus einem riesigen Quarzitmonolithen herausgehöhlt und mit gewaltigen Quarzitplatten bedeckt war. Eine dieser Platten war bis zum Begräbnis vorläufig auf Stützpfeilern hochgelagert und wurde danach mittels eines sinnigen Sandauslaufverfahrens an ihren Platz herabgelassen: zwei starke Quarzitstützen steckten in seitlichen Kammern, die je eine Öffnung zu einer Nebenkammer im Mauerwerk besaßen und zur Hälfte mit Sand gefüllt waren. Die Stützen trugen die Last der Platte, und nach der simultanen Entsperrung der Öffnungen, die unten an den Kammern angebracht waren, senkten sich langsam die Stützen, so wie der Sand auslief. In der unvollendeten Pyramide (13. Dynastie) in Saqqara Süd wiegt die Quarzitwanne etwa 150 Tonnen, und die 80 Tonnen schwere Verschlußplatte befindet sich noch jetzt in ihrer vorläufigen Position. Schließlich mußte in der letzten Vorkammer die kurze Passage zur Sargwanne nach dem Begräbnis mit großer Sorgfalt vermauert werden, während eine kleine Treppe und ein enger Gang überaus sichtbar zu einem zweiten Grab führten, das wahrscheinlich nichts war, als ein großer Bluff.

*13. - zu S. 112 - Die Grabbezirke der Gaufürsten Wahka I. und Ibu in Qau el-Kebir. 12. Dynastie*
Von einem Portikus im Tal geht ein langer Aufweg aus, dessen Seitenwände innen mit reliefiertem feinem Kalkstein ausgekleidet sind; der Aufweg führt direkt zur Umfassungsmauer und zum großen Hof des Totentempels. Bei Ibu wird zur Verbindung von Aufweg und Totentempel eine wichtige Neuerung eingeführt: es handelt sich um den frühesten Pylon, den wir kennen. Er besteht aus Lehmziegeln, ist unten 7 m dick und erreicht eine Höhe von etwa 12 m. Bei Wahka II. war der Verbindungspylon aus behauenen Steinen errichtet. Er war nicht ganz so dick, wahrscheinlich aber genauso hoch. Vom Eingangshof dieser Totentempel aus erreichte man die obere Terrasse über eine frontale Treppe, die den Portikus des Hintergrunds in der Achse durchschnitt; ein zweiter Portikus und eine Halle mit doppelter Pfeilerreihe geht dem eigentlichen Felsgrab voraus, dessen Räume flach gewölbte Decken haben. Der erste, sehr große Saal hat wohl in gegenüberliegenden Nischen Statuen des Gaufürsten und seiner Gattin enthalten; aber die Hauptstatue des Fürsten Wahka I. aus poliertem schwarzem Granit ist in der Mittelnische der Rückwand im zweiten Saal gefunden worden, der damit als Kultraum ausgewiesen ist. Daran schlossen sich zwei Seitenräume an; von jedem ging eine kurze Zugangspassage aus, über die man die Grabstätte des Grabinhabers oder seiner Gattin erreichte.

## IV. Tempelarchitektur, Städte- und Festungsbau

*14. - zu S. 115 - Der Sphinxtempel. 4. Dynastie*
Der ursprüngliche Bauplan des Tempels war im Norden und im Süden verändert worden durch den Vorbau je eines Portikus aus sechs Pfeilern, und mit den beiden einander gegenüberliegenden Sanktuaren hatte man ihn dem Tages- und Nachtlauf der Sonne angepaßt. Herbert Ricke und Siegfried Schott haben den Bau eingehend untersucht; die vierundzwanzig Pfeiler, die nach der Planänderung in vier Sechserreihen die Fassaden umstanden, entsprachen ihrer Ansicht nach den vierundzwanzig Stunden des Sonnenumlaufs (die Fassaden wurden von den starken, umgrenzenden Pfeilern des sehr genau ausgerichteten Mittelhofs gebildet) und waren gleichmäßig auf die vier Himmelsrichtungen verteilt. Der Kult konnte somit dem Ostwest-Tageslauf der Sonne vom Süden aus und dem Westost-Nachtlauf vom Norden aus folgen.

*15. - zu S. 115 - Das Sonnenheiligtum in Abu Gurob. 5. Dynastie*
Hauptkultstelle scheint der großartige polygonale Alabasteraltar (5,50 m × 6 m) gewesen zu sein, der, vom übrigen Hof durch eine eigene kleine Umfassungsmauer getrennt, am Fuß des Obeliskensockels lag. Die Oberfläche des Altars zeigt, reliefartig erhöht, vier ‹hetep›-Zeichen, die um einen Kreis in der Mitte angeordnet sind. Unmittelbar nördlich vom Altar erstreckt sich eine rechteckige Fläche zur Nordost-Ecke des Heiligtums; sie weist dreißig parallellaufende Rinnen auf, die in zehn kreisförmigen Alabasterbecken münden. Dies war der Schlachthof, wo die Tiere geopfert wurden, die während der Sonnenfeste als Brandopfer dargebracht wurden. Eine ähnliche Fläche, nur kleiner, erstreckte sich lotrecht zur ersten nördlich des Obeliskensockels; vielleicht benutzte man sie beim täglichen Kult. Der Tempel war mit herrlichen bemalten Reliefs geschmückt, die über die Wände der Vorhallen, Gänge und Rampen verteilt waren; einige beziehen sich auf das ‹sed›-Fest des Königs Niuserre, andere zeigen die Gaugötter und die Nilgötter sowie die Personifizierungen der drei Jahreszeiten, die von Tieren, Pflanzen und jeweils typischen Ackerbauszenen umgeben sind. Im Bilde bringen sie einen Hymnus an die Sonne dar, die Quelle von Leben und Reichtum.

*16. - zu S. 117 - Das Stationsheiligtum des Königs Sesostris I. in Karnak. 12. Dynastie*
Das Dach des Gebäudes mit Eckrundstäben und Hohlkehle wird von sechzehn Pfeilern getragen, die auf vier Reihen verteilt sind. Die Hauptfassaden mit vorgelagerten Treppen werden von zwei Reihen aus rechteckigen Pfeilern gebildet, während die Pfeiler der beiden mittleren Reihen quadratisch sind; diese Eigentümlichkeit sollte den Zusammenschluß der Architrave auf den Eckpfeilern erleichtern, bewirkte aber eine leichte Dehnung des Grundrisses in der Treppenachse (6,45 m × 6,80 m). Mißt man die Außenpfeiler in der Linie der Innenseiten, ist der Grundriß aber doch rechteckig. Die Treppen haben in der Mitte eine Rampe; sie diente dem Empor- und Herabgleiten der Götterbarke, die in dem Heiligtum zu gegebener Zeit Station machte. Die Inschriften auf einigen Pfeilern berichten jedoch, daß dieses bezaubernde kleine Gebäude aus Anlaß des ersten ‹sed›-Festes des Königs errichtet wurde. Mit den beiden gegenüberliegenden Treppen erinnert es tatsächlich an den leichten Baldachin aus archaischer Zeit, der die beiden Lehne an Lehne stehenden Throne beschirmte.

*17. - zu S. 118 - Die Stadt Kahun bei el-Lahun. 12. Dynastie*
In den großen Herrensitzen von Kahun - jeder bedeckt eine Fläche von über 2500 m² - liegt ein Empfangsbereich mit dem Haupthof in der Mitte; der nach Norden gerichtete Säulenportikus bildete in gewisser Weise die Fassade des Herrenhauses. Das Holzmodell des Hauses von Meketre vom Ende der 11. Dynastie gibt eine Vorstellung von solch einem Hof mit Portikus. Vom Hof aus gelangte man nach der Mitte zu über eine Vorhalle zum Herrenhaus: es besaß einen Empfangsraum mit vier Säulen, daneben ein kleines Zimmer und das Schlafzimmer mit Alkoven, dann noch einen Wohnraum mit Mittelsäule. Von diesem führte an einer Seite ein Gang mit drei rechtwinklig darauf stoßenden Räumen ab. An der anderen Seite befand sich das Bad mit Nebenräumen. Der Grundriß besitzt im Gegensatz zu den späteren Häusern von Tell el-Amarna ein Frauenhaus. Man erreichte es vom Haupthof aus über einen Seitengang, der in einen Säulenhof mündete. Hinter dem Säulenhof lag ein Raum mit Mittelsäule, daran schloß sich ein mit einem Alkoven versehenes Schlafzimmer mit Nebenräumen an.

*18. - zu S. 119 - Die Festung von Buhen. 12. Dynastie*

Sie war von einer 4,85 m dicken und mindestens 10 m hohen Lehmziegelmauer umgeben, die in regelmäßigen Abständen kleine quadratische Türme aufwies; an den Ecken standen rechteckige, wesentlich massivere Türme, deren Fassaden eine Breite von etwa 10 m erreichten. Diese Türme und Kurtinen haben wahrscheinlich die vorkragende Brüstung eines Wehrgangs mit Zinnen in Form breiter Zacken besessen, wie sie auf Mauerdarstellungen der Zeit vorkommen. Die abgerundete Form der Zacken rührt von den Schilfrohrbogen her, aus denen sie ursprünglich gebildet waren; und das Vorkragen der Brüstung könnte auch auf Pechnasen zur Verteidigung des Mauerfußes schließen lassen. Eine fortlaufende Reihe von Schießscharten ergänzte die Verteidigungskraft des Wehrgangs. Das Eingangstor in der Mitte der Hauptfassade hatte zwei Türflügel und war durch das mächtige Vorspringen zweier paralleler länglicher Türme geschützt. Sie umschlossen einen kleinen Hof, wo der Betrieb einer Laufbrücke auf Rollen das Überschreiten eines 8,40 m breiten und 6,50 m tiefen Grabens möglich oder unmöglich machte. Vor dem Graben lag rechts und links von den Eingangstürmen abführend eine kleine Mauer auf der Gegenböschung mit Glacis; verteidigt wurde der Graben durch eine Vormauer auf der inneren Grabenböschung. Sie hatte die Funktion des mittelalterlichen Schranken- und Planensystems, besaß Zinnen und Schießscharten und war von halbkreisförmigen Bastionen umgeben. Diese hatten zwei übereinanderliegende Reihen von Schießscharten anstelle der einen Reihe an den Kurtinen; die untere Reihe war für im Knien zielende Bogenschützen bestimmt. Die Schießscharten gingen fächerförmig zu je drei von einer einzigen inneren Öffnung aus; dadurch konnten die Bogenschützen aus drei verschiedenen Winkeln zielen.

# ZEITTAFEL

Das alte Ägypten kannte keine absolute Chronologie: die Ereignisse wurden jeweils nach dem Regierungsjahr eines jeden Pharao datiert. Jede Regierungszeit bildete für sich einen unabhängigen Zeitabschnitt. Um bestimmte absolute Daten rekonstruieren zu können, müßte man die exakte, lückenlose Abfolge aller Pharaonen und deren genaue Herrschaftsdauer kennen.

Problematisch ist noch immer die Länge der ‹Zwischenzeiten›, die zwischen den ‹Reichen› liegen. Datierungshilfen bieten aber die Übereinstimmung bekannter Ereignisse mit astronomischen Erscheinungen (zum Beispiel dem heliakischen Frühaufgang der Sothis und Mondphasen) sowie zeitliche Überschneidungen mit der allgemeinen geschichtlichen Entwicklung des Vorderen Orients und mit genealogischen Abfolgen.

In der rückläufigen Zählung, die der Historiker zugrunde legen sollte, gilt das Jahr 664 v. Chr. als ältestes absolutes Datum. Für den Anfang des I. Jahrtausends und für das II. Jahrtausend ergibt sich eine Ungenauigkeit von etwa zwanzig Jahren. Für das III. Jahrtausend und die Zeit davor muß man mit einer möglichen Abweichung um etwa einhundert Jahre rechnen. Für die Zeittafel sowie das Namen- und Sachverzeichnis dieses Bandes haben wir die letzten Arbeiten von E. Hornung, R. Parker und J. von Beckerath zugrunde gelegt.

*Jean Leclant*

## URGESCHICHTE

| | | |
|---|---|---|
| | PALÄOLITHIKUM | |
| Um 2000000 | Primitiv-Paläolithikum<br>Oldowayen | *Erst jüngst nachgewiesene Spuren in der thebanischen Wüste* |
| Um 500000 | Alt-Paläolithikum<br>Acheuléen | |
| Um 200000 | Mittel-Paläolithikum | *Kernstück vom Gebel Suhan* |
| Um 40000 | Jung-Paläolithikum<br>Atérien<br>Hawarien | |
| | End-Paläolithikum | |
| Um 13000 | Silsilien<br>Sébilien<br>Lakeitien<br>Natoufien | |

## VORGESCHICHTE

| | | |
|---|---|---|
| Um 7500 | | Klimawechsel |
| | MESOLITHIKUM | |
| | Mesolithikum von Kartum | *Keramik mit wellenförmigem Ritzdekor*<br>*Nubische und oberägyptische Kulturen, im Gegensatz zu den Jägern der Sahara: Felszeichnungen* |
| Um 4500 | NEOLITHIKUM | *Zunehmendes Vorkommen von Ackerbau, Korbflechtereien, Keramik und geglättetem Stein* |
| | Neolithikum von Kartum<br>Fayum-‹A›-Kultur | |

| | UNTERÄGYPTEN | | OBERÄGYPTEN | |
|---|---|---|---|---|
| | Kulturen von Merimde und el-Omari | *Monochrome Keramik, Gefäße aus Hartgestein* | Badarien | *Gefäße, Paletten, weibliche Statuetten* |
| | CHALKOLITHIKUM | *Auftauchen von Kupfer* | Negade I (oder Amratien) | *Häuser aus ungebrannten Lehmziegeln, Gefäße mit weißer Bemalung auf rotem Grund, Paletten in Tiergestalt und in geometrischer Form, erste Ansätze von Rundplastik (bärtige Männerstatuetten aus Elfenbein, ‹Tänzerinnen› aus Ton)* |
| | Kulturen von Maadi und Tura | *Gefäße mit pflanzlichem Dekor* | | |
| Um 3400 | Königreiche im Delta | | Negade II (oder Gerzéen) | *Gefäße mit brauner Verzierung auf ockerfarbenem Grund, Aufkommen der Flachrelieftechnik, Vervollkommnung der Kupfergeräte* |
| | Reich von Buto | | | |

Einigung Ägyptens durch Narmer: *Prunkpalette*. Um 3000

| | DYNASTIEN UND PHARAONEN | DIE EREIGNISSE | DIE WERKE |
|---|---|---|---|
| | | **THINITENZEIT UM 3000–2660** | |
| Um 3000 | 1. DYNASTIE | Konsolidierung des ägyptischen Staates: Pharao, Verwaltung<br>Entwicklung der Schrift<br>Aufstellung des Kalenders<br>Aufbau eines Bewässerungssystems | *Nischenarchitektur aus ungebrannten Lehmziegeln, Schmuckelement der Palastfassade: Königsnekropolen in Abydos und Saqqara, Gräber in Abu Roasch und Heluan*<br>*Erste Beispiele für Königsplastik* |
| | Horus Narmer: Menes (?), der erste Pharao | | *Baubeginn der Weißen Mauer: Memphis*<br>*Grab in Negade* |
| | Horus Aha | | |
| | Horus Djer | Expedition nach Nubien | *Grabschatz* |
| | Horus Wadj | | *Stele des Königs Schlange* |
| | Horus Dewen | Herrschaft der Königin Merneith<br>Expedition in die Ostwüste | *Grab des Hemaka* |
| | Horus Adjib | | |
| | Horus Semerchet | | *Holzstatuen* |
| | Horus Qaa | | |
| Um 2800 | 2. DYNASTIE | Ausweitung des Außenhandels (Byblos) | *Zunehmende Verwendung des Steins*<br>*Höhepunkt der Steingefäßindustrie*<br>*Metalltechnik*<br>*Entwicklung der Rundplastik* |
| | Horus Hetepsechemui<br>Horus Raneb<br>Horus Ninetjer<br>Horus Sechemib<br>Seth Peribsen | | *Galeriegräber in Saqqara* |
| | Horus Chasechem<br>Horus-Seth Chasechemui | | *Statuen von Hierakonpolis*<br>*Verwendung von Quadersteinen* |
| | | **ALTES REICH UM 2660–2180** | |
| | | Der ägyptische Staat, Hauptstadt: Memphis | *Zeitalter der Pyramiden* |
| Um 2660 | 3. DYNASTIE | Entstehung des Götterpantheons und des theologischen Dogmas; Vormachtstellung von Heliopolis: der Sonnengott Re | *Verwendung eines neuen Baustoffs: Stein ersetzt Lehmziegel*<br>*Stufenpyramiden*<br>*Entwicklung der Mastabas, Scheintürstelen*<br>*Weiterentwicklung der Rundplastik* |
| | Djoser (Horus Netjerichet) | Der Wesir Imhotep, Architekt des Königs Djoser | *Die Stufenpyramide in Saqqara Nord*<br>*Mastaba des Hesire in Saqqara* |
| | Horus Sechemchet | | *Unvollendete Pyramide von Saqqara*<br>*Grab und Statue des Meten* |
| | Horus Sanacht (Nebka)<br>Horus Chaba | | *Stufenpyramide in Zawijet el-Arijan* |
| | Neferka<br>Huni | | *Pyramide von Meidum* |
| Um 2600 | 4. DYNASTIE | | *Die großen Pyramiden*<br>*Der klassische Statuentyp: Der sitzende Schreiber* |
| | Snofru | Strafexpedition nach Libyen<br>Expedition zum Sinai und zu den nubischen Steinbrüchen | *Vollendung der Pyramide von Meidum*<br>*Pyramiden von Dahschur: Die Knickpyramide im Süden, die erste ‹echte› Pyramide im Norden*<br>*Bemalte Flachreliefs: Schmuck für Tempel und Gräber*<br>*Die ‹Gänse von Meidum›*<br>*Statuen von Rahotep und Nofret* |

| | DYNASTIEN UND PHARAONEN | DIE EREIGNISSE | DIE WERKE |
|---|---|---|---|
| | Cheops | Weisheitslehre des Hordjedef | *Die große Pyramide von Gisa, umgeben von den Straßen mit Mastabas; die ‹Pyramidenstadt› ‹Ersatzköpfe,›*<br>*Die außergewöhnliche Statue des Prinzen Hemiunu*<br>*Mobiliar der Königin Hetepheres* |
| | Djedefre | Frühester Beleg für den Königstitel ‹Sohn des Re› | *Pyramide in Abu Roasch* |
| | Chephren | | *Zweite Pyramide in Gisa, Sphinx*<br>*Dioritstatue des vom Horusfalken beschützten Königs*<br>*Büste des Anchhaf* |
| | Bicheris<br>Mykerinos | | *Ausschachtung in Zawijet el-Arijan*<br>*Dritte Pyramide von Gisa*<br>*Statuengruppen: Der König mit Gottheiten*<br>*Wanddekorationen in Privatgräbern*<br>*Anlage von Felsgräbern* |
| | Schepseskaf | Religiöse Krise: Auseinandersetzungen in Heliopolis | *‹Mastabat Faraun› in Saqqara Süd*<br>*Grab der Königin Chentkaus in Gisa* |
| Um 2480 | 5. DYNASTIE | Heliopolis setzt sich durch (‹Papyrus Westcar›)<br>Machtzuwachs nichtköniglicher Würdenträger | *Kleinere Pyramiden, vorwiegend in Abusir*<br>*Sonnenheiligtümer in Abu Gurob* |
| | Userkaf | | *Pyramide in Saqqara Nord*<br>*Sonnenheiligtum in Abu Gurob*<br>*Mastabas von Beamten in Abusir, Gisa, Saqqara* |
| | Sahure | Expedition nach Byblos<br>Sieg über die Libyer | *Pyramide in Abusir* |
| | Neferirkare | | *Pyramide in Abusir*<br>*Weiterentwicklung der Ausschmückung von Privatgräbern: Ti, Ptahhotep in Saqqara; Schepseskaf in Abusir*<br>*Privatplastik: Der sitzende Schreiber im Louvre; Ranofer, der Dorfschulze (Scheich el-beled)* |
| | Schepseskare<br>Niuserre | | *Pyramide in Abusir*<br>*Sonnenheiligtum in Abu Gurob, Jahreszeitenreliefs der Weltenkammer* |
| | Menkauhor<br>Asosi (Djedkare) | Der Wesir Ptahhotep (Verfasser einer ‹Weisheitslehre›)<br>Entwicklung des Osiris-Kultes in Abydos | *Pyramide in Saqqara Süd*<br>*Standardisierung des Aufbaus der königlichen Totentempel* |
| | Unas | Erscheinen der ‹Pyramidentexte› in den Grabräumen | *Pyramide in Saqqara Nord*<br>*Reliefs am Aufweg* |
| Um 2330 | 6. DYNASTIE | Expeditionen der Gouverneure von Elephantine nach Unternubien | *Pyramiden: Die Wände der Grabräume tragen ‹Pyramidentexte›, die Totentempel zeigen einen einheitlichen Typus*<br>*Entwicklung der Privatgräber und der Rundplastik* |
| | Teti | | *Pyramide in Saqqara Nord*<br>*Gräber der Wesire Kagemni und Mereruka in Saqqara Nord* |

| | DYNASTIEN UND PHARAONEN | DIE EREIGNISSE | DIE WERKE |
|---|---|---|---|
| | Userkare<br>Phiops I. (Merire) | Machtzuwachs der Gaufürsten<br>Steuerbefreiung und Schenkungen für die lokale Priesterschaft | *Pyramide in Saqqara Süd; Statuen von Gefangenen (Nord- und Südvölker)*<br>*Felsgräber der Gaufürsten in Meir, Deir el-Gebrawi, Assuan, Mastabas in Dendera und Edfu*<br>*Kupferstatue von Phiops I. und seinem Sohn*<br>*Lokale Werkstätten für Reliefs und Plastiken* |
| | Merenre | Expedition des Herchuf nach Obernubien | *Pyramide in Saqqara Süd* |
| | Phiops II. (Neferkare) | Sehr lange Herrschaft, unter der sich der endgültige Zusammenbruch des Alten Reiches vollzieht<br>Fünfte Expedition des Herchuf; unter seinen Nachfolgern Aufstände in Unternubien | *Pyramide in Saqqara Süd* |

## ERSTE ZWISCHENZEIT UM 2180–2040

| | | | |
|---|---|---|---|
| Um 2180 | 7.–8. DYNASTIE | Zeit der Wirren; Namen und Herrschaftsdauer der Könige sind schwer zu bestimmen | *Grab des Königs Hakare Aba* |
| | 9.–10. DYNASTIE<br>(Herakleopolitaner)<br>Um 2140–2040 | ‹Demokratisierung› des Totenglaubens: jeder Verstorbene wurde zu Osiris, ‹Sargtexte›<br>‹Auseinandersetzungsliteratur›: ‹Gespräch des Lebensmüden mit seiner Seele›<br>Die letzten Könige sind zeitgleich mit der 11. Dynastie von Theben | *Grab in Moalla*<br>*Felsgräber in Assiut*<br>*Auflösung der königlichen Werkstätten für Rundplastik*<br>*Holzmodelle der Krieger von Assiut*<br>*Gabenbringerinnen* |
| | Wahkare Cheti<br>Merikare | | |

## MITTLERES REICH UM 2040–1780

| | | | |
|---|---|---|---|
| | 11. DYNASTIE | Der thebanische Gau sichert sich die Vormachtstellung über ganz Ägypten | |
| | Die Könige mit dem Namen Antef | | *Gräber in el-Saff*<br>*Totentempel in Deir el-Bahari* |
| | Mentuhotep Nebhepetre | Der König zerschlägt das Reich von Herakleopolis und stellt die Einheit des ägyptischen Reiches wieder her (um 2040)<br>Kult des Lokalgotts Month und Aufstieg des Amun | *Nekropole von Dra Abu'l-Naga*<br>*Statuen des Herrschers* |
| | Mentuhotep | Wiederaufbau der Verwaltung<br>Zeit innerer Unruhen | *Tempelbau überall in Ägypten*<br>*Holzmodelle aus dem Grab des Mektire* |
| Um 1990 | 12. DYNASTIE | Konsolidierung der Königsherrschaft, Verlegung der Hauptstadt nach Lischt; die Gaufürsten behalten eine gewisse Unabhängigkeit<br>Bedeutung der ‹Schreiber›: Ausbildung einer Literatursprache | *Aufbau des Reichstempels des Amun in Theben*<br>*Pyramiden und Totentempel in Lischt und in Dahschur*<br>*Erneute Herstellung von Königsplastik*<br>*Statuen werden nicht mehr in Gräbern aufgestellt, sondern spielen eine Rolle bei Opferungen im Tempel*<br>*Würfelhocker von hochgestellten Privatleuten* |

| | DYNASTIEN UND PHARAONEN | DIE EREIGNISSE | DIE WERKE |
|---|---|---|---|
| | Sehetepibre Amenemhet I. | ‹Weissagung des Neferti›<br>‹Die loyalistische Lehre›<br>Wiederaufnahme der Beziehungen zum syro-palästinensischen Raum (Byblos) und zur Ägäis | *Pyramide in Lischt*<br>*Goldschatz* |
| | Cheperkare Sesostris I. | ‹Biographie des Sinuhe› und ‹Geschichte des Schiffbrüchigen›<br>Expeditionen nach Palästina, Libyen und Nubien (bis zum 2. Katarakt), bis zum Königreich von Kusch<br>Expedition zu den Steinbrüchen im Wadi Hammamat | *Pyramide in Lischt*<br>*Bau des großen Amun-Tempels*<br>*Weiße Kapelle von Karnak (Stationsheiligtum Sesostris' I.)*<br>*Tempelbau in Abydos, Heliopolis, Medamud, Tod*<br>*Festungsanlagen an der nubischen Grenze* |
| | Nubkaure Amenemhet II. | | *Pyramide in Dahschur*<br>*Felsgräber der Gaufürsten in Beni Hassan, Meir, Assiut, Assuan*<br>*Schatzfund von Tod: Ägäische und mesopotamische Silbergefäße (3. Dynastie von Ur)*<br>*Grabschatz der Ita* |
| | Chacheperre Sesostris II. | Trockenlegung des Fayum | *Pyramide in el-Lahun*<br>*Reste der Stadt Kahun*<br>*Grab des Chnumhotep in Beni Hassan: Darstellungen von semitischen Nomaden*<br>*Statue von Tanis* |
| | Chakaure Sesostris III. | Ausschaltung der Gaufürsten<br>Kolonialisierung von Nubien, Festlegung der Grenze in Semna<br>Expedition nach Südpalästina (Sichem) | *Pyramide in Dahschur*<br>*Königsbildnisse mit porträtähnlichen Zügen*<br>*Asiatische Einflüsse in der Kunst (Byblos)* |
| | Nimaatre Amenemhet III. | Straff zentralisierte Monarchie, ‹Dienstvorschrift für den Wesir›<br>Nutzbarmachung des Fayum, Bau eines Palastes (‹Labyrinth›)<br>Der Kult für Sobek und Osiris in Abydos weitet sich aus<br>Zahlreiche literarische und wissenschaftliche Werke | *Pyramiden in Dahschur und in Hawara*<br>*Machtvolle Königsstatue: Mähnensphinx von Tanis*<br>*Goldschatz von Dahschur und el-Lahun*<br>*Letzte Felsgräber der Gaufürsten von Qau el-Kebir*<br>*Importartikel: Kamares-Vasen aus Kreta* |
| | Maacherure Amenemhet IV.<br>Königin Nefrusobek | | *Pyramide in Masghuna* |
| | **ZWEITE ZWISCHENZEIT UM 1780–1560** | | |
| Um 1780 | 13.–14. DYNASTIE<br>Nicht gesicherte Abfolge von etwa vierzig Herrschern, darunter Sebekhotep<br>Auibre Hor | Einsickern der Hyksos (kananäischen Ursprungs) ins Ostdelta | *Verfallserscheinungen im ganzen Land*<br>*Holzstatue*<br>*Pyramide des Chendjer* |
| Um 1660 | 15.–16. DYNASTIE<br>Hyksosherrscher<br>Seuserrenre Chajan<br>Aauserre Apophis | Auaris im Delta Hauptstadt der Hyksos | *Skarabäen mit Bandspiraldekor*<br>*Pyramide des Ameni-Aamu in Dahschur Süd* |

| | DYNASTIEN UND PHARAONEN | DIE EREIGNISSE | DIE WERKE |
|---|---|---|---|
| | 17. DYNASTIE | Die Hyksos versuchen sich mit den Herrschern von Kusch (Nubien) zu verbünden<br>In der Zeit entsteht unter den thebanischen Gaufürsten eine unabhängige Dynastie | *Felsgräber in Dra Abu'l-Naga* |
| Um 1560 | | BEGINN DER 18. DYNASTIE | |

# BIBLIOGRAPHIE


1. ABUBAKR, Abdel Moneim, und MUSTAFA, Ahmed Youssef, The Funerary Boat of Khufu. In: Zum 70. Geburtstag von Herbert Ricke = Beiträge zur ägyptischen Bauforschung und Altertumskunde XII, S. 1-16. - Wiesbaden, 1971.

2. ADAMS, Barbara, Ancient Hierakonpolis. - Warminster, 1974. *Mit Supplementband*

3. ADAMS, William Y., Nubia. Corridor to Africa. - Princeton, 1977.

4. Ägyptische Goldschmiedearbeiten, hrsg. von Heinrich Schäfer = Mitteilungen aus der Ägyptischen Sammlung I. - Berlin, 1910.

5. ALDRED, Cyril, Old Kingdom Art in Ancient Egypt. - London, 1949.

6. ALDRED, C., Middle Kingdom Art in ancient Egypt 2300-1590 B. C. = Chapters in Art XV. - London, 1950.

7. ALDRED, Cyril, The Jewels of the Pharaohs. - London, 1971; deutsche Ausgabe: Die Juwelen der Pharaonen. - München, Wien und Zürich, 1972.

8. ANTHES, Rudolf, Was veranlaßte Chefren zum Bau des Tempels vor der Sphinx? In: Zum 70. Geburtstag von Herbert Ricke = Beiträge zur ägyptischen Bauforschung und Altertumskunde XII, S. 47-58. - Wiesbaden, 1971.

9. ARKELL, A. J., Early Khartoum. An Account of the Excavation of an Early Occupation Site carried out by the Sudan Government Antiquities Service in 1944 till 1945. - London, New York und Toronto, 1949.

10. ARKELL, A. J., Shaheinab. An Account of the Excavation of a Neolithic Occupation Site carried out for the Sudan Antiquities Service in 1949-1950. - London, New York und Toronto, 1953.

11. ARKELL, A. J., The Prehistory of the Nile Valley = HROUDA, B. (Hrsg.), Handbuch der Orientalistik, VII. Abt., 1. Bd., 2. Abschn. A, Lieferung 1. - Leiden und Köln, 1975.

12. ARKELL, A. J., und UCKO, Peter J., Review of Predynastic Development in the Nile Valley. In: Current Anthropology VI, 1965, S. 145-166.

13. ARNOLD, Dieter, Der Tempel des Königs Mentuhotep von Deir el-Bahari. I: Architektur und Deutung = Archäologische Veröffentlichungen VIII. - Mainz, 1974.

14. ASSELBERGHS, Henri, Chaos en beheersing. Documenten uit aeneolithisch Egypte = Documenta et Monumenta Orientis Antiqui VIII. - Leiden, 1961. *Mit englischer Zusammenfassung: Chaos and Control. Documents from Aeneolithic Egypt, S. 256-293*

15. BADAWY, Alexandre, Le dessin architectural chez les anciens Égyptiens. Étude comparative des représentations égyptiennes de constructions. - Kairo, 1948.

16. BADAWY, Alexandre, La Maison mitoyenne de Plan Uniforme dans l'Égypte Pharaonique. In: Bulletin of the Faculty of Arts XV [1953], 2, S. 1-58. - Kairo, 1954.

17. BADAWY, Alexander, A History of Egyptian Architecture. I: From the Earliest Times to the End of the Old Kingdom. II: The First Intermediate Period, the Middle Kingdom, and the Second Intermediate Period. - Berkeley und Los Angeles, 1954 und 1966.

18. BADAWY, Alexander, Ancient Egyptian Architectural Design. A Study of the Harmonic System = University of California Publications. Near Eastern Studies IV. - Berkeley und Los Angeles, 1965.

19. BAKER, Hollis S., Furniture in the Ancient World. Origins & Evolution 3100-475 B. C. - London, 1966.

20. BALCZ, Heinrich, Zu den Szenen der Jagdfahrten im Papyrosdikkicht. In: Zeitschrift für ägyptische Sprache und Altertumskunde LXXV, 1939, S. 32-38.

21. BARSANTI, A., Fouilles de Zaouiét el-Aryân. In: Annales du Service des Antiquités de l'Égypte VII, 1906, S. 257-286, VIII, 1907, S. 201-210 und XII, 1912, S. 57-63.

22. BAUD, Marcelle, Les Dessins ébauchés de la nécropole thébaine (au temps du Nouvel Empire) = Mémoires de l'Institut français d'Archéologie orientale LXIII. - Kairo, 1935.

23. BAUMGARTEL, Elise J., The Cultures of Prehistoric Egypt. - London, 1947; 2. (um einen zweiten Teil erweiterte) Aufl. London, 1955 und 1960.

24. BAUMGARTEL, Elise J., Petrie's Naqada Excavation. A Supplement. - London, 1970.

25. BAUMGARTEL, Elise J., Predynastic Egypt. In: The Cambridge Ancient History I, 1, S. 463-497. - 3. Aufl. Cambridge, 1970.

26. BECKERATH, Jürgen von, Chronologie. In: HELCK, Wolfgang, und OTTO, Eberhard (Hrsg.), Lexikon der Ägyptologie I, Sp. 967-971. - Wiesbaden, 1975.

27. BISSING, Fr. W. von, Steingefäße = Catalogue général des antiquités égyptiennes du musée du Caire. 2 Bde. - Wien, 1907 und 1904.

28. BISSING, Friedrich Wilhelm von, Das Re-Heiligtum des Königs Ne-Woser-Re (Rathures). I: Der Bau. - Berlin, 1905.

29. BISSING, Fr. W. Freiherr von, Denkmäler ägyptischer Sculptur. Textbd., 2 Tafelbde. - München, 1911 und 1914.

30. BISSON DE LA ROQUE, F., Trésor de Tôd = Catalogue général des antiquités égyptiennes du Musée du Caire. - Kairo, 1950.

31. BLACKMAN, Aylward M., A Painted Pottery Model of a Granary in the Collection of the Late Jeremiah James Colman, Esq., of Carrow House, Norwich. In: The Journal of Egyptian Archaeology VI, 1920, S. 206-208.

32. BLACKMAN, Aylward M., und APTED, Michael R., The Rock Tombs of Meir. 6 Bde. = Archaeological Survey of Egypt XII-XXV, XXVIII und XXIX. - London, 1914, 1915, 1915, 1924, 1953 und 1953.

33. BORCHARDT, Ludwig, Das Grabdenkmal des Königs Ne-user-re' = Wissenschaftliche Veröffentlichung der Deutschen Orient-Gesellschaft VII. - Leipzig, 1907.

34. BORCHARDT, Ludwig, Das Grabdenkmal des Königs Nefer-ir-ke3-re' = Ausgrabungen der deutschen Orient-Gesellschaft in Abusir 1902-1908 V = Wissenschaftliche Veröffentlichung der Deutschen Orient-Gesellschaft XI. - Leipzig, 1909.

35. BORCHARDT, Ludwig, Das Grabdenkmal des Königs S'a3ḥu-re'. I: Der Bau. II: Die Wandbilder. Text- und Tafelbd. = Ausgrabungen der deutschen Orient-Gesellschaft in Abusir 1902-1908 VI und VII = Wissenschaftliche Veröffentlichung der Deutschen Orient-Gesellschaft XIV und XXVI. - Leipzig, 1910 und 1913.

36. BORCHARDT, Ludwig, Die Pyramiden. Ihre Entstehung und Entwicklung. Als Erläuterung zum Modell des Grabdenkmals des Königs Sahu-re bei Abusir. - Berlin, 1911.

37. BORCHARDT, Ludwig, Statuen und Statuetten von Königen und Privatleuten. 5 Bde. = Catalogue général des antiquités égyptiennes du musée du Caire. - Berlin, 1911, 1925, 1930, 1934 und 1936.

38. BORCHARDT, Ludwig, Altägyptische Festungen an der zweiten Nilschnelle = Veröffentlichungen der Ernst von Sieglin-Expedition III. - Leipzig, 1923.

39. BREASTED, James Henry, Egyptian Servant Statues = The Bollingen Series XIII. - New York, 1948.

40. BRUNNER, Hellmut, Die Anlagen der ägyptischen Felsgräber bis zum Mittleren Reich = Ägyptologische Forschungen III. - Glückstadt, Hamburg und New York, 1936.

41. BRUNTON, Guy, British museum expedition to middle Egypt. First and second years, 1928, 1929. Mostagedda and the Tasian culture. - London, 1937.

42. BRUNTON, Guy, Matmar. British Museum Expedition to Middle Egypt. - London, 1948.

43. BRUNTON, Guy, und CATON-THOMPSON, Gertrude, The Badarian Civilisation and Predynastic Remains Near Badari = British School of Archaeology in Egypt and Egyptian Research Account 1924. - London, 1928.

44. BUTZER, Karl W., Studien zum vor- und frühgeschichtlichen Landschaftswandel der Sahara. III: Die Naturlandschaft Ägyptens während der Vorgeschichte und der Dynastischen Zeit. In: Akademie der Wissenschaften und der Literatur in Mainz. Abhandlungen der mathematisch-naturwissenschaftlichen Klasse 1959, S. 43-122.

45. BUTZER, Karl W., Early hydraulic civilization in Egypt: a study in cultural ecology. - Chicago und London, 1976.

46. CAPART, Jean, L'art égyptien. I: L'architecture. II: La statuaire. III: Les arts graphiques. IV: Les arts mineurs. - Brüssel, 1922, 1942, 1942 und 1947.

47. CAPART, Jean, Documents pour servir à l'étude de l'art égyptien I. - Paris, 1927.

48. CAPART, Jean, Memphis. À l'ombre des pyramides. - Paris, 1930.

49. CARTER, Howard, Report on the Tomb of Mentuhotep I at Deir el-Bahari, known as Bab el-Hôçan. In: Annales du Service des Antiquités de l'Égypte II, 1901, S. 201-205.

50. CATON-THOMPSON, G., Kharga Oasis in Prehistory. - London, 1952.

51. CATON-THOMPSON, G., und GARDINER, E. W., The Desert Fayum. Text- und Tafelbd. - London, 1934.

52. CENIVAL, Jean-Louis de, Égypte. Époque pharaonique. - Fribourg, 1964; deutsche Ausgabe: Ägypten. Das Zeitalter der Pharaonen = Architektur der Welt [II]. - München, 1964.

53. ČERVÍČEK, Pavel, Felsbilder des Nord-Etbai, Oberägyptens und Unternubiens. Ergebnisse der VIII. Diafe nach Ägypten 1926 = Veröffentlichungen des Frobenius-Instituts. Ergebnisse der Frobenius-Expeditionen XVI. - Wiesbaden, 1974.

54. CHEVRIER, Henri, Rapport sur les travaux de Karnak (1937 bis 1938). In: Annales du Service des Antiquités de l'Égypte XXXVIII, 1938, S. 567-608.

55. CHOISY, Auguste, Les voûtes de brique. In: (derselbe) L'art de bâtir chez les Égyptiens. - Paris, 1904.

56. CLARKE, Somers, Ancient Egyptian Frontier Fortresses. In: The Journal of Egyptian Archaeology III, 1916, S. 155-179.

57. CLARKE, Somers, und ENGELBACH, R., Ancient Egyptian Masonry. The Building Craft. - London, 1930.

58. DAUMAS, François, La Civilisation de l'Égypte pharaonique = Collection les grandes civilisations [IV]. - Paris, 1967.

59. DAVIES, N. de G., The Mastaba of Ptahhetep and Akhethetep at Saqqareh. I: The Chapel of Ptahhetep and the Hieroglyphs. II: The Mastaba. The Sculptures of Akhethetep = Archaeological Survey of Egypt VIII und IX. - London, 1900 und 1901.

60. DAVIES, Nina M., und GARDINER, Alan H., Ancient Egyptian Paintings. Text- und 2 Tafelbde. - Chicago, 1936.

61. DAWSON, Warren R., und UPHILL, Eric P., Who was Who in Egyptology. - London, 1951; 2. durchges. Aufl. London, 1972.

62. DEBONO, Fernand, Expédition archéologique royale au désert oriental (Keft-Kosseir). In: Annales du Service des Antiquités de l'Égypte LI, 1951, S. 59-110.

63. DEBONO, Fernand, La nécropole prédynastique d'Héliopolis (fouilles de 1950). In: Annales du Service des Antiquités de l'Égypte LII, 1952-1954, S. 625-652.

64. DEBONO, Fernand, La civilisation prédynastique d'El Omari (Nord d'Hélouan). In: Bulletin de l'Institut d'Égypte XXXVII, 1, 1954-1955 [1956], S. 329-339.

65. DEBONO, F., Le Sentiment religieux à l'époque préhistorique en Égypte. In: Cahiers d'histoire Égyptienne. Egyptian history papers XI. - Kairo, 1969.

66. DEBONO, F., L'Homme olduwayen en Égypte. In: Bulletin de l'Institut d'Égypte LVI, 1977.

67. DERRICOURT, Robin M., Radiocarbon Chronology for Egypt and North Africa. In: Journal of Near Eastern Studies XXX, 1971, S. 271-292.

68. DESROCHES-NOBLECOURT, Christiane, Le style égyptien. - Paris, 1946.

69. DESROCHES-NOBLECOURT, Christiane, L'art égyptien. - Paris, 1962.

70. Dictionnaire archéologique des techniques. 2 Bde. - Paris, 1963 und 1964.

71. DRENKHAHN, Rosemarie, Die Handwerker und ihre Tätigkeiten im alten Ägypten = Ägyptologische Abhandlungen XXXI. - Wiesbaden, 1976.

72. DRIOTON, Étienne, und BOURGUET, Pierre du, Les pharaons à la conquête de l'art. - o. O. [Paris], 1965.

73. DRIOTON, Étienne, und SVED, Étienne, Egyptian Art = Golden Griffin Books III. - New York, 1950; französische Ausgabe: Art égyptien. - Paris, 1950.

74. DUELL, Prentice (Field Director), The Mastaba of Mereruka. 2 Bde. = The University of Chicago. Oriental Institute Publications. The Sakkarah Expedition XXXI und XXXIX. - Chicago, 1938.

75. DUNBAR, J. H., The rock-pictures of lower Nubia. - Kairo, 1941.

76. DUNHAM, Dows, Building an Egyptian Pyramid. In: Archaeology IX, 1956, S. 159-165.

77. DUNHAM, Dows, Uronarti, Shalfak, Mirgissa. Excavated by George Andrew Reisner and Noel F. Wheeler = Second Cataract Forts II. - Boston, 1967.

78. DUNHAM, Dows, und JANSSEN, Jozef M. A., Semna Kumma. Excavated by George Andrew Reisner = Second Cataract Forts I. - Boston, 1960.

79. EDWARDS, I. E. S., The Pyramids of Egypt. The story of how and why the ancient kings of Egypt built their Pyramids, as has been revealed by recent excavations = Pelican Books A 168. - Hammondsworth, 1952; deutsche Ausgabe: Die ägyptischen Pyramiden. - Wiesbaden, 1967; französische Ausgabe: Les Pyramides d'Égypte. - Paris, 1967.

80. EDWARDS, I. E. S., The Early Dynastic Period in Egypt. In: The Cambridge Ancient History I, 2, S. 1-70. - 3. Aufl. Cambridge, 1971.

81. EMERY, Walter B., The Tomb of Hemaka = Excavations at Saqqara. - Kairo, 1938.

82. EMERY, Walter B., Ḥor-Aḥa = Excavations at Saqqara 1937 bis 1938. - Kairo, 1939.

83. EMERY, Walter B., Great Tombs of the First Dynasty. I und III: Excavations at Saqqara. - Kairo, 1949, und London, 1958. II: Memoirs of the Egypt Exploration Fund. Egypt Exploration Society excavation memoir XLVI. - London, 1954.

84. EMERY, W. B., A Preliminary Report on the Excavations of the Egypt Exploration Society at Buhen 1957-1958. In: Kush. Journal of the Sudan Antiquities Service VII, 1959, S. 7-14.

85. EMERY, Walter B., Archaic Egypt = Pelican Books A 462. - Hammondsworth, 1961.

86. EMERY, Walter B., Egypt in Nubia. - London, 1965.

87. Encyclopédie photographique de l'art. The Photographic Encyclopaedia of Art. Le musée du Caire. - Paris, 1949.
*Mit Erläuterungen auf französisch und englisch*

88. Encyclopédie photographique de l'art. The Photographic Encyclopaedia of Art. I. Les antiquités égyptiennes du Musée du Louvre. The Egyptian Antiques of the Louvre Museum. - Paris, (o. J.).
*Mit Erläuterungen auf französisch und englisch.*

89. ENGELBACH, R., Harageh = British School of Archaeology in Egypt and Egyptian Research Account 1914. - London, 1923.

90. ENGELBACH, R., The so-called Hyksos Monuments. In: Annales du Service des Antiquités de l'Égypte XXVIII, 1928, S. 13-28.

91. ENGELMAYER, Reinhold, Die Felsgravierungen im Distrikt Sayala-Nubien. I: Die Schiffsdarstellungen = Berichte des Österreichischen Nationalkomitees der UNESCO-Aktion für die Rettung der Nubischen Altertümer II = Denkschriften der Österreichischen Akademie der Wissenschaften, phil.-hist. Klasse XC. - Wien, 1965.

92. EVERS, Hans Gerhard, Staat aus dem Stein. Denkmäler, Geschichte und Bedeutung der ägyptischen Plastik während des Mittleren Reichs. I: Die Denkmäler. II: Die Vorarbeiten. - München, 1929.

93. FAIRMAN, H. W., Town Planning in Pharaonic Egypt. In: The Town Planning Review XX, 1949, S. 33-51.

94. FAKHRY, Ahmed, The Monuments of Sneferu at Dahshur. I: The Bent Pyramid. II: The Valley Temple. Teil I: The Temple Reliefs. - Kairo, 1959 und 1961.

95. FAKHRY, Ahmed, The Pyramids. - Chicago, 1961.

96. FECHHEIMER, Hedwig, Die Plastik der Ägypter = Die Kunst des Ostens [I]. - Berlin, 1914.

97. FECHHEIMER, Hedwig, Kleinplastik der Ägypter = Die Kunst des Ostens III. - Berlin, 1921.

98. FEUCHT, Erika, Pektorale nichtköniglicher Personen = Ägyptologische Abhandlungen XXII. - Wiesbaden, 1971.

99. FEUCHT-PUTZ, Erika, Die königlichen Pektorale. Motive, Sinngehalt und Zweck. - Bamberg, 1967.

100. FIRTH, C. M., The Archaeological Survey of Nubia. Report for 1908-1909. Text- und Tafelbd. Report for 1909-1910. Report for 1910-1911. - Kairo, 1912, 1915 und 1927.
*Report for 1907-1908 vgl. Nr. 276*

101. FIRTH, C. M., Two Mastaba Chapels of the III[rd] Dynasty at Sakkara. In: Annales du Service des Antiquités de l'Égypte XXIV, 1924, S. 122-127. Excavations of the Department of Antiquities at the Step Pyramid, Saqqara (1924 bis 1925). In: Annales ... XXV, 1925, S. 149-159. Preliminary Report on the Excavations at Saqqara (1925-1926). In: Annales ... XXVI, 1926, S. 97-101. Excavations of the Service des Antiquités at Saqqara (November 1926 - April 1927). In: Annales ... XXVII, 1927, S. 105-111. Excavations of the Service des Antiquités at Saqqara (Oktober 1927 - April 1928). In: Annales ... XXVIII, 1928, S. 81-88. Excavations of the Department of Antiquities at Saqqara (Oktober 1928 - März 1929). In: Annales ... XXIX, 1929, S. 64 bis 70. Excavations of the Department of Antiquities at Saqqara (November 1929 - April 1930). In: Annales ... XXX, 1930, S. 185 bis 189. Excavations of the Department of Antiquities at Saqqara 1930-1931. In: Annales ... XXXI, 1931, S. 45-48.
*Jährlicher Bericht über die Ausgrabungen in Saqqara*

102. FIRTH, Cecil M., und GUNN, Battiscombe, Teti Pyramid Cemeteries = Excavations at Saqqara. Text- und Tafelbd. - Kairo, 1926.

103. FIRTH, Cecil M., und QUIBELL, J. E., The Step Pyramid = Excavations at Saqqara. Text- und Tafelbd. - Kairo, 1936.

104. FISCHER, Henry G., A Fragment of Late Predynastic Egyptian Relief from the Eastern Delta. In: Artibus Asiae XXI, 1, 1958, S. 64-88.

105. FISCHER, Henry G., An Egyptian Royal Stela of the Second Dynasty. In: Artibus Asiae XXIV, 1, 1961, S. 45-56.

106. FISCHER, Henry George, Ancient Egyptian representations of turtles = Metropolitan Museum of Art. Papers XIII. - New York, 1968.

107. FISCHER, Henry George, Dendera in the Third Millenium B. C. down to the Theban Domination of Upper Egypt. - New York, 1968.

108. GARSTANG, John, Maḥâsna and Bêt Khallâf = Egyptian Research Account 1901. - London, 1903.

109. GARSTANG, John, Tombs of the Third Egyptian Dynasty at Reqâqnah and Bêt Khallâf. Report of Excavations at Reqâqnah 1901 bis 1902. - Westminster, 1904.

110. GAUTIER, J.-E., und JÉQUIER, G., Mémoire sur les fouilles de Licht = Mémoires de l'Institut français d'Archéologie orientale VI. - Kairo, 1902.

111. GEORGE, Beate, Frühe Keramik aus Ägypten = Medelhavsmuseet Bulletin X. - Stockholm, 1975.

112. GIEDION, S., The Eternal Present: The Beginnings of Architecture. A Contribution on Constancy and Change = Bollingen Series XXXV, 6, II. - New York, 1964.

113. Gläser der Antike. Sammlung Erwin Oppenländer. Katalog der Ausstellung im Museum für Kunst und Gewerbe, Hamburg, 4. Oktober - 17. November 1974, und im Römisch-Germanischen Museum, Köln, Frühjahr 1975, hrsg. von Axel von Saldern. - Hamburg, 1974.

114. GONEIM, Mohammed Zakaria, Die verschollene Pyramide. - Wiesbaden, 1955; englische Ausgabe: The buried pyramid. - London und New York, 1956; französische Ausgabe: La pyramide ensevelie. - Paris, 1957.

115. GONEIM, M. Zakaria, Excavations at Saqqara: Horus Sekhem-Khet, the unfinished step pyramid at Saqqara. - Kairo, 1957.

116. GOYON, Georges, La chaussée monumentale et le temple de la vallée de la pyramide de Khéops. In: Bulletin de l'Institut français d'Archéologie orientale LXVII, 1969, S. 49-69.

117. GOYON, Georges, Les instruments de forage sous l'Ancien Empire égyptien. In: Jaarbericht ‹ex oriente lux› XXI, 1969-1970, S. 154-163.

118. GOYON, Georges, Nouvelles observations relatives à l'orientation de la pyramide de Khéops. In: Revue d'Égyptologie XXII, 1970, S. 85-98.

119. GOYON, Georges, Le secret des bâtisseurs des grandes pyramides. Khéops. - Paris, 1977.

120. Graffiti de la montagne thébaine. I, 2: La vallée de l'ouest. Cartographie, Topographie, Géomorphologie, Préhistoire. I, 3: Cartographie, Topographie, Géomorphologie, Préhistoire. I, 4: Cartographie, Topographie, Géomorphologie, Préhistoire. Vallée des Pélerins d'Espagne (E. 1) et compléments aux secteurs A, B et C. Nouvelles observations à la frange du Sahara thébain. - Kairo, 1971, 1972 und 1973.

121. GRIFFITH, F. C., und NEWBERRY, Percy E., El Bersheh II = Archaeological Survey of Egypt IV. - London, [1895].
*Bd. I vgl. Nr. 242*

122. GRINSELL, Leslie, Egyptian Pyramids. - Gloucester, 1947.

123. HABACHI, Labib, King Nebhepetre Mentuhotep: His Monuments, Place in History, Deification and Unusual Representations in the Form of Gods. In: Mitteilungen des Deutschen Archäologischen Instituts. Abteilung Kairo XIX, 1963, S. 16-52.

124. HAMANN, Richard, Ägyptische Kunst. Wesen und Geschichte. - Berlin, 1944.

125. HASSAN, Selim Bey, Excavations at Saqqara (1937-1938). In: Annales du Service des Antiquités de l'Égypte XXXVIII, 1938, S. 503 bis 522.

126. HASSAN, Selim, Excavations at Gîza. VI, 1934-1935, Teil 1, The solar boats of Khafra, their origin and development, together with the mythology of the universe which they are supposed to traverse. - Kairo, 1946.

127. HASSAN, S., The Sphinx. Its history in the light of recent excavations. - Kairo, 1949; französische Ausgabe: Le Sphinx. Son

histoire à la lumière des fouilles récentes. - Kairo, 1951.

128. HASSAN, Selim, The causeway of *Wnis* at Sakkara. In: Zeitschrift für ägyptische Sprache und Altertumskunde LXXX, 1955, S. 136 bis 139.

129. HASSAN, Selim, The Great Pyramid of Khufu and its Mortuary Chapel = Excavations at Gîza X, Season 1938-1939. - Kairo, 1960.

130. HAYES, William C., The Entrance Chapel of the Pyramid of Se'n-Wosret I. In: The Bulletin of the Metropolitan Museum of Art. Section II, November 1934, S. 9-26.

131. HAYES, William C., The Scepter of Egypt. A Background for the Study of the Egyptian Antiquities in the Metropolitan Museum of Art. I: From the Earliest Times to the End of the Middle Kingdom. II: The Hyksos Period and the New Kingdom (1675-1080 B. C.). - New York, 1953 und 1959.

132. HAYES, William C., Most Ancient Egypt. - Chicago und London, 1965.

133. HELCK, Wolfgang, Pyramiden. In: Paulys Realencyclopädie der classischen Altertumswissenschaft. Neue Bearbeitung XXIII, 2, Sp. 2167-2282. - Stuttgart, 1959.

134. HELCK, Wolfgang, und OTTO, Eberhard (Hrsg.), Lexikon der Ägyptologie. - Wiesbaden I, 1975; II, 1975-1977 und III, 1977-1978.
*Erscheint seit 1975 in Lieferungen*

135. HELLSTRÖM, Pontus, und LANGBALLE, Hans, The Rock Drawings = The Scandinavian Joint Expedition to Sudanese Nubia I, 1 (Textbd.) und I, 2 (Tafelbd.). - Stockholm, 1970.

136. HERMANN, Alfred, Zur Anonymität der ägyptischen Kunst. In: Mitteilungen des Deutschen Instituts für Ägyptische Altertumskunde in Kairo VI, 1936, S. 150-157.

137. HERMANN, Alfred, und SCHWAN, Wolf, Ägyptische Kleinkunst. - Berlin, 1940.

138. HÖLSCHER, Uvo, Das Grabdenkmal des Königs Chephren = Veröffentlichungen der Ernst von Sieglin-Expedition I. - Leipzig, 1912.

139. HORNEMANN, Bodil, Types of Ancient Egyptian Statuary. 8 Bde. - Kopenhagen, 1951-1969.

140. HORNUNG, Erik, Einführung in die Ägyptologie. Stand. Methoden. Aufgaben. - Darmstadt, 1967.

141. HORNUNG, Erik, und STAEHELIN, Elisabeth (Hrsg.), Skarabäen und andere Siegelamulette aus Basler Sammlungen = Ägyptische Denkmäler in der Schweiz I. - Mainz, 1976.

142. HUARD, Paul, und LECLANT, Jean, Problèmes archéologiques entre le Nil et le Sahara. In: Études Scientifiques September-Dezember 1972, S. 5-93. - Kairo, 1973.

143. HUZAYYIN, S. A., The Place of Egypt in Prehistory. A Correlated Study of Climates and Cultures in the Old World = Mémoires de l'Institut d'Egypte XLIII. - Kairo, 1941.

144. IVERSEN, Erik, Canon and Proportions in Egyptian Art. - London, 1955; 2. Aufl. Warminster, 1975.

145. JAMES, T. G. H., The Mastaba of Khentika called Ikhekhi = Archaeological Survey of Egypt XXX. - London, 1953.

146. JANSSEN, Jozef M. A., fortgeführt von Heerma van Voss und Jac. J. Janssen, Annual Egyptological Bibliography. Bibliographie égyptologique annuelle 1947 à 1974. - Leiden, 1948-1978.
*Erscheint jährlich*

147. JÉQUIER, Gustave, Les frises d'objets des sarcophages du Moyen Empire = Mémoires de l'Institut français d'Archéologie orientale XLVII. - Kairo, 1921.

148. JÉQUIER, G., Manuel d'archéologie égyptienne. I: Les éléments de l'architecture. - Paris, 1924.

149. JÉQUIER, Gustave, La pyramide d'Oudjebten = Fouilles à Saqqarah. - Kairo, 1928.

150. JÉQUIER, Gustave, Le Mastabat Faraoun = Fouilles à Saqqarah. - Kairo, 1928.

151. JÉQUIER, Gustave, Deux pyramides du Moyen Empire = Fouilles à Saqqarah. - Kairo, 1933.

152. JÉQUIER, Gustave, Les pyramides des reines Neit et Apouit = Fouilles à Saqqarah. - Kairo, 1933.

153. JÉQUIER, Gustave, La pyramide d'Aba = Fouilles à Saqqarah. - Kairo, 1935.

154. JÉQUIER, Gustave, Le monument funéraire de Pépi II. I: Le tombeau royal. II: Le temple. III: Les approches du temple = Fouilles à Saqqarah. - Kairo, 1936, 1938 und 1940.

155. JÉQUIER, Gustave, Douze ans de fouilles dans la nécropole memphite. 1924-1936 = Mémoires de l'Université de Neuchâtel XV. - Neuchâtel, 1940.

156. JUNKER, Hermann, Vorläufiger Bericht über die Grabung der Akademie auf der neolithischen Siedlung von Merimde-Benisalâme (Westdelta). In: Anzeiger der Akademie der Wissenschaften in Wien, phil.-hist. Klasse LXVI, 1929, S. 156-249; LXVII, 1930, S. 21-83; LXIX, 1932, S. 36-100; LXX, 1933, S. 31-97; LXXI, 1934, S. 118-132 und LXXVII, 1940, S. 3-25.

157. JUNKER, Hermann, Gîza. Bericht über die von der Akademie der Wissenschaften in Wien auf gemeinsame Kosten mit Dr. Wilhelm Pelizaeus unternommenen Grabungen auf dem Friedhof des Alten Reiches bei den Pyramiden von Gîza. Bd. I: Die Maṣṭabas der IV. Dynastie auf dem Westfriedhof = Denkschriften der Akademie der Wissenschaften in Wien, phil.-hist. Klasse LXIX, 1, 1929. Bd. II: Die Maṣṭabas der beginnenden V. Dynastie auf dem Westfriedhof. - Wien 1934. Bd. III: Die Maṣṭabas der vorgeschrittenen V. Dynastie auf dem Westfriedhof. - Wien, 1938. Bd. IV: Die Maṣṭaba des Kꜣjmꜥnḫ (Kai-em-anch) = Denkschriften der Akademie der Wissenschaften in Wien, phil.-hist. Klasse LXXI, 1, 1940. Bd. V: Die Maṣṭaba des *Šnb* (Seneb) und die umliegenden Gräber = Denkschriften ... LXXI, 2, 1941. Bd. VI: Die Maṣṭabas des Nfr (Nefer), Kdfjj (Kedfi), Kꜣḥjf (Kaḥef) und die westlich anschließenden Grabanlagen = Denkschriften ... LXXII, 1, 1943. Bd. VII und VIII: Der Ostabschnitt des Westfriedhofs = Denkschriften ... LXXII, 3, 1944

und LXXIII, 1, 1947. Bd. IX: Das Mittelfeld des Westfriedhofs = Denkschriften ... LXXIII, 2, 1950. Bd. X: Der Friedhof südlich der Cheopspyramide. Westteil = Denkschriften ... LXXIV, 1, 1951. Bd. XI: Der Friedhof südlich der Cheopspyramide. Ostteil = Denkschriften ... LXIV, 2, 1953. Bd. XII: Schlußband mit Zusammenfassungen und Gesamt-Verzeichnissen von Band I-XII = Denkschriften ... LXXV, 2, 1955.

158. JUNKER, Hermann, Zu dem Idealbild des menschlichen Körpers in der Kunst des Alten Reichs. In: Anzeiger der österreichischen Akademie der Wissenschaften, phil.-hist. Klasse LXXXIV, 1947, S. 171-181.

159. JUNKER, Hermann, Pyramidenzeit. Das Wesen der altägyptischen Religion. - Einsiedeln, Zürich und Köln, 1949.

160. JUNKER, Hermann, Das lebenswahre Bildnis in der Rundplastik des Alten Reiches. In: Anzeiger der österreichischen Akademie der Wissenschaften, phil.-hist. Klasse LXXXVII, 1950, S. 401-406.

161. JUNKER, Hermann, Die gesellschaftliche Stellung der ägyptischen Künstler im Alten Reich = Sitzungsberichte der österreichischen Akademie der Wissenschaften, phil.-hist. Klasse CCXXXIII, 1. - Wien, 1959.

162. KAISER, Werner, Zu den Sonnenheiligtümern der 5. Dynastie. In: Mitteilungen des Deutschen Archäologischen Instituts, Abteilung Kairo XIV, 1956, S. 104-116.

163. KAISER, Werner, Zur inneren Chronologie der Naqadakultur. In: Archaeologia Geographica V/VI, 1956/1957, S. 69-77.

164. KAISER, Werner, Bericht über eine archäologisch-geologische Felduntersuchung in Ober- und Mittelägypten. In: Mitteilungen des Deutschen Archäologischen Instituts, Abteilung Kairo XVII, 1961, S. 1-53.

165. KAISER, Werner, Zu den königlichen Talbezirken der 1. und 2. Dynastie in Abydos und zur Baugeschichte des Djoser-Grabmals. In: Mitteilungen des Deutschen Archäologischen Instituts, Abteilung Kairo XXV, 1969, S. 1-21.

166. KAYSER, Hans, Ägyptisches Kunsthandwerk. Ein Handbuch für Sammler und Liebhaber = Bibliothek für Kunst- und Antiquitätenfreunde XXVI. - Braunschweig, 1969.

167. KEMP, Barry J., Abydos and the Royal Tombs of the First Dynasty. In: The Journal of Egyptian Archaeology LII, 1966, S. 13-22.

168. KEMP, Barry J., The early development of towns in Egypt. In: Antiquity LI, 1977, S. 185-200.

169. KLEBS, Luise, Die Reliefs des alten Reiches (2980-2475 v. Chr.). Material zur ägyptischen Kulturgeschichte = Abhandlungen der Heidelberger Akademie der Wissenschaften, phil.-hist. Klasse III. - Heidelberg, 1915.

170. KLEBS, Luise, Die Reliefs und Malereien des mittleren Reiches (VII.-XVII. Dynastie ca. 2475 bis 1580 v. Chr.). Material zur ägyptischen Kulturgeschichte = Abhandlungen der Heidelberger Akademie der Wissenschaften, phil.-hist. Klasse VI. - Heidelberg, 1922.

171. LABROUSSE, A., LAUER, J.-Ph., und LECLANT, J., Mission archéologique de Saqqarah. II: Le temple haut du complexe funéraire du roi Ounas = Bibliothèque d'Étude LXXIII. - Kairo, 1977.
*Bd. I vgl. Nr. 200*

172. LACAU, Pierre, und CHEVRIER, Henri, Une chapelle de Sésostris Ier à Karnak. Text- und Tafelbd. - Kairo, 1956 und 1969.

173. LANDSTRÖM, Björn, Ships of the Pharaohs. 4000 years of Egyptian ship-building. - New York, 1970.

174. LANGE, Kurt, und HIRMER, Max, Ägypten. Architektur, Plastik, Malerei in 3 Jahrtausenden. - München, 1957; 4. neu bearb. und sehr erweit. Auflage 1967; 5. Auflage 1975; Sonderausgabe München und Zürich, 1978.

175. LANSING, Ambrose, The Museum's Excavations at Lisht. In: The Bulletin of the Metropolitan Museum of Art. Section bzw. Part II, Dez. 1924, S. 33-43, März 1926, S. 33-40, Apr. 1933, S. 3-22, Nov. 1933, S. 4-26 und Nov. 1934, S. 4-9, 27-41.
*Vgl. auch Nr. 220*

176. LAUER, Jean-Philippe, La pyramide à degrés. L'architecture. I: Text. II: Tafeln. III: Compléments = Fouilles à Saqqarah. - Kairo, 1936, 1936 und 1939.

177. LAUER, Jean-Philippe, Le temple funéraire de Khéops à la grande pyramide de Guizeh. In: Annales du Service des Antiquités de l'Égypte XLVI, 1947, S. 245-261.

178. LAUER, Jean-Philippe, Études complémentaires sur les monuments du roi Zoser à Saqqarah = Supplément aux Annales du Service des Antiquités de l'Égypte IX. - Kairo, 1948.

179. LAUER, Jean-Philippe, Note complémentaire sur le temple funéraire de Khéops. In: Annales du Service des Antiquités de l'Égypte XLIX, 1949, S. 111-127.

180. LAUER, Jean-Philippe, Le temple haut de la pyramide du roi Ouserkaf à Saqqarah. In: Annales du Service des Antiquités de l'Égypte LIII, 1955, S. 119-133.

181. LAUER, Jean-Philippe, Évolution de la tombe royale égyptienne jusqu' à la Pyramide à degrés. In: Mitteilungen des Deutschen Archäologischen Instituts, Abteilung Kairo XV, 1957, S. 148-165.

182. LAUER, Jean-Philippe, Observations sur les pyramides = Bibliothèque d'Étude XXX. - Kairo, 1960.

183. LAUER, Jean-Philippe, Les pyramides de Sakkarah. The Pyramids of Sakkarah = Bibliothèque Générale III. - Kairo, 1961; 4. Aufl. 1972; 5. Aufl. 1977.
*Französischer und englischer Text*

184. LAUER, Jean-Philippe, Histoire monumentale des pyramides d'Égypte. I: Les pyramides à degrés (IIIe Dynastie) = Bibliothèque d'Étude XXXIX. - Kairo, 1962.

185. LAUER, Jean-Philippe, Reclassement des rois des IIIe et IVe dynasties égyptiennes par l'archéologie monumentale. In: Comptes rendus de l'Académie des Inscriptions et Belles-Lettres 1962, S. 290-310.

186. LAUER, Jean-Philippe, Sur l'âge et l'attribution possible de l'excavation monumentale de Zaouiêt el-Aryân. In: Revue d'Égyptologie XIV, 1962, S. 21-36.

187. LAUER, Jean-Philippe, À propos de la stèle de l'Horus Raneb. In: Orientalia XXXV, 1966, S. 21-27.

188. LAUER, Jean-Philippe, Sur la pyramide de Meïdoum et les deux pyramides du roi Snefrou à Dahchour. In: Orientalia XXXVI, 1967, S. 239-254.

189. LAUER, Jean-Philippe, Recherche et découverte du tombeau sud de l'Horus Sekhem-khet dans son complexe funéraire à Saqqarah. In: Revue d'Égyptologie XX, 1968, S. 97-107.

190. LAUER, Jean-Philippe, À propos des vestiges des murs à redans encadrés par les ‹tombs of the courtiers› et des ‹forts› d'Abydos. In: Mitteilungen des Deutschen Archäologischen Instituts. Abteilung Kairo XXV, 1969, S. 79-84.

191. LAUER, Jean-Philippe, Remarques sur les complexes funéraires royaux de la fin de la IVème dynastie. In: Orientalia XXXVIII, 1969, S. 560-578.

192. LAUER, Jean-Philippe, Raison première et utilisation pratique de la ‹Grande Galerie› dans la pyramide de Khéops. In: Zum 70. Geburtstag von Herbert Ricke = Beiträge zur ägyptischen Bauforschung und Altertumskunde XII, S. 133-141. - Wiesbaden, 1971.

193. LAUER, Jean-Philippe, Remarques sur la planification de la construction de la grande pyramide. À propos de ‹The Investment Process Organization of the Cheops Pyramid› par Wieslaw Koziński. In: Bulletin de l'Institut français d'archéologie orientale LXXIII, 1973, S. 127-142.

194. LAUER, Jean-Philippe, Le mystère des pyramides. - Paris, 1974.

195. LAUER, Jean-Philippe, Nouvelles recherches sur la Pyramide de Meren-Rê. In: Bulletin de l'Institut d'Égypte LIII-LIV, 1971 bis 1973 [1974], S. 63-69.

196. LAUER, J.-P., Pyramide. In: Encyclopaedia Universalis XIII, S. 828-837. - Paris, 1975.

197. LAUER, Jean-Philippe, Saqqara. The Royal Cemetery of Memphis. Excavations and Discoveries since 1850. - London, 1976; französische Ausgabe: Saqqarah, la nécropole royale de Memphis; quarante siècles d'histoire, cent vingt-cinq ans de recherches. - Paris, 1977.

198. LAUER, J.-P., Le Triangle sacré dans les plans des monuments de l'Ancien Empire. In: Bulletin de l'Institut français d'Archéologie orientale LXXVII, 1977, S. 55-78.

199. LAUER, J.-Ph., und LECLANT, J., Découverte de statues de prisonniers au temple de la pyramide de Pépi I. In: Revue d'Égyptologie XXI, 1969, S. 55-62.

200. LAUER, J.-Ph., und LECLANT, J., Mission archéologique de Saqqarah. I: Le temple haut du complexe funéraire du roi Téti = Bibliothèque d'Étude LI. - Kairo, 1972.
*Bd. II vgl. Nr. 171*

201. LAWRENCE, A. W., Ancient Egyptian Fortifications. In: The Journal of Egyptian Archaeology LI, 1965, S. 69-94.

202. LECLANT, Jean, Compte rendu des fouilles et travaux menés en Égypte durant les campagnes 1948 à 1950. In: Orientalia XIX, 1950, S. 360-373. Fouilles et travaux en Égypte. In: Orientalia XX, 1951, S. 453-475; XXI, 1952, S. 233-249; XXII, 1953, S. 82-105 und XXIII, 1954, S. 64-79. Fouilles et travaux au Soudan 1951 à 1954. In: Orientalia XXIV, 1955, S. 159-163. Fouilles et travaux en Égypte. In: Orientalia XXIV, 1955, S. 296-317; XXV, 1956, S. 251-268; XXVII, 1958, S. 75-101 und XXX, 1961, S. 91-110, 176 bis 199. Fouilles et travaux au Soudan 1955-1960. In: Orientalia XXXI, 1962, S. 120-141. Fouilles et travaux en Égypte et au Soudan. In: Orientalia XXXI, 1962, S. 197 bis 222, 322-338; XXXII, 1963, S. 82-101, 184-219; XXXIII, 1964, S. 337-404; XXXIV, 1965, S. 175-232; XXXV, 1966, S. 127-178; XXXVI, 1967, S. 181 bis 224; XXXVII, 1968, S. 94 bis 140; XXXVIII, 1969, S. 240-307; XXXIX, 1970, S. 320-374; XL, 1971, S. 224-266; XLI, 1972, S. 249-291; XLII, 1973, S. 393-440; XLIII, 1974, S. 171-227; XLIV, 1975, S. 200-244; XLV, 1976, S. 275-318 und XLVI, 1977, S. 233 bis 299.
*Jährlicher Ausgrabungs- und Tätigkeitsbericht für Ägypten und den Sudan*

203. LECLANT, Jean, Dans les Pas des Pharaons. - [Paris, 1958].

204. LECLANT, Jean, Recherches à la pyramide de Pépi I (Saqqarah 1966 à 1970). In: Bulletin de la Société française d'Égyptologie LVIII, Juni 1970, S. 5-18.

205. LECLANT, Jean, Les Textes des Pyramides. In: Textes et Langages de l'Égypte pharaonique. Cent cinquante années de recherches. 1822-1972. Hommage à Jean-François Champollion, Bd. II = Bibliothèque d'Étude LXIV, 2, S. 37-52. - Kairo, [1973].

206. LECLANT, Jean, Une Province Nouvelle de l'Art Saharien: Les Gravures Rupestres de Nubie. In: Maghreb et Sahara. Études géographiques offertes à Jean Despois, S. 239-246. - Paris, 1973.

207. LECLANT, Jean, À la pyramide de Pépi I, la paroi Nord du passage A-F (antichambre-chambre funéraire). In: Mélanges dédiés à la mémoire de Jacques Vandier = Revue d'Égyptologie XXVII, 1975, S. 137-149.

208. LECLANT, Jean, Recherches à la pyramide de Pépi Ier à Saqqarah (1972-1976). In: Bulletin de la Société française d'Égyptologie LXXVII-LXXVIII, Okt. 1976 bis März 1977, S. 26-38.

209. LECLANT, J., Les textes de la pyramide de Pepi Ier. Reconstitution de la paroi Est de l'antichambre. In: Comptes rendus de l'Académie des Inscriptions et Belles-Lettres 1977, S. 269-288.

210. LEGRAIN, Georges, Statues et statuettes de rois et de particuliers I = Catalogue général des antiquités égyptiennes du musée du Caire. - Kairo, 1906.

211. L'Égypte avant les Pyramides. 4e millénaire. Katalog der Ausstellung im Grand Palais, Paris, 19. Mai - 3. September 1973. - Paris, [1973].

212. LEPSIUS, Richard, Denkmäler aus Ägypten und Äthiopien. Vorläufige Nachricht über die Expedition, ihre Ergebnisse und deren Publikation. - Berlin, 1849.
Tafeln: Sechs Abteilungen in 12 Bdn. - Berlin, 1849-1859. Ergänzungsband. - Leipzig, 1913.
Textbde.: I: Unteraegypten und Memphis. II: Mittelaegypten mit dem Faijum. III: Theben. IV: Oberaegypten. V: Nubien, Hammamat, Sinai, Syrien und Euro-

päische Museen. - Leipzig, 1897, 1904, 1900, 1901 und 1913.

213. L'image du noir dans l'art occidental. I: Des pharaons à la chute de l'empire romain. - Fribourg, 1976.

214. LORTET, Louis, und GAILLARD, Charles, La faune momifiée de l'ancienne Égypte et recherches anthropologiques. 5 Bde. - Lyon, 1903-1909.

215. LUCAS, A., und HARRIS, J. R., Ancient Egyptian Materials and Industries. - London, 1926; 4. durchges. und erweit. Aufl. 1962.

216. LYTHGOE, Albert M., Excavations at the South Pyramid of Lisht in 1914. In: Ancient Egypt 1915, S. 145-153.

217. LYTHGOE, Albert M., und DUNHAM, Dows (Hrsg.), The Predynastic Cemetery N 7000. Naga-ed-Dêr IV = University of California Publications, Egyptian Archaeology VII. - Berkeley und Los Angeles, 1965.

218. MACE, Arthur C., The Early Dynastic Cemeteries of Naga-ed-Dêr II = Publications of the University of California, Egyptian Archaelogy III. - Leipzig, 1909.

219. MACE, Arthur C., Excavations at the North Pyramid of Lisht. In: Bulletin of the Metropolitan Museum of Art IX, 1914, S. 207-222.

220. MACE, A. C., Excavations at Lisht. In: The Bulletin of the Metropolitan Museum of Art. Section bzw. Part II, Nov. 1921, S. 5-19 und Dez. 1922, S. 4-18.
*Vgl. auch Nr. 175*

221. MACRAMALLAH, R., Le Mastaba d'Idout = Fouilles à Saqqarah. - Kairo, 1935.

222. MARAGIOGLIO, V., und RINALDI, C., L'architettura delle piramidi menfite. - II: Turin, 1963; III-VII (je 2 Bde.): Rapallo, 1964-1970.
*Mit englischer Übersetzung*

223. MARIETTE, A., und MASPERO, G. (Hrsg.), Les Mastabas de l'ancien empire. - Paris, 1889.

224. MASPERO, Gaston, Note sur le pyramidion d'Amenemhaît III à Dahchour. In: Annales du Service des Antiquités de l'Égypte III, 1902, S. 206-208.

225. MASPERO, G., Note sur les objets recueillis sous la pyramide d'Ounas. In: Annales du Service des Antiquités de l'Égypte III, 1902, S. 185-190.

226. MASPERO, Gaston, Égypte = Ars Una, Histoire générale de l'art. - Paris, 1912; deutsche Ausgabe: Geschichte der Kunst in Ägypten = ars una, species mille. - 2. Aufl. Stuttgart, 1925.

227. MASSOULARD, Émile, Préhistoire et Protohistoire d'Égypte = Université de Paris. Travaux et mémoires de l'Institut d'ethnologie LIII. - Paris, 1949.

228. MAYSTRE, Charles, Les dates des pyramides de Snefrou. In: Bulletin de l'Institut français d'archéologie orientale XXXV, 1935, S. 89-98.

229. MEKHITARIAN, Arpag, La peinture égyptienne. - Genf, Paris und New York, 1954.

230. MENGHIN, Oswald, und AMER, Mustafa, The Excavations of the Egyptian University in the neolithic site at Maadi: First preliminary report (Season 1930 bis 1931) = Egyptian University. Faculty of Arts. Publication XIX. - Kairo, 1932; Second preliminary report (Season 1932). - Kairo, 1936.

231. MENGHIN, Oswald, und BITTEL, Kurt, Kasr el Sagha. In: Mitteilungen des Deutschen Instituts für Ägyptische Altertumskunde in Kairo V, 1934, S. 1-10.

232. MICHALOWSKI, Kazimierz, L'Art de l'ancienne Égypte. - Paris, 1968; deutsche Ausgabe: Ägypten. Kunst und Kultur. - Freiburg, Basel und Wien, 1969; englische Ausgabe: The art of ancient Egypt. - London, 1969.

233. MÖLLER, Georg, und SCHARFF, Alexander (Bearbeiter), Die archaeologischen Ergebnisse des vorgeschichtlichen Gräberfeldes von Abusir el-Meleq = Ausgrabungen der deutschen Orient-Gesellschaft auf dem vorgeschichtlichen Gräberfeld von Abusir el-Meleq I = Wissenschaftliche Veröffentlichung der Deutschen Orient-Gesellschaft XLIX. - Leipzig, 1926.

234. MOND, Sir Robert, und MYERS, Oliver H., Cemeteries of Armant I. Text- und Tafelbd. - London, 1937.

235. MONTET, Pierre, Scènes de la vie privée dans les tombeaux Égyptiens de l'Ancien Empire = Publications de la faculté des lettres de l'Université de Strasbourg XXIV, 1925.

236. MORGAN, J. de, Fouilles à Dahchour mars - juin 1894. - Wien, 1895.

237. MORGAN, J. de, Recherches sur les origines de l'Égypte. II: Ethnographie préhistorique et tombeau royal de Négadah. - Paris, 1897.

238. MORGAN, Jacques Jean Marie de, Fouilles à Dahchour II, 1894 bis 1895. - Wien, 1903.

239. MÜLLER, Hans Wolfgang, Die Felsengräber der Fürsten von Elephantine aus der Zeit des Mittleren Reiches = Ägyptologische Forschungen IX. - Glückstadt, 1940.

240. NAVILLE, Édouard, The XIth Dynasty Temple at Deir el-Bahari. 3 Bde. = Memoirs of the Egypt Exploration Fund XXVIII, XXX und XXXII. - London, 1907, 1910 und 1913.

241. NEWBERRY, Percy E., Beni Hassan. 2 Bde. = Archaeological Survey of Egypt I und II. - London, 1891 und 1893.

242. NEWBERRY, Percy E., El Bersheh. I: The Tomb of Tehuti-Hetep = Archaeological Survey of Egypt III. - London, [1895].
*Bd. II vgl. Nr. 121*

243. NORDSTRÖM, Hans-Åke, Neolithic and A-Group Sites = The Scandinavian Joint Expedition to Sudanese Nubia III, 1 (Textbd.) und 2 (Tafelbd.). - Stockholm, 1972.

244. NOUR, Moḥammed Zaki, ISKANDER, Zaky, OSMAN, Moḥammad Salaḥ, und MOUSTAFA, Aḥmad Youssof, The Cheops Boats. Part I. - Kairo, 1960.

245. PERRING, J. E., The Pyramids of Gizeh. I: The Great Pyramid. II: The Second and Third Pyramids, the Three Smaller to the Southward of the Third, and the Three to the Eastward of the Great Pyramid. III: The Pyramids to the Southward of Gizeh and at Abou Roash: Also, Campbell's

Tomb, and a Section of the Rock at Gizeh. - London, 1839, 1840 und 1842.

246. PETRIE, W. M. Flinders, The pyramids and temples of Gizeh. - London und New York, 1883; 2. durchges. Auflage 1885.

247. PETRIE, W. M. Flinders, Hawara, Biahmu, and Arsinoe. - London, 1889.

248. PETRIE, W. M. Flinders, Kahun, Gurob, and Hawara. - London, 1890.

249. PETRIE, W. M. Flinders, Illahun, Kahun and Gurob 1889-1890. - London, 1891.

250. PETRIE, W. M. Flinders, Medum. - London, 1892.

251. PETRIE, W. M. Flinders, Naqada and Ballas 1895. - London, 1896.

252. PETRIE, W. M. Flinders, Deshasheh 1897 = Memoirs of the Egypt Exploration Fund XV. - London, 1898.

253. PETRIE, W. M. Flinders, Diospolis Parva. The Cemeteries of Abadiyeh and Hu 1898-1899 = Special Extra Publication of the Egypt Exploration Fund. - London, 1901.

254. PETRIE, W. M. Flinders, The Royal Tombs of the Earliest Dynasties II = Memoirs of the Egypt Exploration Fund XXI. - London, 1901.

255. PETRIE, W. M. Flinders, Hyksos and Israelite Cities = British School of Archaeology in Egypt and Egyptian Research Account 1906. - London, 1906.

256. PETRIE, W. M. Flinders, Arts and Crafts of Ancient Egypt. - Edinburgh, 1909; französische Ausgabe: Les Arts et métiers de l'ancienne Égypte. - Brüssel, 1912.

257. PETRIE, W. M. Flinders, Tarkhan II = British School of Archaeology in Egypt and Egyptian Research Account 1913. - London, 1914.

258. PETRIE, W. M. Flinders, Prehistoric Egypt Illustrated by over 1000 Objects in University College, London = British School of Archaeology in Egypt and Egyptian Research Account 1917. - London, 1920.

259. PETRIE, W. M. Flinders, Corpus of Prehistoric Pottery and Palettes = British School of Archaeology in Egypt and Egyptian Research Account 1917. - London, 1921.

260. PETRIE, Flinders, Tombs of the Courtiers and Oxyrhynkhos = British School of Archeaology in Egypt and Egyptian Research Account 1922. - London, 1925.

261. PETRIE, W. M. Flinders, Ceremonial Slate Palettes = British School of Egyptian Archaeology LXVI (A). - London, 1953.

262. PETRIE, W. M. Flinders, Corpus of Proto-Dynastic Pottery = British School of Egyptian Archaeology LXVI (B). - London, 1953.

263. PETRIE, W. M. Flinders, MACKAY, Ernest, und WAINWRIGHT, Gerald, Meydum and Memphis III = British School of Archaeology in Egypt and Egyptian Research Account 1910. - London, 1910.

264. PETRIE, W. M. Flinders, WAINWRIGHT, G. A., und MACKAY, E., The Labyrinth Gerzeh and Mazghuneh = British School of Archaeology in Egypt and Egyptian Research Account 1912. - London, 1912.

265. PETRIE, W. M. Flinders, WAINWRIGHT, G. A., und GARDINER, A. H., Tarkhan I and Memphis V = British School of Archaeology in Egypt and Egyptian Research Account 1912. - London, 1913.

266. PIRENNE, Jacques, Histoire de la civilisation de l'Égypte ancienne. 2 Bde. - Neuchâtel, 1961 und 1962.

267. PORTER, Bertha, und MOSS, Rosalind L. B., Topographical Bibliography of Ancient Egyptian Hieroglyphic Texts, Reliefs, and Paintings. I: The Theban Necropolis. II: Theban Temples. III: Memphis. IV: Lower and Middle Egypt. V: Upper Egypt: Sites. VI: Upper Egypt: Chief Temples. VII: Nubia, the Deserts, and outside Egypt. - Oxford, 1927, 1929, 1931, 1934, 1937, 1939 und 1951; 2. Aufl. 1960-1977.

268. POSENER, Georges, SAUNERON, Serge, und YOYOTTE, Jean, Dictionnaire de la civilisation égyptienne. - Paris, 1959.

269. QUIBELL, J. E., Hierakonpolis I = Egyptian Research Account IV. - London, 1900.
*Bd. II vgl. Nr. 272*

270. QUIBELL, J. E., The Tomb of Hesy = Excavations at Saqqara (1911-1912) V. - Kairo, 1913.

271. QUIBELL, J. E., Archaic Mastabas = Excavations at Saqqara (1912-1914) VI. - Kairo, 1923.

272. QUIBELL, J. E., und GREEN, F. W., Hierakonpolis II = Egyptian Research Account V. - London, 1902.
*Bd. I vgl. Nr. 269*

273. QUIBELL, J. E., und HAYTER, A. G. K., Teti Pyramid, North Side = Excavations at Saqqara VII. - Kairo, 1927.

274. RANDALL-MACIVER, D., El Amrah and Abydos 1899-1901 = Special Extra Publication of the Egypt Exploration Fund. - London, 1902.

275. REISNER, George A., The Early Dynastic Cemeteries of Naga-ed-Dêr I = University of California Publications, Egyptian Archaeology II. - Leipzig, 1908.

276. REISNER, George A., The Archaeological Survey of Nubia. Report for 1907-1908. Text- und Tafelbd. - Kairo, 1910.
*Bericht für 1908-1909, 1909-1910 und 1910-1911 vgl. Nr. 100*

277. REISNER, George A., Excavations at Kerma. 2 Bde. = Harvard African Studies V und VI. - Cambridge, 1923.

278. REISNER, George A., Mycerinus. The Temples of the Third Pyramid at Giza. - Cambridge, 1931.

279. REISNER, George Andrew, The Development of the Egyptian Tomb down to the Accession of Cheops. - Cambridge, 1936.

280. REISNER, George Andrew, A History of the Giza Necropolis I. - London, 1942.
*Bd. II vgl. Nr. 282*

281. REISNER, G. A., The Egyptian Forts from Halfa to Semna. In: Kush. Journal of the Sudan Antiquities Service VIII, 1960, S. 11-24.

282. REISNER, George Andrew, und SMITH, William Stevenson, A

History of the Giza Necropolis. II: The Tomb of Hetep-heres, the Mother of Cheops. A Study of Egyptian Civilization in the Old Kingdom. - Cambridge, 1955.
*Bd. I vgl. Nr. 280*

283. RESCH, Walther E. F., Die Felsbilder Nubiens. Eine Dokumentation der ostägyptischen und nubischen Petroglyphen. - Graz, 1967.

284. REUTERSWÄRD, Patrik, Studien zur Polychromie der Plastik. I: Ägypten = Stockholm Studies in History of Art III, 1. - Stockholm, 1958.

285. RICKE, Herbert, Bemerkungen zur ägyptischen Baukunst des Alten Reichs. 2 Bde. = Beiträge zur ägyptischen Bauforschung und Altertumskunde IV, 1944 und V, 1950, S. 1-128.

286. RICKE, Herbert, Das Sonnenheiligtum des Königs Userkaf. I: Der Bau = Beiträge zur ägyptischen Bauforschung und Altertumskunde VII. - Kairo, 1965.
*Bd. II vgl. Nr. 287*

287. RICKE, Herbert (Hrsg.), Das Sonnenheiligtum des Königs Userkaf. II: Die Funde = Beiträge zur ägyptischen Bauforschung und Altertumskunde VIII. - Wiesbaden, 1969.
*Bd. I vgl. Nr. 286*

288. RICKE, Herbert, Der Harmachistempel des Chefren in Giseh. In: Beiträge zur ägyptischen Bauforschung und Altertumskunde X, 1970, S. 1-43.

289. RIDLEY, R. T., The Unification of Egypt as seen through a Study of the Major Knife-Handles, Palettes and Maceheads. - Deception Bay, 1973.

290. ROBICHON, C., und VARILLE, A., Description sommaire du temple primitif de Médamoud = Publications de l'Institut français d'archéologie, de philologie et d'histoire XI. - Kairo, 1940.

291. ROWE, Alan, The Eckley B. Coxe, Jr., Expedition. Excavations at Meydûm, 1929-1930. In: The Museum Journal XXII, [Philadelphia] 1931, S. 5-94.

292. SAAD, Zaki Youssef, Royal Excavations at Saqqara and Helwan (1941-1945) = Supplément aux Annales du Service des Antiquités de l'Égypte III. - Kairo, 1947.

293. SAAD, Zaki Youssef, Royal Excavations at Helwan (1945-1947) = Supplément aux Annales du Service des Antiquités de l'Égypte XIV. - Kairo, 1951.

294. SAAD, Zaki Y., The Excavations at Helwan. Art and Civilization in the First and Second Egyptian Dynasties. - Oklahoma, 1969.

295. SÄVE-SÖDERBERGH, Torgny, Ägypten und Nubien. Ein Beitrag zur Geschichte altägyptischer Außenpolitik. - Lund, 1941.

296. SÄVE-SÖDERBERGH, T., und OLSSON, I. U., C 14 dating and Egyptian chronology. In: Radiocarbon Variations and Absolute Chronology = Nobel Symposium XII, S. 35-55. - Stockholm, 1970.

297. SAINTE-FARE-GARNOT, Jean, L'Égypte. In: Histoire générale de l'art. I: De la préhistoire à la Renaissance. - Paris, 1950; Neuaufl. 1962 und 1969.

298. SCAMUZZI, Ernesto, Museo egizio di Torino. - Turin, 1963; 3. Aufl. Turin 1965; englische Ausgabe: Egyptian Art in the Egyptian Museum of Turin. - Turin, 1964, und New York, 1965; französische Ausgabe: L'Art égyptien au Musée de Turin. - Paris, 1966.

299. SCHÄFER, Heinrich, Von ägyptischer Kunst, besonders der Zeichenkunst. Eine Einführung in die Betrachtung ägyptischer Kunstwerke. - Leipzig, 1919; 2. stark vermehrte Aufl. 1922; 4. verbesserte Aufl. Wiesbaden, 1963; englische Neuausgabe, hrsg. von Emma Brunner-Traut und J. Baines: Principles of Egyptian art. - Oxford, 1974.

300. SCHARFF, Alexander, Die Altertümer der Vor- und Frühzeit Ägyptens. I: Werkzeuge, Waffen, Gefäße. II: Bestattung, Kunst, Amulette und Schmuck, Geräte zur Körperpflege, Spiel- und Schreibgeräte, Schnitzereien aus Holz und Elfenbein, Verschiedenes = Mitteilungen aus der Ägyptischen Sammlung IV und V. - Berlin, 1931 und 1929.

301. SCHARFF, Alexander, On the Statuary of the Old Kingdom. In: The Journal of Egyptian Archaeology XXVI, 1940, S. 41-50.

302. SCHARFF, Alexander, Das Grab als Wohnhaus in der ägyptischen Frühzeit = Sitzungsberichte der Bayerischen Akademie der Wissenschaften, phil.-hist. Klasse 1944/1946, VI. - München, 1947.

303. SCHOTT, Siegfried, Ägyptische Quellen zum Plan des Sphinxtempels. In: Beiträge zur ägyptischen Bauforschung und Altertumskunde X, 1970, S. 47-79.

304. SENK, Herbert, Fragen und Ergebnisse zur Formgeschichte des ägyptischen Würfelhockers. In: Zeitschrift für ägyptische Sprache und Altertumskunde LXXIX, 1954, S. 149-156.

305. SHOUKRY, M. Anwar, Die Privatgrabstatue im Alten Reich = Supplément aux Annales du Service des Antiquités de l'Égypte XV. - Kairo, 1951.

306. SIMPSON, William Kelly, Papyrus Reisner I. The Records of a Building Project in the Reign of Sesostris I. - Boston, 1963.

307. SIMPSON, William Kelly, The Terrace of the Great God at Abydos. The Offering Chapels of Dynasties 12 and 13 = Publications of the Pennsylvania-Yale Expedition to Egypt V. - New Haven und Philadelphia, 1974.

308. SMITH, Earl Baldwin, Egyptian architecture as cultural expression. - New York und London, 1938.

309. SMITH, William Stevenson, Old Kingdom Sculpture. In: American Journal of Archaeology XLV, 1941, S. 514-528.

310. SMITH, William Stevenson, A History of Egyptian Sculpture and Painting in the Old Kingdom. - London, 1946; 2. Aufl. 1949.

311. SMITH, Wm. Stevenson, Paintings of the Egyptian Middle Kingdom at Bersheh. In: American Journal of Archaeology LV, 1951, S. 321-332.

312. SMITH, W. Stevenson, The art and architecture of ancient Egypt = The Pelican History of art XIV. - London, 1958.

313. SMITH, W. Stevenson, The Old Kingdom in Egypt and the Beginning of the First Intermediate Period. In: The Cambridge Ancient History I, 2, S. 145-207. - 3. Aufl. Cambridge, 1971.

314. SPIEGEL, Joachim, Das Werden der altägyptischen Hochkultur.

Ägyptische Geistesgeschichte im 3. Jahrtausend v. Chr. - Heidelberg, 1953.

315. STECKEWEH, Hans, Die Fürstengräber von Qâw = Veröffentlichungen der Ernst von Sieglin-Expedition VI. - Leipzig, 1936.

316. STEINDORFF, Georg (Hrsg.), Grabfunde des Mittleren Reiches in den Königlichen Museen zu Berlin = Mitteilungen aus den orientalischen Sammlungen der Königlichen Museen zu Berlin VIII. - Berlin, 1896.

317. STOCK, Hanns, Studien zur Geschichte und Archäologie der 13. bis 17. Dynastie Ägyptens unter besonderer Berücksichtigung der Skarabäen dieser Zwischenzeit = Ägyptologische Forschungen XII. - Glückstadt, 1942; 2. Aufl. 1955.

318. TERRACE, Edward L. B., Egyptian Paintings of the Middle Kingdom. The Tomb of Djehuty-Nekht. - London, 1968.

319. UCKO, Peter J., Anthropomorphic Figurines of Predynastic Egypt and Neolithic Crete with Comparative Material from the Prehistoric Near East and Mainland Greece = Royal Anthropological Institute. Occasional Paper XXIV. - London, 1968.

320. VANDERSLEYEN, Claude, Das alte Ägypten = Propyläen Kunstgeschichte XV. - Berlin, 1975.

321. VANDIER, Jacques, Mo'alla. La tombe d'Ankhtifi et la tombe de Sébekhotep = Bibliothèque d'Étude XVIII. - Kairo, 1950.

322. VANDIER, J., Manuel d'archéologie égyptienne. I: Les époques de formation. 1: La préhistoire. 2: Les trois premières dynasties. II: Les grandes époques. 1: L'architecture funéraire. 2: L'architecture religieuse et civile. III: Les grandes époques. La statuaire. Textbd. und Tafelbd. IV-V, Bas-reliefs et peintures. Scènes de la vie quotidienne. 2 Textbde. und 2 Tafelbde. - Paris, 1952-1969.

323. VERNIER, Émile, La bijouterie et la joaillerie égyptiennes = Mémoires de l'Institut français d'Archéologie orientale II. - Kairo, 1907.

324. VERNIER, Émile, Bijoux et orfèvreries. 2 Bde. = Catalogue général des antiquités égyptiennes du musée du Caire. - Kairo, 1927.

325. VILÍMKOVÁ, Milada, Egyptské klenotnictví. - Prag, 1969; deutsche Ausgabe: Altägyptische Goldschmiedekunst. - Prag, 1969; englische Ausgabe: Egyptian Jewellery. - London, New York, Sydney und Toronto, 1969.

326. VYSE, Howard, Operations carried on at the Pyramids of Gizeh in 1837. 3 Bde. - London, 1840, 1840 und 1842.

327. WALLIS, Henry, Egyptian ceramic art. 2 Bde. - [London], 1898 und 1900.

328. WENDORF, Fred, The Prehistory of Nubia. 2 Bde. und Tafeln. - Dallas, 1968.

329. WENDORF, Fred, SAID, Rushdi, und SCHILD, Romuald, Egyptian Prehistory: Some New Concepts. In: Science CLXIX, 1970, S. 1161-1171.

330. WILD, Henri, Le tombeau de Ti. La chapelle. Teil II und III = Mémoires de l'Institut français d'Archéologie orientale LXI, 2 und 3. - Kairo, 1953 und 1966.

331. WILKINSON, Alix, Ancient Egyptian Jewellery. - London, 1971.

332. WILLIAMS, Caroline Ransom, Gold and Silver Jewelry and Related Objects = Catalogue of Egypian Antiquities. Numbers 1-160. - New York, 1924.
*Katalog der Ägyptischen Sammlung der New York Historical Society*

333. WILLIAMS, Caroline Ransom, The Decoration of the Tomb of Per-Nēb. The Technique and the Color Conventions = The Metropolitan Museum of Art. Department of Egyptian Art III. - New York, 1932.

334. WILSON, John A., The Artist of the Egyptian Old Kingdom. In: Journal of Near Eastern Studies VI, 1947, S. 231-249.

335. WINKLER, Hans A., Rock-Drawings of Southern Upper Egypt. Season 1936-1937. Preliminary report. Season 1937-1938. Preliminary report = Archaeological Survey of Egypt. - London, 1938.

336. WINLOCK, H. E., The Treasure of el Lāhūn = The Metropolitan Museum of Art. Department of Egyptian Art IV. - New York, 1934.

337. WINLOCK, H. E., Neb-Ḥepet-Rēʿ Mentu-Ḥotep of the eleventh Dynasty. In: The Journal of Egyptian Archaeology XXVI, 1940, S. 116-119.

338. WINLOCK, H. E., The Eleventh Egyptian Dynasty. In: Journal of Near Eastern Studies II, 1943, S. 249-283.

339. WINLOCK, H. E., The Rise and Fall of the Middle Kingdom in Thebes. - New York, 1947.

340. WINLOCK, H. E., The Treasure of Three Egyptian Princesses = Publications of the Metropolitan Museum of Art. Department of Egyptian Art X. - New York, 1948.

341. WINLOCK, H. E., Models of daily life in ancient Egypt from the tomb of Meket-Rēʿ at Thebes = Publications of the Metropolitan Museum of art. Egyptian expedition XVIII. - Cambridge, 1955.

342. WINTER, Erich, Zur Deutung der Sonnenheiligtümer der 5. Dynastie. In: Wiener Zeitschrift für die Kunde des Morgenlandes LIV, 1957, S. 222-233.

343. WOLF, Walther, Die Welt der Ägypter = Große Kulturen der Frühzeit. Neue Folge [II]. - Stuttgart, 1955; französische Ausgabe: Le Monde des Égyptiens. - Paris, [1956].

344. WOLF, Walther, Die Kunst Ägyptens. Gestalt und Geschichte. - Stuttgart, 1957.

345. YOYOTTE, Jean, Égypte ancienne. In: Encyclopédie de la Pléiade. XII: Histoire de l'art. I: Le monde non-chrétien, S. 93-382. - Paris, 1961.

346. YOYOTTE, Jean, Les trésors des pharaons. Les hautes époques, le nouvel empire, les basses époques. - Genf, 1968; deutsche Ausgabe: Die Kunstschätze der Pharaonen. Die Frühzeit. Das Neue Reich. Die Spätzeit. - Genf, 1968.

# NAMEN- UND SACHREGISTER

anderem die Pyramiden von Abusir erforschte . . . . . . . . . *S.* 24

BOUCHARD, Pierre François Xavier (1772-1832) - Offizier in der napoleonischen Armee, der im Jahre 1799 bei Schanzarbeiten in der Nähe von Rosette den dreisprachigen Stein von Rosette fand, durch den die Entzifferung der Hieroglyphen ermöglicht wurde . . . . . . . . *S.* 19

BUBASTIS - Fundort im Delta südöstlich von Zagazig, mit zahlreichen Tempelanlagen, unter anderem auch aus der Zeit Phiops' I. . *S.* 115, 116

BUCHTSCHABER - Gerät, meist Abschlag, mit einer retuschierten Arbeitskante in Buchtform an der Längsseite . . . . . . . . *S.* 35

BUHEN - große Festungsanlage am 2. Katarakt . . . . . . . . . . . *S.* 26, 119, 324 *Abb.* 427-429

BULAQ - Stadtteil von Kairo, nach dem früher das Ägyptische Museum als Bulaq-Museum bezeichnet wurde *S.* 20

BUSIRIS - Stadt im Delta am Damiette-Arm südlich von Samannud, von den Ägyptern zuerst Djedu, später Per-Usir (Haus des Osiris) genannt, das bei den Griechen zu Βούσιρις wurde. Busiris ist dem Totengott Osiris geweiht und wie Abydos das Ziel zahlreicher Pilgerfahrten, die in Gräbern, besonders in Beni Hassan, dargestellt sind . . . . . . *S.* 127

BUTO - Stadt im Westdelta, Hauptkultort der schlangengestaltigen Göttin Uto, die als Herrin von Unterägypten verehrt wurde . . . . *S.* 8

BYBLOS - Küstenstadt im heutigen Libanon, mit der schon seit der frühesten Zeit intensive Handelsbeziehungen bestanden . . . . *S.* 269

## C

CACHETTE - s. FAVISSA

CARNARVON, Lord - englischer Mäzen, der zusammen mit Howard Carter 1922 das Grab des Tutanchamun entdeckte . . *S.* 24 *Abb.* 23

CARTER, Howard (1874-1939) - englischer Archäologe, der zusammen mit Lord Carnarvon 1922 das Grab des Tutanchamun entdeckte . . . . *S.* 24 *Abb.* 23

ÇATALHÜYÜK - vorgeschichtliche Fundstätte in der heutigen Türkei *S.* 42, 50

CÉCILE - französischer Maler, der im wissenschaftlichen Expeditionsstab der napoleonischen Armee in Ägypten reiste . . . . . . . . *Abb.* 13

CHABA - König der 3. Dynastie, dessen Pyramidenanlage sich in Zawijet el-Arijan befindet *S.* 78 *Abb.* 378

CHABAUSOKAR - hoher Beamter am Ende der 3. Dynastie, der in Saqqara bestattet ist . . . . . . . . *S.* 101

CHAMPOLLION, Jean-François (1790-1832) - französischer Wissenschaftler, dem die Entzifferung der Hieroglyphen gelang und der damit die Ägyptologie begründete. Sein kometenhafter Aufstieg begann, als er mit sechzehn Jahren der Akademie von Grenoble eine Abhandlung über die Hieroglyphenschrift vorlegte. 1809 erhielt er einen Forschungsauftrag seiner Stadt und veröffentlichte 1811 die ‹Introduction à l'Égypte sous les Pharaons›, ein umfassendes Werk über die Geographie Ägyptens, seine klassischen Texte und die koptische Sprache. Nach langem geduldigem Studium der hieroglyphischen Denkmäler, unter anderem des Steins von Rosette, gelang es ihm, den Schlüssel zur Entzifferung der Hieroglyphen zu finden. 1822 legte er der Akademie seine Ergebnisse vor: ‹Lettre à Monsieur Dacier relative à l'alphabet des hiéroglyphes phonétiques›; 1824 veröffentlichte er ‹Précis de système hiéroglyphique›. In wenigen Jahren stellte er eine Chronologie auf, arbeitete über Geschichte, die Götterwelt des pharaonischen Ägypten, ordnete die ägyptischen Altertümer des Louvre und unternahm 1828 bis 1829 eine große Expedition nach Ägypten und Unternubien, nahm die noch erhaltenen Denkmäler auf und schrieb die Inschriften ab. Als Professor am Collège de France und Mitglied der Académie des inscriptions starb er bald darauf und hinterließ eine große Zahl unvollendeter Werke . . *S.* 19, 20, 111 *Abb.* 18

CHAMSIN - heißer Wüstenwind, der besonders in den Frühlingsmonaten auftritt . . . . . . . . . . . *S.* 7

CHARGA (CHARGEH) - Oase westlich von Theben mit Funden aus dem Jungpaläolithikum . . . . . . . *S.* 36 *Abb.* 40, 41

CHARGEH - s. CHARGA

CHASECHEM oder CHASECHEMUI - Horusname eines Königs vom Ende der 2. Dynastie, der offensichtlich nur über den äußersten Süden bis nach Hierakonpolis herrschte. Der König Peribsen, dessen Serech vom Sethtier bekrönt ist und der wohl unter dem Schutz dieses Gottes stand, regierte wahrscheinlich gleichzeitig den Norden und Mittelägypten, im Süden mindestens jedoch bis Abydos. Nachdem Peribsen von Chasechem, dessen Name «der Mächtige ist bekrönt» bedeutet, besiegt worden war, nannte sich der König nun Chasechemui, «die beiden Mächtigen sind bekrönt»; damit sind die beiden Götter Horus und Seth genannt. Von nun an schrieb er seinen neuen Namen in das Serech, das von den beiden Göttern Horus und Seth bekrönt ist, häufig mit dem Zusatz «die beiden Mächte sind in ihm wiedervereinigt» . . *S.* 60, 61, 101, 119, 174, 179, 319, 320 *Abb.* 174

CHEKERFRIES - mehrere Zeichen der Hieroglyphe ‹cheker› (d. h. ‹geschmückt sein›) bilden einen ornamentalen Fries. Er bekrönt meist flachbildliche Darstellungen an Tempelwänden oder in Königsgräbern. Es gibt zwei verschiedene Typen: die Spitze kann wie eine Lanzenspitze geformt sein, vielleicht die Stilisierung einer Aufhängung für eine Matte oder einen Behang; andererseits ist das Zeichen manchmal im unteren Teil durch ein Band eingeschnürt und verbreitert sich dann noch einmal. Vielleicht handelt es sich in diesem Fall um den oberen Teil eines Geflechts aus kleinen hintereinander angeordneten Bündeln *Abb.* 80, 81, 363

CHEMA - Gaufürst der 12. Dynastie, dessen Statue im Grab des Hekaib in Elephantine gefunden wurde . . *S.* 220 *Abb.* 338

CHENDJER - König der 13. Dynastie, dessen Pyramide in Saqqara liegt *Abb.* 414

CHENTKAUS - Königin der 4. Dynastie, wahrscheinlich die Gemahlin des Königs Schepseskaf . . . *S.* 91, 118 *Abb.* 372, 373

CHEOPS - König der 4. Dynastie, Erbauer der größten Pyramide in Gisa, Vater des Djedefre und des Chephren *S.* 24, 81-84, 88, 89, 91, 101, 102, 104, 105, 115, 142, 154, 172, 184, 187, 233, 240, 269, 270, 321 *Abb.* 15, 88, 92, 108, 117, 223, 265, 283, 369, 374, 382

D

der ausbreiten. Schon in den unterirdischen Anlagen der Stufenpyramide und des Südgrabs des Königs Djoser in Saqqara waren die mit blauen Fayencekacheln verzierten Paneele von Djed-Pfeilern bekrönt. Als Symbol für Beständigkeit und Dauer wurde ein Djed-Pfeiler bei bestimmten kultischen Anlässen in Memphis, besonders beim ‹sed›-Fest des Königs, in feierlicher Zeremonie aufgestellt. Später wurde er zum Symbol des Gottes Osiris . . . . *S.* 65, 69, 319 *Abb.* 73, 74

DJEDEFRE - König der 4. Dynastie, Sohn des Cheops, der sich nördlich von Gisa, in Abu Roasch, eine Pyramide errichten ließ, die heute weitgehend zerstört ist *S.* 83, 84, 89, 104, 105, 184, 187, 194 *Abb.* 181

DJEHUTIHOTEP - Gaufürst in der Zeit Sesostris' III. (12. Dynastie). In seinem Felsgrab in el-Berscheh ist der Transport einer Kolossalstatue dargestellt, die von 120 Menschen gezogen wird . . *S.* 111 *Abb.* 161

DJEHUTINACHT - Gaufürst der 12. Dynastie. In seinem Felsgrab in el-Berscheh wurde der berühmte, farbig bemalte Holzsarg des Djehutinacht gefunden *Abb.* 159, 162, 334

DJER - Horusname des dritten Königs der 1. Dynastie. Er besaß ein Kenotaph in Abydos, wo seine zerbrochene Stele gefunden wurde. Sein Grab war zweifellos das mit der Nummer 3471 in Saqqara, in dem zwischen den Resten eines reichen Mobiliars eine prächtige Sammlung von Kupfergegenständen und -werkzeugen entdeckt wurde . . . . . . *S.* 60, 239, 319, 320 *Abb.* 230

DJOSER - bedeutendster Pharao der 3. Dynastie, der den Horusnamen Netjerichet trug. Nach Angaben von Manetho regierte er 29 Jahre. Sein Architekt Imhotep erbaute für ihn den großen Baukomplex der Stufenpyramide von Saqqara . . . *S.* 24, 63, 64, 74, 76, 88, 101, 118, 121, 131, 136, 142, 164, 179, 181, 185, 233, 254, 270, 274, 319, 320, 321 *Abb.* 2, 65, 67-83, 103, 121, 175, 276, 277, 279-282, 359-365, 376

DOPPELKRONE - s. PSCHENT

‹DORFSCHULZE› - s. KAAPER

DRA ABU'L-NAGA - Nekropole auf der Westseite von Theben, deren Gräber vorwiegend ins Neue Reich datieren . . . . *S.* 107 *Abb.* 320

DREIECK, ÄGYPTISCHES - rechtwinkliges Dreieck, dessen beide Schenkel im Verhältnis 4:5 stehen. Es bestimmt die Maßverhältnisse der Mykerinos-Pyramide . . . . *S.* 86

DREIECK, HEILIGES - rechtwinkliges Dreieck, dessen Seiten im Verhältnis 3:4:5 stehen. Es ist besonders nützlich zur Erzielung rechter Winkel und wurde seit Beginn der Thinitenzeit in Ägypten verwendet; während des Alten Reichs wurde es durchgehend für die Absteckung von Tempelfundamenten benutzt; es bestimmt die Maßverhältnisse der Chephren-Pyramide und vieler späterer Pyramiden, vor allem in der 6. Dynastie . . . *S.* 86, 91, 92, 98

DROVETTI, Bernardino (1776-1852) - italienischer Diplomat, der als französischer Generalkonsul in Ägypten lebte. Seine umfangreiche Privatsammlung gelangte ins Museum in Turin . . . . . . . . . . *S.* 19

E

ECKRUNDSTAB - zylindrischer Wulst, der sich an der Ecke eines Gebäudes entlangzieht, um die gefährdete Kante zu schützen. Bei ägyptischen Bauwerken zieht sich der Rundstab dann vom höchsten Punkt an waagerecht weiter hin und bildet die untere Begrenzung der Hohlkehle auf der Frontseite . . . *S.* 70, 71, 118, 323 *Abb.* 281

EDFU - ptolemäische Tempelanlage in Oberägypten, die dem Gott Horus geweiht ist . . . . . . . . *S.* 13

EL-AHAIWAH - s. AHAIWAH, EL-

EL-AMRA - s. AMRATIEN

EL-BERSCHEH - s. BERSCHEH, EL-

EL-CHIAM-SPITZE - jungsteinzeitliche, sorgfältig flächenretuschierte Lanzenspitze aus Feuerstein . . . . *S.* 38 *Abb.* 44

ELEPHANTINE - Insel gegenüber der heutigen Stadt Assuan mit Resten der antiken Siedlung und umfangreichen Tempelanlagen . . . . *S.* 3, 8 *Abb.* 4, 16, 338

EL-HEMAMIJEH - s. HEMAMIJEH, EL-

EL-KAB - s. KAB, EL-

EL-LAHUN - s. LAHUN, EL-

EL-OMARI - s. OMARI, EL-

EL-SAFF - s. SAFF, EL-

ENNEDI - Sandsteinplateau im Nordosten der heutigen Republik Tschad *S.* 41

ENSEDJERKAI - Beamter aus der 6. Dynastie, der in Gisa bestattet ist *S.* 105

ENTLASTUNGSKAMMERN - giebeldachförmig gegeneinandergestemmte Platten über Deckenplatten oder Türstürzen, die diese von einem extremen Gewicht entlasten sollten *S.* 83

EOZÄN - älteste, unterste Stufe der Tertiärformation . . . . . . . *S.* 3

EPI-LEVALLOISIEN - während im Mittelpaläolithikum vor allem die Levallois-Technik (sorgfältiges Zurichten des Rohsteins durch Absprengen kleinerer Splitter vor dem Abschlagen) angewendet wurde, spricht man bei jungpaläolithischen Artefakten in Levallois-Technik von Epi-Levalloisien . . . . . . *S.* 35

ERSATZKOPF - Darstellung des Verstorbenen nicht wie gewöhnlich durch eine ganze Statue, sondern nur durch seinen Kopf, der am Hals gerade abgeschnitten ist. Er besteht aus grobem Kalkstein, die Feinheiten sind meist mit Gips aufmodelliert. Ersatzköpfe kamen zuerst in der Zeit des Snofru (4. Dynastie) vor und blieben etwa ein Jahrhundert hindurch beliebt. Die meisten Köpfe sind uns aus der Zeit des Cheops bekannt und gehören Angehörigen des Königshauses und des Hofstaates. Die Köpfe standen in der Sargkammer oder in deren Nähe, nie jedoch im Serdab . . . . . . . . *S.* 102, 184, 187, 191 *Abb.* 292, 293, 295

ESBET RUSCHDI - Fundort im Nordost-Delta, nördlich von Zagazig, mit einer Tempelanlage aus der Zeit Amenemhets I. (12. Dynastie) *S.* 115, 116

ESNA - Ort in Oberägypten mit Funden aus dem Paläolithikum . *S.* 37

F

FAKHRI, Ahmed - ägyptischer Ägyptologe, der sich unter anderem der Erforschung der Oasen widmete *S.* 24

FAKOURIEN - Kulturstufe im Endpaläolithikum . . . . . . . *S.* 37

FALLSTEIN - großer Monolith aus hartem Kalkstein oder Granit, der

H

I



J

JUJA UND TUJU - Eltern der Königin Teje, der Gemahlin Amenophis' III. (18. Dynastie). In ihrem Grab im Tal der Könige wurden reiche Beigaben gefunden . *S.* 24

K

KA - eine zweite Wesensform des Menschen mit der gleichen Gestalt, jedoch dargestellt mit dem hieroglyphischen Zeichen Ka, den beiden erhobenen Armen, auf dem Kopf. Er verkörpert die Gesamtheit der Lebenskraft verleihenden Eigenschaften und beschützt die Person *S.* 60, 69, 73, 88, 225

KAAPER - Vorlesepriester am Ende der 4. Dynastie, dessen Holzstatue ‹Scheich el-beled›, ‹der Dorfschulze›, genannt wird . . . . . . . . . . *S.* 23, 193, 194 *Abb.* 189

KAB, EL- - Ort in Oberägypten auf dem rechten Ufer des Nils, gegenüber von Hierakonpolis. Dort wurden Reste einer vorgeschichtlichen Ansiedlung aus der Zeit um 6000 v. Chr. gefunden . . . . . . . . *S.* 8, 41, 61, 115, 150

KAEMANCH - Grabherr einer Mastaba in Gisa (6. Dynastie) . . . . *Abb.* 139, 150

KAEMKED - Totenpriester zur Zeit der 5. Dynastie . *S.* 199 *Abb.* 199

KAGEMNI - Wesir aus der 6. Dynastie, dessen Mastaba bei der Pyramide des Teti in Saqqara liegt . . . *S.* 106

KAHUN - Ort im Fayum, in der Nähe von el-Lahun . . . . . . . . . . *S.* 118, 151, 153, 323 *Abb.* 426

KAI - Verwaltungsbeamter in der 5. Dynastie . . . . . . . *Abb.* 308

KAIRER - hoher Beamter der 5. und 6. Dynastie . . . . . . . . *S.* 105

KAIRO - Hauptstadt des heutigen Ägypten; ihr Museum besitzt die größte ägyptische Sammlung der Welt . . *S.* 10, 20, 23, 38, 44, 89, 109

KALABSCHA - ptolemäischer Tempel, der wegen der Errichtung des Assuan-Staudamms abgetragen und 38 km weiter nördlich wiederaufgebaut worden ist . . . . . . *S.* 26

KANOPE - Gefäß, das die einbalsamierten Eingeweide des Verstorbenen aufnahm. Meist waren es vier Kanopen, die in einem Kasten oder Behälter aufbewahrt wurden. Sie standen unter dem Schutz der Göttinnen Isis, Nephthys, Neith und Selkis sowie dem der vier Horussöhne *S.* 68, 100, 101, 258 *Abb.* 106

KANOPOS - Fundort bei Abukir im Westdelta . . . . . . . . . *S.* 4

KARNAK - Tempelanlage nördlich von Theben auf der rechten Nilseite, die seit dem Mittleren Reich dem Gott Amun geweiht war; s. a. Favissa *S.* 10, 23, 107, 115, 117, 118, 141, 193, 212, 239, 323 *Abb.* 11, 13, 119, 143, 144, 209, 217, 326, 327, 419, 420

KARTUM - heutige Hauptstadt des Sudan. In ihrem Umkreis wurden zahlreiche Spuren von mesolithischen und neolithischen Kulturen entdeckt . . . . *S.* 3, 10, 25, 41, 45

KARTUSCHE - längliches Oval, in das der Geburts- und Krönungsname des Pharao eingeschrieben ist und das an der hinteren Schmalseite durch einen Balken abgeschlossen ist. Die Kartusche entstand aus einem Kreis, dem Symbol der Sonnenbahn und des Universums, in dem der König regiert. Die beiden in Kartuschen stehenden Namen kommen meist bei Darstellungen des Königs vor und sind Bestandteil der ägyptischen Königstitulatur. Sie dürfen bei der Darstellung des Herrschers nicht fehlen. Die erste Kartusche wird eingeleitet durch den Titel ‹König von Ober- und Unterägypten› oder ‹Herr der beiden Länder›, die zweite durch den Titel ‹Sohn des Sonnengottes› oder ‹Herr der Kronen› . . . . . . . . . . *S.* 19, 242 *Abb.* 100, 231

KARUN-SEE - s. BIRKET EL-KARUN

KAWIT - Prinzessin der 11. Dynastie. Ihr Sarkophag aus feinem Kalkstein im Museum in Kairo zeigt in versenktem Relief die Verstorbene bei der Toilette; er wurde im Totentempel Mentuhoteps des Großen in Deir el-Bahari in einem der Schächte gefunden . . *S.* 236 *Abb.* 163, 226

KEDFI - Besitzer einer großen Mastaba in Gisa (5. Dynastie) . . *S.* 105

KEES, Hermann Alexander Jakob (1886-1964) - deutscher Ägyptologe, der sich u. a. ausführlich mit dem Totenkult beschäftigt hat . . *S.* 130

KEILSCHNITTGEWÖLBE - dieser Gewölbetypus mit ausstrahlenden Mauerfugen kam in Lehmziegeln vermutlich seit der 3. Dynastie in Bet Challaf vor. Die vertikal angeordneten Ziegel sind dort aber noch flach aufrecht gestellt und bilden so die Scheiben einer Ringschicht, wie in Ägypten üblich. Ein Keilschnittgewölbe aus Stein trifft man nur ausnahmsweise gegen Ende der 6. Dynastie in Saqqara an *S.* 62, 101

KENOTAPH - leeres Grab, für einen andernorts bestatteten Toten errichtet. Für das alte Ägypten benutzt man den Terminus bei Königsgräbern der 1. Dynastie in Abydos. Begraben waren die Könige der 1. Dynastie wahrscheinlich in den größeren Mastabas in Saqqara . . . *S.* 59-61, 68, 88, 173, 206, 320 *Abb.* 170, 204, 353

KEPENU - altägyptische Bezeichnung für große Seeschiffe, die zum Beispiel auf dem Mittelmeer fuhren . . *S.* 269

KERMA - ägyptische Handelsfaktorei am 3. Katarakt mit einer ausgedehnten Nekropole . *S.* 275 *Abb.* 333

KERNSTÜCK, auch NUKLEUS - Reststück eines Rohsteins nach dem Absprengen von Spänen (Abschlägen) . *S.* 31, 32, 34-36 *Abb.* 37, 38

KHARGUIEN - endpaläolithische Gruppe, genannt nach der Oase Charga in der Libyschen Wüste; kennzeichnend sind vor allem Stielspitzen nach Atérien-Art . . *S.* 36

KHEDIVE - in der Zeit von 1867 bis 1914 n. Chr. offizieller Titel des Vizekönigs von Ägypten . . *S.* 20

KIOSK (STATIONSHEILIGTUM) - Sanktuar, meist mit Reliefs verziert, das am Prozessionsweg stand, um bei der feierlichen Prozession des Gottes zeitweise dessen Kultstatue aufzunehmen, die von den Priestern von Ort zu Ort getragen wurde . . . . *S.* 115, 117, 142, 323 *Abb.* 119, 143, 144, 326, 419, 420

KIRCHER, Athanasius - Jesuit, Gelehrter des 17. Jahrhunderts, der sich um die Entzifferung der Hieroglyphen bemühte . . . . . . *S.* 19

KNÖCHELRINGE - Knöchelschmuck in Form von langen Ringen aus feinen Steinen oder glasiertem Ton und kostbaren Metallen . . . . *S.* 248

KÖNIGSELLE - ägyptische Maßeinheit, die in sieben Handbreiten zu je vier Fingern eingeteilt ist und bei allen wichtigen Monumenten Ägyptens angewendet wurde. In der

1. Dynastie variierte ihr Wert zwischen 0,534 m und 0,515 m. Unter König Djoser wurde sie auf 0,524 m festgelegt und blieb mit nur geringen Schwankungen mindestens für das ganze Alte Reich so gültig . . *S.* 59, 64

KÖNIGSKOPFTUCH - plissiertes Tuch, das auf den Haaren oder der Perücke des Königs auflag. Zwei Kopftuchlappen fielen vorn über die Brust, auf dem Rücken lief es in einen Zopf aus. Der Stil dieser Kopfbedeckung hat sich im Laufe der Zeit häufig gewandelt und stellt ein wichtiges Datierungskriterium für Statuen dar . *S.* 185, 212 *Abb.* 181

KOHEL - Schminkfarbe auf der Basis von Bleiglanz, mit der sich die alten Ägypter bemalten, um ihre Augen vor Krankheiten zu schützen. Die Schminke wurde in Gefäßen aus Holz, Elfenbein oder grüner Fritte aufbewahrt, in denen eine kleine Sonde steckte. Die Gefäße hatten Pflanzen- oder Tiergestalt und trugen reliefierte Zeichen, die auf die prophylaktische Bedeutung ihres Gebrauchs anspielten . *S.* 46, 257

KOM OMBO - Ort in Oberägypten, etwa 40 km nördlich von Assuan auf der rechten Nilseite . . . *Abb.* 43

KOPFSTÜTZE - Gebrauchsgegenstand, der beim Schlaf die Perücke oder das Haar schonen sollte. Die Kopfstütze wurde in ganz Afrika verwendet, hatte aber in Ägypten eine besondere Bedeutung. Im Totenkult wurde sie mit dem Horizont in Verbindung gebracht. So wie die Sonne im Horizont aufgeht, sollte sich der Verstorbene mit dem Sonnenaufgang zu einer neuen Existenz erheben . . *S.* 234, 235 *Abb.* 224

KOPTOS - Ort in Oberägypten, am rechten Nilufer gegenüber von Negade . . . . . . . . . *S.* 115

KORBHENKELGEWÖLBE - seine Krümmung besteht aus drei Rundbogen, die untereinander verbunden sind. Die Gewölbe können dann flach gewölbt oder hoch gewölbt sein. In der ägyptischen Lehmziegelbauweise waren sie meistens hoch gewölbt, was sie stabiler machte . . *S.* 105

KORECKÝ, Miroslav - polnischer Architekt . . . . . . . . . *S.* 321

KRAGGEWÖLBE - Überdeckungsvorrichtung aus Ziegeln oder Stein, bei der jede Lage einige Zentimeter über die darunterliegende vorkragt, so lange, bis der zu überdeckende Zwischenraum so eng geworden ist, daß ein einziger Ziegel oder Stein über die Lücke hinwegreicht. Je nachdem, ob die Steine nur bei zwei gegenüberliegenden oder bei allen vier Wänden vorkragen, erhält man ein Gewölbe mit deutlich dreieckigem Profil oder eine Art Kuppel mit vier Graten, die von den Ecken des Raums ausgehen . . . . *S.* 62, 79, 80, 81, 82, 101, 322 *Abb.* 290, 291, 399

KRONE - Herrschaftszeichen der Pharaonen. Die weiße Krone symbolisiert seine Herrschaft über Oberägypten in Form einer hohen, konischen, meist weißen (bemalten) Kopfbedeckung, die oben durch eine knaufartige Verdickung abgeschlossen ist. Wenn sie mit zwei Straußenfedern und Widderhörnern geschmückt ist, bezeichnet man sie als Atef-Krone, die vom König wie auch von Göttern getragen wurde. Wenn sie mit der roten Krone verbunden ist, bezeichnet man sie als Doppelkrone, die Könige und Götter trugen, um ihre Herrschaft über Gesamtägypten zu demonstrieren. Die rote Krone symbolisiert die Herrschaft des Königs über Unterägypten. Sie hat die Form einer sich nach oben erweiternden Kappe mit einer fast senkrecht aufragenden, stachelförmigen Verlängerung im hinteren Teil. Die rote Krone wurde auch von einer Göttin von Unterägypten, der Neith von Sais, getragen . . . . . . . . . . . . . *S.* 8, 74, 175, 206 *Abb.* 204, 207

KUBAN - Festungsanlage in Unternubien . . . . . . . . . . *S.* 119

KULTRAUM (OPFERRAUM) - zentraler Raum in der Mastaba, in dem das Totenopfer vollzogen wurde. Hier befanden sich auch die Scheintür und der Opfertisch. Ursprünglich hatte die Mastaba nur eine Nische an der Außenwand für den Totenkult. Nach und nach verlagerten sich die rituellen Handlungen ins Innere der Mastaba, bis hier später zahlreiche Räume, zum Teil sogar durch Pfeiler abgestützt, entstanden. Die Wände waren mit Darstellungen geschmückt, die die Zubereitung der Opfergaben schildern. Vom Kultraum öffnete sich nur ein schmaler Spalt zu dem gleich danebenliegenden ‹serdab› . . *S.* 74, 91, 97, 101, 102, 105, 112, 146, 147, 150, 161, 193, 266, 321, 322 *Abb.* 151, 157, 400

KUMMA - Festungsanlage am 2. Katarakt . . . . . . . . . . *S.* 119

KURTINE - Verteidigungsmauer mit Zinnen und einem Wehrgang, der zwei Türme oder Bastionen miteinander verbindet . . . . . . *S.* 119

L

LAHUN, EL- - Dorf im Fayum mit der Pyramidenanlage Sesostris' II. In einem der Schachtgräber nahe der Pyramide wurde der Schatz der Sathathoriunu gefunden . . . . . *S.* 110, 118, 236, 240, 246, 323 *Abb.* 231, 239, 331

LAKEITIEN - Kulturstufe im Endpaläolithikum . . . . . . *S.* 37, 38

LAKETA - Oase in der Ostwüste, nordöstlich von Theben, mit Artefakten aus dem Endpaläolithikum . *S.* 31

LEGRAIN, Georges (1865-1917) - französischer Ägyptologe, der unter anderem die ‹Cachette› (Versteck) in Karnak ausgegraben hat . . *S.* 23

LEPSIUS, Karl Richard (1810-1884) - deutscher Ägyptologe, der das philologische Erbe Champollions weiterführte. In einer großangelegten Expedition reiste er flußaufwärts durch Ägypten mit den angrenzenden Wüsten und kam bis nach Nubien und in das entfernte Meroe, um die auf den Denkmälern dieser Gebiete dargestellten Szenen und Inschriften aufzunehmen (1842-1845). Das zusammengetragene Material veröffentlichte er in zwölf umfangreichen Bänden unter dem Titel ‹Denkmäler aus Ägypten und Äthiopien›. Seine außerordentlich zahlreichen historischen, archäologischen, epigraphischen und philologischen Arbeiten sind heute noch unentbehrlich . . . *S.* 20 *Abb.* 21

LEVALLOIS-TECHNIK - urgeschichtliche Herstellungstechnik von Abschlägen und Klingen mit Hilfe eines präparierten Kernstücks. Auf sie stieß man zuerst in Levallois-Perret (Hauts-de-Seine). Sie wurde seit dem Altpaläolithikum verwendet und hielt sich, zum Teil zusammen mit der Moustérien-Technik, bis ins Mittelpaläolithikum. Levallois-Technik kam in Europa, Afrika und Asien vor *S.* 34-38 *Abb.* 35, 36, 38

LHOTE, André (1885-1962) - französischer Maler und Kunstkritiker des 20. Jahrhunderts . . . . *S.* 161

LISCHT - Fundort 65 km südlich von Kairo auf der Westseite des Nils am Wüstenrand; Hauptstadt im Mittleren Reich mit Pyramidenanlagen der Könige Amenemhet I. und Sesostris I. . . . *S.* 109, 110, 216, 229, 246, 271, 322 *Abb.* 207, 323, 410

LUXOR - moderne Stadt in Oberägypten, 740 km südlich von Kairo auf der rechten Seite des Nils, mit einem großen Tempel des Neuen Reiches . . . . . *S.* 10, 23, 31, 45

M

MAADI - südlicher Vorort von Kairo an der rechten Nilseite. Dort wurden Reste einer vorgeschichtlichen Ansiedlung gefunden, die wahrscheinlich zeitgleich mit der ersten oder dem Beginn der zweiten Phase der Negade-Kultur sind . . . *S.* 42, 44

MAAMUR - arabische Bezeichnung für den Direktor . . . . . *S.* 20

MAAT - Göttin der Gerechtigkeit und der Wahrheit, dargestellt als junge Frau mit einer Straußenfeder auf dem Kopf. Der Begriff der Maat ist ein wesentlicher Bestandteil der ägyptischen Philosophie, der sich gleichzeitig auf die kosmische Ordnung bezieht, die der Weltschöpfer seit der Erschaffung der Welt zu verwirklichen sucht. Die Maat gewährleistet die Ordnung in der Welt, obwohl sie ständig durch die Kräfte der Anarchie und des Chaos bedroht wird . . . *S.* 13, 135, 274 *Abb.* 10

MAHASNA - Ort in Oberägypten, nördlich von Abydos, wo ein vorgeschichtlicher Friedhof und Reste einer gleichzeitigen Siedlung gefunden wurden . . *S.* 57, 61 *Abb.* 267

MALQATA - Fundort in Theben West, gegenüber dem heutigen Ort Luxor. Auf dem etwa 35 ha umfassenden Gelände südlich des Tempels von Medinet Habu standen große Paläste und Nebengebäude Amenophis' III., die mit seinem weiter nördlich gelegenen Totentempel verbunden waren, dessen Eingang durch die berühmten Memnon-Kolosse flankiert wurde. Eine ältere These besagt, daß die Palastanlage im Osten, in Djarucha, mit dem Nil durch einen großen, künstlichen See verbunden war, der nach Texten der ‹Gedenkskarabäen› innerhalb von vierzehn Tagen erbaut worden sein soll . . . . . . . . . . *S.* 229

MAMARIJA - Ort in Oberägypten, in der Nähe von Hierakonpolis. Dort wurde ein vorgeschichtlicher Friedhof gefunden . . . . . . *Abb.* 45

MANETHO - ägyptischer Priester im 3. vorchristlichen Jahrhundert, der eine Geschichte Ägyptens geschrieben hat. Leider ist sie nur in fragmentarischen und häufig verfälschten Erwähnungen vor allem durch Flavius Josephus und durch die christlichen Geschichtsschreiber Africanus und Eusebios bekannt . . *S.* 13, 19, 63

MANFALUT - Ort auf dem linken Nilufer, nördlich von Assiut. Gegenüber auf der anderen Seite des Nils liegen die Felsgräber von Deir el-Gebrawi aus dem Alten Reich *S.* 36

MARIETTE, Auguste (1821-1881) - französischer Ägyptologe. Mariette Pascha, einer der bedeutendsten Ägyptologen des 19. Jahrhunderts, entdeckte 1851 das memphitische Serapeum in Saqqara und legte zahlreiche Mastabas des Alten Reiches frei, in denen er unter anderem den berühmten ‹Schreiber›, der heute im Louvre ausgestellt ist, und den ‹Dorfschulzen›, jetzt in Kairo, fand. Er gründete den ägyptischen Antikendienst und das ägyptische Museum in Kairo. Mariette ist in einem Steinsarkophag, der Nachbildung eines Sarkophags aus dem Alten Reich, im Garten vor dem Museum in Kairo beigesetzt . . . . . . . *S.* 20, 23, 126, 185 *Abb.* 19

MASPERO, Gaston (1848-1916) - französischer Ägyptologe, der seit 1869 an der École des Hautes Études in Paris lehrte und 1874 Professor am Collège de France wurde. 1880 holte man ihn nach Ägypten, wo er die französische Mission leiten sollte. 1881-1886 und 1899-1914 stand er an der Spitze des Service des Antiquités de l'Égypte. Zu seinen zahlreichen Forschungen gehören die Abschrift und Übersetzung der Pyramidentexte; er war Zeuge der Entdeckung der Königsmumien in Deir el-Bahari, entwarf den Plan für den großen Katalog des Museums in Kairo und leitete die ersten archäologischen Forschungen in Nubien in die Wege. 1914 wurde er ständiger Sekretär der Académie des Inscriptions . . . *S.* 23, 27, 126 *Abb.* 20

MASTABA - arabische Bezeichnung für einen bestimmten Typus von Privatgräbern des Alten Reiches, die Mariette in Gisa und Saqqara fand. Die Form ihres Oberbaus ähnelt der einer Bank, wie sie vor ländlichen Häusern oder um sie herum noch heute zu finden ist. Mariette führte die Bezeichnung Mastaba als archäologischen Terminus ein. Eine Mastaba besteht aus zwei verschiedenen Teilen: dem rechteckigen Oberbau aus Lehmziegeln oder aufgemauerten Steinen und einem in den Fels gehauenen unterirdischen Raum, der durch einen senkrechten Schacht mit dem Oberbau verbunden ist. Dieser Oberbau war ursprünglich nicht zugänglich; später wurde ein Gang in ihm angelegt, bis schließlich viele Räume in der Mastaba entstanden, die die beiden wichtigsten Kultstätten enthielten, den Opferraum und den ‹serdab›. In dem unterirdischen Raum, dem Grabraum, stand der Sarkophag. Gänge und Räume des Oberbaus waren häufig mit Reliefs und Malereien geschmückt . *S.* 60, 62-64, 76, 100-106, 131, 142-144, 146, 147, 150, 156, 159, 160, 166, 169, 174, 194, 231, 236, 240, 248, 266, 320-322 *Abb.* 88, 108, 110, 111, 120, 123-125, 127, 130, 132, 133, 139, 140, 145, 148-152, 154, 155, 158, 166, 189, 225, 259, 285, 287, 298-301, 303-305, 309, 311, 318, 389, 398-401, 403-408, 418

MASTABAT FARAUN - arabische Bezeichnung für die Grabanlage des Schepseskaf, eines Sohns des Mykerinos, die bei Saqqara liegt . . . . *S.* 84, 91 *Abb.* 97, 375

MAZGHUNA - Ort in Mittelägypten, 45 km südlich von Kairo, mit Pyramidenanlagen von Königen aus dem Mittleren Reich . . . . . . *S.* 110

MECHU - Sohn des Gaufürsten Sabni aus der 6. Dynastie, der in einem Felsgrab in Assuan bestattet ist . . *S.* 106

MEDAMUD - Dorf nördlich von Luxor mit großen Tempelanlagen . *S.* 115

MEDINET MAADI - Dorf im südlichen Fayum mit einem Tempel der Renenutet und des Sobek aus der Zeit Amenemhets III. und Amenemhets IV. *S.* 115-117 *Abb.* 421, 422

MEHMED ALI - Statthalter der Türken in Ägypten, der gegen die Franzosen kämpfte und 1807 die Engländer zum Verlassen des Landes zwang; er gilt als Gründer des modernen Ägypten . . . . . *S.* 19, 20

MEHU - Wesir der 5. Dynastie, wahrscheinlich der Sohn der Idut, der in

METJETJI - hoher Beamter der 6. Dynastie, dessen Holzstatuetten von außergewöhnlicher Schönheit sind *S.* 197, 240 *Abb.* 195

MIDDLE FORT - große rechteckige Anlage, die in Abydos fast unmittelbar neben der Schunet es-Sebib liegt und ihr sehr ähnlich ist, obwohl sie etwas kleinere Ausmaße und nur eine einzige Umfassungsmauer hat. Trotz der ihr von Flinders Petrie gegebenen Bezeichnung weist sie noch weniger als die Schunet es-Sebib Spuren einer Festung auf *S.* 60, 320

MIKROSTICHEL - hier nicht als besonders kleines Gerät gemeint, sondern als Reststück in beabsichtigter geometrischer Form, hergestellt als Abschlag von Klingen . . . . . . *S.* 37 *Abb.* 27

MIRGISSA - Festung am 2. Katarakt *S.* 119

MIT-RAHINEH - s. MEMPHIS

MITTLERES FORT - s. MIDDLE FORT

MOALLA - Ort in Oberägypten auf der rechten Seite des Nils, zwischen Armant und Esna. In der Nekropole befinden sich das Grab eines Gaufürsten von Edfu und Hierakonpolis, der während der 1. Zwischenzeit eine bedeutende Rolle bei den inneren Kämpfen zwischen Theben und Hierakonpolis spielte . . . . . . *S.* 150, 206 *Abb.* 315, 316

MODELLE - kleine rundplastische Nachbildungen von Handwerkern und Arbeitern, die seit der 5. Dynastie die Ernährung und Pflege des Verstorbenen im Grab auf magische Weise gewährleisten sollten und damit für sein Fortleben unerläßlich waren, wie auch die Versorgung des Toten das zentrale Thema der flachbildlichen Darstellungen und Malereien war. Köche, Bäcker, Bierbrauer, Töpfer sowie Männer und Frauen, die Opfergaben bringen, wurden - anfänglich aus Stein, später aus Holz hergestellt - mit ins Grab gegeben. In der 6. Dynastie häuften sich diese Dienerfiguren. Seit dem Mittleren Reich wurden ganze Werkstätten dargestellt, zum Beispiel Schreinereien, Webereien, Metzgereien, Backstuben und sehr häufig auch Schiffe. Diese Modelle ersetzten gemalte oder reliefierte Darstellungen an den Wänden der Gräber . . *S.* 160, 199, 206, 220, 231, 320, 323 *Abb.* 317, 324, 325

MONTET, Pierre (1885-1966) - französischer Ägyptologe, der vor allem in Tanis im Delta gegraben hat *S.* 24

MORGAN, Jacques Jean Marie de (1857-1924) - französischer Ägyptologe, der unter anderem in den Pyramiden von Dahschur wertvollen Schmuck aus dem Mittleren Reich fand . . . . . . . . . . . *S.* 23

MOUSTÉRIEN - urgeschichtliche Steinindustrie, nach dem Ort Moustiers in Frankreich benannt. Dort wurden Abschläge gefunden, die zum Teil in Levallois-Technik hergestellt sind, sowie Handspitzen und grobe, einseitig retuschierte Abschläge. Man unterscheidet verschiedene Gruppen in Europa, Asien und Nordafrika . . . . . . . . *S.* 35

MOUSTÉROID - s. MOUSTÉRIEN

MUNDÖFFNUNG - rituelle Handlung, durch die Tempel- und Grabstatuen ‹belebt› werden sollten. Die Mundöffnung wurde durch einen Priester auch an der Mumie vollzogen, die bei der Bestattung am Eingang des Grabes aufgestellt war, damit der Verstorbene auf magische Weise seine Seele finden und im Jenseits seinen Weg durch die Ewigkeit antreten könne . . . . *S.* 171, 260

MYKERINOS - König der 4. Dynastie, der die kleinste der drei Pyramiden von Gisa erbaute. In seinem Totentempel wurden mehrere Triaden gefunden, die den König in Begleitung zweier Gottheiten zeigen . *S.* 60, 83, 84, 86, 91, 92, 104, 142, 172, 187, 188, 191, 194, 210 *Abb.* 89, 91, 93, 94, 185, 186, 371, 384

## N

NACHTI - hoher Beamter der 10. Dynastie, der in Assiut bestattet war *Abb.* 205

NAGA ED-DEIR - große Nekropole in Mittelägypten, unweit der Stelle, wo wohl der antike Ort This lag. Dort scheinen die Könige der 1. und 2. Dynastie residiert zu haben . . . *S.* 61, 62, 239, 240

NAOS - kleiner Schrein oder Kapelle für eine göttliche Statue. Sein Dach war häufig doppelt geschwungen wie auch bei dem Doppelkiosk der Hieroglyphe für das ‹sed›-Fest . . *S.* 113, 117, 259 *Abb.* 327

NARMER - Horusname des wahrscheinlich ersten Königs, der über Ober- und Unterägypten herrschte, wie seine herrliche Schistpalette berichtet. Er ist mit dem König Menes gleichzusetzen, der aus dem Süden des Landes kam und die beiden Königreiche miteinander verband . . *S.* 13, 59, 118, 172, 274, 320 *Abb.* 9

NASSER Gamal Abdel (1918-1970) - Präsident Ägyptens, auf dessen Veranlassung 1956 der große Assuan-Staudamm gebaut wurde . . *S.* 24

NASSER-SEE - großer Stausee im Süden Ägyptens, der 1956 auf Veranlassung des damaligen ägyptischen Präsidenten Gamal Abdel Nasser gebaut wurde. Der ‹Sadd el-Ali› nimmt eine Fläche von 500 km Länge und 15-30 km Breite ein . . *S.* 4, 24, 26, 119, 275 *Abb.* 25

NATOUFIEN - langlebige urgeschichtliche Kultur in Palästina, die seit 1937 erstmals im Wadi Natouf festgestellt wurde und daher ihren Namen erhielt. Sie besaß präurbane Einrichtungen. Eigentümlich sind Kreissegmente mit durch Schrägretuschen abgestumpftem Rücken, die vordem 1876 schon in Heluan gefunden worden sind. Außerdem Pfeilspitzen, deren Basis symmetrische Kerben aufweist, die auch in Heluan ausgemacht worden sind und einer jüngeren Phase zugehören . . *S.* 37, 38 *Abb.* 36, 44

NAUKRATIS - griechische Handelsniederlassung am kanopischen Nilarm im Delta, die unter anderem von Flinders Petrie ausgegraben wurde *S.* 23

NAVILLE, Henri Édouard (1844 bis 1926) - französischer Ägyptologe und Ausgräber . . . . . . *S.* 322

NEBENPYRAMIDEN - kleine Pyramiden in der Nähe der Hauptpyramide, in der der König bestattet war. Am Ende der 3. und in der 4. Dynastie lagen sie südlich der großen Pyramide und meist in derselben Achse. Seit Sahure, dem zweiten König der 5. Dynastie bis zum Ende des Alten Reiches und außerdem noch in der 12. Dynastie im Pyramidenbezirk Sesostris' I. wurden sie an der Südost-Ecke, etwas südlich des Totentempels innerhalb der Umfassungsmauer, errichtet. Diese Nebenpyramiden ersetzten ursprünglich das Südgrab, wie zum Beispiel das bei Djoser und Sechemchet, und sollten vielleicht ein Kenothaph darstellen, den die Könige der ersten

Durchzugsgebiet zwischen Ägypten und dem übrigen Afrika; deshalb hat Nubien seit der fortschreitenden Überflutung des Tals das Interesse der Ägyptologen geweckt. Überflutet wurde das Tal zunächst durch den Bau und die spätere Erhöhung des Assuan-Damms, schließlich durch den seit 1956 erbauten Sadd el-Ali, hinter dem sich der Nasser-See, ein 500 km langer Stausee, gebildet hat, der bis zu den Stromschnellen von Dal reicht, bis an die Grenze oberhalb von Batn el-Haggar. Unter der Schirmherrschaft der UNESCO haben viele archäologische Expeditionen die nubischen Ruinen untersucht und Stücke gerettet, die hätten im Wasser versinken sollen. Das schwer zugängliche Gebiet noch weiter im Süden bleibt zukünftigen Grabungen vorbehalten . . . . . . *S.* 3, 8, 10, 20, 24-26, 119, 179, 212, 228, 239, 268 *Abb.* 283, 431

NUKLEUS - lateinische Bezeichnung für ein Kernstück, von dem Abschäge von Klingen gewonnen wurden. Die Techniken haben sich im Lauf der Zeit gewandelt . . *S.* 31

NUN - göttliches Urgewässer, aus dem nach altägyptischer Vorstellung die gesamte Welt entstanden ist *S.* 4, 17

O

OLDOWAY - Ort in Tansania, an dem L. S. B. Leakey die primitivsten Gerätetypen des Menschen, besonders der Australopithecinen, feststellen konnte. Es handelt sich um Geröllgeräte, die sogenannten ‹choppers› und ‹chopping-tools› . . . . . . . *S.* 31, 32 *Abb.* 28, 29

OLDOWAYEN - s. OLDOWAY

OMARI, EL- - Dorf südöstlich von Kairo, wo Reste einer vorgeschichtlichen Ansiedlung gefunden wurden *S.* 44

OPFERRAUM - s. KULTRAUM

OPFERTISCH - Kultobjekt für das Totenopfer. Ursprünglich bestand der Opfertisch aus einer einfachen Matte, die auf dem Boden lag. Das hieroglyphische Zeichen ‹hetep›, das ‹Opfer› bedeutet, zeigt noch diese Matte mit einem Brot darauf. Im Alten und Mittleren Reich bestanden die Opfertische aus Alabaster, Kalkstein, Diorit oder Granit und hatten oft die Form der Opferhieroglyphe. Darüber hinaus ist das ‹hetep›-Zeichen fast immer in Relief oder Malerei auf der ebenen Oberfläche des Opfertisches dargestellt, zusammen mit kleinen Becken und Bechern, die in den Stein eingearbeitet waren, um Trankopfer wie Wasser, Bier, Wein oder Öl aufzunehmen. Auch Nahrungsmittel wie Brot, Fleischstücke, Geflügel, Früchte und Gemüse sind auf den Opfertischen dargestellt . . *S.* 4, 132, 144, 146, 147, 150, 227, 231, 260 *Abb.* 317

ORYX - 16. oberägyptischer Gau in der Gegend von Minia . *S.* 110, 239

OSIRIS - Totengott, der in Gestalt eines mumifizierten Königs dargestellt wird; eingehüllt in Mumienbinden und Tücher, trägt er die weiße oder die ‹Atef›-Krone. Von seinen zahlreichen Kultorten spielt Abydos in Oberägypten seit der 1. Zwischenzeit eine besondere Rolle. Anläßlich der jährlich stattfindenden Osiris-Mysterien kamen Scharen von Pilgern nach Abydos, um an der Darstellung des Todes und der Wiederauferstehung des Gottes teilzuhaben . . . . *S.* 13, 94, 146, 173, 216, 220, 225, 274, 322 *Abb.* 26

P

PALÄOLITHIKUM - erster Abschnitt des Quartär, in dem die ersten Zivilisationen entstanden und die Menschen Steinwerkzeuge verwendeten *S.* 41
- Primitivpaläolithikum . . . . . *S.* 31 *Abb.* 28, 29
- Altpaläolithikum . . . . . . . *S.* 32 *Abb.* 30, 31-34
- Mittelpaläolithikum . . . . . . *S.* 34 *Abb.* 35-38
- Jungpaläolithikum . . . . . . *S.* 35 *Abb.* 40, 41
- Endpaläolithikum . . . . . . . *S.* 37 *Abb.* 27, 42, 43, 44

PALERMO, STEIN VON - Stelenfragment aus Basalt, das im Museum von Palermo in Sizilien aufbewahrt wird, mit den Annalen der Könige der frühen ägyptischen Kultur, von der 1. bis zur 5. Dynastie. Weitere Fragmente werden in Kairo und London aufbewahrt . . *S.* 173, 201

PARALEVALLOIS - Herstellungstechnik von Steinabschlägen von einem präparierten Kernstück. Sie kam schon im Acheuléen vor und gilt als Urform der Levallois-Technik der nachfolgenden Periode im Mittelpaläolithikum . . . . *S.* 34

PECHNASEN - quadratische Löcher oder breite Rinnen, horizontal vom Wehrgang eines Turms oder einer Kurtine aus verlaufend, von denen man Steine, Holzstücke oder heiße Flüssigkeiten niedergehen lassen konnte . . . . . . . . *S.* 119, 324

PEKTORALE - trapezförmiger Schmuckanhänger, der sehr wahrscheinlich auch vom lebenden Pharao getragen wurde, vor allem aber auf der Brust von Mumien lag. Pektoralien sind mit symbolischen Darstellungen verziert, die sich auf das Königtum oder auf die Wandlungen der Sonne beziehen. Stücke mit Königssymbolik zeigen fast immer eine Königskartusche (oder das Bild des Königs), die unter den Schutz eines göttlichen Symbols gestellt ist. Bei Stücken mit Sonnensymbolik ist der Tote einem Skarabäus angeglichen, der von den Göttinnen Isis und Nephthys beschützt ist. Der Tote hat sich mit dem Gestirn vereinigt und hat teil an Werden und Wiedergeburt des Gestirns . . . . *S.* 240, 242 *Abb.* 220, 231, 232, 234

PENMERU - Persönlichkeit aus der 5. Dynastie . . . *S.* 197 *Abb.* 307

PEPIANCH DER JÜNGERE - Gaufürst der 12. Dynastie, der in Meir bestattet ist . . . . . . . . *S.* 106

PER-DJET - ‹das Haus der Ewigkeit›, ein ägyptischer Ausdruck für das Grab, das als Wohnhaus für die Ewigkeit verstanden wurde . *S.* 146

PERET - altägyptische Bezeichnung für die zweite Jahreszeit des ägyptischen Kalenderjahrs, den Winter, in dem das Getreide reift . . *S.* 139

PERIBSEN - König der 2. Dynastie, der sich unter den Schutz des Gottes Seth stellte. Er regierte unmittelbar vor Chasechemui, der ihn besiegte und die beiden Götter Horus und Seth befrieden konnte. Peribsen kann nicht mit dem Horus Sechemib, dem König Perenmaat, identifiziert werden, der sein Vorgänger war und dessen Kenotaph und verschiedene Denkmäler in Abydos offenbar durch Peribsen usurpiert wurden. Hätte er dessen Stelen aus schwarzem Granit übernommen, so hätte er auch seinen Namen mit seinem ‹serech›, das von dem Sethtier bekrönt ist, darauf schreiben lassen . . . . . . . . . *S.* 60, 119, 319, 320

PETRIE, Sir William M. Flinders (1853-1942) - englischer autodidaktischer Archäologe. Nach Ausgrabungen in England interessierte er sich

Q



R

nördlich von Tell el-Amarna, mit Felsgräbern der Gaufürsten der 6. Dynastie . . . . . . *S.* 150, 160

SCHEINTÜR - Kultobjekt, das im Alten Reich beim Totenopfer eine wichtige Rolle spielte. Es ahmt die Palastfassade mit ihren Vor- und Rücksprüngen nach, in deren Mitte eine Öffnung ausgespart bleibt. Die Scheintür, die diese Öffnung aber nur vortäuscht, besteht aus Stein, Kalkstein oder Granit und zeigt in einem über der fiktiven Türöffnung liegenden Rechteck eine Reliefdarstellung des vor dem Opfertisch sitzenden Toten, oder sie zeigt den Grabherrn seitlich von der fiktiven Türöffnung. Auch Familienangehörige und Gabenbringer sind häufig mit abgebildet. Die Scheintür befindet sich immer im Kultraum, vor ihr steht der Opfertisch . . . . . *S.* 60, 62, 65, 68, 69, 100-102, 104-106, 110, 113, 117, 144, 147, 319, 321 *Abb.* 65, 99, 109, 401

SCHEMU - altägyptische Bezeichnung für die dritte Jahreszeit des ägyptischen Kalenderjahres, des heißen, trockenen Sommers, in dem geerntet wird . . . . . . . . . . . *S.* 139

SCHEPSESKAF - König der 4. Dynastie . . *S.* 84, 91 *Abb.* 97, 375

SCHIST - amphibolithisches, schieferähnliches Tiefengestein . . . *S.* 188, 191, 202, 254 *Abb.* 9, 51-55, 57, 61, 174, 185-187, 221, 248, 255-257

SCHMINKE - s. KOHEL

SCHOTT, Siegfried (1897-1971) - deutscher Ägyptologe, der sich unter anderem mit der Bedeutung der Pyramidentexte beschäftigte *S.* 323

SCHRÄGBOGENGEWÖLBE - die Bogen bestanden alle aus einer Reihe von aufrechtstehenden oder (öfter) längs aneinanderliegenden Lehmziegeln und waren deutlich schräg geneigt; dadurch brauchte man keine Wölbstützen. Oben an den beiden langen Seitenwänden des zu bedeckenden Raums brachte man Ansatzstücke von geneigten Bogen an, die sich - allmählich immer etwas höher reichend - auf eine der beiden Giebelwände stützten, bis ein vollständiger Bogen seinen höchsten Punkt gegen den höchsten Punkt der Giebelwand lehnen konnte. Nun mußte man nur an den ersten Bogen die mit einem guten Tonerdemörtel eingestrichenen Ziegel eines zweiten fügen und so fort. Solche Schrägbogengewölbe konnten aus mehreren übereinanderliegenden Ringschichten bestehen; die über der ersten Schicht liegenden Schichten wurden ohne Schrägneigung konstruiert, da die erste ihnen als Wölbstütze diente. Die Bogen konnten ein Kreisbogenprofil haben, flach gewölbt oder zum ‹Korbhenkelbogen› erhöht sein . . . . . . . *S.* 62, 101, 105 *Abb.* 356-358

SCHRANKEN - Vormauern oder Holzpalisaden außerhalb von Festungsmauern, die eine Art geschlossenen Wehrgang bildeten; die Schranken wurden gewöhnlich durch einen Graben gesichert *S.* 119

SCHUNET ES-SEBIB - große rechteckige Anlage in Abydos, mehr als 133 m lang, umgeben von zwei Umfassungsmauern aus ungebrannten Lehmziegeln. Im Innern, nahe der Südost-Ecke, sind Spuren eines fast quadratischen Gebäudes erkennbar, das auf zwei entgegengesetzten Seiten Vor- und Rücksprünge aufweist. Man hat diese Anlage als Festung ansehen wollen, aber Anzahl und Anordnung der Türen, die über die vier Seiten verteilt sind, sowie das Fehlen von Türmen und Bastionen widersprechen dieser Hypothese, so daß eine andere Erklärung gefunden werden muß . . . *S.* 60, 119, 320

SCHURZGEHÄNGE - Herrschaftsabzeichen auf dem königlichen Schurz, das vom Schurzgürtel herabhing, sich nach unten verbreiterte und meist mit Uräen verziert war. Sicher handelte es sich dabei um eine Goldschmiedearbeit . . . . *S.* 247

SÉBILIEN - Kultur im Endpaläolithikum, die in der Nähe von Kom Ombo in Oberägypten nachgewiesen werden konnte . . . . . . . *S.* 37, 38, 41 *Abb.* 43

SECHEMCHET - Horusname des Nachfolgers und möglicherweise auch Sohns des Djoser, Horus Netjerichet (3. Dynastie). Sechemchet baute, wie auch Djoser, einen Grabbezirk, der jedoch durch seinen frühzeitigen Tod nicht fertiggestellt werden konnte. Sechemchet ist wahrscheinlich mit dem zweiten König Djoser der Königslisten zu identifizieren: der Djoser Teti des Turiner Königspapyrus und der Königsliste von Saqqara, beziehungsweise der Tosertasis des Manetho . *S.* 76, 254 *Abb.* 247, 278, 366, 377

SECHEMRE HERUHERMAAT ANTEF - s. ANTEF

SECHEMRE WEPMAAT ANTEF - s. ANTEF

SED - s. HEB-SED

SEHERTAUI ANTEF - s. ANTEF

SEHETEPIBRE AMENEMHET - s. AMENEMHET I.

SÉMAINIEN - dritte Phase der Negade-Kultur (Negade III), die von manchen Wissenschaftlern als eigene Entwicklungsstufe angesehen wird . *S.* 44

SEMENCHUPTAH - Priester der 5. Dynastie, der auch Ituch genannt wurde . . . . . . . . . *Abb.* 126

SEMIRAMIS - babylonische Königin des ausgehenden 9. Jahrhunderts v. Chr. . . . . . . . . . . . *S.* 270

SEMNA - Festung am 2. Katarakt . *S.* 119, 212

SENBI - Vater des Uchhotep (12. Dynastie), dessen Felsgrab in Meir interessante Darstellungen zeigt . . . *Abb.* 157, 165, 167

SENEB - Zwerg aus der 6. Dynastie, dessen berühmte Familiengruppe im Museum von Kairo steht . . . . . *S.* 105, 199 *Abb.* 197

SENEBTISI - vornehme Dame, deren Herkunft und Stellung - abgesehen von ihrem Titel ‹Herrin des Hauses› - nicht bekannt ist. Sie war südwestlich der Pyramide Amenemhets I. (12. Dynastie) in Lischt in einem umfriedeten Platz bestattet. In ihrem Grab wurde reichhaltiges Mobiliar gefunden . . . . . . . *S.* 246, 271

SENET - Spiel, bestehend aus einem viereckigen Spielbrett und verschiedenförmigen Figuren in Tier- und Menschengestalt. In flachbildlichen Darstellungen wird der Verstorbene manchmal beim Senet dargestellt. Er scheint sein Schicksal einzusetzen, um die Partie gegen die Ewigkeit zu gewinnen . . . . . . . . . . . *S.* 236, 262, 266 *Abb.* 259

SENNUI - Dame aus der 12. Dynastie, deren Statue in Kerma gefunden wurde . . . *S.* 219 *Abb.* 333

SENPU - Kammerherr an der Wende von der 12. zur 13. Dynastie . . . *S.* 223 *Abb.* 219

SEPA - hoher Beamter der 3. Dynastie, dessen Statue im Louvre ausgestellt ist . *S.* 181 *Abb.* 177, 178

SERDAB - nach einem von Mariettes persischen Arbeitern gebrauchten Terminus unzugänglicher Raum in einer Mastaba, der hinter dem Opferraum lag und mit diesem nur durch einen schmalen Schlitz verbunden war. Durch diesen Schlitz konnten die Totenpriester den Duft des Weihrauchs eindringen lassen. Im ‹serdab› waren die Statuen des Verstorbenen aufgestellt, manchmal auch die seiner Familie, häufig in großer Zahl. Seit dem Ende der 5. und in der 6. Dynastie haben im ‹serdab› als Entsprechung für die an den Grabwänden abgebildeten Szenen auch Modelle gestanden . . . . . . . . . . . *S.* 74, 75, 102, 105, 126, 127, 147, 179, 181, 193, 321 *Abb.* 175, 280

SERECH - aufrecht stehendes Rechteck, in das der Horusname des Königs über einer schematisierten Darstellung der Palastfassade eingeschrieben ist und das von dem falkengestaltigen Gott Horus bekrönt wird . *S.* 60, 65, 88, 110 *Abb.* 274

SESCHEMNEFER III. - hoher Beamter der 5. Dynastie . . . *S.* 105

SESCHEMNEFER IV. - hoher Beamter der 6. Dynastie . . . *S.* 105

SESOSTRIS I. - König der 12. Dynastie, der in seiner Pyramide in Lischt bestattet war. Die unter seiner Regierung gebaute ‹Weiße Kapelle› von Karnak war später im dritten Pylon verbaut worden . . . *S.* 109, 110, 112, 117, 118, 142, 208, 212, 216, 322, 323 *Abb.* 119, 143, 144, 207, 209, 323, 326, 327, 410, 419, 420

SESOSTRIS II. - König der 12. Dynastie, der in seiner Pyramide in el-Lahun bestattet war . . . . . . *S.* 110, 118, 153, 212, 240, 242 *Abb.* 211, 220, 231, 232, 321, 426

SESOSTRIS III. - König der 12. Dynastie, der in der Ziegelpyramide in Dahschur bestattet war. Einige Statuen dieses bedeutenden Königs zeigen ungewöhnlich realistische Gesichtszüge . . . . . . *S.* 110-112, 212, 220, 223 *Abb.* 212, 234, 341

SETH - Gott mit einem Tierkopf, der zoologisch nicht eindeutig zu bestimmen ist, und einem windhundähnlichen Körper. Er kam schon bei Peribsen und Chasechemui in der 2. Dynastie vor . . . *S.* 13, 42, 119

SIHATHOR - Schatzmeister aus der 12. Dynastie . . *S.* 220 *Abb.* 218

SIKAHIKA - hoher Beamter aus der Zeit Amenemhets III. (12. Dynastie) *S.* 220 *Abb.* 217

SILEX - Feuerstein . . . . . . . . *S.* 34, 38, 239, 258, 268 *Abb.* 27-30, 32-44, 56, 273

SILSILIEN - Kultur im Endpaläolithikum . . . . . . . . . . . *S.* 37

SINUHE - Held eines Romans, der in der Zeit Sesostris' I. (12. Dynastie) entstand und in dem die Verdienste des Königs gepriesen wurden. Nach der Ermordung des alten Herrschers Amenemhet I. floh Sinuhe vom Königshof und irrte in Vorderasien umher, wo er manche Abenteuer zu bestehen hatte. Er besiegte dort in einem Zweikampf einen ‹Starken› und wurde eine angesehene Persönlichkeit, den die einheimische Bevölkerung integrierte. Als alter Mann fand Sinuhe Gnade vor Sesostris I., kehrte nach Ägypten zurück und genoß die Gunst des Herrschers . . . . . . . . . *S.* 8, 212

SISTRUM - Musikinstrument, das beim Kult der Göttin Hathor verwendet und mit der Wiedergeburt in Verbindung gebracht wurde. Die Bezeichnungen für beide Formen, das Naossistrum und das Bügelsistrum, Sechem und Sechechet, sind im Lauf der Zeit häufig ausgetauscht worden. . . . . . . . . . *S.* 259

SIWA - Oase westlich vom Fayum, in der Steingeräte aus dem Spätpaläolithikum gefunden wurden . *S.* 36

SKARABÄUS - Bezeichnung für den Mistkäfer, der als heiliges Tier verehrt und mit der aufgehenden Sonne identifiziert wurde - eine Vorstellung, die sich ableitet von dem Bild des Käfers, der seine Eier in einer großen Mistkugel vor sich herschiebt. Seit dem Alten Reich (?) sind Skarabäen in verschiedenen Materialien nachgebildet worden, in Steatit, Fayence und Stein; sie wurden als Siegel, Siegelring oder Amulett verwendet *S.* 230, 236, 248 *Abb.* 222

SMITH, William Stevenson (1909 bis 1969) - amerikanischer Ägyptologe *S.* 166

SNOFRU - Gründer der 4. Dynastie, Erbauer von drei Pyramiden, einer in Meidum, zweier in Dahschur. Der Vorgänger des Cheops wird in der textlichen Überlieferung als wohlwollender Herrscher bezeichnet, der um das Wohlergehen seiner Untertanen bemüht war . . . . . . . . *S.* 78-82, 84, 88, 142, 184, 233, 244, 269 *Abb.* 85-87, 135, 289-291, 367, 368, 380, 381

SOBEK - Krokodilgott, dessen Hauptkultort im Fayum lag . . . *S.* 116

SOTHIS - Stern, bei dessen Erscheinen die Nilschwelle einsetzte . . . *S.* 4

SPEOS - griechische Bezeichnung für eine natürliche Felsgrotte, die als Kultstätte einer Gottheit geweiht ist *S.* 109

SPHINX - Mischwesen, bestehend aus einem liegenden Löwen mit dem menschengestaltigen Kopf des regierenden Königs. Das erste und größte Beispiel ist wohl die große Sphinx von Gisa aus dem Pyramidenbezirk des Königs Chephren. Im Mittleren Reich hatten Sphingen oft den Kopf einer Königin. In späterer Zeit gab man den Sphingen auch Köpfe von Falken, Widdern oder Krokodilen. Sie alle, wie auch die Löwenstatuen, waren Wächterfiguren und sollten den Zugang zum Heiligtum beschützen . . . . . . *S.* 115, 212, 216, 219, 220, 223 *Abb.* 14, 95, 117, 169, 210, 215, 341, 416

STATIONSHEILIGTUM - s. KIOSK

STRABO (60 v. Chr. - um 25 n. Chr.) - griechischer Geograph und Historiker. Er lebte in Alexandria und bereiste Ägypten um 20 v. Chr. mit seinem Freund, dem Präfekten Aelius Gallus. Sein Werk ‹Geographica›, dessen letztes Buch eine Beschreibung Ägyptens bringt, enthält genaue historische und geographische Informationen . . . . . . . *S.* 19, 110

## T

TÄTOWIERUNG - einige Grabfiguren, sogar manche Mumien zeigen, daß es im alten Ägypten Tätowierungen gegeben hat. Vor allem Frauen scheinen sich damit geschmückt zu haben, oft zu einem magischen Zweck (‹Beischläferinnen›). . . . . . . . . . *S.* 266

TANIS - Fundstätte im Ostdelta, nördlich von Faqus beim heutigen Dorf San el-Hagar. Gewaltiger Schutthügel mit Gräbern der Könige der 21. und 22. Dynastie sowie großen Tempelanlagen und Kolossalstatuen, die weitgehend von früheren Königen usurpiert worden sind . . . . *S.* 20, 23, 24, 115, 212, 216 *Abb.* 169, 210, 211, 213

## U

V



W



Z

loren, die bisher vom Vater an den Sohn und von Mannschaft zu Mannschaft weitergegeben worden waren. Die Künstler der 1. Zwischenzeit schufen weniger vollkommene, dafür jedoch unmittelbarere, urwüchsigere Kunstwerke, die die Grundlage für die Wiedergeburt der Kunst in der 11. und 12. Dynastie darstellen.

2. Zwischenzeit: Zeitraum zwischen dem Mittleren und dem Neuen Reich. Auf die 12. Dynastie, die Herrschaftszeit der Könige mit den Namen Sesostris und Amenemhet, die gegen 1780 v. Chr. endete, folgte die 13. Dynastie, deren geschichtliche Entwicklung weitgehend im Dunkeln liegt und die von den Ägyptologen als 2. Zwischenzeit bezeichnet wird. Sie endete mit der Vertreibung der Hyksos, der Invasoren, die aus dem Vorderen Orient gekommen waren. Mit der Übernahme der Macht durch die Herrscher von Theben begann in der 18. Dynastie das Neue Reich . . . *S.* 100, 106, 107, 110, 131, 164, 166, 216, 225, 274, 275 *Abb.* 153, 164, 205, 206, 315, 316, 321

ZUGANGSPASSAGE - schräg nach unten führender Gang in einer Mastaba oder in einer Pyramide *S.* 62, 69, 79, 81, 82, 84, 92, 101, 102, 106, 110, 112, 319-323 *Abb.* 407, 408

# FOTO- UND BILDQUELLEN

## I. Fotografen

Almasy, Neuilly-sur-Seine: Abb. 3, 6
Boudot-Lamotte, Paris: Abb. 4
Debono, F., Heliopolis: Abb. 31
Duell, P.: Abb. 406
Desroches-Noblecourt, C., Paris: Abb. 265
Gout, J.-F., Kairo: Abb. 119
Hassia, Paris: Abb. 2, 11
Hirmer Fotoarchiv, München: Abb. 116, 338
Lajoux, J.-D., Paris: Abb. 48
Lauer, J.-P., Paris: Abb. 90, 101, 271, 277, 278, 313, 347, 360, 362, 366, 369, 376-385, 391-395, 405, 415
Müller, H. W., Starnberg: Abb. 10
Roger-Viollet, L. L., Paris: Abb. 19

## II. Institute, Universitäten, Museen, Sammlungen, Archive

BERKELEY, Lowie Museum of Anthropology, University of California: Abb. 61
BERLIN, Bildarchiv Preußischer Kulturbesitz: Abb. 21
Staatliche Museen, Ägyptisches Museum, Bildarchiv Preußischer Kulturbesitz: Abb. 320
BERLIN, Staatliche Museen, Ägyptisches Museum: Abb. 131, 142, 296, 310
BOSTON, Museum of Fine Arts (mit freundlicher Genehmigung des Museum of Fine Arts): Abb. 50, 159, 162, 266, 307
*Fund loanes by J. J. Klejman:* Abb. 170
*Fund Harvard Museum of Fine Arts Excavations:* Abb. 184, 185
*Fund Museum Expedition:* Abb. 293, 295
*Fund Harvard Museum Expedition:* Abb. 333
BRÜSSEL, Musées royaux d'Art et d'Histoire - H. Mekhitarian: Abb. 319
EDINBURGH, Royal Scottish Museum (mit freundlicher Genehmigung des Royal Scottish Museum): Abb. 321, 343, 345
GENF, Musée d'Art et d'Histoire: Abb. 141
HILDESHEIM, Pelizaeusmuseum: Abb. 180
KAIRO, Service des Antiquités de l'Égypte: Abb. 71, 272, 280, 290, 291, 294
KANSAS CITY, William Rockhill Nelson Gallery of Art, Atkins Museum of Fine Arts: Abb. 195
*Nelson Fund:* Abb. 212
LEIDEN, Rijksmuseum van Oudheden: Abb. 129
LENINGRAD, Eremitage: Abb. 344
LONDON, Egypt Exploration Society: Abb. 66
University College: Abb. 22
LYON, Muséum d'Histoire naturelle: Abb. 52, 53, 62
MÜNCHEN, Staatliche Sammlung Ägyptischer Kunst: Abb. 275, 297
NEW YORK, Brooklyn Museum (mit freundlicher Genehmigung des Brooklyn Museum): Abb. 126, 176, 193, 202, 244, 314
*Charles Edwin Wilbour Fund:* Abb. 45, 194, 203, 215
The Metropolitan Museum of Art: Abb. 231, 243, 258, 323
*Rogers Fund:* Abb. 121, 122
*Rogers Fund, 1918:* Abb. 332
*Rogers Fund, 1948:* Abb. 191
*Theodore M. Davis Collection, Bequest of Th. M. Davis, 1915:* Abb. 250
*Museum Excavations, 1919-1920; Rogers Fund supplemented by contribution of Edward S. Harkness:* Abb. 325
*Gift of Edward S. Harkness, 1916-1917:* Abb. 341
NORWICH, Norwich Castle Museum: Abb. 153
OXFORD, Ashmolean Museum: Abb. 55
Griffith Institute. Ashmolean Museum: Abb. 23, 24
PARIS, Agence Rapho-Audrain-Samivel: Abb. 5, 7, 8, 85-88, 289
Agence Rapho - Georg Gerster: Abb. 25
Archives photographiques: Abb. 299
Bibliothèque Nationale: Abb. 14-16
Gallimard, Photothek: Abb. 1, 9, 12, 13, 17, 27-30, 32-44, 46, 47, 49, 51, 54, 56-60, 63, 65, 67-70, 72-84, 89, 91-100, 102-115, 117, 118, 120, 123-125, 127, 128, 130, 132-140, 143-152, 154-158, 160, 161, 163, 165-169, 171-175, 177-179, 181-183, 186-190, 192, 196-201, 204-211, 213, 214, 216-230, 232-242, 245-248, 252-257, 259-264, 267-270, 273, 274, 276, 279, 281-286, 288, 298, 300-306, 308, 309, 311, 312, 315-318, 322, 324, 326, 328-331, 334, 335, 337, 339, 340, 342
Gallimard, Photothek - Eric Pollitzer: Abb. 164, 249, 251
Gallimard - Tel: Abb. 327
Privatarchive: Abb. 18, 20
Privatsammlung: Abb. 64
UNESCO - Nenadovic: Abb. 26
WIEN, Kunsthistorisches Museum: Abb. 292

## III. Veröffentlichungen in Buchform und in Zeitschriften

Abdel Salam Mohamed Hussein, The Reparation of the Mastaba of Mehu at Saqqara (1940). In: Annales du Service des Antiquités de l'Égypte XLII, 1943: Abb. 407, 408
Badawy, A., vgl. Bibliographie Nr. 17: Abb. 421-425, 429
Borchardt, L., vgl. Bibliographie Nr. 35: Abb. 386, 387; vgl. Bibliographie Nr. 33: Abb. 388
Borchardt, L., in: Bissing, F. W. von, vgl. Bibliographie Nr. 28: Abb. 417
Borchardt, L., in: Encyclopaedia Universalis XIII, Paris, 1972: Abb. 390
Bulletin of the Metropolitan Museum of Art, New York: Abb. 410
Cécile, in: Description de l'Égypte V, Paris, 1822: Abb. 374
Chevrier, H., in: Cenival, J.-L. de, vgl. Bibliographie Nr. 52: Abb. 419, 420
Emery, W. B., vgl. Bibliographie Nr. 83: Abb. 356-358; vgl. Bibliographie Nr. 85: Abb. 346, 348, 349; vgl. Bibliographie Nr. 86: Abb. 427, 428
Emery, W. B., in: Edwards, I. E. S., vgl. Bibliographie Nr. 79: Abb. 350, 351
Goyon, G., und Lauer, J.-P., in: Le Tombeau de Ti, Heft I. In: Institut français d'Archéologie orientale, 1939: Abb. 404

Jéquier, G., Lauer, J.-P., und Ricke, H., in: Badawy, A., vgl. Bibliographie Nr. 17: Abb. 375
Jéquier, G., und Lauer, J.-P., in: Edwards, I. E. S., vgl. Bibliographie Nr. 79: Abb. 414
Junker, H., vgl. Bibliographie Nr. 157: Abb. 403, 418
Korecký, M., in: Výtvarné umění, Nr. 8, 1962: Abb. 389
Lauer, J.-P., vgl. Bibliographie Nr. 176: Abb. 354, 355, 361, 363-365; vgl. Bibliographie Nr. 184: Abb. 359
Lauer, J.-P., Sur le dualisme de la monarchie égyptienne et son expression architecturale sous les premières dynasties. In: Bulletin de l'Institut français d'Archéologie orientale LV, 1956: Abb. 352, 353
Lauer, J.-P., in: Jéquier, G., vgl. Bibliographie Nr. 155: Abb. 396; vgl. Bibliographie Nr. 154: Abb. 397
Lauer, J.-P., nach Morgan, J. de, vgl. Bibliographie Nr. 238: Abb. 411
Maragioglio, V., und Rinaldi, C., vgl. Bibliographie Nr. 222: Abb. 372, 373
Naville, E., und Winlock, H. E., in: Encyclopaedia Universalis XIII, Paris, 1972: Abb. 409
Newberry, P. E., vgl. Bibliographie Nr. 241: Abb. 412, 413
Petrie, W. M. F., vgl. Bibliographie Nr. 249: Abb. 426; vgl. Bibliographie Nr. 250: Abb. 400
Petrie, W. M. F., Mackay, E., und Wainwright, G. A., vgl. Bibliographie Nr. 263: Abb. 399
Quibell, J. E., vgl. Bibliographie Nr. 270: Abb. 287, 398
Reisner, G. A., vgl. Bibliographie Nr. 280: Abb. 401, 402
Ricke, H., vgl. Bibliographie Nr. 285: Abb. 370, 371; vgl. Bibliographie Nr. 288: Abb. 416
Ricke, H., in: Cenival, J.-L. de, vgl. Bibliographie Nr. 52: Abb. 368
Ricke, H., in: Fakhry, A., vgl. Bibliographie Nr. 94: Abb. 367
Steckeweh, H., vgl. Bibliographie Nr. 315: Abb. 336

# KARTEN

# ÄGYPTEN UND NUBIEN

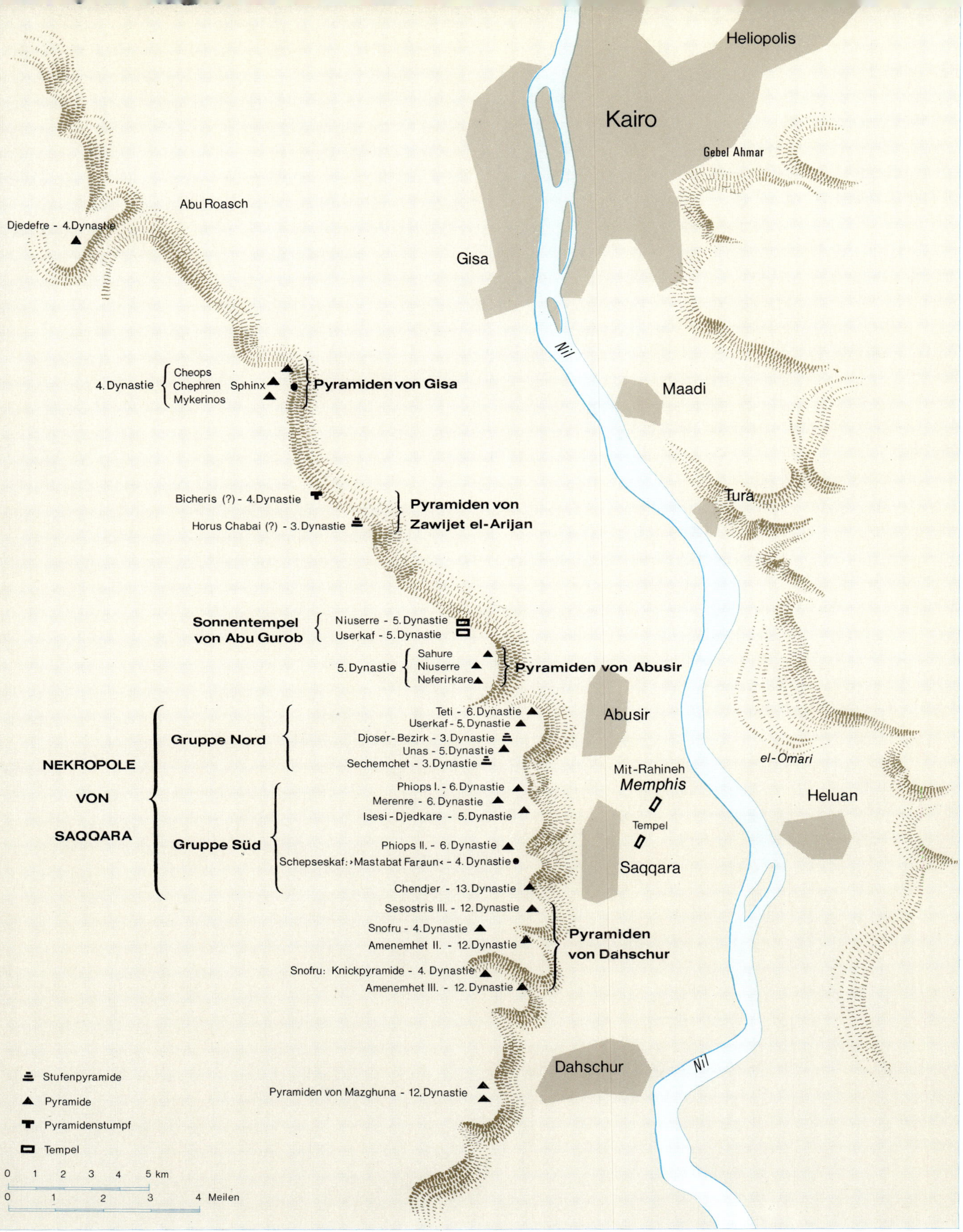


432 - Karte: Die Umgebung von Memphis

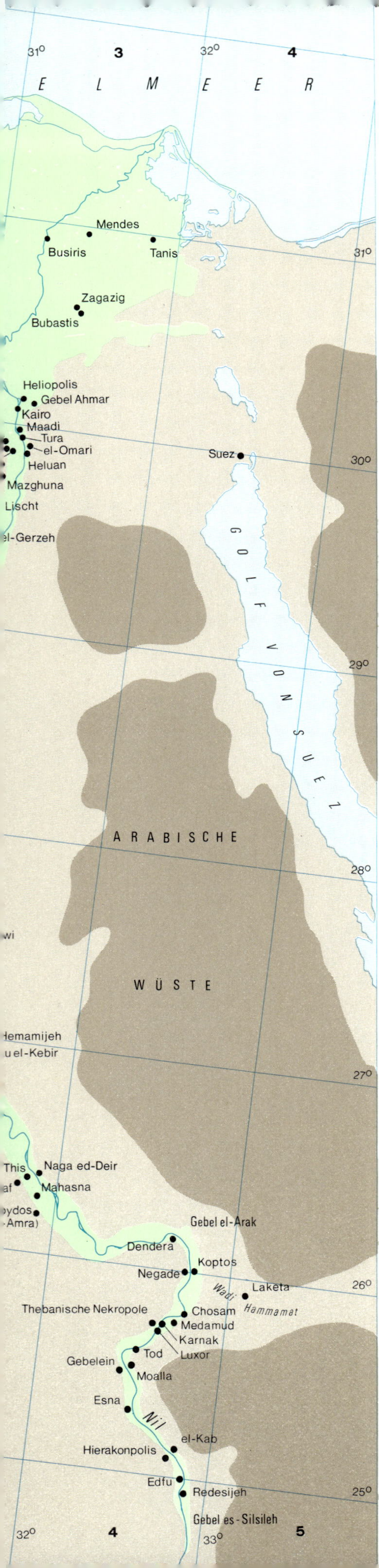
E L M E E R
Mendes
Busiris
Tanis
Zagazig
Bubastis
Heliopolis
Gebel Ahmar
Kairo
Maadi
Tura
el-Omari
Heluan
Mazghuna
Lischt
el-Gerzeh
Suez
G O L F V O N S U E Z
A R A B I S C H E
W Ü S T E
Hemamijeh
u el-Kebir
This
Naga ed-Deir
Mahasna
Gebel el-Arak
Dendera
Koptos
Negade
Laketa
Wadi Hammamat
Thebanische Nekropole
Chosam
Medamud
Karnak
Luxor
Tod
Gebelein
Moalla
Esna
Nil
el-Kab
Hierakonpolis
Edfu
Redesijeh
Gebel es-Silsileh

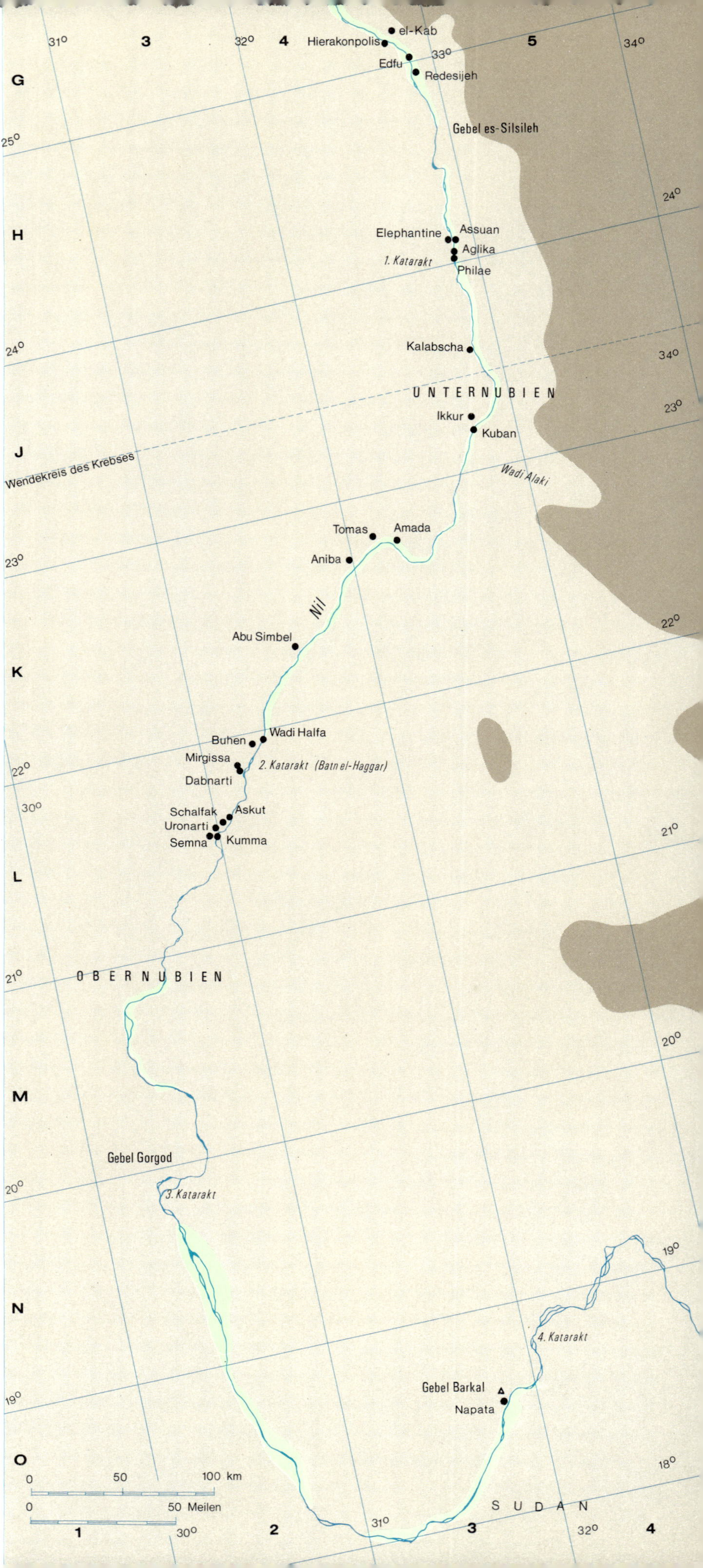
el-Kab
Hierakonpolis
Edfu
Redesijeh
Gebel es-Silsileh
Elephantine
Assuan
Aglika
1. Katarakt
Philae
Kalabscha
U N T E R N U B I E N
Ikkur
Kuban
Wendekreis des Krebses
Wadi Alaki
Tomas
Amada
Aniba
Nil
Abu Simbel
Buhen
Wadi Halfa
Mirgissa
2. Katarakt (Batn el-Haggar)
Dabnarti
Schalfak
Askut
Uronarti
Semna
Kumma
O B E R N U B I E N
Gebel Gorgod
3. Katarakt
4. Katarakt
Gebel Barkal
Napata
S U D A N
0 50 100 km
0 50 Meilen

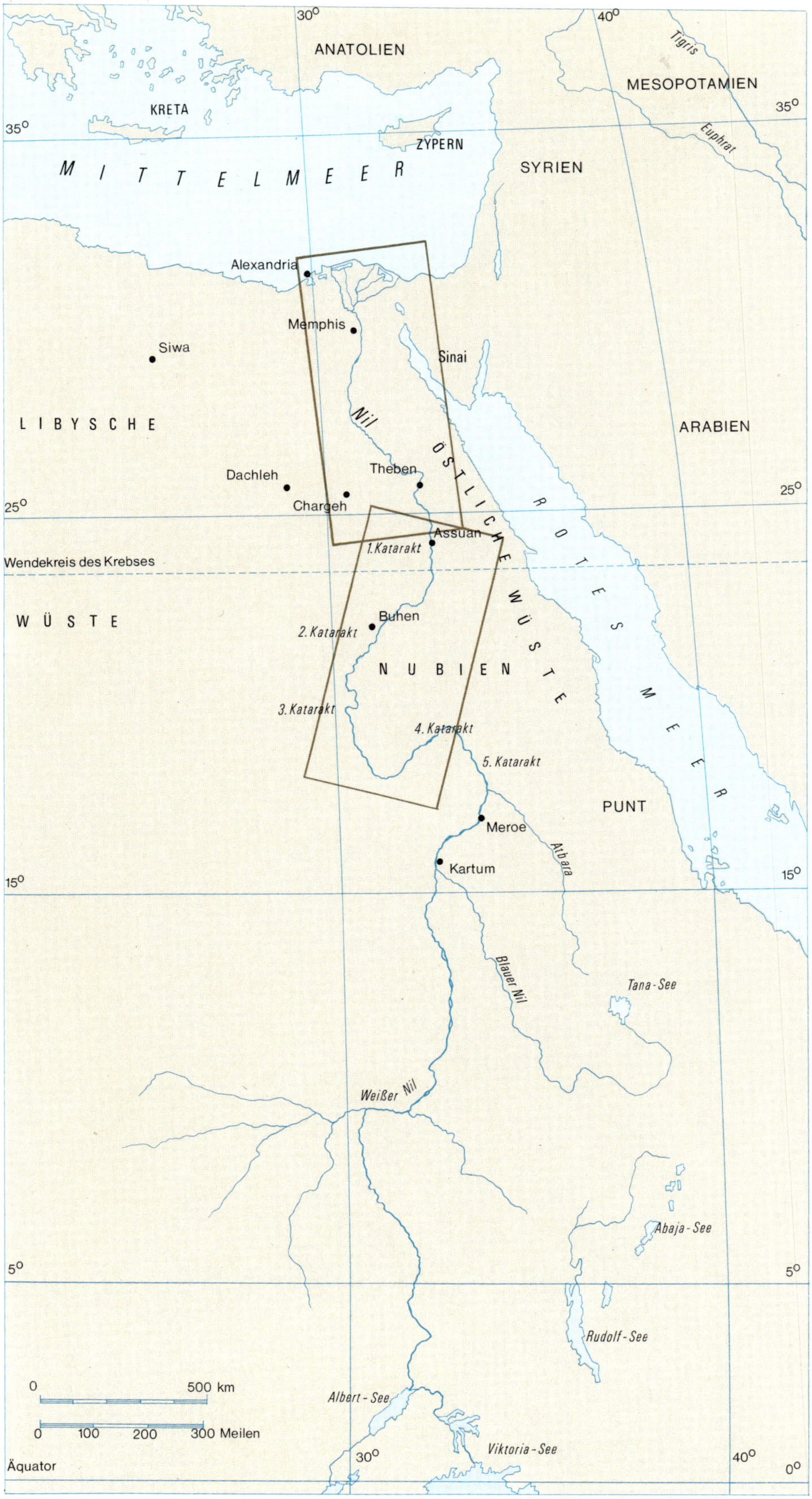


430 - Karte: Das Niltal

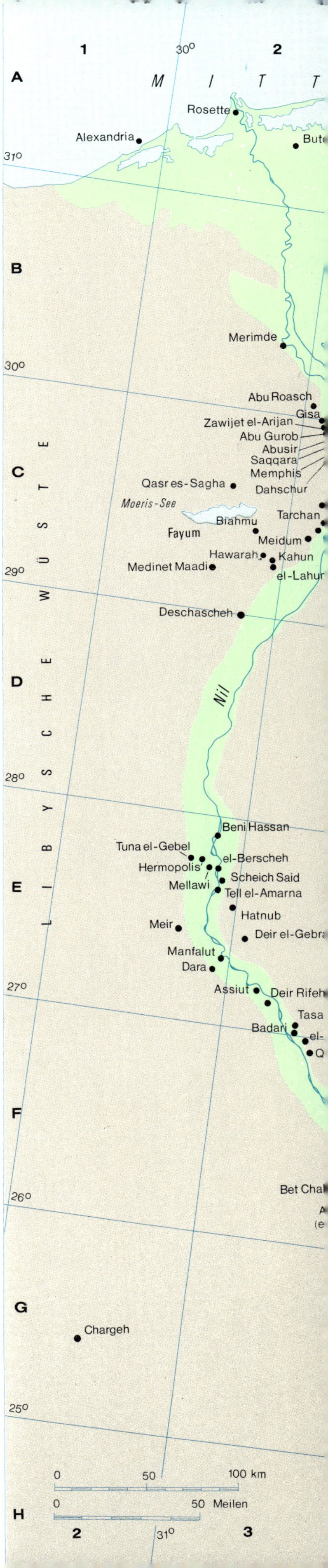


431 - Karte: Ägypten und Nubien

Die Pläne wurden von CLAUDE ABEILLE, die Karten von JACQUES PERSON angefertigt.

Deutsche Kartographie: ALFRED BERON